Sarah Huch, Martin Lücke (Hg.)
Sexuelle Vielfalt im Handlungsfeld Schule

Pädagogik

Sarah Huch, Martin Lücke (Hg.)

Sexuelle Vielfalt im Handlungsfeld Schule

Konzepte aus Erziehungswissenschaft und Fachdidaktik

[transcript]

Gefördert durch:
Senatsverwaltung für Bildung, Jugend und Wissenschaft Berlin, Initiative »Berlin tritt ein für Selbstbestimmung und Akzeptanz sexueller Vielfalt« in Schule und Kinder- u. Jugendhilfe

Zentraleinrichtung zur Förderung von Frauen- und Geschlechterforschung an der Freien Universität Berlin

Interdisziplinäres Forum Gender und Diversity Studies am Fachbereich Geschichts- und Kulturwissenschaften der Freien Universität Berlin

Bibliografische Information der Deutschen Nationalbibliothek
Die Deutsche Nationalbibliothek verzeichnet diese Publikation in der Deutschen Nationalbibliografie; detaillierte bibliografische Daten sind im Internet über http://dnb.d-nb.de abrufbar.

Umschlagkonzept: Kordula Röckenhaus, Bielefeld
Umschlagabbildung: Nicolai Huch, Berlin, © 2015
Korrektorat und Lektorat: Susanne Meyfahrt
Satz: Malte Lührs
Printed in Germany
Print-ISBN 978-3-8376-2961-3
PDF-ISBN 978-3-8394-2961-7

Gedruckt auf alterungsbeständigem Papier mit chlorfrei gebleichtem Zellstoff.
Besuchen Sie uns im Internet: *http://www.transcript-verlag.de*
Bitte fordern Sie unser Gesamtverzeichnis und andere Broschüren an unter: *info@transcript-verlag.de*

Inhalt

Sexuelle Vielfalt im Handlungsfeld Schule
Ein Vorwort
Sarah Huch & Martin Lücke | 7

I. THEORETISCHE GRUNDLAGEN

Vom ›Normalkinde‹ zu einer Sexualpädagogik der Vielfalt
Homosexualitäten in den Bildungswissenschaften
Martin Lücke | 13

Geschlechtliche und sexuelle Vielfalt im Kontext von Schule und Hochschule
Normativität und Ambivalenz als zentrale Herausforderungen
einer Pädagogik vielfältiger Lebensweisen
Jutta Hartmann | 27

Umgang mit Heterogenität und Differenz
Hannelore Faulstich-Wieland | 49

Das ›Social Justice und Diversity Konzept‹
zugunsten einer politisierten pädagogischen Praxis
Gudrun Perko | 69

Sexuelle Vielfalt als Thema der Sexualpädagogik
Uwe Sielert | 93

II. UNTERRICHTSFÄCHER

Unnatürliche Sünden – lasterhafte Lustknaben
Didaktische Aspekte einer Geschichte von
Männlichkeiten und Sexualitäten am Beispiel von
Homosexualität und männlicher Prostitution
Martin Lücke | 113

Sexuelle Vielfalt im Handlungsfeld Schule

Ein Vorwort

Sarah Huch & Martin Lücke

Für viele mag das Thema dieses Buches wirklich aufregend sein. Aufregung zumindest war die dominierende Emotion bei Protesten gegen die Verankerung des Themas »Sexuelle Vielfalt« im Bildungsplan 2015 in Baden-Württemberg. Eigentlich geht es hier jedoch um etwas ganz und gar Unaufregendes, denn schon lange ist bekannt, dass junge und auch ältere Menschen in unserer Gegenwartsgesellschaft geschlechtliche und sexuelle Identitäten jenseits eines schon ebenso lange erodierenden heteronormativen Geschlechtermodells ausbilden. Lesben, Schwule, Bisexuelle, Trans*, Inter*, Queers und Heteros: all das sind mittlerweile Selbst- und Fremdzuschreibungen, mit denen sich Menschen in ihrer geschlechtlich und sexuell kodierten Umwelt verorten – und von anderen verortet werden. Ernsthaft gestritten wird allenfalls noch darüber, ob diese gesellschaftliche Realität einer sexuellen Vielfalt akzeptiert und respektiert oder lediglich toleriert werden soll. Medial lautstark vorgetragene Kritik einzelner konservativer Akteur~innengruppen, etwa zuletzt im vergangenen Herbst in der *Frankfurter Allgemeinen Sonntagszeitung* gegen eine Sexualpädagogik der Vielfalt[1], fällt vor allem deshalb auf, weil sie mittlerweile die Ausnahme ist.

Schule ist ein wichtiger gesellschaftlicher Ort für Jugendliche. Hier greift der Staat in die Lebenswelt von jungen Menschen ein, vermittelt Fachwissen, fördert Bildung und trägt zur Identitätsentwicklung bei. Junge Menschen sollen als Schüler~innen durch Teilhabe an einer demokratischen Schulkultur auf ein Leben in einer vielfältigen heterogenen Gesellschaft der Zukunft vorbereitet werden. Das nordrhein-westfälische Projekt »Schule der Vielfalt – Schule ohne Homophobie« zeichnet bereits seit 2008 Schulen aus, die sexuelle und geschlechtliche Vielfalt im Unterricht thematisieren und sich »gegen eine Tabuisierung der Themen Homosexualität, Transsexualität und

---

1 | Frankfurter Allgemeine Sonntagszeitung (14.10.2014): »Sexualaufklärung in Schulen: Unter dem Deckmantel der Vielfalt.«

heteronormative Diskriminierung von lesbischen, schwulen, bi und trans* Menschen im Schulbereich«[2] einsetzen. Auch liegen erste curriculare Vorgaben für sexuelle Vielfalt im Handlungsfeld Schule vor, also Versuche, das Thema im Gesamtkonzept von Schule und in den Inhalten der Fächer zu verankern. Im bereits erwähnten »Bildungsplan 2015« für Baden-Württemberg ist seit 2013 unter dem Leitprinzip »Bildung für nachhaltige Entwicklung« zu lesen, dass »Schülerinnen und Schüler [...] die verschiedenen Formen des Zusammenlebens von/mit LSBTTI-Menschen[3]« kennen: »klassische Familien, Regenbogenfamilien, Single, Paarbeziehung, Patchworkfamilien, Ein-Eltern-Familien, Großfamilien, Wahlfamilien ohne verwandtschaftliche Bande« (Kultusportal Baden-Württemberg 2013). In den »Allgemeine[n] Hinweise[n] zu den Rahmenplänen für Unterricht und Erziehung in der Berliner Schule: AV 27« zum Themenbereich Sexualerziehung werden schon seit 2001 Hinweise für die Integration des Themas sexueller Vielfalt in die Rahmenlehrpläne gegeben, hier heißt es:

»Für ihre sexuelle Entwicklung brauchen Kinder und Jugendliche ein Klima, das die Vielfalt sexueller Möglichkeiten achtet. [...] Deshalb ist es wichtig, gleichgeschlechtliche Lebensweisen in ihrer Vielfalt darzustellen und altersgemäß zu vermitteln.« (AV 27 2001, S.6.ff).

Seit 2014 fordert ein neues Lehrkräftebildungsgesetz im Land Berlin, dass »Sexualerziehung, Gender [...] und der pädagogische Umgang mit sexueller und geschlechtlicher Vielfalt sowie den weiteren Diversity-Merkmalen und deren Zusammenwirken« als lehramts- und fachübergreifende Qualifikationen in die universitäre Lehrkräfteausbildung integriert werden müssen (vgl. § 5 LZVO 30.06.2014). Bereits seit 2009 wird dieses Anliegen durch die vom Berliner Abgeordnetenhaus ins Leben gerufene Initiative »Berlin tritt ein für Selbstbestimmung und Akzeptanz sexueller Vielfalt« (ISV) gefördert. Die hier gemeinsam mit den Universitäten des Landes initiierten Projekte sollen zur »Befähigung von Lehrkräften zum pädagogischen Umgang mit sexueller Vielfalt und Diversity im Rahmen der ersten Phase der universitären Lehrkräfteausbildung« beitragen und zielen auf eine Integration von geschlechtlicher und sexueller Vielfalt in die Lehrveranstaltungen und hochschulinternen Studien- und Prüfungsordnungen.

Dazu möchte dieser Band einen Beitrag leisten. Hier werden grundlegende pädagogische Ansätze zum Umgang mit sexueller Vielfalt im Handlungsfeld

---

2 | http://www.schule-der-vielfalt.de/projekt.htm

3 | Abkürzung für lesbische, schwule, bisexuelle, transgender, trans- und intergeschlechtliche Menschen. Für weiterführende inhaltliche Definitionen vgl. die Beiträge im Kapitel I des Bandes: Theoretische Grundlagen.

Schule vorgestellt, außerdem sollen die Fachdidaktiken einzelner Unterrichtsfächer daraufhin befragt werden, welchen Beitrag sie zur Integration des Themenfeldes in das Wissen ihres Faches leisten können. Die Publikation basiert auf aktuellen bildungswissenschaftlichen Diskursen und umreißt historische und theoretische Grundlagen. Beispielhaft am Thema der Homosexualität zeigt Martin Lücke zunächst, auf welche Geschichte Versuche der Integration von sexueller Vielfalt in den bildungswissenschaftlichen Diskursen mittlerweile zurückblicken können. Jutta Hartmann analysiert geschlechtliche und sexuelle Vielfalt vor dem Hintergrund einer »Pädagogik vielfältiger Lebensweisen«, Hannelore Faulstich-Wieland umreißt den Umgang mit Heterogenität und Differenz, Gudrun Perko führt in das Konzept von »Social Justice und Diversity« ein. Uwe Sielert schließlich verortet sexuelle Vielfalt als Thema der Sexualpädagogik. Vor welche didaktisch-methodischen Herausforderungen die Unterrichtsfächer gestellt sind, wird in folgenden Beiträgen deutlich: Geschichte (Martin Lücke), Deutsch (Petra Josting), Politik (Simone Micek), Biologie (Sarah Huch), Physik (Helene Götschel) und Informatik (Florian Cristobal Klenk). Die Beiträge des Schlussteils liefern durch ihre außerschulische Verortung ergänzende Anregungen zum pädagogischen Umgang mit sexueller Vielfalt: Thomas Wilke und Stefan Timmermanns beschäftigen sich mit Ansätzen der Förderung von sexueller Gesundheit in Schule und Jugendhilfe, Ammo Recla und Cai Schmitz-Weicht beschreiben Ansätze einer queeren Bildungsarbeit.

Um den unterschiedlichen disziplinären Zugängen der Autor~innen Rechnung tragen zu können, haben wir uns entschieden, ihnen jeweils Raum für die eigene Begriffsarbeit und Diskussion zentraler Begrifflichkeiten wie etwa Vielfalt, Heterogenität, queer u.a. zu offerieren. Diese Vorgehensweise soll nicht nur das Transparentmachen der eigenen Perspektive ermöglichen und den jeweiligen epistemologischen Rahmen kennzeichnen, sondern die Variationsbreite wissenschaftstheoretischer und praktischer Verständnisse von geschlechtlicher und sexueller Vielfalt zum Ausdruck bringen. Die Verantwortung der begründeten fachspezifischen Positionierung und der Einarbeitung von reflexiven, kritischen Anmerkungen der Herausgeber~innen lag also abschließend jeweils bei den Autor~innen.

Der Band knüpft an die von uns konzipierte interdisziplinäre Vorlesungsreihe »Diversity und sexuelle Vielfalt als Herausforderung für die pädagogische Praxis« vom Wintersemester 2012/13 an, die die Freie Universität Berlin in ihr Programm ›Offener Hörsaal‹ übernahm. Die vielfältigen und bereichernden Beiträge der vortragenden Expert~innen aus Erziehungswissenschaft, Sexualpädagogik, Sozialer Arbeit, Geschlechterforschung und den Didaktiken der Natur- und Geisteswissenschaften und die sich anschließenden intensiven Diskussionsrunden legen eine systematische Dokumentation der Vorlesungsreihe nahe, um die gelungene theoretische und praxisorientierte

Auseinandersetzung mit sexueller Vielfalt in pädagogischen Handlungsfeldern einer interessierten Öffentlichkeit zur Kenntnis zu bringen und ebenso
für die akademische Lehrkräftebildung nutzbar zu machen.

Maßgeblich zur Realisierung sowohl der Vorlesungsreihe als auch zu
dieser Publikation hat die Berliner Senatsverwaltung für Bildung, Jugend und
Wissenschaft im Rahmen der Initiative »Berlin tritt ein für Selbstbestimmung
und Akzeptanz sexueller Vielfalt« (ISV) beigetragen, der wir an dieser Stelle
ganz besonders danken möchten, insbesondere Conny Hendrik Kempe-
Schälicke und Birgit Flemmer. Für die Förderung der Publikation bedanken
wir uns außerdem herzlich bei der Zentraleinrichtung zur Förderung von
Frauen- und Geschlechterforschung (ZEFG) der FU Berlin, hier insbesondere
bei Ulla Bock, sowie dem interdisziplinären Forum Gender und Diversity
Studies (IFGD) am Fachbereich Geschichts- und Kulturwissenschaften der FU
Berlin.

Für das ausführliche und sorgfältige Lektorat sind wir Susanne Meyfarth
und für das zeitintensive Setzen der Druckfahnen sowie die organisatorische
Begleitung dieses Bandes Malte Lührs sehr dankbar. Nicht zuletzt konnte der
vorliegende Sammelband durch die produktive und engagierte Zusammen-
arbeit mit den beteiligten Autor~innen realisiert werden. Bei ihnen bedanken
wir uns ganz besonders.

Abschließend möchten wir anmerken, dass in den Beiträgen dieses Bandes
ganz unterschiedliche Formen von geschlechtergerechter Sprache verwendet
werden. Von einheitlichen Vorgaben und Regularien wurde also bewusst abgesehen,[4] oder ließe sich ernsthaft über sexuelle Vielfalt sprechen, wenn zugleich
auf einer einheitlichen Sprachverwendung bestanden wird?

Berlin, Herbst 2015
Sarah Huch & Martin Lücke

---

4 | Den Autor~innen wurde also freigestellt, ihre jeweils eigene Verwendungsweise
(etwa den Unterstrich_, ›*‹ oder wie hier die Tilde ›~‹) einzusetzen.

I. Theoretische Grundlagen

Vom ›Normalkinde‹ zu einer Sexualpädagogik der Vielfalt

Homosexualitäten in den Bildungswissenschaften[1]

Martin Lücke

1. VORGESCHICHTEN

Wo kann eine Betrachtung des Umgangs mit Homosexualität in den Bildungswissenschaften ihren Anfang nehmen? Dass sie gerade bei Heranwachsenden
einen besonderen Herausforderungshorizont darstellt, erkannte bereits Magnus Hirschfeld, als er vor einhundert Jahren der »Kindheit und Reifezeit
urnischer Knaben und Mädchen« in seinem enzyklopädischen Werk »Die
Homosexualität des Mannes und des Weibes« ein eigenes Kapitel widmete.
Zwar geht es dem Pionier der Homosexualitätsforschung nicht explizit um
den Entwurf von Erziehungskonzepten, wohl aber um eine Sensibilität für
die besonderen Belange von gleichgeschlechtlich begehrenden Jungen und
Mädchen. Dem essentialistischen Grundgedanken seines Homosexualitäts-
konzeptes folgend, führt der Sexualforscher aus:

»Eins kann jedenfalls als sicher gelten. Ist ein Kind urnisch, so entwickelt sich aus ihm
ein homosexueller Mensch, und zwar mit derselben unabänderlichen Notwendigkeit,
mit der sich aus dem ›Normalkinde‹ ein heterosexueller Mensch entwickelt. So steigt
die urnische Persönlichkeit als ein Ganzes elementar aus der Tiefe der Individualität
hervor.« (Hirschfeld 1914: 121)

---

1 | Erstmals erschienen als: »Vom ›Normalkinde‹ zu einer Sexualpädagogik der
Vielfalt – Homosexualitäten in den Bildungswissenschaften«, in: Florian Mildenberger/
Jennifer Evans/Rüdiger Lautmann/Jakob Pastötter (Hg.): Was ist Homosexualität?
Forschungsgeschichte, gesellschaftliche Entwicklungen und Perspektiven, Hamburg:
MännerschwarmSkript 2014, S. 513-527.

Dementsprechend erteilt Hirschfeld auch solchen Erziehungsmethoden eine deutliche Abfuhr, die es sich zum Ziel setzen, eben jenes »Normalkind« zum Maßstab zu machen – und gleichgeschlechtlich begehrenden Heranwachsenden zugleich ihre Neigungen aberziehen zu wollen. Er präzisiert:

> »Es heißt die Macht der Erziehung weit überschätzen, wenn man annimmt, daß dadurch eine so tief in der Persönlichkeit wurzelnde Triebkraft nennenswert beeinflußt werden könnte. Wir halten diese prophylaktischen Maßnahmen nicht nur für wirkungslos, sondern auch für verhängnisvoll, weil sie geeignet sind, das ohnehin schüchterne, empfindsame urnische Kind noch zaghafter und scheuer zu machen.« (Ebd.: 114)

Aus heutiger Betrachtungsweise erscheint es als das fast Subversivste in Hirschfelds erstem Nachdenken über die Bedeutung von Homosexualität in der Erziehung, dass hier das »Normalkinde« explizit als ein solches benannt – und auf diese Weise zugleich durch den Akt einer solchen Benennung seiner Normalität entkleidet wird. Zugleich wendet sich Hirschfeld gegen Verführungstheorien. Hierzu führt er aus:

> »Die auslösende Ursache [für eine homosexuelle Veranlagung] ist meist die Begegnung mit einem adäquaten Sexualobjekt, niemals aber kann diese selbst den eigentlichen Grund der homosexuellen Triebrichtung bilden. Wirken doch während der Entwickelung jedes einzelnen so mannigfache sexuelle Anreize auf ihn ein, daß der Sexualität reichlich Gelegenheit geboten ist, auf die ihr adäquaten zu reagieren.« (Ebd.: 123)

Damit hat Magnus Hirschfeld als ein Pionier der Homosexualitätsforschung zentrale Aspekte benannt, an denen sich die Bildungswissenschaften bei ihrer Beschäftigung mit (Homo)Sexualität in den folgenden einhundert Jahren abarbeiten sollten: erstens, die Diskussion der Frage, an welchen Maßstäben sich eine das Thema der Sexualität ernst nehmende Erziehung orientieren soll (Stichwort »Normalkind«), zweitens, welchen Einfluss man dem Komplex der Erziehung bei der Genese sexueller Identitäten überhaupt einräumen darf, und drittens schließlich, wie der Umstand, dass »während der Entwicklung jedes einzelnen so mannigfache sexuelle Anreize auf ihn« einwirken, produktiv in Erziehungskonzepte integriert werden kann. Hieraus sollte sich – viel später – das Konzept einer »Sexualpädagogik der Vielfalt« entwickeln.

– Als Bildungswissenschaften soll in diesem Beitrag der interdisziplinäre Bereich derjenigen Fächer gemeint sein, die sich mit dem Großkomplex Bildung insgesamt beschäftigen: die ›klassische‹ Pädagogik bzw. Erziehungswissenschaft, aber auch die empirische Bildungsforschung und die Fachdidaktiken, die über das Lernpotenzial einzelner (Schul-)Fächer und deren Inhalte reflektieren. Zudem können auch Ansätze aus außerschulischer Bildungsarbeit und Sozialpädagogik berücksichtigt werden.

In pädagogischen Handlungsfeldern herrschten noch lange Zeit Ängste vor einer Verführung des »Normalkindes« zu Homosexualität vor. Das Hamburger Jugendamt zum Beispiel unterhielt in den 1920 Jahren eine eigene »Fürsorgestelle für sexualgefährdete männliche Jugendliche«, die es sich zum Ziel setzte, die männliche Jugend vor den Gefahren von Homosexualität zu beschützen. Diese Fürsorgestelle verfügte immerhin über zwei feste Planstellen für Jugendpfleger, in den Jahren der Weimarer Republik eine bemerkenswerte Personalausstattung (vgl. Lücke 2008: 195-220).

Der Fürsorgetheoretiker Hans Muser, der sich 1933 im Rahmen seiner Dissertation mit dem Themenkomplex »Homosexualität und Jugendfürsorge« beschäftigte, erkannte im Unterschied zu Hirschfeld in erster Linie »exogene[...] Ursachenkomplexe« (Muser 1933: 9) für die Genese von Homosexualität bei Jugendlichen, die er insbesondere auf das Agitieren der Homosexuellenbewegung (ebd.: 59-60), »Verführung durch Homosexuelle« (ebd.: 60-63) und in der »Gefahr der Erziehung in gleichgeschlechtlichen Gemeinschaften« (ebd.: 65-69) festmachte. Er entwarf im Gegenzug das Konzept einer »heilenden Homosexuellenfürsorge« (ebd.: 116-130), deren pädagogische Maßnahmen von einer Verwarnung bis hin zur Einweisung in die Fürsorgeerziehungsanstalt oder ins Gefängnis reichen konnten – mit dem Ziel, eine sich andeutende gleichgeschlechtliche Sexualneigung bei jungen Männern durch rigide Maßnahmen einzudämmen. Weibliche Jugendliche gerieten nicht in das Visier solcher homophoben Maßnahmen. Bei ihnen stand nicht die Sorge vor gleichgeschlechtlicher Betätigung oder homosexuellen Neigungen im Vordergrund, sondern die Angst vor einem Abdriften in die (weiblich-heterosexuelle) Prostitution. Für Jungen und Mädchen galten also unterschiedliche, geschlechtlich codierte Bedrohungsszenarien im Hinblick auf eine mögliche sexuelle »Verwahrlosung« (Kohtz 1999: 171; Lücke 2008: 193-194). Homosexualität zog demnach in der Jugendfürsorge fast immer nur für Jungen Konsequenzen nach sich, äquivalent etwa zum geschlechterkodierten Strafprofil, das der §175 für das (Erwachsenen-)Strafrecht vorsah.

2. ENTWICKLUNGEN IN DER BUNDESREPUBLIK BIS IN DIE 1980ER JAHRE

Und noch in den »Empfehlungen zur Sexualerziehung in den Schulen«, die die westdeutschen Kultusminister 1968 vorlegten und die bis in die 1990er Jahre gültig waren (vgl. Hofsäss 1995: 73), wurden als »sozialethische Probleme der menschlichen Sexualität« die Themen »Promiskuität, Prostitution, Homosexualität« in einem Atemzug genannt, und die Minister formulierten als Programm:

»Die problematischen und negativen Erscheinungen menschlichen Sexualverhaltens sollen nicht in den Vordergrund gestellt werden. Die Schule muss aber bemüht sein zu verhindern, daß junge Menschen während oder nach der Schulzeit aus bloßer Unwissenheit falsche Wege gehen.« (Zit. nach ebd.: 73-74)

In der Zwischenzeit hatte sich jedoch das Sexualverhalten Jugendlicher und junger Erwachsener geändert. Zwar galt ein Großteil der Aufmerksamkeit der empirischen Erforschung der Sexualität den Erwachsenen – die viel zitierten Kinsey-Reports aus den Jahren 1948 und 1953 sind hierfür ein Indikator (in ihnen gerieten Männer und Frauen zwischen dem sechzehnten und dem fünfundfünfzigsten Lebensjahr in den Blick, vgl. Haeberle 1993: 234) –, aber auch über die explizit jugendlich-adoleszente Sexualität lassen sich Aussagen treffen. So legt Gunter Schmidt statistisches Material über Jugendliche vor, die »ihre Adoleszenz in den frühen 1950ern bzw. in den 1990ern erlebten« (Schmidt 2004: 313). Hierzu bezieht er sich auf drei Survey-Studien der Abteilung für Sexualforschung der Universität Hamburg aus den Jahren 1966, 1981 und 1996, in denen deutsche Studentinnen und Studenten zu ihrem Sexualverhalten befragt wurden. Für alle Befragtengruppen (Männer wie Frauen) zeigt sich, dass von den vor 1950 Geborenen 10 bis 20% den ersten Geschlechtsverkehr mit 18 Jahren oder früher ›hatten‹, während sich diese Quote in unserer Gegenwart bei 50 bis 60% bewegen soll (vgl. ebd.: 315). Den Zeitpunkt dieser »dramatische[n] Veränderung« (ebd.) terminiert Schmidt auf die 1970er Jahre und präzisiert:

»Der Umbruch des jugendlichen Koitusverhaltens erfolgte also Ende der 1960er, Anfang der 1970er Jahre, seitdem sind die Zahlen relativ konstant. Die Entwicklung in der DDR/ den neuen Bundesländern entspricht weitestgehend der in Westdeutschland.« (Ebd.)

Für gleichgeschlechtliche Sexualität lässt sich nach Schmidt jedoch offenbar eine andere Entwicklung beobachten. Er führt aus:

»Bei den Mädchen sind solche Erfahrungen auf dem Höhepunkt der sexuellen Liberalisierung in den 1970er Jahren am häufigsten, davor und danach mit etwa 5% gleichermaßen selten. Bei männlichen Jugendlichen waren solche Erfahrungen bis zum Ende der 1970er mit etwa 20% recht häufig; danach kam es aber zu einem drastischen Rückgang auf etwa 5%. Das, was die Sexualforscher einmal die ›passagere Homosexualität homosexueller Jugendlicher‹ nannten, ist eine verschwindende Sexualform. Diesen Befund fanden wir auch in unseren Vergleichsstudien an sechzehn und siebzehnjährigen Jugendlichen aller Ausbildungsgruppen: Berichteten 1970 noch 18% der Jungen über solche Erfahrungen, so waren es 1990 nur noch 6%.« (Ebd.: 321)

Diesen bemerkenswerten Tatbestand führt Schmidt unter anderem darauf zurück, dass seit den 1970er Jahren das öffentliche Reden über Homo- und Heterosexualität zugenommen habe. Dadurch sei der vermeintlich deviante Charakter von zuvor als harmlos wahrgenommenen Sexualhandlungen in das Bewusstsein junger Menschen gerückt. Auch könne man in der Medienkultur seit den 1970er Jahren, verstärkt dann seit den 1990ern, zwar ein »Ausmaß an Sexualisierung« entdecken, das »für Erwachsene älterer Generationen geradezu schockierend« wirke. Jedoch: »Die gezeigte Welt ist dabei so gut wie immer eine *hetero*sexuelle. Dadurch kommt es [...] zu einer ungewöhnlich frühen, expliziten, offensiven, konsequenten und effektiven heterosexuellen Sozialisation« (ebd.: 322).

Seit den 1970er Jahren lassen sich demnach scheinbar paradoxe Prozesse beobachten: Eine gesellschaftliche Liberalisierung von Sexualität war in erster Linie eine Liberalisierung von *Hetero*sexualität. Gleichgeschlechtliche Sexualformen konnten durch die vielfach beschworenen Impulse der 68er-Bewegung zunächst kaum von ihrer Devianz befreit werden. Gleichzeitig jedoch, so führen vor allem die Erziehungswissenschaftler Friedrich Koch und Uwe Sielert aus, führten die vielfältigen Impulse der Emanzipationsbewegungen nach 1968 schließlich dazu, dass sich nach und nach eine emanzipatorische Sexualpädagogik etablieren konnte, in der auch der Umgang mit Homosexualität einen festen Platz bekommen sollte (vgl. Sielert 2005: 21-23; Koch 2013: 25-40). Bis zu einer solchen festen Verankerung dieses Themenkomplexes sollte es jedoch noch einige Jahre dauern.

3. »HOMOSEXUALITÄT UND ERZIEHUNG«: PROBLEMHORIZONTE BEI THOMAS HOFSÄSS

Mitte der 1990er Jahre unternahm der Erziehungswissenschaftler Thomas Hofsäss unter dem Titel »Homosexualität und Erziehung« eine gründliche Bestandsaufnahme dieses »Spannungsfeldes in Familie, Schule und Gesellschaft« und entwickelte Perspektiven für dessen zukünftige Ausgestaltung. Inspiriert wurde er dabei vermutlich auch durch einen pädagogischen Kongress, den das Referat für gleichgeschlechtliche Lebensweisen der Berliner Senatsverwaltung für Schule, Jugend uns Sport im Jahr 1992 unter dem Motto »Was heißt hier normal? Lesbisch – schwul – heterosexuell« veranstaltet hatte – die erste Großveranstaltung dieser Art, deren Ergebnisse 1993 publiziert vorlagen. Ausgehend von seiner Beobachtung, dass homosexuelle Jugendliche – auch 80 Jahre nach Magnus Hirschfelds Einlassungen – in Familien und im Rahmen von institutioneller Bildung heterosexuell erzogen werden (vgl. Hofsäss 1995: 9-27), dekonstruiert er die in den Bildungswissenschaften üblichen »Erklärungsansätze zur Homosexualität« als Fragehorizonte, die stets aus einer heteronormativen Blickrichtung nach den Ursachen für das Besondere fragen – und dabei Heterosexualität als die natürliche, auf biologische Reproduktion gerichtete Norm begreifen – und deshalb freilich nicht als Konstrukt hinterfragen (vgl. ebd.: 29-44).

Familie begreift Hofsäss als einen Erziehungsraum, der ebenso wie die Gesellschaft insgesamt durch einen heterosexuellen Grundkonsens geprägt ist – sodass das Entdecken der Homosexualität eines Jugendlichen kaum anders als eine konflikthafte Situation konzipiert werden kann. Hofsäss resümiert dementsprechend, »daß homosexuelle Kinder im Vergleich zu heterosexuellen Kindern einen konfliktträchtigeren Erziehungsprozeß zu absolvieren haben«. (Ebd.: 47) Die Institution Schule entlarvt Hofsäss dabei als eine ebenso heteronormative Veranstaltung, deren LehrerInnenschaft zu 61 % die Auffassung vertritt, dass Homo- und Heterosexualität nicht als gleichwertige Sexualitätskonzepte anzusehen seien (vgl. ebd.: 78).

Die Bestandsaufnahme von Hofsäss kann überraschen oder erwartbar erscheinen – seine programmatischen Forderungen sollten jedoch in die Zukunft weisen. Vor dem Hintergrund emanzipatorischer erziehungswissenschaftlicher Ansätze forderte er, dass

»sexualpädagogische Ansätze etabliert werden [müssten], die es ermöglichen, die Verschiedenheiten geschlechtlichen Handelns in den Mittelpunkt zu stellen. Eine pragmatisch orientierte Möglichkeit wäre es hierbei, in den sexualpädagogischen Ansätzen offensiv mit der bestehenden Ungleichheit umzugehen und diese aus Sicht einer emanzipatorischen Sexualpädagogik zu thematisieren« (Ebd.: 75).

Eine solche emanzipatorische Sexualpädagogik, die für ihn »das folgerichtige Ergebnis der Schüler- und Studentenbewegung von 1967 bis Anfang der siebziger Jahre« (ebd.: 84) darstellt, solle sich in erster Linie darin zeigen, dass Homosexualität nicht nur als Thema von Sexualerziehung im Biologieunterricht vorkommen soll, sondern als Querschnittsthema (fast) aller Unterrichtsfächer vorkommen müsse; ebenso solle eine gleichwertige Beschäftigung mit Homosexualität auch die Schule als sozialen Raum durchziehen – etwa bei der Gestaltung von Klassenzimmern oder der Einladung von schulfremden Personen, der Entwicklung von Szenen mit homosexuellem Inhalt etwa im Rahmen einer Theater-AG oder gar in der Einrichtung eines Homosexuellenbeauftragten an den Schulen. Einen solchen Umgang mit Homosexualität unter den Prämissen einer emanzipatorischen Sexualpädagogik konzipiert Hofsäss dabei als ein explizit politisches Projekt, in Anlehnung an Detlef Mücke »als politische Erziehung, die auf die Sündenbockfunktion von Minderheiten und die Bedeutung von Sexualunterdrückung hinweist« (Mücke 1993: 90-91, zit. nach Hofsäss 1995: 86).

4. EINE SEXUALPÄDAGOGIK DER VIELFALT ALS PROJEKT DER QUEER THEORY

Das identitätspolitisch-bildungswissenschaftliche Programm, das Hofsäss vorschlägt, wurde in den folgenden Jahren durch die Ansätze einer »Sexualpädagogik der Vielfalt« umgesetzt – und der identitätspolitische Anspruch, der bei Hofsäss mal explizit und mal implizit durchscheint, zunehmend durch die identitätskritische Queer Theory dekonstruiert.

Als Ausgangspunkt dieser Entwicklung können die bereits 1993 von dem Erziehungswissenschaftler und Sexualpädagogen Uwe Sielert und anderen herausgegebenen »Sexualpädagogischen Materialien für die Jugendarbeit in Freizeit und Schule« angesehen werden. Kernidee einer Sexualpädagogik der Vielfalt ist es, in Erziehungs- und Bildungsprozessen nicht nach verfestigten Identitäten von Heranwachsenden zu suchen, sondern vor dem Hintergrund eines dynamischen, von der Queer Theory inspirierten Identitätsverständnisses weder nach einem »Normalkind« Ausschau zu halten noch homosexuelle Identitätskonzepte als fest und starr zu begreifen. So verweist Uwe Sielert darauf,

> »daß eine Familie aus vielfältigen Lebensformen bestehen kann, von denen die [...] Kernfamilie nur eine, wenn auch noch recht verbreitete Variante ist. Weitere Konstellationen sind: Einelternfamilien, Stieffamilien, Familien ohne Ehe, Patchworkfamilien und zunehmend auch die Besonderheit der gleichgeschlechtlichen Familie.« (Sielert 2001: 134)

Auf diese Weise ordnet er die gleichgeschlechtlichen Familie, 2001 noch recht zaghaft als eine zunehmende Besonderheit bezeichnet, als eine Erziehungsinstanz in Konzepte von Familienpädagogik ein.

Elisabeth Tuider, eine weitere Protagonistin auf dem Feld, spricht von »Geschlechtereventualitäten« und grenzt sich auf diese Weise deutlich nicht nur von einer zweigeschlechtlich-dichotomen Geschlechterordnung ab, sondern weist zugleich auf die Debatten um den Konstruktcharakter von Geschlecht und Sexualitäten insgesamt hin (vgl. Tuider 2001: 167-168), auf eine »Loslösung aus der Bipolarität in einer Vielzahl von möglichen gelebten Varianten von Männlichkeit(en) und Weiblichkeit(en)« (ebd.: 170). Ebenso erkennt sie in der Sexualität »das Produkt eines historisch-politischen und gesellschaftlich-kulturellen Konstruktionsprozesses« (ebd.: 171).

Mit einer identitätspolitisch inspirierten Sexualpädagogik könnten Prämissen dieser Art freilich in einen Gegensatz geraten, geht es doch bei Ansätzen wie dem von Elisabeth Tuider um eine Dekonstruktion dessen, was Identitätspolitik emanzipatorisch zu festigen trachtet. Über einen solchen Zwiespalt führt Tuider aus:

»Deswegen steht es auch für die (Sexual)Pädagogik an, eine auf festgefahrenen Iden-
titätsvorstellungen basierende Arbeit zu verlassen und den Blick auf das übergeord-
nete Menschliche – auf das Individuum – zu richten. Aber die Sexualpädagogik befindet
sich in einer paradoxen Situation: Sie könnte zwar zu einer Dekonstruktion gegebener
Machtverhältnisse über die De-Thematisierung der Geschlechterkategorien beitragen;
diesen Beitrag kann sie aber gegenwärtig nur über eine Thematisierung d.h. über eine
Reproduktion von Geschlecht und der Geschlechtlichkeit leisten.« (Ebd.: 176)

Tuider schlägt deshalb vor, Vorstellungen von »bipolaren (Geschlechts)Iden-
titäten aufzulösen und multiple Kontinua mit den Polen 1. Männlich-Weiblich,
2. Heterosexuell-homosexuell und 3. Verschiedene Beziehungsweisen und
Lebensformen (z.B. Single, Zweierbeziehung und WG) pädagogisch zu unterstützen« (ebd.).

Dieses Konzept erinnert freilich an Ideen etwa von »sexuellen Zwischenstufen«, die in der Sexualwissenschaft von Magnus Hirschfeld bereits knapp
neunzig Jahre zuvor entworfen wurden, und in der Summe erkennt Tuider
dann auch, dass ihre programmatische Verortung keinen Raum mehr lässt
»für eine geschlechtsspezifische, identitätsstärkende Erziehung« (ebd.: 178).

Theoretisch weiter ausgeformt hat dekonstruktivistisch-queere Überlegungen dieser Art Jutta Hartmann, die 2002 ein Konzept einer Pädagogik
vielfältiger Lebensweisen entworfen hat. In ihrer umfassenden theoretisch-
begrifflichen Studie bedient sie sich vor allem diskurstheoretischer Ansätze,
die sie machtkritisch auf eine Dekonstruktion von Geschlecht und Identität
in Erziehungszusammenhängen anwendet. Dichtomen Geschlechter- und
Sexualitätskonzepten wie Mann-Frau oder Homo-Hetero stellt sie das Konzept
der »vielfältigen Lebensweisen« entgegen.

Auf welche Weise konnten Überlegungen dieser Art auch Eingang in
die konkrete pädagogische Arbeit finden? Im Jahr 2004 bereits gab das Ministerium für Gesundheit, Soziales, Frauen und Familie des Landes Nordrhein-
Westfalen die Handreichung »Mit Vielfalt umgehen. Sexuelle Orientierung
und Diversity in Erziehung und Beratung heraus«, die in Kooperation mit ita-
lienischen, niederländischen, französischen und österreichischen Partnern
entstanden war. Ihren politischen Anspruch nicht verbergend, zielen die vorgelegten Materialien auf den »Kampf gegen Diskriminierung unter Jugendlichen« (Ministerium für Gesundheit 2004: 2), insbesondere im Hinblick
auf sexuelle Orientierung. In den in der Handreichung angebotenen Hinter-
grundinformationen, die sich an Erzieher und Berater richten, verweisen die
Autorinnen und Autoren dann in der Tat auf den Konstruktcharakter sexueller
Identitäten und Identitätskonzepte, indem etwa auch das Konstrukt eines
biologischen Geschlechts am Beispiel der Transsexualität thematisiert wird
oder indem darauf hingewiesen wird, dass die Klassifizierung in Hetero-
Homo in den 1860er Jahren erfunden wurde und zugleich einer Verurteilung

von gleichgeschlechtlichem Verhalten diente (vgl. ebd.: 11-12). Heterosexualität konnte erst auf diese Weise, so dort weiter, zur allgemeingültigen Norm werden.

Die Handreichung bietet im Folgenden dann konkretes Material für die praktische Arbeit an, die den Themenkomplex unter den Aspekten »Coming out und Identitäten«, »Beziehungen«, »Verschiedene Lebensformen«, »Gesundheit und psychosoziale Probleme«, »Lesben- und schwulenspezifische Beratung«, »Sexualitäten«, »Szene und Community«, »Geschichte und Kultur« sowie »Religion« für die sexualpädagogische Praxis aufbereiten. Sie ist sich dabei bewusst, dass ohne ein Reden über bereits etablierte machtvolle Begrifflichkeiten wie »lesbisch« oder »schwul« eine herrschaftskritische Distanznahme von solchen Diskursen nicht möglich ist.

Vom »Normalkind« freilich ist in Konzepten dieser Art nicht mehr die Rede – ein Umstand, der die Landesregierung von Nordrhein-Westfalen im Jahr 2005 (in der Zwischenzeit hatte es einen Regierungswechsel gegeben) dazu veranlasste, die weitere Verbreitung der Handreichung zu unterbinden. Den Sprecher des NRW-Schulministeriums Oliver Mohr trieb die Sorge um, »dass schwul oder lesbisch sein zur Pflicht wird«; er erkannte in der Handreichung »Werbung für bestimmte Lebensformen« – und eben keine eindeutige Parteinahme für Heterosexualität[2] – gut neunzig Jahre nach den Hirschfeldschen Bemerkungen zu Homosexualität bei Jugendlichen ein erstaunlicher Debattenbeitrag.

Nichtsdestotrotz: insbesondere Praxismethoden einer Sexualpädagogik der Vielfalt wurden in der Folge weiterentwickelt. So legten Elisabeth Tuider, Mario Müller, Stefan Timmermanns, Petra Bruns-Bachmann und Carola Koppermann 2008 (und 2012 in zweiter Aufl.) ein Handbuch vor, in dem auf der Basis des Vielfalt-Konzepts ein üppiger sexualpädagogischer Methodenkatalog vorgestellt wird. Sich in der »Dekonstruktivistischen Pädagogik sowie der (neo-)emanzipatorischen Sexualpädagogik« (Tuider et al. 2012: 15) verortend, verfolgen die AutorInnen das Ziel, »basierend [...] auf den Erfahrungen verschiedenster Emanzipationsbewegungen des 20. Jahrhunderts [...] in den hier zusammengestellten Methoden ein streng polares und hierarchisches Denken bezüglich verschiedenster Differenzen auch in der (Sexual)Pädagogik« (ebd.: 16) zu überwinden.

---

2 | Debatten um den Rückzug der Broschüre sind entnommen aus der taz vom 29.07.2005, vgl. http://www.taz.de/1/archiv/archiv/?dig=2005/07/29/a0009 (zuletzt geprüft am 14.07.2015), vgl. hierzu auch http://www.profamilia.de/?id=2503 (zuletzt geprüft am 14.07.2015).

5. Kompetenzen, empirische Befunde, Fachkulturen: Gegenwärtige Entwicklungen

In Zeiten des (Post-)PISA-Schocks freilich erscheint es zudem notwendig, einen Blick darauf zu richten, wie Lernen zum Themenkomplex Homosexualität / sexuelle Vielfalt kompetenzorientiert beschrieben werden kann – und was wir aus empirischen Studien über sexuelle Orientierungen und Identitäten lernen können.

Während sich bildungswissenschaftliche Konzepte bis vor etwa zehn Jahren noch primär mit dem Input von Bildung und Erziehung befasst haben (gefragt wurde, welche Inhalte, Ressourcen und normativen Konzepte in Lern- und Bildungsprozesse hineingegeben werden sollen), bedeutet ein Denken in den Bahnen von Kompetenzorientierung, dass zunächst der Output, genauer: die Fähigkeiten, Fertigkeiten und Bereitschaften von Lernen, die das Ergebnis eines Bildungsprozesses sein sollen, festgelegt werden müssen. Ein einheitliches Modell, an welchen Kompetenzen sich eine Sexualpädagogik der Vielfalt zu orientieren habe, liegt noch nicht vor, wohl aber zielführende Überlegungen, was unter »Gender- und Queer-Kompetenzen« zu verstehen ist.

Leah Carola Czollek und Gudrun Perko definieren solche Kompetenzen als Handlungskompetenzen, als Handlungsfähigkeiten und -bereitschaften also, die – oft als *soft skills* beschrieben – über einen rein fachlichen Rahmen (etwa für den Biologieunterricht) hinausgehen. Ihr Modell richtet sich zunächst an die Hochschuldidaktik – nimmt für sich also zunächst nicht in Anspruch, den Bildungsraum Schule zu betreten, könnte aber trotzdem inspirierend wirken.

Im Rahmen von Sozialkompetenz soll es nach Czollek und Perko darum gehen, bei sozialer Interaktion mehrere Geschlechter wahrnehmen zu können (als Beispiel nennen sie: Mann, Frau, Transgender, Intersexuelle) und zugleich einen anerkennenden Umgang mit den verschiedenen Geschlechtern pflegen zu können. Unter Individualkompetenzen fassen sie die Fähigkeit und Bereitschaft, über die eigenen Geschlechterinszenierungen reflektieren und sowohl dem eigenen wie auch anderen Geschlechtern konstruktiv-kritisch begegnen zu können. Zu Fach- / Sachkompetenzen zählen sie unter anderem Kenntnisse von Doing Gender und Undoing Gender, aber auch Kenntnisse der Queer Theory (vgl. Czollek/Perko 2008: 65-66).

In schulisch-curriculare Konzeptionen haben es Kompetenzvorschläge dieser Art noch nicht geschafft, auch scheint ein Blick in die gegenwärtige Praxis von Schule hier eher skeptisch zu stimmen.

Vereinzelt liegen zwar Unterrichtskonzepte jenseits von ›reiner‹ Sexualpädagogik vor, die sich wiederum zumeist immer noch an den Erfordernissen des Faches Biologie, bestenfalls noch am Fach Ethik orientieren. Für das Fach Geschichte gibt es konkrete Ansätze, etwa die Geschichte der Homosexualitäten als verflochtene deutsch-deutsche Geschichte im Klassenraum zu präsentieren (vgl. Dobler/Pretzel 2005) oder die Geschichte von homosexuellen Emanzipationsbewegungen auch einmal kritisch zu betrachten (vgl. Lücke 2007). Im Rahmen des Faches Geschichte kann es dabei insgesamt darum gehen, den Konstruktcharakter von sexuellen Identitätskonzepten über deren Historizität und historische Alterität zu erfahren (vgl. Lücke 2012) – also zu lernen, dass es auch im Hinblick auf (Homo)Sexualität früher einmal anders war und dass die Dinge sich ohnehin permanent ändern. Die Paradigmen der Queer Studies aufgreifend, liegt zudem auf dem Internetportal *www.queerhistory.de* Lernmaterial für den Geschichtsunterricht bereit, mit dem es gelingen könnte, die Geschichte sexueller Vielfalt möglichst facettenreich in den Geschichtsunterricht zu integrieren. Hier werden aufbereitete Materialien auch zu Intersexualität und Transgender angeboten.

Ein Blick in die empirische bildungswissenschaftliche Forschung lässt es jedoch als wahrscheinlich erscheinen, dass die Zielstellungen einer Sexualpädagogik der Vielfalt noch nicht mit voller Kraft in Feldern pädagogischer Praxis angekommen sind.

Karla Etschenberg hat aufgezeigt, dass die Dominanz der KMK-Richtlinien aus dem Jahr 1968 tatsächlich eine hartnäckige war. Zwar verschwanden zum Beispiel seit den 1980er und 1990er Jahren in Biologielehrwerken und in Handbüchern für die Biologie-Lehramtsausbildung explizit diskriminierende Formulierungen über Homosexualität, in denen Verführungs- und Entartungstopoi perpetuiert wurden. Homosexuelle Menschen wurden jedoch auch in den 1990er Jahren stets noch als die ›Anderen‹ entworfen, die sich vom mehrheitlich ›Normalen‹ unterschieden, oder die doch zumindest nur in direkter Gegenüberstellung zu heterosexuellen Menschen beschrieben werden konnten (vgl. Etschenberg 2001: 153-157): die »meisten Jugendlichen und Erwachsenen«, so ein Biologielehrwerk des Bayerischen Schulbuchverlags aus dem Jahr 1993, suchen sexuelle Beziehungen zum anderen Geschlecht, während für die anderen gilt: »Man bezeichnet diese Menschen als homosexuell« (Gerhardt-Dircksen 1995: 135). Und es heißt 1993 im *Handbuch des Biologieunterrichts*:

»Die meisten Jungen sehnen sich nach einer Frau, die meisten Mädchen sehnen sich nach einem Mann. Einige Jungen merken, daß sie nur mit einem Mann, einige Mädchen merken, daß sie nur mit einer Frau glücklich werden können. Diese Menschen nennt man homosexuell.« (Eschenhagen 1993: 328)

Melanie Bittner im Jahr 2011 anhand einer Analyse von »Geschlechterkonstruktionen und Darstellungen von Lesben, Schwulen, Bisexuellen, Trans* und Inter* (LSBTI) in Schulbüchern« nachgewiesen, dass es in den von ihr betrachteten Lehrwerken der Fächer Englisch, Biologie und Geschichte noch immer überwiegend zweigeschlechtlich-heteronormativ zugeht. Im Fach

Geschichte tauchen in den Lehrwerken – wenn überhaupt – homosexuelle Männer als Opfer des Nationalsozialismus auf (vgl. Bittner 2011: 70-73). Über die Existenz von trans- oder intersexuellen Lebensweisen hingegen erfahren SchülerInnen jenseits pathologisierend-heteronormativer Darstellungen in Biologiebüchern nichts (vgl. Bittner 2011: 89-91). In Englisch-Lehrwerken ist es noch trister. Bittner resümiert: »In keinem Buch des Samples wurden schwule, lesbische oder bisexuelle Menschen dargestellt« (ebd.: 48).

Die Didaktiker Sarah Huch, Detlef Urhahne und Dirk Krüger haben 2012 affektiv und kognitiv basierte Einstellungen von Jugendlichen zu sexuellen Orientierungen in der achten und neunten Jahrgangstufe erhoben. Zwar können sie auf breiter empirischer Basis zeigen, dass bei Jugendlichen, die homosexuelle Personen in ihrem persönlichen Umkreis kennen, sowohl affektive als auch kognitive Einstellungen gegenüber Homosexualität als positiv bezeichnet werden können. Bei Schülerinnen und Schülern jedoch, die auf Homosexualität mit einer affektiven Ablehnung reagieren, herrschen auch im kognitiven Bereich »häufiger traditionell-biologistisch oder religiös-orientierte Einstellungen« (Huch/Urhahne/Krüger 2012: 224) vor.

Diese empirischen Ergebnisse legen die Vermutung nahe, dass wohl offenbar das »Normalkind« noch immer als Maßstab für den Umgang mit Homosexualität in praktischen pädagogischen Zusammenhängen dient – während es in den theoretischen Debatten der Bildungswissenschaften schon längst dekonstruiert wurde.

6. LITERATUR

Barricelli, Michele/Lücke, Martin (Hg.) (2012): Handbuch Praxis des Geschichtsunterrichts, Band 1, Schwalbach/Ts.

Benninghaus, Christina/Kohtz, Kerstin (Hg.) (1999): »Sag mir, wo die Mädchen sind...«, Beiträge zur Geschlechtergeschichte der Jugend, Köln u.a.

Bittner, Melanie (2011): Geschlechterkonstruktionen und die Darstellung von Lesben, Schwulen, Bisexuellen, Trans* und Inter* (LSBTI) in Schulbüchern. Eine gleichstellungsorientierte Analyse, Frankfurt a.M.

Bruns, Claudia/Walter, Tilmann (Hg.) (2004): Von Lust und Schmerz. Eine Historische Anthropologie der Sexualität, Wien.

Czollek, Leah Carola/Perko, Gudrun (2008): Eine Formel bleibt eine Formel ... Gender- und diversitygerechte Didaktik an Hochschulen: ein intersektionaler Ansatz (= Schriftenreihe Gender Mainstreaming und Diversity Management, hrsg. von Ulrike Alker und Ursula Weilenmann), Wien.

Dobler, Jens/Pretzel, Andreas (2005): »Das etwas andere Leben. Homosexuelle in beiden deutschen Staaten«, in: Praxis Geschichte 18, S. 36-38.

Eschenhagen, Dieter u.a.: (Hg.) (1993): Handbuch des Biologieunterrichts Sekundarbereich I, Band 5, Köln.

Etschenberg, Karla (2001):»Homosexualität in der schulischen Sexual-erziehung«, in: Hahlbohm/Turlin, S. 153-166.

Gerhardt-Dircksen, Almut u.a. (Hg.) (1995): Biologie GN – Menschenkunde, München.

Haeberle, Erwin (1993):»Alfred C. Kinsey«, in: Lautmann, S. 230-238.

Hahlbohm, Paul M./Hurlin, Til (Hg.) (2001): Querschnitt – Gender Studies. Ein interdisziplinärer Blick nicht nur auf Homosexualität, Kiel.

Hartmann, Jutta (2002): vielfältige Lebensweisen. Dynamisierungen in der Triade Geschlecht – Sexualität – Lebensform. Kritisch-dekonstruktive Perspektiven für die Pädagogik, Opladen.

Hirschfeld, Magnus (1914): Die Homosexualität des Mannes und des Weibes, Berlin.

Hofsäss, Thomas (1995): Homosexualität und Erziehung. Pädagogische Betrachtung eines Spannungsfeldes in Familie, Schule und Gesellschaft, Berlin.

Huch, Sarah/Urhahne, Detlef/Krüger, Dirk (2012):»Affektiv und kognitiv basierte Einstellungen von Jugendlichen zu sexuellen Orientierungen«, in: Zeitschrift für Sexualforschung 25, S. 224-251.

Koch, Friedrich (2013):»Zur Geschichte der Sexualpädagogik«, in: Schmidt/ Sielert, S. 25-40.

Kohtz, Kerstin (1999):»Ich war ihm zu willen, trotzdem sträubte ich mich‹. Zur Sexualität ›verwahrloster‹ Mädchen in der Zeit der Weimarer Republik«, in: Benninghaus/Kohtz, S. 169-191.

Lautmann, Rüdiger (Hg.) (1993): Homosexualität. Handbuch der Theorie- und Forschungsgeschichte, Frankfurt a.M.Lücke, Martin (2007):»Unnatürliche Sünden – lasterhafte Lustknaben. Didaktische Aspekte einer Geschichte von Männlichkeiten und Sexualitäten am Beispiel von Homosexualität und männlicher Prostitution«, in: Lundt/Völkel, S. 127-159.

Lücke, Martin (2008): Männlichkeit in Unordnung. Homosexualität und männliche Prostitution in Kaiserreich und Weimarer Republik, Frankfurt a.M.

Lücke, Martin (2012):»Diversität und Intersektionalität als Konzepte der Geschichtsdidaktik«, in Barricelli/Lücke, S. 136-146.

Lundt, Bea/Völkel, Bärbel (Hg.) (2007): Outfit und Coming-Out. Geschlechter-welten zwischen Mode, Labor und Strich (=Historische Geschlechter-forschung und Didaktik – Ergebnisse und Quellen, Band 1), Münster.

Ministerium für Gesundheit, Soziales, Frauen und Familie des Landes Nord-rhein-Westfalen (Hg.) (2004): Mit Vielfalt umgehen. Sexuelle Orientierung und Diversity in Erziehung und Beratung, Wuppertal.

Mücke, Detlef (1993): »Das (Nicht-)Vorkommen von Lesben und Schwulen in Schulgesetzen, Rahmenplänen und Lehrbüchern – politische Forderungen und Perspektiven«, in: Referat für gleichgeschlechtliche Lebensweisen, S. 79-100.

Muser, Hans (1993): Homosexualität und Jugendfürsorge. Eine soziologische und fürsorgerische Untersuchung, Paderborn.

Referat für gleichgeschlechtliche Lebensweisen (Hg.) (1993): Pädagogischer Kongreß: Lebensformen und Sexualität (=Dokumente lesbisch-schwuler Emanzipation, Band 8), Berlin.

Schmidt, Gunter (2004): »Zur Sozialgeschichte jugendlichen Sexualverhaltens in der zweiten Hälfte des 20. Jahrhunderts«, in: Bruns/Walter, S. 313-325.

Schmidt, Renate-Berenike/Sielert, Uwe (Hg.) (2013): Handbuch Sexualpädagogik und sexuelle Bildung, 2. erweiterte und überarbeitete Auflage, Weinheim.

Sielert, Uwe (2001): »Gleichgeschlechtliche Lebensweisen als Herausforderung an die Familienpädagogik«, in: Hahlbohm/Hurlin, S. 133-152.

Sielert, Uwe (2005): Einführung in die Sexualpädagogik, Weinheim u.a.

Sielert, Uwe u.a. (Hg.) (1993): Sexualpädagogische Materialien für die Jugendarbeit in Freizeit und Schule, Weinheim.

Tuider, Elisabeth (2001): »Geschlechtereventualitäten: eine sexualpädagogische Dekonstruktion postmoderner Geschlechterbeziehungen«, in: Hahlbohm/Hurlin, S. 167-181.

Tuider, Elisabeth u.a. (Hg.) (2012): Sexualpädagogik der Vielfalt. Praxismethoden zu Identitäten, Beziehungen, Körper und Prävention für Schule und Jugendarbeit, Weinheim.

Tuider, Elisabeth (2013): »Diversität von Begehren, sexuellen Lebensstilen und Lebensformen«, in: Schmidt/Sielert, S. 245-254.

Geschlechtliche und sexuelle Vielfalt im Kontext von Schule und Hochschule

Normativität und Ambivalenz als zentrale Herausforderungen
einer Pädagogik vielfältiger Lebensweisen

Jutta Hartmann

> »... but for me it's a choice, and you don't get to define
> my gayness for me." – Cynthia Nixon (2012)[1]

> »Meine Identität ist vom sozialen Problem der An-
> erkennung nicht zu trennen. Wir sind abhängig von den
> bestehenden sozialen Kategorien, und die bestehen
> außerhalb von uns. Deshalb ist manchmal der einzige
> Weg, um Anerkennung zu erlangen mich mit einer Iden-
> titätskategorie abzufinden – gleich, ob sie sich für mich
> richtig anfühlt oder nicht. Die Kategorie zirkuliert schon
> in der Welt, und sobald ich Anerkennung für meine Iden-
> tität fordere trete ich in diese Zirkulation ein. Ich muss
> also immer mit den bestehenden Normen arbeiten.«
> – Judith Butler (2013: 64).

Öffentliche Outings haben Hochkonjunktur.[2] Doch entgegen der vorherrschenden Praxis, die mit dem Outing nach außen getragene geschlechtliche und/oder sexuelle Identität als eigentliche und schon immer in dieser
Weise dagewesene zu präsentieren, stellt sich die US-amerikanische Schau-
spielerin Cynthia Nixon mit ihrem Wechsel von heterosexuellem zu lesbischem
Leben nicht nur gegen die Norm heterosexueller Zweigeschlechtlichkeit,

---

1 | In: Witchel (2012).
2 | Erinnert sei nur an das homosexuelle *Outing* des ehemaligen Fußballnational-
spielers Thomas Hitzlsperger Anfang 2014 und an das transgeschlechtliche *Outing* des
früheren Olympiasiegers Bruce Jenner, der heutigen Caitlyn Jenner.

sondern mit diesem mit Nachdruck als Wahl vertretenen Wandel auch gegen die fest mit dieser Norm verschweißte ›Megaregel der Monosexualität‹ – einem essentialistischen Verständnis sexueller Identität, das diese als biologisch gegeben und/oder psychogenetisch festgelegt entwirft und tief im Innern des Individuums verankert (vgl. Schmidt 1996: 114f). Damit transportiert ihre Aussage weit mehr als einen Hinweis auf das Recht zur geschlechtlichen und sexuellen Selbstdefinition. Vielmehr stellt sie zu Wahrheiten geronnene Überzeugungen in Frage, die zu den Grundlagen der auf Geschlecht und Sexualität bezogenen dominanten soziokulturellen Ordnung westlicher Gesellschaften zählen, und auf die sich gegenwärtig auch viele derjenigen berufen, die für eine Aufnahme des Themenkomplexes geschlechtlicher und sexueller Vielfalt in die Schule eintreten. So wundert es wenig, dass Cynthia Nixon den Unmut einiger Gay-Aktivist*innen auf sich gezogen hat. Auch aus der berechtigten Sorge heraus, in der eigenen, an die homosexuelle Lebensweise geknüpften sozialen Lebensfähigkeit bedroht zu werden – bspw. durch gesellschaftshistorisch noch nicht wirklich überwundene ›Heilungs‹-Versuche – generalisieren diese demgegenüber ein Identitätskonzept, das keinen Raum für eine vorherrschende Kategorien herausfordernde Dynamik geschweige denn für eine Vorstellung von Wahl offen lässt.

Geschlechtliche und sexuelle Vielfalt ist zu einem diskursiven Ereignis avanciert. Dabei wird ganz unterschiedlich mit den auf geschlechtliche und sexuelle Identitäten bezogenen Normen gearbeitet und um Durchsetzung der eigenen Sichtweise gestritten. Treffend spricht Ines Pohlkamp (2015: 76) von einer »Auseinandersetzung um Diskurshegemonien zur Anerkennung geschlechtlicher und sexueller Existenz- und Lebensweisen«. Auch auf fachlich-pädagogischer wie bildungspolitischer Ebene hat sich seit etwa Beginn der 2010er Jahre der Anspruch etabliert, den Topos ›geschlechtliche und sexuelle Vielfalt‹ als Bildungsinhalt zu implementieren. Doch wird die öffentliche Debatte mit Blick auf die Kategorien Geschlecht und Sexualität häufig theoriefern und vorwiegend aus einer moralisch-normativen Perspektive heraus geführt. Diskriminierung zu überwinden ist das übergreifende Bildungsziel.

Mein mit diesem Beitrag verbundenes Anliegen ist es, neben dem moralisch-normativen auch den subjektkonstituierenden Aspekt von Bildung in Erinnerung zu rufen sowie zu fragen, wie es gelingen kann, mit Blick auf geschlechtliche und sexuelle Vielfalt Lernprozesse anzuregen, die Adressat*innen von Bildung und Ausbildung in ihrem Verhältnis zur Welt, zu anderen und zu sich selbst bewegen – und damit dem tieferen Gehalt des Bildungsbegriffs zu folgen. In den Theorien Michel Foucaults und Judith Butlers treffen sich aktuelle Bildungstheorie und *Gender & Queer Theory*. Mit dem Ziel einer theoretischen Fundierung des Topos ›geschlechtliche & sexuelle Vielfalt‹ in der Bildung werde ich an diesen Schnittpunkten die Relevanz des Zusammenspiels von Identität und Macht, Emanzipation und

Dynamisierung herausarbeiten und Normativität und Ambivalenz als zentrale Herausforderungen für die Pädagogik ableiten.

Geschlecht und Sexualität stellen Judith Butler (2009: 10) folgend Aktivitäten dar, die über Sozialität bedingt und gebunden sind an die Wirkkraft »soziale[r] Normen, die unsere Existenz bestimmen«. Es ist das heteronormative System heterosexueller Zweigeschlechtlichkeit, das das Feld potentieller geschlechtlicher und sexueller Vielfalt strukturiert und als Ordnungsrahmen fungiert. Geschlechtliche und sexuelle Vielfalt erscheint dementsprechend als »eine Praxis der Improvisation im Rahmen des Zwangs« (ebd.: 9). Ein Teil des normativen Zwangs besteht bereits darin, dass das Subjekt nicht ohne Anerkennung zu existieren vermag und so auf eine Selbstverhaftung an soziale Normen angewiesen ist. Selbst wenn die vorgefundenen Identitätskategorien nicht passend erscheinen, begrenzen oder schmerzen – um im gesellschaftlichen Rahmen lebensfähig zu sein, sind Subjekte herausgefordert, sich auf soziale Identitätsnormen zu beziehen.

Ist Heterosexualität zur Bestätigung als Norm auf ihr konstitutives Außen, die Homosexualität, angewiesen, steht die nachvollziehbare Forderung nach sozialer Anerkennung einer homosexuellen Identität nicht per se außerhalb des heteronormativen Rahmens. Sabine Hark (1997: 14) hat diesen Zusammenhang treffend als »Ausschluss im Einschluss« bezeichnet. Die diesen beiden Subjektpositionen zugrunde liegende und die heteronormative Ordnung als ›Megaregel‹ regulierende soziale Norm, stellt die Annahme einer Natürlichkeit, Eindeutigkeit und Unveränderbarkeit der geschlechtlichen und sexuellen Identität dar. Dieser Perspektive folgend ziehen nun wiederum die Befürworter*innen des Themenkomplexes ›geschlechtliche & sexuelle Vielfalt‹ in der Schule Kritik auf sich, die mit einem diskursiven Rückgriff auf Biologie und/oder psychische Festlegung das System der Heteronormativität weniger in Frage stellen als es zu reproduzieren. Diesem ›Knackpunkt‹ im Diskurs wende ich mich im ersten Abschnitt meines Beitrags zu. Denn einen entscheidenden Einfluss auf die Professionalität pädagogischer Arbeit hat das Verständnis von Geschlecht und Sexualität, das den jeweiligen Zugängen zur Thematisierung geschlechtlicher und sexueller Vielfalt zugrunde liegt. Ausgehend von der Frage, was es eigentlich heißt, die ›Natur‹ der Sexualität nicht als gegeben anzunehmen, sondern als eine Konstruktion in Frage zu stellen, zeichne ich ein Verständnis von geschlechtlicher und sexueller Identität nach, das sich der Komplexität menschlicher Subjektivität anzunähern versucht (1. u. 2.).

Mittlerweile liegen eine Vielzahl an Diskursbeiträgen, Konzepten und Zugängen zum Themenkomplex ›geschlechtliche & sexuelle Vielfalt‹ in der Pädagogik vor. Diese basieren wiederum auf unterschiedlichen Annahmen zu Geschlecht und Sexualität, zu Natur und Kultur und werden damit unterschiedliche Wirkungen hinsichtlich einer Verfestigung oder Dynamisierung der Kategorien entfalten. Didaktisch betrachtet werden deren zugrunde liegende Auffassungen Einfluss darauf haben, inwieweit in der pädagogischen Interaktion mit ›Wahrheiten‹ oder Perspektiven gearbeitet, inwiefern die Komplexität menschlichen Seins und Lebens reduziert oder als ein Teil der Auseinandersetzung aufgegriffen werden kann. Wie meine Diskussion zeigen wird, greifen dezidiert auf Erkenntnisse der *Queer Studies* zurückgreifende Zugänge Identität als immer in normative Vorgaben verwoben auf und betonen zugleich das Potential der Transformation. Welche Orientierungslinien sich vor diesem Hintergrund für eine Pädagogik vielfältiger Lebensweisen ergeben, wird Gegenstand der weiteren Abschnitte sein (3.-5.) und abschließend nochmals kurz zusammengefasst (6.).

1. DIFFERENZTHEORETISCHE FUNDIERUNG: DIE KOMPLEXITÄT GESCHLECHTLICHER UND SEXUELLER SUBJEKTIVITÄT ERFASSEN

> »... und mein ›Ich‹ spielt das Lesbisch-Sein nicht wie eine Rolle« – Judith Butler (1996: 22)

In den aktuellen Debatten und Analysen zu geschlechtlicher und sexueller Vielfalt stehen sich auf den ersten Blick gesehen essentialistisch und konstruktivistisch argumentierende Perspektiven gegenüber (vgl. Schmidt 1996, Dekker 2012). Während die einen nach von der Natur gegebenen körperlichen Grundlagen der Sexualität forschen und immer wieder neue Antworten aus endokrinologischen, gentechnologischen oder neurobiologischen Studien anbieten, formulieren soziologische, geschichts- wie kulturwissenschaftliche Debatten sowie Theorieentwürfe der *Gender-* und *Queer Studies* Kritikperspektiven auf vorliegende naturalistische Entwürfe von Sexualität. Auch der Biologe Heinz-Jürgen Voss problematisiert in einem historischen Überblick über die naturwissenschaftliche Forschung, wie diese der Dualität von Normalität und Abweichung folgt und mehrheitlich auf »Ausmerzung«, »Heilung« oder »Umerziehung der Homosexualität« hin angelegt war bzw. noch ist (vgl. Voss 2013: 66). Voss zeigt weiter auf, wie widersprüchlich und unzureichend die als erwiesen diskutierten naturwissenschaftlichen Ergebnisse zu Homosexualität letztendlich sind. Auf überzeugende Weise gelingt es ihm nachzuzeichnen, über welch fragwürdige Forschungsdesigns diese hervorgebracht wurden und wie bei deren Präsentation andere Studien, die durchaus auch auf gegenteilige Erkenntnisse verweisen, ausgespart sind.

Bei näherer Betrachtung erweist sich jedoch auch die Opposition von Essentialisten und Konstruktivisten als den unterschiedlichen vorfindbaren, z.T. sehr anspruchsvollen Theorien nicht gerecht werdend. Zum einen liegen einige (sozial)konstruktivistische Konzepte vor, die sexuelle Vielfalt mit unterschiedlichem Grad an eine natürliche Basis zurück binden.[3] Zum anderen ermöglichen weitere Theorien zwar selbst innerpsychische Prozesse und biologische Körperlichkeit als durch und durch sozio-kulturell hervorgebracht zu begreifen; sie wären jedoch fehlinterpretiert, würden sie im Sinne eines Voluntarismus ausgelegt und Identität als einfach willkürlich selbst bestimmbar oder unmittelbar von außen beeinflussbar begriffen.

Gerade die in den *Gender & Queer Studies* breit rezipierte Theorie Judith Butlers, die Geschlecht und Sexualität als zugleich über zirkulierende Normen heterosexueller Zweigeschlechtlichkeit bedingt und als performativ über »Improvisationen im Rahmen des Zwangs« hervorgebracht begreift, ermöglicht es, beide in einem Wechselverhältnis zueinander stehende Kategorien – Geschlecht und Sexualität – weder als biologisch festgelegt noch als voluntaristisch geformte bzw. formbare Konstrukte zu verstehen. Mit dem Konzept der Performativität kann sowohl der konstitutive Zwang zu einer kohärenten Geschlechtsidentität (*sex-gender-desire*) als auch die Beweglichkeit, Instabilität und Diskontinuität geschlechtlicher und sexueller Identität herausgearbeitet werden. Geschlecht und Sexualität als performativ zu konzeptualisieren bedeutet, sie als Aktivitäten zu begreifen, die hervorbringen, was sie lediglich auszudrücken scheinen. Die Konstruktion erfolgt durch ein Zitieren gesellschaftlich-kulturell vorhandener Geschlechter- und Sexualitätsdiskurse und ist somit an die Wiederholung von bestehenden Bedeutungen, von Konventionen und Normen gebunden, wobei das ›Wie‹ der Wiederholung stellenweise offen ist. Butler folgend wirken Normen so gesehen nicht nur von außen auf ein bereits bestehendes geschlechtliches und sexuelles Subjekt ein, vielmehr sind Normen konstitutiver Bestandteil der Entstehung des sozial lebensfähigen Subjekts.

Einer von Butlers wesentlichen theoretischen Bezugspunkten liegt – wie bei vielen kritischen Studien zu Sexualität – in den Arbeiten Michel Foucaults. Dieser betrachtet Sexualität als einen Faktor moderner gesellschaftlicher Macht und schärft den Blick dafür, wie in dem Prozess des Diskursivierens und Verwissenschaftlichens von Sexualität heterogene Identitäten hervorgebracht werden (vgl. Foucault 1977, 1987a). Sexuelle Vielfalt stellt so gesehen eine mit der modernen Sexualwissenschaft eng verbundene Figur dar: Subjekte werden durch Bereitstellen und Zuweisen sich ausschließender Typen sexueller

---

3 | Arne Dekker (2012: 11) gibt einen Einblick in bedeutsame Unterschiede sozialkonstruktivistischer kulturtheoretischer Zugänge, deren gemeinsame Grundlage die Annahme ist, symbolische Ordnungen im Sinne kollektiver Verstehens- und Bedeutungsweisen stifteten die soziale Welt. Dabei wird die Art der kulturellen Codes sowie die Art und der Ort ihrer Wirksamkeit in verschiedenen Theorierichtungen – im Mentalismus, im Textualismus, in der Praxeologie – unterschiedlich konzipiert.

Identitäten hervorgebracht, geschlechtliche und sexuelle Lebensweisen von nun an weniger über Verbot und Repression, vielmehr über Prozesse der Normalisierung reguliert, der Anordnung der ›unübersichtlichen Vielfalt‹ (Foucault) um eine über die bindende Kraft von Normen vermittelte Normalität. Es ist das Bedürfnis nach Anerkennung und der Wunsch, noch so zu sein, wie andere sind, welche Wirkkraft auf das Selbstverständnis der Individuen entfalten. Das Subjekt sichert sich über die normalisierende Anbindung an Normen Anerkennung und soziale Lebensfähigkeit. So betrachtet müssen universelle Gültigkeit beanspruchende Erklärungsmuster, wie bspw. jenes eines gegebenen sexuellen Triebs, als »eine gesellschaftliche Zeitgestalt des Sexuellen« interpretiert werden (Schmidt 2004: 55). Es ist beachtlich, welche tiefgreifende Transformationen der Sexualität »von einer Handlungskategorie zu einer Seinskategorie« (Wrede 2000: 38) sich in den Diskursen der Humanwissenschaften seit dem 18./19. Jahrhundert vollzogen haben. Prozesse der Identifizierung erhielten hierbei eine grundlegende Bedeutung für die Entwicklung der geschlechtlichen und sexuellen Identität.

Es ist der Rückgriff auf die Psychoanalyse, der die Bindung an normative Diskurse nachvollziehbar werden lässt und zugleich ermöglicht, ein Verständnis von Geschlecht und Sexualität jenseits einfacher Dichotomisierungen zu entwickeln. An Foucaults Diskursverständnis anknüpfend verbindet Judith Butler (1995) machttheoretische mit psychoanalytischen Überlegungen und entwickelt in Auseinandersetzung mit Sigmund Freud und Jacques Lacan Gedanken zur Dimension des Unbewussten als Sitz verworfener Geschlechtlichkeit und Sexualität. Sie diskutiert Performativität als ein psychisch tief verwurzeltes Spiel, zu dem die Einzelnen nicht auf radikale Distanz gehen können. Um in dem Prozess der permanenten Identifizierung den Normen der Anerkennbarkeit folgend eine stabile Identität errichten zu können, müssen andere mögliche Identifizierungen ausgeschlossen bzw. verworfen werden. Da jedoch weder Normalisierung noch Verwerfung/Verweigerung jemals total erfolgt, entstehen Gefühle der Ambivalenz. Butler macht nachvollziehbar, wie zentral gerade verweigerte Bindungen für die Performativität des Geschlechts sind. Am Beispiel der melancholischen Struktur heterosexueller Männlichkeit zeigt sie auf, wie über den gesellschaftlichen Imperativ der Heterosexualität ein Zwang zur Vereindeutigung innerpsychischer Ambivalenzen transportiert wird und starre Identitäten als Hinweis auf verleugnete Identifizierungen gelesen werden können. Doch auch wenn geschlechtliche und sexuelle Identitäten von sozial erforderten Verlusten durchzogen sind, erweisen sie sich in ihrer Ambivalenz als nicht völlig festgelegt. Es ist der psychische Überschuss unangepassten Identifizierens und Begehrens, der eine Grenze der Normalisierung markiert.

Wenn es angesichts der konstitutiven Verhaftung mit Normen kein außerhalb derselben gibt, und die eigenen psychischen Prozesse nicht einfach zugänglich sind, in welcher Weise kann dann aber überhaupt noch von Wahl gesprochen werden? Den diskurstheoretischen Perspektiven von Foucault und Butler folgend kann eine Wahl nie unvermittelt sein, nie losgelöst von machtvollen Vorgaben, Verhaftungen und Verwerfungen, doch bergen diese, so wurde deutlich, Spielräume für ›Improvisation‹. Bereits Foucault weist auf die Möglichkeiten der Subjekte, sich reflexiv gegenüber dem gegebenen Möglichkeitsfeld von Selbstverständnissen, Existenz- und Lebensweisen zu verhalten und neue Formen zu entwickeln, die die Begrenzungen vorherrschender Kategorisierungen und Bedeutungen überschreiten. In der Betonung der Reflexivität der Einzelnen gegenüber den vorgegebenen Möglichkeiten eröffnet Foucault den Gedanken der Freiheit, einer Freiheit, sich in einem Feld möglicher Existenz- und Lebensweisen gestaltend zu verhalten. Gestaltend vermögen wir zu wählen, jedoch nicht souverän, beziehen wir unsere Optionen doch gerade aus der konstitutiven Verortung innerhalb eines vorgegebenen Möglichkeitsraums (vgl. Foucault 1987b: 274f). Butler entwirft Handlungsfähigkeit entsprechend als eine »kritische Umarbeitung der offensichtlich konstitutiven Geschlechtsnormen" (Butler 1995: 15) im Prozess der Wiederholung – gleichwohl weist sie daraufhin, dass auch solche Reartikulationen weder voluntaristisch noch völlig kontrollierbar sind.

2. PERSPEKTIVEN EINER KRITISCHEN PÄDAGOGIK ZUR VERWIESENHEIT VON BILDUNGSTHEORIE UND QUEER THEORY

> »Foucaults Begriff von Kritik scheint also nun zwei Dimensionen zu haben, die aufeinander bezogen sind: einerseits Kritik als Verweigerung der Unterordnung unter eine etablierte Herrschaft und andererseits Kritik als eine Verpflichtung, ein Selbst hervorzubringen oder auszuarbeiten.« – Judith Butler (2011: 39)

Ein solches Verständnis geschlechtlicher und sexueller Subjektivität fordert Pädagogik und Bildung heraus. Lange untersuchte kritische Pädagogik vor allem die Frage, wie Macht- und Herrschaftsverhältnisse über Bildung auf Subjekte wirken und daran teilhaben, diese in ein hierarchisches Verhältnis zueinander zu setzen bzw. darin zu halten. Einer Perspektive der Sozialkritik folgend wird die Wirkung von Macht zwischen dem Differenten, z.B. zwischen Homo- und Heterosexualität untersucht, und sich gegen die Verknüpfung von (sexueller) Differenz mit Diskriminierungsmechanismen gerichtet. Aktuelle bildungstheoretische Debatten wenden sich seit einiger Zeit jedoch wie die

Queer Theory auch den macht- und subjekttheoretischen Überlegungen von Michel Foucault und Judith Butler zu (Balzer 2004, Masschelein 2003, Ricken 2006). Dabei steht die Vorstellung eines souveränen Subjekts, das in seiner Kritik den gesellschaftlichen Verhältnissen einfach gegenüber zu stehen vermag, zur Disposition und somit auch eine einfache Konzeption von Bildungszielen wie Selbstbestimmung und Antidiskriminierung. Einem diskurstheoretischen Verständnis folgend ist das Subjekt selbst von Macht durchdrungen in dem Sinne, als es über vorherrschende Diskurse konstituiert, nicht jedoch determiniert ist. Unsere Vorstellungen davon, was etwa eine heterosexuelle, lesbische, bisexuelle oder transidente Frau jeweils ist und wie und warum sie dies ist – und damit auch wie und warum wir uns selbst so verstehen, wie wir das jeweils tun –, sind dieser Perspektive folgend zutiefst von in dominanten Diskursen transportierten Normen strukturiert wie von möglichen Transformationen derselben begleitet.

Folgen wir einer solchen Perspektive, dann tritt der antizipierte emanzipatorische Gehalt einer Anerkennung von Differenz in der Bildung hinter die Analyse von Macht- bzw. Normalisierungsmechanismen zurück, die bei deren Konstruktion wirken (vgl. Mecheril/Plößer 2011: 75). Ein ausschließlich affirmativer Bezug auf Identitätskategorien, der versäumt, deren hervorgebrachten und an soziale Normen gebundenen Charakter zu thematisieren, vergegenständlicht Identitäten wie »eingelassen in Stahl und Beton« (Schmidt 1996: 124). Auch fordert ein komplexes Verständnis von geschlechtlicher und sexueller Identität die Pädagogik heraus, sich für das unbewusst verlaufende Wechselspiel von Annahme und Verweigerung der gesellschaftlich-kulturell gegebenen Geschlechter- und Sexualitätsnormen zu interessieren (vgl. Luhmann 2004). Dies bedeutet ein stückweit auf Distanz zu gehen und anzuerkennen, im differenzierten Blick auf geschlechtliche und sexuelle Identität nicht auf Einheit und Kohärenz sondern auf Differenz und Vielfältigkeit in jedem einzelnen von uns zu treffen.

Stellen Prozesse der Subjektivierung immer auch machtvolle Formen der Differenzierung dar, dann ist Pädagogik herausgefordert, nicht nur den Umgang mit Differenzen, sondern vielmehr auch deren Herstellungsweisen zu reflektieren. Von Interesse wird die spezifische Weise, *wie* Subjektivität angeregt und hervorgebracht wird – »auch und gerade durch pädagogisches Handeln selbst« (Ricken 2006: 19). Anknüpfend an die auf soziale Differenzkategorien bezogenen pädagogischen Projekte hat sich kritische Pädagogik dann auch für die Rolle der Pädagogik an den machtvollen Differenzierungsprozessen zu interessieren, mit denen verschiedene Subjektpositionen und Selbstverständnisse mit hervorgebracht werden. Bildung wirkt so gesehen nicht einfach ermächtigend auf bereits gegebene Subjekte, sie bringt diese vielmehr in spezifischer Weise überhaupt erst mit hervor (vgl. Hartmann 2007). Die Verwobenheit geschlechtlicher und sexueller Identität mit der normativen

Ordnung heterosexueller Zweigeschlechtlichkeit reflektierend aufzugreifen stiftet als heteronormativitätskritische Ausrichtung ein Transformationspotential von Bildung.

Mit Blick auf die pädagogische Praxis ist Pädagogik herausgefordert, in Fragen geschlechtlicher und sexueller Identität von komplexen und lebenslangen Auseinandersetzungs- und Entwicklungsprozessen auszugehen und sich auch auf Menschen einzustellen, deren Möglichkeitsräume größer, deren geschlechtliche und sexuelle Identität wandelbarer erscheinen als die anderer. Sie ist herausgefordert, einen Begriff von Identität anzubieten, der Differenz und Offenheit als integrale Bestandteile fasst und entsprechende Konzepte für pädagogisches Handeln zu entwickeln. Mein eigener Beitrag hierzu ist die von mir seit Anfang der 2000er Jahren vertretene »Pädagogik vielfältiger Lebensweisen« (vgl. Hartmann 2002; 2015). Mit dem Begriff *vielfältige Lebensweisen* verbinde ich die Debatte zur Pluralisierung von *Lebens*formen mit einem dekonstruktiven Verständnis geschlechtlicher und sexueller Existenz*weisen* bzw. Identitäten. Hierbei greife ich lebensweltliche wie wissenschaftliche Dynamisierungen in der Triade Geschlecht-Sexualität-Lebensform auf den Ebenen von geschlechtlichem und sexuellem Selbstverständnis, Beziehungsgestaltung und familialen Lebensformen auf. Einer differenztheoretischen Perspektive folgend betone ich Normativität und Ambivalenz als zentrale erziehungswissenschaftliche Herausforderungen und Kritik und Dekonstruktion als bildungstheoretisch fundierte Antworten. Ich bevorzuge es, von vielfältigen geschlechtlichen und sexuellen Lebensweisen zu sprechen als dem Topos der ›geschlechtlichen und sexuellen Vielfalt‹ zu folgen. Dies sichert eine eindeutige Zuständigkeit und Verortung in der Allgemeinen Pädagogik mit einer daran anschließenden Wirkkraft in die Subdisziplin Sexualpädagogik und in die Fachdidaktiken. Dies begegnet zugleich unmissverständlich der in der öffentlichen Debatte mit diskreditierender Absicht erfolgten Sexualisierung und reduzierten Auslegung des Themenkomplexes als Sexualaufklärung. Welche Orientierungslinien sich vor diesem Hintergrund für die pädagogische Arbeit ergeben, soll Gegenstand der weiteren Erörterungen sein.

3. MEHR ALS SICHTBARMACHUNG UND ANTIDISKRIMINIERUNG: BILDUNGSPROZESSE ERMÖGLICHEN

>»Theorien sind Quellen und Bedingungen des Handelns«
– Judith Butler (2002: 124)

Angesichts der über viele Studien belegten Diskriminierungserfahrungen von LGBT*I-Jugendlichen und in Regenbogenfamilien aufwachsenden Schüler*innen (vgl. Streib-Brzič/Quadflieg 2011, FRA 2013, Krell 2013) sind die wichtigsten pädagogischen Leitlinien unzweifelhaft: Es gilt diese – ebenso wie LGBT*I-Studierende und Kolleg*innen – vor Diskriminierungen zu schützen und bei solchen handelnd zu intervenieren. Doch stellt dies nur einen Teilaspekt einer Pädagogik vielfältiger Lebensweisen dar. Deren zentrale Aufgabe ist es, den Themenkomplex geschlechtliche und sexuelle Vielfalt so ins pädagogische Handeln zu integrieren, dass ein nachhaltiges Klima der Wertschätzung gegenüber vielfältigen geschlechtlichen und sexuellen Lebensweisen entstehen kann und Auseinandersetzungsprozesse hinsichtlich der normativen Struktur und des ambivalenten Charakters von Geschlecht und Sexualität ermöglicht werden.

Hierfür bedarf es mehr als bspw. dem Motto »Vielfalt bereichert« folgend LGBT*I-Lebensweisen sichtbar zu machen und über die Realität vielfältiger Lebensweisen zu informieren (Friedrich-Ebert-Stiftung 2013: 1). Gleichwohl stellt auch dies eine nicht unbedeutende Facette einer Pädagogik vielfältiger Lebensweisen dar. Dabei wird es für die Lernprozesse der Schüler*innen/ Studierenden jedoch einen Unterschied machen, ob in den Berichten – seien es autobiografische Lebenserzählungen, literarische Aufbereitungen oder Erkenntnisse wissenschaftlicher Studien – eher essentialistische oder eher konstruktivistische Verständnisse geschlechtlicher und sexueller Identität zugrunde liegen. Es wird einen Unterschied machen, ob verschiedene (Selbst-)Verständnisse in die Arbeit einfließen und ob bzw. wie auf diese unterschiedlichen (Selbst-)Verständnisse eingeladen wird zu reflektieren. Aus erziehungswissenschaftlicher Perspektive kennzeichnet es einen gelungenen Bildungsprozess, einen Austausch über unterschiedliche Selbstverständnisse und Konzepte von Geschlecht und Sexualität im Respekt gegenüber der Selbstdefinition der jeweils Beteiligten anzuregen. Wie diese im konkreten Leben ganz unterschiedlich aussehen können, erinnere ich gerne anhand einer kurzen Szene aus einem SRF2-Fernsehinterview mit der Kulturwissenschaftlerin Miriam Meckel (2007): Während der Interviewer auf deren Lebensgefährtin Anne Will Bezug nehmend dem dominanten Diskurs entsprechend mit bedeutungsschwerer Stimme fragt, wann sie bemerkt habe, anders zu sein, und wie es ihr damit ergangen ist, gibt Meckel sichtlich entspannt die unprätentiöse Antwort, dass sich ihr in einer biografischen Situation neue Möglichkeiten eröffnet haben.

Eine auf Urteilsfähigkeit und Selbstbestimmung der Schüler*innen/Studierenden zielende Pädagogik vielfältiger Lebensweisen intendiert, auch über *diese* Vielfalt aufzuklären und damit der Dominanz vereinfachender biologischer Erklärungsansätze zu begegnen. Für Ausbildung und Schule können hierfür altersgerecht aufgearbeitete Selbstkonzepte, Theorien und Argumentationsfiguren zu geschlechtlicher und sexueller Vielfalt an Lebensweisen eingebracht und ggf. zur Diskussion gestellt werden. Bildungstheoretisch betrachtet können Studierende und Schüler*innen nur dann eine eigene Position zu den unterschiedlichen (Selbst)Konzepten und Theorien entwickeln, wenn diese bekannt sind und Theorien entlang reflektierter Kriterien explizit erörtert werden (vgl. Schwarz 2015). Aus queertheoretischer Perspektive stellt es eine Frage der Qualität dar, welchen Raum das Reflektieren der »soziale[n] Normen, die unsere Existenz bestimmen« (Butler 2009: 10) erhält. Ein positives Kriterium mag auch in einer Betrachtungsweise liegen, die geschlechtliche und sexuelle Selbstverständnisse und Lebensweisen als sozio-historisch gewandelte nachvollziehbar werden lässt.

Auf solchen Wegen lernen Schüler*innen/Studierende zugleich eine Vielzahl an Möglichkeiten kennen, sich selbst und das eigene Leben zu verstehen. Als Bildungsinstanzen sind Schule und Hochschule herausgefordert, nicht nur Wissen über Lebensrealitäten, Selbstverständnisse und Erklärungsansätze zu vermitteln. Eine bildende Auseinandersetzung damit zu initiieren, bedeutet vielmehr auch, mit an der Fähigkeit zu arbeiten, das »Leben gestalten und über Formen gestalteten Lebens nachdenken« zu können (Breckenfelder 2015: 106). Wenn wir mit Bildung auch eine »Gestaltungskompetenz« (ebd.) verbinden und sie als eine Einladung verstehen, »sich anders und immer wieder anders nicht nur auf die Welt, sondern auch auf sich selbst zu beziehen« (Mecheril et. al. 2011: 7), dann fordert dies heraus, ein selbstreflexives Moment im Sinne eines Distanznehmens gegenüber gängigen Diskursen und Normen anzubieten und damit Raum zu schaffen, das eigene Verstricktsein zu erkennen und alternative Möglichkeiten des Denkens und Ordnens zu entwerfen – und ggf. auch »ein anderer zu werden als man ist« (Foucault 1981: 23).

Ein gutes Beispiel für ein ermöglichendes Distanznehmen mit Blick auf das Erzählen der eigenen Lebensgeschichten gibt Carolin Emcke (2012) mit ihrem autobiografisch angelegten Buch *Wie wir begehren*. Darin geht sie der Frage nach den Bedingungen des Begehrens nach, blickt auf die hochkomplexe Auseinandersetzung mit Erwartungen des sozialen Umfelds, mit vermeintlichen Selbstverständlichkeiten, uneindeutigen Bedürfnissen und widersprüchlichen Gefühlen und deren mehr oder weniger bewusste Verarbeitung. Ich empfehle das Buch als eine Möglichkeit dafür, in der Arbeit mit

Jugendlichen und Erwachsenen jeglichen Geschlechts und jeglichen sexuellen Selbstverständnisses Identitäten nicht einfach vorauszusetzen, sondern gemeinsam rekonstruierend vermeintliche Selbstverständlichkeiten zum Thema zu machen und dabei neue Horizonte zu eröffnen (vgl. Hartmann 2014).

4. INTERVENTIONEN IN DIE HETERONORMATIVE ORDNUNG: PERSPEKTIVEN VERSCHIEBEN UND KRITISCH-DEKONSTRUKTIVES DENKEN FÖRDERN

> »Queer ist gewiss keine Identität sondern beschreibt die Mobilität von Begehren und Geschlecht«
> – Judith Butler (2001b: 1)

Susanne Schwarz (2015: 121) sensibilisiert dafür, wie Themen über Zugänge konstituiert werden und wie die angebotene Perspektive den Blick der jeweiligen Auseinandersetzung lenkt. In welchen Zusammenhängen wird das Themengebiet ›geschlechtliche und sexuelle Vielfalt‹ aufgegriffen: auch in der Auseinandersetzung mit der Biografie einer im Fachunterricht behandelten Persönlichkeit – eines Künstlers, einer politischen Aktivistin, einer Physikerin –, bei der Thematisierung von Liebe und Partnerschaft, im Kontext des Aufgreifens tagespolitischer Debatten wie bspw. der Reformen des Lebenspartnerschaftsgesetzes oder ausschließlich im Kontext von Vorurteilen, Diskriminierungen und Menschenrechten und/oder sexualisierend reduziert im Kontext von Sexualaufklärung? Erfolgt ein problematisierender Zugang, wer oder was genau wird dann zum Problem erklärt? Inwiefern werden hierarchische Ordnungen (re)produziert oder in Frage gestellt?

Mit dem Aufgreifen von Homosexualität am Ende von Themeneinheiten verbindet sich die Inszenierung einer »Ordnung wie Unterscheidung«, die »bewusst oder unbewusst ein Wertung enthält« (a.a.O.: 145). Es macht einen Unterschied, ob das Thema inkludiert oder als zusätzliches eigenes Kapitel bzw. Thema, quasi als »Sonderimpetus« und über ein »titelgebendes ›Labeling‹« aufgegriffen wird (a.a.O.: 135). Wie es in einer Weise gelingen kann, die den heteronormativen Diskurs nicht fortführt sondern kritisch zum Gegenstand macht, zeigt Christoph Oliver Mayer (2015: 211) am Beispiel des französischen Films, »in dem rein quantitativ schwule Thematiken auffällig stark repräsentiert sind und die durch den narrativen Rahmen den Blick auf die Normalität im alltäglichen Miteinander öffnen«. Mit dem Aufgreifen solcher Filme im Französischunterricht stellt Mayer die normative Verbindung von Homosexualität und Problem in Frage. Ganz im Gegenteil ist es der vorherrschende heteronormative Diskurs selbst, der in der schulischen Reflexion hierauf »als derjenige entlarvt [wird], der alles ›andere‹ als problematisch markiert und definiert« (ebd.). Mayer liefert damit ein gutes Beispiel für eine wichtige Orientierungslinie einer Pädagogik vielfältiger Lebensweisen: Vielfalt enthierarchisierend und entnormierend von der Vielfalt aus denken. Denn die Vielfalt selbst zum Ausgangspunkt zu nehmen, überschreitet das die Struktur von Norm und Abweichung reproduzierende additive Prinzip des zusätzlichen Thematisierens.

In der aktuellen Debatte hat es sich eingebürgert, den Topos geschlechtlicher und sexueller Vielfalt mit dem Thematisieren von LGBT*I-Lebensweisen gleichzusetzen. Ein solches Verständnis von Vielfalt läuft Gefahr, entgegen besserer Absicht, die Dualität von Norm und Abweichung unhinterfragt zu reproduzieren. Letztlich wird diese Dualität erneut aufgerufen, nicht jedoch in Frage gestellt. Statt der machtvollen Dualität Hetero-Homo steht die von Hetero-Vielfalt bzw. *straight-queer* im Raum. Vielfalt von der Vielfalt aus denken setzt demgegenüber voraus, dass auch heterosexuelle und cisgeschlechtliche Lebensweisen explizit und in deren jeweiligen Unterschiedlichkeiten als Teil der umfassenden Vielfalt markiert und nicht länger durch ihre Unbenanntheit als selbstverständlich vorausgesetzt werden. Auch zielt der Begriff *queer* auf mehr als auf die im internationalen Kontext vor allem im Rahmen der Menschenrechtsbewegung gebräuchliche Bezeichnung für Lesben, Schwule, Bisexuelle, Transsexuelle, Transgeschlechtliche und Intersexuelle gebräuchliche Bezeichnung LGBT*I. Eine *queere* im Sinne einer die heteronormative Ordnung in Frage stellenden Lebensweise weisen auch heterosexuell Lebende auf, die sich quer zu heteronormativen Zuschreibungen begreifen und bspw. in polyamourösen Beziehungen leben.

Nehmen wir Foucaults Position ernst, mehr über ihn zu erfahren, wenn wir ihm zuhören, was er zu sagen hat, als wenn er uns mit einer einfachen Antwort auf die Frage, wer er ist, die Möglichkeit gibt, ihn in unsere Vorstellungen von Identitätskategorien einzusortieren, dann werden diesen Gedanken übertragend auch die Erfahrungen der Menschen für eine Pädagogik vielfältiger Lebensweisen interessant, die heteronormativitätskritische Perspektiven unterstützen. In den »Handreichungen für emanzipatorische Jungenarbeit« des Projekts »Homosexualität in der Einwanderungsgesellschaft« (HeJ 2009) berichten Eltern, Geschwister und Kolleg*innen türkischer und kurdischer Lesben und Schwulen in der Methode »Wer hat das Problem? Was ist das Problem?«, wie es ihnen ging, als sie bspw. von der lesbischen Lebensweise ihrer Schwester erfuhren und wie sich ihre Welt- und Selbstbilder in der Auseinandersetzung mit den Reaktionen auf diese Lebensweise verändert haben. Die Materialien sind für die Arbeit mit multikulturell zusammengesetzten Gruppen konzipiert und sollen den Jugendlichen eine Beschäftigung mit dem Thema Homophobie ermöglichen, ohne – wie dies all zu oft anzutreffen ist – mit der Unterstellung konfrontiert zu sein, selbst homophob zu sein. Olaf Stuve (2009: 10) macht auf die didaktische Qualität aufmerksam, die darin liegt, dass den Jugendlichen ermöglicht wird nachzuvollziehen, wie die erwachsenen »Personen erkennen, dass sie selbst das Problem gewesen sind – und den schwulen und lesbischen Töchtern, Söhnen, Kolleg_innen und Geschwistern das Leben mit ihrer Einstellung schwer gemacht haben«.

Von der Länge der Buchstabenkolonne abgesehen spräche nichts dagegen und einiges dafür, in das Akronym LGBT*I auch A für *ally*, Verbündete, aufzunehmen und natürlich ein Q – dieses nicht nur als *Queer* gelesen, als sich nicht einpassen (lassen) wollen in die gängigen Kategorisierungen, sondern auch als *Questioning*, als eine Haltung des Infragestellens von identitätsbezogenen Fixierungen. Eine solche Schreibweise würde zugleich der aus heteronormativitätskritischer Sicht problematischen Tendenz begegnen, LGBT*I erneut als feststehende Liste von Identitäten zu lesen. Erinnert sei an Foucaults (1977) kritischen Hinweis auf die historisch mit dem Aufkommen der Human- und Sozialwissenschaften verbundene Tendenz, sich selbst entlang bereitgestellter Identitätskategorien zu binden. Der als Freiheit erlebten Selbstbezeichnung und -konstituierung stellt Foucault die damit verbundene Kontrollier- und Regulierbarkeit gegenüber, welche sich auch gegen die Betroffenen selbst wenden kann. Nicht nur vor diesem Hintergrund erscheinen die auf eine frühe identitäre Festlegung von Jugendlichen gerichteten Aufforderungen zum Coming-out/Outing fragwürdig. Mayer (2015: 220) bezeichnet diese Tendenz provokant als einen »geschickten Schachzug zur Stärkung der Heteronormativität«. Diese findet ihre Entsprechung in immer früher in der Adoleszenz beginnende *Coming-Out*-Prozesse bei LGBT*-Jugendlichen (vgl. Krell 2013: 22ff). Um auf das Akronym LGBTI*AQ zurückzukommen. Mit diesem könnte sich Sichtbarmachung mit Irritation verbinden, wobei die Irritation über eine einfache Infragestellung heterosexueller Zweigeschlechtlichkeit hinausweisend eben auch auf die Implikationen dieser Norm zielt und zugleich eine Einladung zur reflektierenden Solidarisierung transportiert und damit zu einer Zugehörigkeit, die sich ganz unabhängig vom jeweiligen geschlechtlichen und sexuellen Selbstverständnis und der eigenen Lebensweise stiften lässt.

Questioning eignet sich darüber hinaus dafür, als ein didaktisches Element aufgegriffen zu werden. Mit einer andauernden Fragehaltung kann nicht nur Selbstverständliches in Frage gestellt, sondern auch bislang nicht Thematisiertes, das Ambivalente und Marginalisierte, in die betrachtende Auseinandersetzung hinein geholt werden. Ein gutes Beispiel für die erschließende Kraft des Fragezeichens gibt erneut Carolin Emcke (2012). In ihrer Erzählung stellt die Autorin fixierende Begrifflichkeiten in Frage, die nahegelegten und zumeist linearen Entwicklungserzählungen. Ihre wiederkehrende Frage »Ist das wirklich so?« erweist sich als ein Mittel der Dekonstruktion und wirft bspw. die Frage auf, warum der Fluchtpunkt der meisten Lebenserzählungen so oft eine Identität anstelle von Lust, Begehren oder Sinn ist.

5. IMPROVISATIONEN IM RAHMEN DES ZWANGS – UNBESTIMMTHEITSSTELLEN UND DAS POTENTIAL ÄSTHETISCHER BILDUNG

> Aus der Idee, dass uns das Selbst nicht gegeben ist, kann meines Erachtens nur eine praktische Konsequenz gezogen werden. Wir müssen uns selbst als ein Kunstwerk schaffen ... wir sollen nicht jemandes schöpferische Tätigkeit auf die Art seines Selbstverhältnisses zurückführen, sondern die Art seines Selbstverhältnisses als seine schöpferische Tätigkeit ansehen.« – Foucault (1987: 274)

Doch welche konkreten Bedingungen ermöglichten Emcke die Entwicklung eines Selbstverständnisses, das dominanten Diskursen gegenüber beweglich zu bleiben versteht? Welche mit Schule verbundenen Voraussetzungen bietet die Autorin rückblickend an, aus ihrer Geschichte herausgelesen zu werden? Interessanterweise ist es die Musik, die Emcke als Überlebenshorizont kennzeichnet, und ist es der Musikunterricht, auf den sie immer wieder zu sprechen kommt. Dieser scheint ihr ein Hören zwischen den Tönen, eine analytische Lust eröffnet, ein differenziertes Denken und eine Sprache angeboten zu haben, die sie auf ihr Begehren zu übertragen versteht. Es ist Musik, das Gleiten zwischen den Tonarten, das Ambivalenzen nicht toleriert sondern benötigt, die Emcke als eine zentrale Ermöglichungsbedingung ihrer eigenen Lebensgeschichte herausstellt. Es ist der Musikunterricht, der ihr eine differenzierte Sprache an die Hand gibt und ein kritisches Denken motiviert, der der Entwicklung einer dekonstruktiven Perspektive auf Geschlecht und Sexualität zuarbeitet. Es ist das Potential ästhetische Bildung, sowohl eingeschliffene Wahrnehmungsgewohnheiten zu irritieren als auch neue Wahrnehmungsmuster gegenüber der Komplexität des Lebens anzuregen.

Als ein weiteres Medium diskutiert Susanne Kolb (2015) den Einsatz literarische Texte im Unterricht und rät zu einer Auswahl vielstimmiger und mehrdeutiger Texte, die Perspektivenwechsel fördern und Raum für verschiedene Interpretationen bieten, zu Texten, die »berühren, verstören, provozieren« (a.a.O.: 183), in einem »Wechselspiel von Form und Inhalt« (ebd.) faszinieren und einen eigenen Standpunkt herausfordern. Es ist zum einen das aktive und praktische Handeln, das Kolb in der Auseinandersetzung mit den literarischen Texten betont – bspw. wenn die Schüler*innen sich mit offen gehaltenen und unklaren Textstellen auseinandersetzen, die in Anlehnung an Günter Waldmann als »Unbestimmtheitsstellen« bezeichnet werden – und zum anderen »die Kategorie des ›echten‹ Gesprächs« über die Literatur (a.a.O.: 185), in dem die Schüler*innen nicht nur in ihrer Kommunikationskompetenz gefördert werden, sondern auch lernen, ein Nicht-Verstehen als integralen Teil von Verstehensprozessen anzunehmen. Neben Steinhöfels Kurzgeschichte ›Daniel zu lieben‹, empfiehlt sie zur Auseinandersetzung mit den Themen Identität und Heteronormativität den Songtext »Na und?« von Udo Lindenberg. Beide Texte enthalten Unbestimmtheitsstellen, die eigene Vorstellungen von Normalität herausfordern und überraschende Wendungen anbieten. Durch das Ansprechen von Sinnlichkeit und Leiblichkeit der Schüler*innen erhöht ästhetische Bildung die Möglichkeit, im Unterricht gemachte Erfahrungen in »das Sinngeflecht« (Dietrich u. a. 2012: 32) des außerschulischen Lebens zu integrieren und sie dort weiterwirken zu lassen.

6. DIE RELEVANZ IST ERKANNT – DAS KONKRETE WIE BLEIBT SPANNEND

> »Warum hatte uns das niemand erklärt, dass sich für manche das Begehren so wandeln kann wie eine Tonart, dass eine Tonart, dass anfängliche Lust sich öffnen kann hin zu einer anderen, und, manchmal, wieder zu einer anderen? Warum sagt das heute niemand?«
> – Carolin Ehmke (2012: 210f.)

Das einschüchternde und zum Teil auch gewaltvolle Potential wiederholt vorgetragener Unterstellungen von ›Umerziehung‹ oder ›Verführung‹ in der aktuellen Debatte zur curricularen Einführung des Themenkomplexes ›geschlechtliche und sexuelle Vielfalt‹ in die Schule ist nicht zu unterschätzen. Godwin Lämmermann (2015: 58) bringt die Konstanz entsprechender Diffamierung auf den Punkt: »Die Warnung vor homosexueller Verführung gehört zum festen Repertoire homophober Propaganda und entsprechender Pädagogik«. Deren Grund verortet er in einer Angst, die überall dort auftaucht »wo Unbewusstes verdrängt oder nicht ausgelebt werden kann oder darf« (a.a.O.: 59). Es ist das Ambivalente, das herausfordert.

Den Themenkomplex geschlechtliche und sexuelle Vielfalt in der Schule nicht aufzugreifen hieße, sich der Verantwortung und den Herausforderungen der Zeit gegenüber zu verschließen. Vielfältige geschlechtliche und sexuelle Lebensweisen sind gelebte Realität. Sie stehen auf dem »Lehrplan des Lebens«

(ebd.). Hat Schule ihre Zuständigkeit erkannt gilt es, sich den damit verbundenen Herausforderungen zu stellen. Als zentral erweist sich, *wie* die Thematisierung geschlechtlicher und sexueller Vielfalt erfolgt und was ggf. weiterhin verstellt bleibt. In einer Pädagogik vielfältiger Lebensweisen wird geschlechtliche und sexuelle Vielfalt in einer Weise aufgegriffen, die Hierarchisierungen, Normierungen und Vereindeutigungen nicht nur zu widerstehen versucht. Um die Komplexität des Themenbereiches wissend werden diese vielmehr in den Mittelpunkt einer kritisch-dekonstruktiven Auseinandersetzung gestellt und eine Bewusstheit von Ambivalenzen ermöglicht. Ohne eine theoriefundierte heteronormativitätskritische Konzeptualisierung läuft der Topos ›geschlechtliche und sexuelle Vielfalt‹ in der Pädagogik Gefahr, viele Implikationen der vorherrschenden Ordnung heterosexueller Zweigeschlechtlichkeit in neuem Kleid zu reproduzieren. Eine Verbindung aus kognitiven, handlungsorientierten und ästhetischen Zugängen mag das Vorhaben unterstützen, antidiskriminierende und bildend-ermöglichende Zielperspektiven zu einem umfassenden Bildungsansatz zusammen zu führen.

7. Literatur

Balzer, Nicole (2004): »Von der Schwierigkeit, nicht oppositional zu denken. Linien der Foucault-Rezeption in der deutschsprachigen Erziehungswissenschaft.«, in: Ricken, Norbert/Rieger-Ladich, Markus (Hg.), Michel Foucault: Pädagogische Lektüren, Wiesbaden, S. 15-35.

Butler, Judith (1995): Körper von Gewicht. Die diskursiven Grenzen des Geschlechts, Berlin: Berlin Verlag.

Butler, Judith (1996): »Imitation und die Aufsässigkeit der Geschlechtsidentität«, in: Hark, Sabine (Hg.), Grenzen lesbischer Identitäten, Berlin; S. 15-37.

Butler, Judith (2001a): Psyche der Macht. Das Subjekt der Unterwerfung, Frankfurt/Main: Suhrkamp.

Butler, Judith (2001b): »Eine Welt, in der Antigone am Leben geblieben wäre«. Interview mit Judith Butler, geführt am 13. Mai 2011 in Berlin. http://www.copyriot.com/diskus /3_01/ 02.html vom 30.11.2011.

Butler, Judith (2009): Die Macht der Geschlechternormen und die Grenzen des Menschlichen, Frankfurt/Main: Suhrkamp.

Butler, Judith (2011): Kritik, Dissens, Disziplinarität, Zürich.

Butler, Judith (2013): »Heterosexualität ist ein Fantasiebild«, In: Philosophie Magazin 1/13, S. 64-69. Online unter: http://www.docstoc.com/ docs/137001711/Judith-Butler---Heterosexualit?t-ist-ein-Phantasiebild-%28-Philomag-Nr-01_2013%29

Breckenfelder, Michaela (2015; Hg.): Homosexualität und Schule. Handlungs-felder – Zugänge – Perspektiven, Opladen: Barbara Budrich Verlag.

Breckenfelder, Michaela (2015): »»Let‹s talk about gender...‹ – Was, das auch noch im Religionsunterricht?«, in: Breckenfelder, Michaela (Hg.), S. 93-111.

Dekker, A. (2012): Online Sex. Körperliche Subjektivierungsformen in virtuellen Räumen, Bielefeld: transcript-Verlag.

Dietrich, Cornelie/Krinninger, Dominik/Schubert, Volker (2012): Einführung in die Ästhetische Bildung, Weinheim und Basel: Beltz Juventa-Verlag.

Emcke, Carolin (2012): Wie wir begehren, Frankfurt a.m.

FRA – Agentur der Europäischen Union für Grundrecht (2013): LGBT-Erhebung in der EU. Erhebung unter Lesben, Schwulen, Bisexuellen und Transgender-Personen in der Europäischen Union. Ergebnisse auf einen Blick. Online unter: http://fra.europa.eu/sites/default/files/eu-lgbt-survey-results-at-a-glance_de.pdf vom 20.05.2015.

Friedrich-Ebert-Stiftung (2013, Hg.): »... und das ist auch gut so!« Sexuelle und geschlechtliche Vielfalt in der Schule. Dokumentation zur Fachtagung am 22. Oktober 2013, Forum Politik und Gesellschaft der Friedrich-Ebert-Stiftung Berlin. Online unter: http://library.fes.de/pdf-files/dialog/10555.pdf.

Foucault, Michel (1977): Der Wille zum Wissen. Sexualität und Wahrheit 1. 9. Aufl. 1997. Frankfurt a.m.

Foucault, Michel (1987a): Das Subjekt und die Macht. In: Dreyfus/ Rabinow: Michel Foucault: Jenseits von Strukturalismus und Hermeneutik. Mit einem Nachwort von und einem Interview mit Michel Foucault. Frankfurt a.M.S, 243-261.

Foucault, Michel (1987b): »Genealogie der Ethik: Ein Überblick über laufende Arbeiten.« Ein Interview mit Michel Foucault, in: Dreyfus/Rabinow,: Michel Foucault: Jenseits von Strukturalismus und Hermeneutik. Mit einem Nachwort von und einem Interview mit Michel Foucault. Frankfurt a.M., S. 265-292.

Foucault, Michel (1981): »Von der Freundschaft als Lebensweise. Gespräch mit René Ceccatty, Jean Danet und Jean le Bitoux«, in: Von der Freundschaft als Lebensweise. Michel Foucault im Gespräch. Berlin, S. 85-93.

Hark, Sabine (1997): Neue Chancen – alte Zwänge? Zwischen Heteronormativität und posttraditionaler Vergesellschaftung. Zur sozialen und psychischen Situation lesbischer Mädchen und schwuler Jungen in Nordrhein-West-falen. Expertise im Auftrag des Ministeriums für Arbeit, Gesundheit und Soziales Nordrhein-Westfalen.

Hartmann, Jutta (2015): Bewegungsräume zwischen Kritischer Theorie und Poststrukturalismus. Eine Pädagogik vielfältiger Lebensweisen als Ansatz für die politische Bildung. In: Bettina Lösch, Madeline Doneit, Margit Rodrian-Pfennig (2015; HG.): Geschlecht ist politisch.

Geschlechterreflektierende Perspektiven in der politischen Bildung. Opladen; Barbara Budrich Verlag (in Druck).

Hartmann, Jutta (2014): »Geschlechtliche und sexuelle Diversität im Kontext Schule. Reflexionen über subjektive Performanzen und pädagogische Relevanzen«, in: Kleiner, Bettina/Rose, Nadine (Hg.), (Re-)Produktion von Ungleichheiten im Schulalltag. Judith Butlers Konzept der Subjektivierung in der erziehungswissenschaftlichen Forschung, Opladen: Barbara Budrich Verlag, S. 97-115.

Hartmann, Jutta (2013): »Bildung als kritisch-dekonstruktives Projekt – pädagogische Ansprüche und queere Einsprüche« in: Hünersdorf, Bettina/Hartmann, Jutta (Hg.), Was ist und wozu betreiben wir Kritik in der Sozialen Arbeit?, Wiesbaden: VS Verlag für Sozialwissenschaften; S. 255-280.

Hartmann, Jutta (2012): »Improvisation im Rahmen des Zwangs. Gender-theoretische Herausforderungen der Schriften Judith Butlers für pädagogische Theorie und Praxis«, in: Balzer, N./Ricken, N. (Hg.), Judith Butler: Pädagogische Lektüren. Wiesbaden: Springer-Verlag, S. 149-178.

Hartmann, Jutta (2002): Vielfältige Lebensweisen. Dynamisierungen in der Triade Geschlecht-Sexualität-Lebensform. Kritisch-dekonstruktive Perspektiven für die Pädagogik, Opladen: Leske und Budrich.

Huch, Sarah/Krüger, Dieter (2008): »›Jeder sollte lieben dürfen, wen er lieben will!‹ Einstellungen und Werthaltungen von SchülerInnen zur sexuellen Orientierung unter Gender-Aspekten«, in: Krüger, D./Upmeier zu Belzen, A./Riemeier, T./Niebert, U. (Hg.), Erkenntnisweg Biologiedidaktik 7, Freie Universität Berlin, S. 39-52.

Kolb, Susanne (2015): »Literarische Texte als Anlässe für das Gespräch über Liebe und Homosexualität im Religionsunterricht«, in: Breckenfelder, Michaela (Hg.), S. 177-198.

Krell, Claudia (2013): Abschlussbericht der Pilotstudie »Lebenssituationen und Diskriminierungserfahrungen von homosexuellen Jugendlichen in Deutschland«. Deutsches Jugendinstitut e. V. München. Online unter: https://www.lsvd.de/fileadmin/pics/Dokumente/Studien/Abschluss-bericht_Pilotstudie_Lebenssituationen_und_Diskriminierungs-erfahrungen_von_homosexuellen_Jugendlichen_in_Deutschland.pdf

Lämmermann, Godwin (2015): »Christliche Homophobie? Oder: Weil nicht sein kann, was nicht sein dar«, in: Breckenfelder, Michaela (Hrsg.); S. 55-69.

Leibinger, Katharina (2015): »»Gender bender, Regenbogenfamilie und Coming-out in der Schule‹ – Sexuelle Orientierung und geschlechtliche Identität als Thema im (Religions-)Unterricht. Ein Zugang zu Jugendlichen anhand biografischer Comicreportagen von LSBTI*«, in: Breckenfelder, Michaela (Hg.), S. 157-175.

LesMigras (2012): »...nicht so greifbar und doch real.« Studie zu Gewalt-
und Mehrfachdiskriminierungserfahrungen von lesbischen/bisexuellen
Frauen und Trans*. Zusammenfassung der Ergebnisse, Online unter:
http://www.lesmigras.de/tl_files/lesmigras/kampagne/Studie_
Zusammenfassung_LesMigraS.pdf vom 04.02.2013.

Luhmann, Susanne (2004): »Subjektivität im Spannungsfeld der Affekte.
Geschlecht und Sexualität als psychische Disposition«, in. Hartmann,
Jutta (Hg.), Grenzverwischungen. Vielfältige Lebensweisen im Gender-,
Sexualitäts- und Generationendiskurs, Reihe Sozial- und Kulturwissen-
schaftliche Studientexte, Band 9, Innsbruck: Studia; S. 41-54.

Mayer, Christoph Oliver (2015): »Homosexualität – Wo ist das Problem?
Anmerkungen im Kontext des Französischunterrichts«, in: Breckenfelder,
Michaela (Hg.), S. 209-233.

Masschelein, Jan (2003): »Trivialisierung von Kritik. Kritische Erziehungswissenschaft weiterdenken«, in: Benner, Dietrich/Borrellie, Michele/
Heyting Frieda/Winch, Christopher (Hg.), Kritik in der Pädagogik. Versuche über das Kritische in Erziehung und Erziehungswissenschaft, Zeitschrift für Pädagogik 46, Beiheft, S. 124-141.

Mecheril Paul/Arens, Susanne/Spannring, Reingard (2011): »bildung – macht
– unterschiede. Facetten eines Zusammenhangs«, in: Spannring, Reingard
u.a. (Hg.), bildung – macht – unterschiede, 3. Innsbrucker Bildungstage,
Innsbruck, S. 7-17.

Mecheril, Paul/Plößer, Melanie (2011): »Differenzordnungen, Pädagogik und
der Diversity-Ansatz«, in: Spannring, Reingard u.a. (Hg.), bildung – macht
– unterschiede, 3. Innsbrucker Bildungstage, Innsbruck, S. 59-79.

Meckel, Miriam (2007): »Frank A. Meyer im Gespräch mit Miriam Meckel«,
in: Vis-à-Vis, SRF 2 am 23.12.2007.

Pohlkamp, Ines (2015): »Queer-dekonstruktive Perspektiven auf Sexualität
und Geschlecht«, in: Schmidt, Friederike/Schondelmayer, Anne-Christin/
Schröder, Ute B. (Hg.), Selbstbestimmung und Anerkennung geschlechtlicher und sexueller Vielfalt. Lebenswirklichkeiten, Forschungsergebnisse
und Bildungsbausteine, Wiesbaden: VS Springer, S. 75-87.

Quadflieg, Christiane/ Streib-Brzič, Uli (2001): Was ist eigentlich NORMAL?
Normalität befragen – am Beispiel der Erfahrungen von Kindern aus
Regenbogenfamilien. Herausgegeben vom Zentrum für transdisziplinäre
Geschlechterstudien (ZtG), Humboldt-Universität zu Berlin. Online:
https://www.gender.hu-berlin.de/de/rainbowchildren/downloads/
materialien/manual

Ricken, Norbert (2006): Die Ordnung der Bildung. Beiträge zu einer Genealogie
der Bildung, Wiesbaden.

Schmidt, Gunther (2004): Das neue Der Die Das. Über die Modernisierung
des Sexuellen, Gießen: Psychosozial-Verlag.

Schmidt, Gunther (1996): Das Verschwinden der Sexualmoral, Hamburg: Klein-Verlag.

Schwarz, Susanne (2015): »Homosexualität und gleichgeschlechtliche Partnerschaft. Was nützt diese Liebe im Religionsunterricht?«, in: Breckenfelder, Michaela (Hg.), S. 113-156.

Streib-Brzič, Uli/Quadflieg, Christiane (2011, Hg.): School is Out?! Vergleichende Studie ›Erfahrungen von Kindern aus Regenbogenfamilien in der Schule‹ durchgeführt in Deutschland, Schweden und Slowenien, Teilstudie Deutschland, Berlin: Humboldt-Universität zu Berlin.

Stuve, Olaf (2009): Emanzipatorische Jungenarbeit im Spiegel unterschiedlicher Dominanzverhältnisse. Dokumentation der Veranstaltung »Homophobie & Antisemitismus in der pädagogischen Arbeit«, Berlin, S. 5-12. Online unter: http://www.gladt.de/archiv/paedagogik/2009-12-15-%20Dokumentation%20Emanzipatorische%20Jungenarbeit.pdf vom 06.03.2012.

Voss, Heinz-Jürgen (2013): Biologie und Homosexualität. Theorie und Anwendung im gesellschaftlichen Kontext, Münster: Unrast-Verlag.

Witchel, Alex (2012): Life After ›Sex‹. The New York Times Magazine, 19.01.2012, http://www.nytimes.com/2012/01/22/magazine/cynthia-nixon-wit.html?_r=0

Wrede, B. (2000): »Was ist Sexualität? Sexualität als Natur, als Kultur und als Diskursprodukt«, in: Schmerl, C./Soine, S./Stein-Hilbers, M./Wrede, B. (Hg.), Sexuelle Szenen. Inszenierungen von Geschlecht und Sexualität in modernen Gesellschaften, Opladen: Leske und Budrich, S. 25-43.

Umgang mit Heterogenität und Differenz

Hannelore Faulstich-Wieland

Die »Übereinkunft über die Rechte von Menschen mit Behinderungen«, die von der UN-Generalversammlung am 13.12.2006 beschlossen und von Bundestag und Bundesrat der Bundesrepublik Deutschland im Dezember 2008 ratifiziert wurde, gibt auch in der Bildungspolitik einen neuen Anstoß für die Auseinandersetzung mit Heterogenität und Differenz. Ausgangspunkt ist allerdings die Anerkennung des Rechts von Menschen mit Behinderungen auf Bildung: »With a view to realizing this right without discrimination and on the basis of equal opportunity, States Parties shall endure an inclusive education system at all levels« (§ 24, Abs. 1). Damit ist eine zentrale Verpflichtung zur Veränderung des Bildungssystems in Richtung auf jene Modelle angesprochen, die Heterogenität als pädagogische Normalität sehen, sie konstruktiv für den Bildungsauftrag nutzen und keine Schüler_innenlerngruppe ausschließen. Das impliziert auch, den Blick auf weitere Differenzmerkmale zu richten und danach zu fragen, wie sie im Bildungssystem berücksichtigt werden – oder auch nicht.

Die Debatte um Heterogenität als Chance hat in den letzten Jahren zu einer Vielzahl von Publikationen geführt. Eine Diskursanalyse von Jürgen Budde (Budde 2012) berücksichtigt für den Zeitraum von 2002 bis 2010 21 Sammelbände aus dem erziehungswissenschaftlichen Kontext, die Heterogenität im Titel oder Untertitel führen. Danach sind mindestens fünf weitere Sammelbände (Faulstich-Wieland 2011b; Budde 2013; Böttcher u.a. 2014; Eisenbraun und Uhl 2014; Koller 2014) sowie eine Monografie (Walgenbach 2013) dazu erschienen. Bis 2006 – so Buddes Analyse (Budde 2012: Abs. 19) - lag der Kontext vor allem auf behindertenpädagogischen Ansätzen. Danach allerdings stiegen sowohl die Anzahl der Publikationen als auch die Ausweitung der Thematik auf andere soziale Kategorien. Allerdings spielt die sexuelle Orientierung keine zentrale Rolle. Zwar gibt es zunehmend Forschungen zu den sogenannten LGBTQ-Jugendlichen (lesbian, gay, bisexual, transgender, queer), aber im Bildungssystem und in pädagogischen Konzepten sind sie noch kaum als zu beachtende Gruppe präsent (Ausnahmen z.B.: Kraus 2012; Bittner/Lotz 2014). Neben der steigenden Zahl von Publikationen zur

Inklusion, die in der Konsequenz der UN-Konvention sich mit den Fragen des Einbezugs von Kindern und Jugendlichen mit besonderem Förderbedarf befassen, geht es schwerpunktmäßig um die Heterogenität, die durch Migration entsteht, sowie um das Problem von Gleichheit oder Differenz in Bezug auf Geschlecht. Diese drei Kategorien sollen im Folgenden genauer beleuchtet werden. Zunächst allerdings soll erläutert werden, wieso Heterogenität überhaupt als ein Problem angesehen wird und warum es sinnvoll ist, sich auf die faktisch immer vorhandene Heterogenität konstruktiv einzulassen.

Umgang mit Differenz in Form von Inklusion ist insofern kein ganz neues Phänomen, als die Integration behinderter Kinder schon seit vielen Jahren in einer ganzen Reihe von Schulen Normalität ist. Was aus der Behindertenpädagogik hierfür gelernt werden kann, soll kurz in einem zweiten Teil angesprochen werden – kurz, weil diese Diskussion wesentlich verbreiteter ist als die allgemeinere Beschäftigung mit Heterogenität unter anderen Kategorien.

Eine zentrale Form von Heterogenität ergibt sich aus der Tatsache, dass in Deutschland immer mehr Menschen leben, die als Migrantinnen und Migranten hierher gekommen sind. Was das für die Schule bedeutet, wird im dritten Schritt thematisiert.

Schließlich gehört die gemeinsame Beschulung von Mädchen und Jungen zwar mittlerweile zur Normalität in unserem Bildungssystem. Trotzdem ist der Umgang mit beiden Geschlechtern keineswegs geklärt, sondern lässt sich unter der Frage nach der Relevanz von Differenzen problematisieren. Das will ich im vierten Teil ausführlicher tun, weil es mein eigenes Forschungsgebiet betrifft. Abschließend wird dann ein kurzes Fazit zu ziehen sein.

1. HETEROGENITÄT ALS CHANCE?

Das Bildungssystem der Bundesrepublik Deutschland ist strukturell auf Homogenisierung der Schülerschaft ausgerichtet:

Zentrale Kriterien dafür sind Alter und Leistung, lange Zeit war es auch noch das Geschlecht und die Nationalität[1]. Durch die Einschulung eines Jahrgangs in die erste Klasse einer Grundschule, die dann gemeinsam jeweils um ein Jahr aufrückt, d.h. durch das Jahrgangsprinzip sollte eine homogene Gruppe gebildet werden. Maßnahmen der Zurückstellung von Kindern, die noch nicht »schulfähig« sind, sowie vorzeitige Einschulungen durchbrechen

---

1 | Kinder ohne deutsche Staatsangehörigkeit waren keineswegs automatisch schulpflichtig (vgl. Krüger-Potratz 1997). Auch heute noch ist die Situation z.B. von Flüchtlingen keineswegs überall so geklärt, dass sie die Schule besuchen können (vgl. Schroeder 2012).

bereits die Homogenisierung über Alter. Hinzu kommt jedoch die starke leistungsmäßige Spreizung bereits in der ersten Klasse, die durch das Elternhaus und die Förderung in Kindertagesstätten bewirkt wird.

Nach Abschluss der Grundschule erfolgt ein erneuter Versuch der Leistungshomogenisierung durch die Aufteilung der Schüler_innen auf verschiedene Schularten: In der Regel wurden sie nach der vierten Klasse (in Berlin und in Brandenburg nach der sechsten Klasse) auf Hauptschulen, Realschulen, Gesamtschulen oder Gymnasien verteilt. In fünf Bundesländern hat sich inzwischen ein zweigliedriges Schulsystem durchgesetzt, in sechs weiteren gibt es neben der Zweigliedrigkeit noch weitere Formen, fünf Länder haben noch drei oder vier Gliederungen (Tillmann 2013). Selbst eine Zweigliedrigkeit bedeutet aber immer noch, dass die Schülerinnen und Schüler auf zwei unterschiedliche Zweige verteilt werden – und insofern Homogenisierungsversuchen unterliegen.

Nicht zuletzt zeigen die internationalen Leistungsstudien wie PIRLS, PISA und neuerdings ICILS deutlich, dass es ein breites Überlappungsfeld in den Leistungen zwischen den verschiedenen Schularten gibt (vgl. zuletzt Stubbe u.a. 2012; Prenzel u.a. 2013; Bos u.a. 2014). In einem mittleren Feld hängt es keineswegs allein von der Leistung ab, welche Schulart ein Kind besucht. Soziale Herkunft und Migrationshintergrund stellen Kriterien dar, die sich chancenmindernd auswirken. Die Geschlechtszugehörigkeit spielt eine komplexe Rolle.

Sowohl die Altersbreite in einer »Jahrgangsklasse« – die sich im Verlauf der Schuljahre noch weiter durch Klassenwiederholungen spreizen kann – wie auch Fehleinschätzungen der Leistungen beim Übergang in Sekundarstufenschulen durch die Lehrkräfte – verweisen darauf, dass die strukturellen Bedingungen keineswegs eine Homogenität der Schülerschaft bewirken, sondern dass es sich vielmehr in allen Schulen um heterogene Zusammensetzungen handelt. Die immer wieder mal propagierte pädagogische Maxime, sich an den »Mittelköpfen« (Sandfuchs 2004, S. 490[2]) zu orientieren, ist keine Lösung. Schon die Frage, was denn die »Mittelköpfe« leistungsmäßig charakterisiere, ist kaum verlässlich zu klären. Eine Orientierung an der

---

2 | Sandfuchs schreibt diesen Vorschlag Ernst Christian Trapp (1745-1818) zu, dem ersten Inhaber eines pädagogischen Lehrstuhls einer deutschen Universität (1779-1783 in Halle). Dieser vertritt jedoch eine Pädagogik, die sich an den individuellen Schüler_innen orientieren soll (Trapp 1977). Von »Mittelköpfen« spricht er nur an der Stelle, an der es um die Frage geht, wie viel Zeit in einem Lehrplan für die Bearbeitung eines Themas eingeplant werden soll. Die Didaktik muss jedoch so ausgerichtet sein, dass alle Kinder das Ziel erreichen können, wobei er für die Schnelleren empfiehlt, diese einzubeziehen in die Arbeit mit den Langsameren, für die sehr Langsamen zur Not eine Wiederholung vorsieht (Verdoppelung der Zeit) (Trapp 1979).

Normalverteilung – die zumindest in Deutschland die Norm ist – führt immer wieder zur Veränderung der ›Mitte‹. Wie kann man sich an einer ›Mitte‹ orientieren, wenn diese in (scheinbar) homogenen Gruppen immer wieder leistungsbezogen gespreizt wird, indem gute und schlechte Schüler_innen durch die Bewertung bzw. deren Orientierung an der sozialen Bezugsnorm der Klasse ›produziert‹ werden?

In Bezug auf die weiteren Merkmale der Schüler_innen wie kulturelle und soziale Herkunft oder Geschlecht gibt es zudem kein lineares Maß. Sind Kinder ohne Migrationshintergrund die Mitte? Wo bleibt diese, wenn ›deutsche‹ Kinder eine Minderheit werden? Sind ›Mittelschichtskinder‹ die Mitte? Was macht in koedukativen Schulen die Mitte des Geschlechts aus?

Heterogenität ist letztlich eine Bezeichnung für die Vielfalt von Personen, die sich nicht nur in Bezug auf die einzelnen Kategorien – wie Alter, Geschlecht, Behinderung, soziale Herkunft, Nationalität, Migrationsstatus, Leistung – unterscheiden, sondern innerhalb der jeweiligen Gruppen keineswegs gleich sind. Zudem ist jede Kategorie mit den anderen kombinierbar und führt zu einer Vielzahl an möglichen Schnittmengen. In diesem Kontext sind die Schlagworte Diversity und Intersektionalität zu nennen, deren Konzepte vorwiegend der Kritik der Diskriminierung dienen.

Für die schulische Organisation steht Leistung als Ordnungskriterium an erster Stelle. Entsprechend führte lange Zeit die Erkenntnis, dass es sich in keiner Schule und keiner Schulklasse um eine homogene leistungsbezogene Schülerschaft handelt, zu einer Sichtweise, die Heterogenität als Problem ansieht und sie entsprechend beklagt. Diese Sicht ist keineswegs überwunden. Aber durch eine Reihe von strukturellen Veränderungen wird versucht, den Problemen der vergeblichen Versuche zur Homogenisierung Rechnung zu tragen, dabei wird auf Heterogenität als Chance gebaut: So organisieren viele Grundschulen flexible Eingangsstufen und setzen zudem auf jahrgangsübergreifende Klassenbildungen. Die Integration von bisher getrennten Sekundarstufenschulen und nicht zuletzt die von der UN-Konvention geforderte Inklusion gehören ebenfalls zu diesen Veränderungen.

Historisch kann man vielfältige Formen der Separierung – also des Versuchs, Homogenität herzustellen – finden. Aber auch Formen der Integration – also des Umgangs mit Heterogenität und Differenz – sind feststellbar. Als Mainstream hat sich der erste Trend durchgesetzt, während es zunehmend Schulen gibt, die Alternativen aufweisen. Das Nebeneinander beider Formen verweist auf Spielräume, die widersprüchlichen Funktionen des Bildungssystems – Integration und Selektion – unterschiedlich zu gewährleisten. Eine Positionierung in der Frage des Umgangs mit Heterogenität und Differenz bedarf einer theoretischen Klärung. Annedore Prengel (Prengel 2011) siedelt diese in der Bezugnahme auf die Menschenrechte an: Spätestens seit der Französischen Revolution als Grundrechte verankert, bleibt ihre

Realisierung dennoch immer unvollendet. Das hat mit der wechselseitigen Bedingtheit von Gleichheit und Freiheit zu tun.

»Das Prinzip der Freiheit beinhaltet den Wunsch, selbstbestimmt ohne Unterordnung unter den Willen Anderer zu leben. Indem solche freiheitlichen Beziehungen ›auf Augenhöhe‹ allen Menschen zukommen, wird das Recht auf Gleichheit geltend gemacht. Im für alle gleichermaßen gültigen Freiheitsrecht ist die Freiheit für differente Lebensweisen, also die Anerkennung des Vielfältigen, enthalten. Gleichheit und Freiheit für Vielfalt gehören zusammen, das ist der Sinn des Grundgedankens der Pädagogik der Vielfalt, der egalitären Differenz.« (ebd.: 31)

Eine »Inklusive Pädagogik« – die Konsequenz aus der UN-Konvention zu einem veränderten Umgang mit Heterogenität – muss Perspektiven entwickeln, die sich auf veränderte Aufnahmebedingungen und das professionelle Handeln von Lehrkräften ebenso wie auf die Lehrpläne und ihre didaktische Umsetzung beziehen. Entscheidend wird auch eine alternative Leistungsbewertung sein, die jedoch keineswegs die Widersprüche des Bildungssystems zwischen Integration und Selektion völlig aufheben kann. Insofern ist für Prengel eine Inklusive Schule denn auch keineswegs eine heile Welt, sondern es bleibt ein Ringen um Gerechtigkeit.

2. INTEGRATION VON BEHINDERTEN

Bezogen auf das Leistungskriterium wurde unter Integration bisher vor allem die gemeinsame Beschulung von Kindern mit und ohne sonderpädagogischem Förderbedarf in Regelklassen verstanden. Ein Ausbau von Integrationsklassen bzw. die Entwicklung einer neuen Konzeption von Inklusion wird aufgrund der UN-Konvention über die Rechte von Menschen mit Behinderungen erforderlich (vgl. Schuppener u.a. 2014; Trumpa u.a. 2014). Damit wird sich der Schulalltag für die Lehrkräfte in doppelter Weise verändern: Zum einen werden immer mehr Lehrer_innen Kinder mit unterschiedlichen Formen von sonderpädagogischem Förderbedarf in ihren Klassen haben. Zum anderen werden sie mindestens zeitweilig mit einer zweiten Lehrkraft – eben einer mit sonderpädagogischer Qualifizierung – zusammen arbeiten.

Gerade die Integration behinderter Kinder zeigt auf, welche Schwierigkeiten mit dieser Kategorie als »tertium comparationes« für die Verbindung von Gleichheit und Freiheit verbunden ist: Mit der Etikettierung ›behindert‹ ist immer auch eine Diskriminierung verbunden. Der Wandel der Begrifflichkeiten – sonderschulbedürftige Kinder, Kinder mit Förderbedarf, Kinder mit besonderen Bildungsbedürfnissen – soll den Diskriminierungen entgegen wirken. Dennoch erfordert die besondere Förderung immer eine Etikettierung, um die notwendigen Mittel zu erhalten. Integration ist folglich mit einer Dramatisierung von Differenz verbunden. In Hamburg wurde im bisherigen Konzept der Integrationsklassen weitgehend auf eine Etikettierung verzichtet. Der aktuelle Versuch zur Realisierung von Inklusion erfordert dagegen eine solche Einordnung der Kinder, was u.a. zu einer erheblichen Auseinandersetzung über die Frage geführt hat, ob der Anteil von Kindern mit emotional-sozialem Förderbedarf gestiegen ist oder nicht (vgl. Schuck und Rauer 2014).

Vorliegende Forschungsergebnisse bestätigen die positiven Wirkungen der Integration von Kindern mit besonderen Bildungsbedarfen für alle Kinder (vgl. Preuss-Lausitz 2011). Ulf Preuss-Lausitz hat eine Bestandsaufnahme der laufenden wissenschaftlichen Begleitungen sowie von wenigen größeren Forschungsprojekten zur Inklusion vorgelegt. Wenngleich die meisten Studien noch laufen, kann aus den bereits vorliegenden Daten schon jetzt eine positive Entwicklung bilanziert werden:

>Erste Daten zeigen moderate positive Lernentwicklungen leistungsschwacher wie leistungsstarker Schüler und deren hohe Zufriedenheit mit den Lehrkräften, dem Schulklima und der sozialen Verankerung in den Klassen. Zugleich wird deutlich, dass auch in inklusiven Klassen unbeliebte Schüler sind und Bemühungen um deren bessere Sozialentwicklung nötig sind. Lernentwicklungen von hör-, seh-, körperlich und geistig beeinträchtigten Schülern werden in der Regel nicht untersucht. Schüler mit Förderbedarf LES stehen im Vordergrund.« (Preuss-Lausitz 2014: 22)

Eine inklusive Schule würde auf jeden Fall das Gerechtigkeitspotential von Schule erhöhen. Allerdings bleibt der Widerspruch zwischen Individualisierung und Standardisierung bestehen, solange nicht die Leistungsbewertung anders erfolgt (vgl. Schuck 2014).

3. INTEGRATION VON MIGRANT_INNENKINDERN

Die Begrifflichkeiten zum Umgang mit Migration[3] sind für den schulischen Kontext nicht eindeutig: Multikulturalität oder Interkulturalität sind

---

3 | Es ist zudem letztlich gar nicht geklärt, was genau mit Migration gemeint ist. Die internationalen Leistungsstudien operationalisieren den Migrationsstatus von Kindern, indem sie drei Gruppen unterscheiden: 1. Kinder wie Eltern sind in Deutschland geboren (=Nicht-Migrant_innen), 2. Kinder sind in Deutschland geboren, aber die Eltern oder ein Elternteil nicht (2. Generation Migrant_innen), 3. sowohl die Eltern wie die Kinder sind nicht in Deutschland geboren (1. Generation Migrant_innen). Als weiteres Kriterium verwenden sie die Sprache, die innerhalb der Familie überwiegend gesprochen wird. Dass damit die komplexe Realität nur bedingt erfasst wird, zeigt z.B. die zunehmende

gebräuchlich, meinen aber in der Regel durchaus unterschiedliches. Ingrid Gogolin (Gogolin 2011) vermutet, dass die alltags- und mediensprachliche Verwendung mit ›multikulturell‹ eine positive Mischung von Personen und Gruppen meint, die vor allem exotische Elemente beinhaltet und keineswegs sich ›alltäglich‹ verhält. Negative Assoziationen aus nationalistischen bis faschistischen Positionen heraus, die eine Abwehr alles ›Fremden‹ für notwendig halten, sind jedoch ebenfalls mit dieser Verwendung des Begriffs verbunden. Gogolin will für den pädagogischen Gebrauch den Begriff »multikulturell« für die Beschreibung einer Gesellschaft und gesellschaftlicher Gruppierungen reservieren, mit dem auf die Unterschiedlichkeiten aufmerksam gemacht wird. »Interkulturell« dagegen beinhalte eine programmatische Perspektive, den Anspruch mit Differenzen konstruktiv umzugehen und sie nicht zu Benachteiligungen werden zu lassen.

Die Interkulturelle Pädagogik ist dieser Programmatik verpflichtet, wobei sie durchaus eine grundlegende Veränderung in der Entwicklung erfahren hat, bevor der aktuelle Stand dieser Teildisziplin erreicht wurde. Die ›Ausländerpädagogik‹ operierte noch mit einem Defizitblick und einer Orientierung an ›deutscher‹ Kultur, der gegenüber die Migrantenfamilien als – undifferenziert – ›anders‹ und ›fremd‹ angesehen wurden. Auseinandersetzungen um den Kulturbegriff haben zu noch unabgeschlossenen Veränderungen geführt. Entscheidend dafür ist der Blick auf die Institutionen und ihre Funktionsweisen, der erlaubt, auch z.B. zu fragen, welche Funktion Mehrsprachigkeit in verschiedenen Kontexten hat und wie die Bildungsinstitutionen damit umgehen.

Fremdsprachenunterricht gehört inzwischen zum Stundenplan aller Schulformen. Die Tatsache, dass die Schulen von immer mehr Kindern besucht werden, deren Muttersprache nicht Deutsch ist, die also mehrere Sprachen können, ließe sich als Glücksfall verstehen und im Blick auf die Sprachbildung könnte man die durch Zuwanderung entstandene Heterogenität pädagogisch begrüßen. Die Mehrsprachigkeit der Kinder und der Sprachauftrag der Schule gehen aber keineswegs so ohne weiteres zusammen. Die schulische Fremdsprachenförderung hat in der Regel gerade nicht die Migrantensprachen – insbesondere Türkisch, Polnisch, Farsi, Arabisch – als Ziel, sondern Englisch, Französisch und zunehmend Spanisch. Sie bezieht sich oft auf Transfermöglichkeiten zwischen verwandten Sprachen, aber auch damit werden in der Regel die Migrantensprachen nicht erreicht. Zudem gibt es einen Unterschied zwischen Vielsprachigkeit und Mehrsprachigkeit. Die aktuellen Entwicklungen, die eine Normierung der Fremdsprachenförderung durch Bildungsstandards bedeuten, führen zu einer verstärkten Konzentration auf die schulischen Zielsprachen – und damit gerade nicht auf Mehrsprachigkeit.

Transmigration, d.h. die Tatsache, dass Familien zwischen zwei oder mehr Ländern wechseln, indem sie dort jeweils zeitweise leben.

Adelheid Hu macht deutlich, dass diese »keineswegs mit der monolingualen Kompetenz in mehreren Sprachen gleichzusetzen ist. .... Solange der ›ideal native speaker‹ Leitziel auch für mehrsprachige Entwicklung ist, kann das nur zu einem defizitären Blick auf mehrsprachige Kinder oder Jugendliche führen.« (Hu 2011: 126) Soll die sprachliche Heterogenität in der Schule zur Förderung von Schüler_innen genutzt werden, so bedarf das einer Fremdsprachendidaktik und der entsprechenden Qualifizierung der Lehrkräfte, die verstärkt auf Mehrsprachigkeit setzt.

Die vorhandenen empirischen Erkenntnisse zeigen, dass die Anforderungen einer interkulturellen Bildung bisher nur höchst unzulänglich im Bildungssystem umgesetzt werden. Die Ergebnisse der großen internationalen Leistungsstudien zeigen entsprechend nach wie vor Benachteiligungen insbesondere von Kindern und Jugendlichen mit Migrationshintergrund (vgl. Eickelmann u.a. 2014), auch wenn die Entwicklung im Vergleich zu den ersten Studien zu Beginn des dritten Jahrtausends positive Verläufe zeigt (vgl. Stanat u.a. 2012; Schwippert u.a. 2012; Gebhardt u.a. 2013).

4. Umgang mit Mädchen und Jungen[4]

Die Organisation schulischer Bildung wurde immer auch unter Berücksichtigung von Geschlecht vorgenommen. Dabei wurde und wird von zwei Geschlechtern ausgegangen, die zudem als dichotom und gleichzeitig sich ergänzend angenommen werden. Die Infragestellung der Zweigeschlechtlichkeit – durch die Anerkennung von Lebensweisen, die nicht dieser Normierung entsprechen – ist erst seit wenigen Jahren überhaupt in einer Weise Thema, die sie nicht als »abnorm«, »krank« oder gar strafbar ansieht (vgl. Schneider und Baltes-Löhr 2014). Im Kontext der Gestaltung von Bildung betreffen die Debatten nach wie vor primär den Umgang mit als »weiblich« bzw. als »männlich« klassifizierten Personen. Historisch gab es entsprechend explizite Mädchenbildungskonzepte, die als Gegenpol zur allgemeinen Bildung – die lange Zeit nur Jungen offenstand – aufgestellt wurden. Bis in die 1970er Jahre war die Bildung in der alten Bundesrepublik weitgehend geschlechtsgetrennt. Im Zuge der Bildungsreformen der 1970er Jahre galt die Einführung der Koedukation dann als Realisierung von Gleichberechtigung. Allerdings kritisierten ab den 1980er Jahren engagierte Lehrerinnen und Wissenschaftlerinnen der zweiten Frauenbewegung die Umsetzung der Koedukation. Sie sahen manifeste oder subtile Benachteiligungen von Mädchen, denen sie entgegenwirken wollten. Das schlechte Abschneiden von Jungen bei der

---

4 | Die Ausführungen dieses Kapitels sind z.T. eine gekürzte Fassung von Faulstich-Wieland 2010.

Lesekompetenz in der ersten PISA-Studie 2000 führte zu einer neuen Debatte, in der nunmehr die Benachteiligung von Jungen in der Schule – wenn nicht sogar insgesamt eine Krise der Jungen – ausgerufen wurde. Eine erneute Geschlechtertrennung wurde jeweils als Lösung angesehen. D.h. für nahezu alle anderen sozialen Kategorien respektive Heterogenitätsdimensionen – wie Ethnie, soziale Herkunft, Alter – werden pädagogische Bemühungen in Richtung auf einen besseren Umgang mit Heterogenität diskutiert, bezogen auf das Geschlecht dagegen hält man eine Homogenisierung für die angemessene Antwort (vgl. Faulstich-Wieland und Scholand 2010). Von geschlechtsgetrennten Angeboten verspricht man sich Vorteile vor allem für die Mädchen, mittlerweile aber auch für die Jungen (vgl. Zusammenstellung der Debatten und empirischen Erkenntnisse zur Monoedukation Faulstich-Wieland 2011a).

Argumente dafür lassen sich aus folgenden Annahmen ableiten:

Im koedukativen Unterricht verhielten sich Jungen dominant und störend, wodurch sie Mädchen Raum und Möglichkeiten zum Lernen nähmen – weshalb vor allem Mädchen profitierten, wenn sie ohne Jungen lernen könnten.

Jungen müssten immer cool sein, und zwar insbesondere in Anwesenheit von Mädchen, weshalb sie sich dann meist eher negativ verhielten – weshalb es auch für Jungen günstig sei, wenn sie ohne Mädchen lernen könnten.

Lehrkräfte hätten nur bedingt Einfluss auf diese Prozesse bzw. es koste derart viel Kraft, in koedukativen Klassen Disziplin aufrechtzuerhalten, dass vor allem die Arbeit in Mädchengruppen einer Oase der Ruhe entspräche – was allerdings die Motivation für die Übernahme von Jungengruppen nicht besonders stärkt.

Diese Argumentationen werden in der Regel getragen von der Annahme grundlegender Differenzen zwischen den Geschlechtern und nicht von einer Vorstellung, nach der Geschlecht als soziale Konstruktion zu begreifen ist (vgl. Faulstich-Wieland 2004; Vogel 2005). Ein Konzept von Mädchen- und Jungenförderung – oder besser: einer bewussten Gestaltung von Koedukation – benötigt eine gendertheoretische Fundierung. Deshalb soll im Folgenden kurz auf das Konzept des »doing gender« eingegangen werden. In den Inter-aktionen der Kinder und Jugendlichen untereinander ebenso wie in denen mit den Lehrkräften wird »geschlechtsadäquates« Verhalten ausgehandelt. Das gilt für koedukative wie für geschlechtshomogene Kontexte gleichermaßen. Mit einer solchen Sichtweise lässt sich dann fragen, welchen Beitrag die einzelnen Personen an der Herstellung von Geschlechterdifferenzen – eben an der sozialen Konstruktion von Geschlecht – haben. An zwei Beispielen aus eigenen empirischen Forschungen soll das gezeigt werden. Auf dieser Basis lassen sich die Chancen der heterogenen, d.h. koedukativen Zusammensetzung einschätzen.

4.1. Doing gender – gendertheoretische Grundlagen

Zweigeschlechtlichkeit[5] wird nicht als Personenmerkmal betrachtet, sondern als eine Form der Einteilung von Menschen und von sozialen Gruppen einerseits, und als eine Inszenierung/Darstellung durch Menschen andererseits. Entscheidend für ein derartiges Verständnis von Geschlecht bzw. Geschlechtszugehörigkeit ist die Annahme, dass es sich dabei nicht um eine Zuschreibung aufgrund eines natürlichen Unterschieds (askription) – um biologische Unterschiede, die das Verhalten »natürlich« steuern – handelt, sondern um den Erwerb dieser Zugehörigkeit (achievement) – korrekter eigentlich: der Zuschreibung spätestens bei der Geburt und dem »Erlernen« des dieser Zuschreibung adäquaten Verhaltens. Von Candace West und Don Zimmermann ist dies als »doing gender« bezeichnet worden: Man »hat« nicht ein Geschlecht, sondern man »tut« es (West und Zimmerman 1991).

In den Interaktionen zwischen Menschen wird die Geschlechtszugehörigkeit ständig dargestellt und zugleich zugeschrieben, weil das miteinander umgehen in unserer Kultur stark an die Bezugnahme auf Geschlecht gebunden ist: Es ist wichtig zu wissen, ob man mit einem Mann oder einer Frau zu tun hat. Die Bewertung des Verhaltens erfolgt vor der Folie, was gesellschaftlich als »angemessen« gilt. Dies ist jedoch keineswegs eindeutig und verändert sich auch – vor einigen Jahrzehnten war es unmöglich, dass Frauen Hosen trugen, inzwischen ist das selbstverständlich. Es ist nicht notwendig, sich immer 100-prozentig »richtig« zu verhalten, man riskiert jedoch jederzeit, daran gemessen zu werden, ob man sich »adäquat« verhält. Verstöße dagegen führen zu Diskriminierungen als »Mannweib« oder als »Softie« usw. Unklar ist dabei, ob Geschlecht »omnipräsent«, also stets im Vordergrund ist. Stefan Hirschauer verneint dies und geht davon aus, dass man in Interaktionen von einer Aktualisierung der Geschlechterdifferenz »absehen«, sie als »seen but unnoticed feature« (Hirschauer 1994) behandeln kann. Diese Form – von etwas nicht Notiz zu nehmen – ist selbst eine konstruktive Leistung, ein »undoing gender« oder – in Anlehnung an Erving Goffman (Goffman 1994) –

---

5 | Die Betonung der Zweigeschlechtlichkeit und ihrer Konstruktion in sozialen Interaktionen steht hier im Vordergrund. Die theoretischen Annahmen gelten jedoch auch, wenn mehr als zwei Geschlechter angenommen werden – und zwar solange, wie die Kategorie Geschlecht als relevante gesellschaftliche und soziale Klassifikation zu betrachten ist.

eine Entdramatisierung. Nehmen wir als Beispiel eine Situation in einer Autowerkstatt, in der eine schwere Last gehoben werden muss. Statt der Automechanikerin nicht zuzutrauen, dass sie dies kann, oder – wenn man es ihr zutraut – sie für eine »männliche« Frau zu halten, könnte man den üblichen Brauch auch unter Automechanikern anwenden und die Last arbeitsteilig und gemeinsam oder mittlerweile wahrscheinlich verbreiteter mit Hilfe von technischen Geräten bewältigen, d.h. vom Geschlecht der Beteiligten absehen. Die beiden ersten Möglichkeiten wären ein »doing gender«, die letzte ein bewusstes »undoing gender«. Hirschauer spricht deshalb von Episoden der Aktualisierung oder der Neutralisierung von Geschlechterdifferenzen.

Zu diesen Episoden, den situativen Momenten der interaktionellen Herstellung, kommen aber notwendigerweise situationsübergreifende Elemente sozialer Reproduktion. Sie unterliegen dem, was bewusst oder unbewusst als »geschlechtsadäquat« angesehen wird. Erving Goffman hat dies als institutionelle Reflexivität bezeichnet. Gemeint ist damit die Frage danach, »was aus der Umwelt herausgefiltert oder in sie hinein projiziert werden musste, damit die angeborenen Unterschiede zwischen den Geschlechtern, die es ja gibt, überhaupt irgendeine Bedeutung – in Wirklichkeit oder in der Vorstellung – bekommen konnten« (ebd.: 128).

Entscheidend ist dabei, dass Genderism – »geschlechtsklassengebundene individuelle Verhaltensweisen« (ebd.: 113) bzw. Geschlechterstereotype – durch soziale Arrangements (re-)produziert werden können. Unter den verschiedenen Formen institutioneller Reflexivität ist auch die Geschlechtertrennung, die subkulturelle Unterschiede erhalten und immer wieder herstellen hilft. Insofern haben wir es bei monoedukativen Einrichtungen mit Dramatisierungen von Geschlecht zu tun, durch die Geschlechterdifferenz aktualisiert wird. Eine Dramatisierung der Geschlechterdifferenz besteht z.B. in der Zuschreibung von Genderism, wonach Mädchen sozialer, ordentlicher usw. sind, was zugleich nahelegt, Jungen können so nicht sein.

Aus diesen theoretischen Ausführungen folgt also: Mit Dramatisierungen machen wir gezielt und zentral auf Geschlecht aufmerksam, mit Entdramatisierungen gehen wir auf andere Kategorien oder auf die Individuen ein. Diese Differenzierung erlaubt, für die einzelnen Situationen jeweils zu fragen, was hier geschieht, was geschehen solle und ob und wie dies zu erreichen ist.

4.2. Beitrag von Lehrkräften an der sozialen Konstruktion von Geschlecht in der Schule

Anhand von zwei empirischen Beispielen soll gezeigt werden, wie insbesondere Lehrkräfte an der Aufrechterhaltung von geschlechterstereotypen Verhaltensweisen beteiligt sind.

Das erste Beispiel stammt aus dem Technikunterricht in einem fünften Jahrgang an einem (österreichischen) Gymnasium (vgl. Budde u.a. 2008). Die Techniklehrerin betonte mehrfach in Interviews, die Jungen seien »lebhafter«, »technikinteressierter«, hätten ein schnelleres Arbeitstempo und seien »ganz wild auf die Maschinen«, während die Mädchen ruhiger, leiser seien, bei ihnen »ein bisschen etwas Zaghafteres dabei ist« (Interviews 9/2005 und 1/2006).

Die Beobachtungen des Technikunterrichts zeigen jedoch, dass die Lehrerin selbst den Jungen viel Raum für störendes Verhalten gibt, bevor sie überhaupt eingreift bzw. dass sie zwar häufige Ermahnungen ausspricht, aber kaum für deren Wirkung sorgt. Zudem gelingt es Jungen z.B., gezielt die Aufmerksamkeit der Lehrerin zu gewinnen:

»Justus und Oswald stehen an der Bohrmaschine und zählen laut rückwärts. L kommt herbeigeeilt, bevor sie bei eins angekommen sind und die Maschine allein bedienen können.«

Die beiden Jungen sind nicht etwa »wild« auf die Bohrmaschine, sondern für sie bietet die Anweisung der Lehrerin, die Maschine nicht allein zu benutzen, die erfolgreich genutzte Chance, das Unterrichtsgeschehen zu bestimmen. Entsprechend re-agiert die Lehrerin auf das Verhalten der Jungen. Gegenüber Schülerinnen wird dagegen häufiger vermerkt, dass sie ihnen »hilft«, indem sie z. B. das Sägeblatt für sie einspannt, schwierigere Sägevorgänge selbst ausführt oder ein Tonstück für eine Schülerin vorfertigt. D.h. den Mädchen gegenüber agiert sie. In den Zuschreibungen reflektiert sie jedoch nicht ihren Part am Verhalten der Kinder, sondern definiert problematisches Verhalten von Jungen um in positives Interesse oder in Lebhaftigkeit.

Es sind jedoch keineswegs allein Lehrerinnen, die Jungen zum Austesten von Grenzen ermutigen, solches Verhalten finden wir sehr wohl auch bei Lehrern, wie folgende Szene aus dem Deutschunterricht zeigt (die aus dem gleichen Forschungsprojekt stammt wie das Beispiel vorher):

»Uwe spielt mit seinen Magic-Karten. Er soll sie verschwinden lassen. Er steht auf und verkündet: ›Ich zeige einen Trick.‹ Viele Schülerinnen und Schüler sind genervt, auch der Lehrer sagt, er soll die Karten sofort wegpacken. Uwe steckt die Karten wie ein großer Zauberer in seine Hosentasche, streckt die Hände nach vorne und ruft: ›Ich habe sie verschwinden lassen.‹ Der Lehrer lobt ihn für das Spiel« (D060530DePJ).

Ein Schüler spielt während des Unterrichts mit einem hoch beliebten Kartenspiel und wird vom Lehrer ermahnt, dieses weg zu packen. Statt der Anweisung Folge zu leisten, kündigt er an, einen Trick vorzuführen, d. h. er zieht die Aufmerksamkeit aller auf sich. Da er häufiger in dieser Art »nervt«, sind die Mitschülerinnen und Mitschüler nicht besonders begeistert über die Ankündigung, was Uwe aber nicht hindert, seinen Zaubertrick vorzuführen. Diesen beherrscht er exzellent, er lässt die Karten gekonnt »verschwinden«. Insofern hat er der Anweisung des Lehrers Folge geleistet und dies zugleich nicht einfach »brav« getan. Der Lehrer hätte die Möglichkeit gehabt, dies einfach zur Kenntnis zu nehmen – damit wäre beiden letztendlich gerecht geworden, indem die Anweisung ausgeführt worden wäre und Uwe zugleich im Mittelpunkt gestanden hätte. Stattdessen aber lobt er Uwe noch für die Art der Grenzverletzung – erteilt also implizit eine Einladung zum Austesten der Grenzen.

4.3. Was sind die pädagogischen Konsequenzen?

Betrachtet man die Beispiele verallgemeinernd und im Hinblick auf den Beitrag der Lehrkräfte an der Konstruktion von Geschlecht bzw. von geschlechterdifferentem Verhalten, so lassen sich folgende Punkte festhalten:

Lehrkräfte müssen sich im alltäglichen Unterrichtsgeschehen auf routiniertes Verhalten stützen können, da es unmöglich ist, jede Handlung erst zu reflektieren und sie dann auszuführen. Zu solchen Routinen gehören auch Wahrnehmungen, die sich auf Geschlecht beziehen. Diese sind zum einen getragen von den konkreten Beobachtungen und Erfahrungen, die seitens der Lehrkräfte im Laufe ihrer Erwerbsbiographie gemacht wurden. Sie sind aber auch gespeist von gesellschaftlich geteilten Vorstellungen über Männlichkeit und Weiblichkeit und entsprechen folglich den Geschlechterstereotypen. Diese sind keine reinen Fiktionen, sondern wirken in gewisser Weise doppelt: Sie orientieren das Verhalten aller Beteiligten, weil sie einen Rahmen vorgeben für angemessenes Verhalten. Sie wirken aber auch einengend, weil das Überschreiten des Rahmens immer mit besonderer Aufmerksamkeit verbunden und insofern riskant ist. Es können nämlich Sanktionen folgen (Disziplinierung, Ausgrenzung u. Ä.), es kann aber auch zur Bewunderung führen. Welche Reaktionen folgen, ist im Allgemeinen nicht vollends kalkulierbar. Dieser Rahmen wird deutlich erweitert, wenn Kategorien der sexuellen Orientierung Berücksichtigung finden sollen. Auf jeden Fall gilt aber, sobald unreflektiert bleibt, wie die Gendervorstellungen in den Interaktionen eine Rolle spielen – Lehrkräfte also durch ihr eigenes Verhalten die geschlechtliche »Angemessenheit« des Verhaltens von Mädchen oder Jungen bekräftigen, z.B. indem sie lautes Jungenverhalten für »normal« halten oder den Mädchen »Hilflosigkeit« beim Sägen unterstellen und deshalb eingreifen – wird »undoing gender« verunmöglicht. Dies würde erfordern, Unterstützungen von den individuellen Bedürfnissen her zu gewähren, nicht vor einer Geschlechterfolie.

Die Beispiele sollten deutlich machen, dass unsere Vorstellungen davon, was Schüler können und wie sie sich verhalten im Verhältnis zu dem, was Schülerinnen können und wie sie sich verhalten, nicht losgelöst sind von unseren eigenen Verhaltensweisen – am doing gender sind alle Interaktionspartner_innen beteiligt. Der monoedukative Unterricht setzt solche Mechanismen nicht einfach außer Kraft. Auch in ihm geht es darum, ob die Interessen und Bedürfnisse der einzelnen Schülerinnen erreicht werden können oder nicht. Der koedukative Technikunterricht zeigte, dass die Wahrnehmungen der Lehrerin – nämlich die Mädchen für langsamer und sorgfältiger bzw. die Jungen für lebhafter und interessierter zu halten – ihr eigenes Verhalten mit steuert und so in einem Wechselprozess solche Verhaltensweisen produziert und reproduziert. Schließlich wird grenzüberschreitendem Verhalten von Jungen nicht immer Einhalt geboten – auch deshalb nicht, weil es zugleich so etwas wie das Salz in der Suppe der Alltagsroutinen darstellt. Die Kinder – und hier mehr die Jungen – bewegen sich mit einem solchen Verhalten auf dem schmalen Grat der Wertschätzung und Bewunderung – auch durch die Mitschülerinnen und Mitschüler – und der Disziplinierung durch die Lehrkräfte. Denn es sind die Lehrkräfte, die darüber entscheiden, wo die Grenze liegt.

Was aber heißt das für Veränderungsmöglichkeiten und speziell für einen heterogenen – bezogen auf Geschlecht für einen koedukativen – Unterricht? Zentral dafür ist m.E. die Entwicklung eines gendersensiblen Blickes: Dabei geht es einerseits durchaus darum, auf stereotype Verhaltensweisen zu achten und ein Auge auf benachteiligende Strukturen zu haben. Andererseits ist gerade die Suche nach Gegenbeispielen – wie das in der Forschung zentral angemahnt wird – sehr wichtig: Dann nämlich entdeckt man nicht nur viele Gemeinsamkeiten zwischen Mädchen und Jungen, sondern auch, dass es nur wenige Jungen sind, die dominierendes und störendes Verhalten zeigen. Stille Jungen kommen oft gar nicht in den Blick. Und man entdeckt, dass es sehr wohl dominierende und störende Mädchen gibt, ebenso wie stille. Möglicherweise fällt einem sogar auf, ob man unterschiedlich auf die Dominanz von Jungen und Mädchen reagiert und kann so den eigenen Beitrag an der Konstruktion von Geschlecht aufdecken und in der Folge zu einer Entdramatisierung von Geschlecht beitragen.

Unter dem Stichwort Heterogenität oder Diversity lässt sich diese Strategie fassen: Ein erster Schritt wäre folglich, sich von dem Blick auf die Gendergruppen zu lösen, um die Individuen wahrzunehmen. Von einer individualisierenden Sichtweise aus stellt sich die Frage dann nicht mehr, was wäre den Geschlechtern gerecht, sondern was macht gute Schule aus. Schulentwicklung betrifft folglich die Schulkultur einer Schule, die der gemeinsamen Entwicklung in einem Kollegium bedarf.

Das bedeutet nun keineswegs eine Rückkehr zu einer vermeintlichen Geschlechtsneutralität. Im Bemühen um einen produktiven Umgang mit

Heterogenität wird dennoch der Blick auf Geschlecht beibehalten. Konstruktion von Geschlecht heißt nicht, es gäbe keine Unterschiede. Zweigeschlechtlichkeit lebt davon, solche immer wieder zu produzieren, sie sind in gewisser Weise notwendig und orientierend – die »Geschlechtsadäquatheit« als Maßstab des doing gender verweist auf diese kulturelle Orientierungsfunktion. Problematisch wird sie dort, wo unnötige Einengungen der Einzelnen und damit Benachteiligungen erfolgen. Dramatisierungen werden gebraucht, weil sie Benachteiligungen aufdecken können. Zugleich sind sie aber immer in der Gefahr, Unterschiede zu reproduzieren und Stereotype zu verfestigen. Insofern ist die Reflektion des Verhältnisses von entdramatisierenden Maßnahmen zu einer aus einer Gerechtigkeitsperspektive heraus notwendigen Dramatisierung wichtig. Koedukativer Unterricht ist dafür ein geeignetes Feld.

5. FAZIT

Bezugnahmen auf Heterogenität sind in der Regel binär kodiert – Mädchen versus Jungen, autochthone (›einheimische‹) versus allochthone (›fremde‹), behinderte vs. nicht-behinderte, heterosexuelle vs. LGBTQ (die damit ja auch vereinheitlicht werden). Primär kommen Schwierigkeiten in den Sinn, wenn es um die pädagogische Bewältigung der Heterogenität geht. Mit Diversity dagegen wird auf Vielfalt verwiesen, deren Beachtung Konflikte verhindern hilft. Entscheidend dafür ist, dass auch die Lehrkräfte sich als Teil der Herstellungspraxis von Diversity sehen – und nicht nur ihre Schüler_innen unter einer solchen Perspektive betrachten.

Winfried Kronig (Kronig 2011) zeigt, dass Heterogenität sowohl Problem als auch »Problemlösung« beinhaltet. Als Problem wird sie von vielen Lehrkräften angesehen, deren Arbeitssituation sich (vermeintlich) ändert, wenn sie jedem Kind gerecht werden sollen. Das betrifft insbesondere die Leistungsheterogenität, wenn viele Schüler_innen in der gleichen Zeit möglichst viel lernen sollen – und dieses in Form von Benotungen bewertet wird. Dann bedeutet eine heterogene Klasse zum einen für den Einzelnen ein Anreiz beim inhaltlichen Lernen, zugleich aber auch eine Konkurrenz um die Noten.

Ob jemand ein_e gute_r oder ein_e schwache_r Schüler_in wird, hängt jedoch keineswegs von objektiv bestimmbaren Merkmalen ab, sondern durchaus von biografischen Zufällen, in welche Klasse man kommt. Die Strukturen des Bildungssystems sollen zwar nach dem Leistungsprinzip funktionieren, tatsächlich inszenieren sie dies jedoch eher, während die Bewertung in den Klassen die Differenzen schafft.

Bisher galt die Auffassung, dass es unmöglich sei, gleichzeitig Schüler_innen zu qualifizieren und dafür zu sorgen, dass die Unterschiede in den Leistungen geringer werden – eine Egalisierung zu erreichen. Empirische

Studien zeigen Gegenteiliges, nämlich dass es sogenannte ›Optimalklassen‹ gibt bzw. heterogene Zusammensetzungen sowohl den ›guten‹ wie den ›schlechten‹ Schüler_innen nutzen (vgl. Vieluf 2003). Allerdings sind deren Merkmale und Bedingungen schwer fassbar. Bewertungen, die an der Normalverteilung orientiert sind, verhindern auf jeden Fall eine solche Egalisierung.

Die Auseinandersetzung mit Heterogenität und der Umgang damit betreffen folglich nicht allein didaktische und methodische Möglichkeiten, die jede Lehrkraft in ihrem Unterricht umsetzen kann. Es geht auch darum, die gesellschaftlichen Strukturen ebenso wie die eigene Positionierung darin mit zu reflektieren. Vor diesem Hintergrund sind dann Formen des Umgangs mit Vielfalt und Differenz keine rezeptartigen Anwendungen guter Ratschläge, sondern ein Ringen um eine bessere Schule – eingebettet in eine gesellschaftspolitische Position, die auf eine Gesellschaft setzt, in der die Menschenrechte für alle Menschen Gültigkeit haben.

6. LITERATUR

Bittner, Melanie; Lotz, Alexander (2014): Vielfalt an Schulen! Vielfalt in Schulen? Zur Sichtbarkeit von lesbischen, schwulen und bisexuellen Lebensweisen in Schule und Unterricht. In: Eisenbraun/Uhl, S. 93-110.

Bos, Wilfried u.a. (Hg.) (2012): IGLU 2011 Lesekompetenzen von Grundschulkindern in Deutschland im internationalen Vergleich. Münster: Waxmann.

Bos, Wilfried; Eickelmann, Birgit; Gerick, Julia (2014): Computer- und informationsbezogene Kompetenzen von Schülerinnen und Schülern der 8. Jahrgangsstufe in Deutschland im internationalen Vergleich. In: Bos u.a., S. 113-145.

Bos, Wilfried u.a. (Hg.) (2014): ICILS 2013. Computer- und informationsbezogene Kompetenzen von Schülerinnen und Schülern in der 8. Jahrgangsstufe im internationalen Vergleich. Münster: Waxmann.

Böttcher, Wolfgang u.a. (Hg.) (2014): Inklusion. Der pädagogische Umgang mit Heterogenität. Schwalbach: Debus Pädag.

Budde, Jürgen (2012): Die Rede von der Heterogenität in der Schulpädagogik. Diskursanalytische Perspektiven. In: Forum Qualitative Sozialforschung (FQS) 13 (2), Art. 16.

Budde, Jürgen (Hg.) (2013): Unscharfe Einsätze: (Re-)Produktion von Heterogenität im schulischen Feld. Wiesbaden: Springer.

Budde, Jürgen; Scholand, Barbara; Faulstich-Wieland, Hannelore (2008): Geschlechtergerechtigkeit in der Schule. Weinheim: Juventa.

Eickelmann, Birgit u.a. (2014): Computer- und informationsbezogene Kompetenzen von Jugendlichen mit Migrationshintergrund. In: Bos u.a., S. 297-327.

Eisenbraun, Verona; Uhl, Siegfried (Hg.) (2014): Geschlecht und Vielfalt in Schule und Lehrerbildung. Münster: Waxmann.

Faulstich-Wieland, Hannelore (2004): Doing Gender: Konstruktivistische Beiträge. In: Edith Glaser, Dorle Klika und Annedore Prengel (Hg.): Handbuch Gender und Erziehungswissenschaft. Bad Heilbrunn/Obb.: Klinkhardt, S. 175-191.

Faulstich-Wieland, Hannelore (2010): Mädchen und Jungen im Unterricht. In: Alois Buholzer und Annemarie Kummer Wyss (Hg.): Alle gleich - alle unterschiedlich! Zum Umgang mit Heterogenität in Schule und Unterricht. Zug: Kallmeyer, S. 16-27.

Faulstich-Wieland, Hannelore (2011a): Koedukation - Monoedukation. In: Hannelore Faulstich-Wieland (Hg.): Enzyklopädie Erziehungswissenschaft Online. Fachgebiet: Geschlechterforschung. Weinheim und München: Juventa, 37 Seiten.

Faulstich-Wieland, Hannelore (Hg.) (2011b): Umgang mit Heterogenität und Differenz. Baltmannsweiler: Schneider Hohengehren.

Faulstich-Wieland, Hannelore; Scholand, Barbara (2010): Eine Schule für alle - aber getrennte Bereiche für Mädchen und Jungen? In: Joachim Schwohl und Tanja Sturm (Hg.): Inklusion als Herausforderung schulischer Entwicklung. Bielefeld: transcript, S. 159-177.

Gebhardt, Markus u.a. (2013): Mathematische Kompetenz von Schülerinnen und Schülern mit Zuwanderungshintergrund. In: Prenzel u.a., S. 275-308.

Goffman, Erving (1994): Interaktion und Geschlecht. Frankfurt/Main: Campus.

Gogolin, Ingrid (2011): Multikulturalität als Herausforderung. In: Faulstich-Wieland (2011b), S. 49-72.

Hirschauer, Stefan (1994): Die soziale Fortpflanzung der Zweigeschlechtlichkeit. In: KZfSS (46), S. 668-692.

Hu, Adelheid (2011): Migrationsbedingte Mehrsprachigkeit und schulischer Fremdsprachenunterricht: Forschung, Sprachenpolitik, Lehrerbildung. In: Faulstich-Wieland (2011b), S. 121-139.

Koller, Hans-Christoph (Hg.) (2014): Heterogenität. Zur Konjunktur eines pädagogischen Konzepts. Paderborn: Schöningh.

Kraus, Anja (Hg.) (2012): Sexualität und Macht. Oberhausen: Athena-Verlag.

Kronig, Winfried (2011): Heterogenität als Problem und als Problemlösung - einige pädagogische Irritationen. In: Faulstich-Wieland (2011b), S. 201-210.

Krüger-Potratz, Marianne (1997): Ein Blick in die Geschichte ausländischer Schüler und Schülerinnen in deutschen Schulen. In: Christoph Kodron u.a. (Hg.): Vergleichende Erziehungswissenschaft. Band 2. Wien, S. 656-672.

Prengel, Annedore (2011): Selektion versus Inklusion - Gleichheit und Differenz im schulischen Kontext. In: Faulstich-Wieland (2011b), S. 23-48.

Prenzel, Manfred u.a. (Hg.) (2013): Pisa 2012. Fortschritte und Herausforderungen in Deutschland. Münster: Waxmann.

Preuss-Lausitz, Ulf (2011): Integration und Inklusion von Kindern mit Behinderungen - Ein Weg zur produktiven Vielfalt in einer gerechten Schule. In: Faulstich-Wieland (2011b), S. 161-180.

Preuss-Lausitz, Ulf (2014): Wissenschaftliche Begleitungen der Wege zur inklusiven Schulentwicklung in den Bundesländern. Versuch einer Übersicht. TU Berlin. Berlin. https://www.ewi.tu-berlin.de/fileadmin/i49/dokumente/Preuss-Lausitz/Wiss._Begleitung_Inklusion.pdf.

Sandfuchs, Uwe (2004): Unterricht. In: Rudolf W. Keck, Uwe Sandfuchs und Bernd Feige (Hg.): Wörterbuch Schulpädagogik. Bad Heilbrunn/Obb.: Klinkhardt, S. 490-491.

Schneider, Erik; Baltes-Löhr, Christel (Hg.) (2014): Normierte Kinder. Effekte der Geschlechternormativität auf Kindheit und Adoleszenz. Bielefeld: transcript.

Schroeder, Joachim (2012): Schulen für schwierige Lebenslagen. Studien zu einem Sozialatlas der Bildung. Münster: Waxmann.

Schuck, Karl Dieter (2014): Individualisierung und Standardisierung in der inklusiven Schule - ein unauflösbarer Widerspruch? In: Die Deutsche Schule 106 (2), S. 162-174.

Schuck, Karl Dieter; Rauer, Wulf (2014): Abschlussbericht über die Analysen zum Anstieg der Zahl der Schülerinnen und Schüler mit einem sonderpädagogischen Förderbedarf in den Bereichen Lernen, Sprache und emotional-soziale Entwicklung (LSE) in den Schuljahren 2011/12 bis 2013/14 in Hamburg. Universität Hamburg, Fakultät für Erziehungswissenschaft, Projekt EIBISCH. Hamburg. http://www.ew.uni-hamburg.de/de/forschung/eibisch/files/else-2014-04-29.pdf.

Schuppener, Saskia u.a. (Hg.) (2014): Inklusion und Chancengleichheit. Diversity im Spiegel von Bildung und Didaktik. Bad Heilbrunn: Klinkhardt.

Schwippert, Knut; Wendt, Heike; Tarelli, Irmela (2012): Lesekompetenzen von Schülerinnen und Schülern mit Migrationshintergrund. In: Bos u.a., S. 191-207.

Stanat, Petra u.a. (Hg.) (2012): Kompetenzen von Schülerinnen und Schülern am Ende der vierten Jahrgangsstufe in den Fächern Deutsch und Mathematik. Ergebnisse des IQB-Ländervergleichs 2011. Münster: Waxmann.

Stubbe, Tobias C.; Bos, Wilfried; Euen, Benjamin (2012): Der Übergang von der Primar- in die Sekundarstufe. In: Bos u.a., S. 209-226.

Tillmann, Klaus-Jürgen (2013): Schulstrukturen in 16 deutschen Bundesländern. Zur institutionellen Rahmung des Lebenslaufs. Bamberg: NEPS (NEPS Working Paper. 28), https://www.neps-data.de/Portals/0/Working%20Papers/WP_XXVIII.pdf.

Trapp, Ernst Christian (1977): Versuch einer Pädagogik. Reprint von 1780. Hg. v. Ulrich Herrmann. Paderborn: Schöningh.

Trapp, Ernst Christian (1979): Vom Unterricht überhaupt. In: Joachim Heinrich Campe und Ulrich Herrmann (Hg.): Allgemeine Revision des gesamten Schul- und Erziehungswesens. Von einer Gesellschaft praktischer Erzieher, Bd. 8. Vaduz: Topos, S. 53-139; 141; 180-183.

Trumpa, Silke u.a. (Hg.) (2014): Inklusive Bildung. Erkenntnisse und Konzepte aus Fachdidaktik und Sonderpädagogik. Weinheim: Beltz Juventa.

Vieluf, Ulrich (2003): Heterogenität als Chance? Ein Vergleich der Leistungsentwicklung von Haupt- und Realschüler(inne)n in nicht integrierten und integrierten Systemen. In: Pädagogik (3), S. 34-38.

Vogel, Ulrike (Hg.) (2005): Was ist weiblich - was ist männlich? Aktuelles zur Geschlechterforschung in den Sozialwissenschaften. Bielefeld: Kleine-Verlag.

Walgenbach, Katharina (2013): Heterogenität als Chance – Revitalisierung der Differenzdebatte in der Schulpädagogik? In: Schulpädagogik heute 4 (8), S. 1-14.

West, Candace; Zimmerman, Don H. (1991): Doing Gender. In: Judith Lorber und Susan A. Farrell (Hg.): The Social Construction of Gender. Newbury Park: Sage, S. 13-37.

Das ›Social Justice und Diversity Konzept‹

zugunsten einer politisierten pädagogischen Praxis

Gudrun Perko

Um professionell-pädagogischem Handeln zugunsten der Anerkennung von geschlechtlichen, kulturellen und sozialen Verschiedenheiten und Vielfalt (Diversity) von Menschen gerecht zu werden, ist die Qualifizierung von Fachkräften notwendig. Im schulischen Bereich geht es sowohl um den individuell-professionellen Umgang mit der Vielfalt von Schüler_innen als auch um die Verankerung institutioneller Diversity-Gerechtigkeit als Antwort auf gesellschaftliche Gegebenheiten von (struktureller) Diskriminierung, Exklusion und sozialer Benachteiligung.

Studien, wie Gender/Queer und Diversity-Kompetenzen vermittelt werden können, sind recht neu (vgl. Perko/Kitschke 2014). Doch existieren seit geraumer Zeit (Trainings)Konzepte und Methoden zugunsten eines affirmativen Umgangs mit geschlechtlicher, kultureller und sozialer Vielfalt (vgl. u.a. Gramelt 2010; Czollek/Perko/Weinbach 2012; Trisch/Hahn 2013; Wagner 2013). Ebenso bieten Ausarbeitungen zu Gender/Queer und zu einer Diversity gerechten Didaktik Unterstützungen (vgl. u.a. Gindl/Hefler/Hellmer 2008; Czollek/Perko 2008; 2014).

Im vorliegenden Beitrag wird ein Konzept näher vorgestellt, das *Social Justice und Diversity Konzept*, das mit seinen Inhalten und Methoden für u.a. Sozialpädagog_innen, Erzieher_innen, Erwachsenenbildner_innen und Lehrer_innen ein bewährtes Handlungs- und Praxiskonzept bietet. Dabei wird nach einer allgemeinen Einführung der Fokus auf geschlechtliche Vielfalt gerichtet.

1. GRUNDLAGEN DES SOCIAL JUSTICE UND DIVERSITY KONZEPTES

>»Es gibt keine Orte und keine Zeiten, die uns zwingen (dürfen), die tiefste Anerkennung und Bejahung der Pluralität von Menschen aufzugeben. Und es gibt keine Orte und keine Zeiten, die uns zwingen (dürfen), das eigenständig-kritische Denken aufzugeben. Die Unverletzlichkeit und Würde eines jeden Menschen ist der Referenzrahmen.«
>
> – Institut Social Justice und Diversity[1]

Das von Leah Carola Czollek, Gudrun Perko und Heike Weinbach 2001 für den deutschsprachigen Raum entwickelte *Social Justice und Diversity Konzept* wird als eineinhalbjährige Ausbildung und in Form einzelner Trainings für Jugendliche und Erwachsene angeboten.[2] Die mittlerweile an die zweihundert Ausgebildeten tragen auch als Multiplikator_innen die Inhalte des *Social Justice und Diversity Konzeptes* in ihre eigenen beruflichen Kontexte: sowohl die Trainings als auch die Weiterbildung erfahren Anwendung etwa »(...) in sozialen Projekten (...), im Erwachsenenbildungsbereich, im politischen Bildungsbereich, in Krankenhäusern und Pflegeeinrichtungen sowie im ökonomischen Bereich« (Czollek/Perko/Weinbach 2012: 15). Gleichzeitig werden von einzelnen Lehrenden zunehmend Elemente des Konzeptes im hochschulischen Bereich in Seminaren und Projekten mit Studierenden herangezogen. Dabei bietet das *Social Justice und Diversity Konzept* mit einem umfangreichen Repertoire von Methoden und Übungen Handlungs- und Praxisansätze, über die themenbezogene reflexive Lernprozesse in Bezug auf Sexismus, Homo-, Transphobie, Antisemitismus, Klassismus, Antiromaismus etc. und deren Verbundenheiten (Intersektionalität) zugunsten von Handlungsoptionen angeregt werden können. Im Zentrum dieses Konzeptes steht die Anerkennungs- und Verteilungsgerechtigkeit (Social Justice) *gegen* strukturelle Diskriminierung

---

1 | http://www.social-justice.eu/index.html

2 | Das Konzept wurde durch das US-amerikanische Konzept »Diversity and Social Justice Education« (vgl. Adams/Bell/Griffith 1997; 2007) angeregt. Seit 2001 werden *Social Justice und Diversity Trainings* und seit 2006 *Weiterbildungen* durchgeführt, die im Durchschnitt eineinhalb Jahre dauern, und die zur Ausbildung von *Social Justice und Diversity Trainer_innen* führen. Eine umfassende Darstellung des Konzeptes sind im Praxishandbuch (Czollek/Perko/Weinbach 2012) veröffentlicht. Zudem stehen mit dem 2005 gegründeten *Institut für Social Justice und Diversity* (www.social-justice.eu) umfassende Ressourcen zur Verfügung.

und Exklusion im Kontext von Gewalt- und Herrschaftsverhältnissen und *für* Inklusion sowie Partizipation, also Teilhabe an allen gesellschaftlichen Ressourcen (wie institutionellen, kulturellen, ökonomischen …) von Menschen ungeachtet ihrer Diversitäten und ihrer vermeintlichen Nützlichkeit, die im Kontext neoliberaler und betriebswirtschaftlicher Logiken zur Degradierung von Menschen auf ein genanntes »Humankapital« führt. Bei der Anwendung dieses Konzeptes in der pädagogischen Praxis geht es deshalb immer auch um ihre Politisierung.

1.1. Social Justice als spezifische Gerechtigkeitstheorie

> »Der Begriff Gerechtigkeit (Social Justice, Anm. d.A.) kann nicht von dem Begriff des Politischen getrennt werden, insofern Politik alle öffentlichen (inklusive institutionellen) Bereiche umfasst, alle Ebenen der Entscheidungsproduktion, des öffentlichen Handelns, der sozialen und kulturellen Praxen und Verhaltensweisen.«
> – Young (1990: 55)

Social Justice bedeutet Verteilungs- *und* Anerkennungsgerechtigkeit.[3] Verteilungsgerechtigkeit besagt, eine Gesellschaft dahingehend zu gestalten, dass gesellschaftliche Ressourcen so verteilt sind, dass alle Menschen physisch und psychisch in Sicherheit und Wohlbefinden leben können. Anerkennungsgerechtigkeit besagt, eine Gesellschaft so zu gestalten, dass niemand individuell, institutionell und kulturell diskriminiert wird, sondern partizipativ anerkannt wird. Im Zuge der Thematisierung und Infragestellung von Macht- und Herrschaftsverhältnissen wird dabei bedacht, wer an welchen Stellen aus welchen Gründen über Entscheidungsvermögen und Anweisungsmacht verfügt, wie die Arbeit aufgeteilt ist und welche kulturellen Reproduktionsmechanismen dabei eine Rolle spielen.

---

3 | So träfe die Übersetzung mit »Sozialer Gerechtigkeit« nicht den Kern von Social Justice. Feministische Kritiker_innen wie u. a. Young (1990) und Fraser (2001) sahen sowohl bei Rawls (1975) als auch bei Walzer (1992) und Taylor (1992) Versäumnisse in der Thematisierung von Macht und Herrschaft auf allen Ebenen der Gesellschaft und deren realen Folgen für das Leben von Menschen. Sie setzen damit einen paradigmatischen Wechsel von Konzeptionen Sozialer Gerechtigkeit hin zum Social Justice.

Iris Marion Young ist von besonderer Bedeutung für Theorien des Social Justice (vgl. Young 1990, 1996, 2000).[4] Ihre Analyse setzt bei fünf ineinander verwobenen Formen der Unterdrückung bzw. Diskriminierung[5] (Ausbeutung, Marginalisierung, Machtlosigkeit, Kulturimperialismus und Gewalt) an. Diskriminierung, die nicht aufgrund einer Tyrannei oder der Politik Weniger, sondern aufgrund alltäglicher, institutioneller und kultureller Praktiken »einer wohlmeinenden liberalen Gesellschaft« geschieht (Young 1996: 102), versteht Young als strukturellen Begriff. Dabei kann strukturelle Diskriminierung verstanden werden als

> »das Ineinandergreifen von Diskriminierung auf individuelle[r], institutionelle[r] und kultureller Ebene (...), die verschiedene Teilaspekte aufweisen kann wie Ausgrenzung, Gewalt, Unterdrückung, Marginalisierung etc. und die einhergeht mit Stereotypisierung, Vorurteilsbildung etc.« (Czollek/Perko/Weinbach 2012: 11)

Ursachen von struktureller Diskriminierung liegen auch nach Young in unhinterfragten Normen, Gewohnheiten, in Symbolen, Regeln und Annahmen sowie deren institutionellen Verankerungen. Sie ist umso hartnäckiger als es sich nicht um eine identifizierbare Menge weniger Menschen handelt, die in einem bewussten Akt Menschen verletzend diskriminieren, wobei nicht negiert wird, dass z.b. zur Aufrechterhaltung eigener Privilegien auch beabsichtigt diskriminiert wird. Young geht nicht von einer simplifizierenden Polarisierung aus, sondern betont, dass Menschen, die strukturell diskriminiert werden, selbst an Diskriminierung beteiligt sein können. Obwohl jede Diskriminierung eine eigene Geschichte und eigene Erscheinungsweisen hat, existieren gemeinsame Merkmale in den Formen von Diskriminierung, denn: »Jede dieser Formen kann distributive Ungerechtigkeit nach sich ziehen, aber alle betreffen Anliegen der Gerechtigkeit, die über reine Verteilungsfragen hinausgehen« (vgl. Young 1996: 101).

Der Blick auf strukturelle Diskriminierung bietet die Möglichkeit, diese wahrzunehmen, zu analysieren und Erkenntnisse zugunsten von Handlungsmöglichkeiten gegen jede Form von Diskriminierung zu gewinnen. Dabei

---

4 | Die Theorien zu Social Justice weisen unterschiedliche Fokussierungen auf: u. a. Young (1990) fokussiert Social Justice als Verteilungs- und partizipative Anerkennungsgerechtigkeit. Fraser (2001) intendiert eine Politik der Anerkennung mit einer Umverteilungspolitik zusammenzubringen. Ihnen gemeinsam sind ein umfassendes Partizipationsbestreben und der Ausgangspunkt von Gewalt- und Herrschaftsanalysen.

5 | Im englischsprachigen Raum wird von Unterdrückung gesprochen; im deutschsprachigen Raum verwenden wir den Begriff »strukturelle Diskriminierung«, insofern der Terminus Unterdrückung hier nach wie vor eine andere Konnotation hat als in Youngs Konzeption (vgl. Czollek/Perko/Weinbach 2012).

bedeutet Social Justice »(...) das Vorhandensein von institutionellen/ strukturellen Voraussetzungen, die es allen ermöglichen, Fähigkeiten in sozialen Umfeldern zu erlernen und auszuüben, an Entscheidungsprozessen beteiligt zu sein und ihre Gefühle, Erfahrungen und Perspektiven, die sie auf das gesellschaftliche Leben und mit ihm haben, in Kontexten artikulieren zu können, wo andere ihnen zuhören können« (Young 1990: 91; Übers. d. A.).

Um sich individuell und institutionell für geschlechtliche, kulturelle und soziale Verschiedenheiten und Vielfalt (Diversity) von Menschen einzusetzen, bietet das Konzept *Social Justice und Diversity* »die Idee des Verbündet-Seins, der politischen Freundschaft, wo die Anliegen der Anderen die je eigenen Anliegen sind« an (Perko/Czollek 2014: 153). Als spezifische Form der Solidarität geht es hier nicht um Unterstützung von Menschen mit ähnlichen oder relativ gleichen identitätsbezogenen Merkmalen. Vielmehr geht es um die Reflexion eigener Privilegien und vor allem darum, sich für die Gerechtigkeit für Andere und für die Rechte von Anderen einzusetzen. Wird, um ein Beispiel zu nennen, einem_r Schüler_in ein Migrationshintergrund zugewiesen, zeigen die Analysen aus dem Bildungsbericht 2012, dass diese Schüler_innen deutlich weniger Empfehlungen für weiterführende Schulen erhalten:

»Verbündet-Sein würde hier bedeuten, sich der gesellschaftlichen Strukturen bewusst zu werden und davon ausgehend tatsächlich gleiche Bewertungsmaßstäbe für alle Schüler_innen heranzuziehen, indem ein anonymisiertes Verfahren bei Bewertungen angewandt wird«.

So können sich »(...) Lehrende dafür einsetzen, dass benachteiligte Schüler_innen eine Empfehlung für eine weiterführende Schule erhalten« (Perko/Czollek 2014: 157). Ebenso können sich Lehrende für sexuelle Vielfalt einsetzen:

»Wird ein Lehrer im Unterricht von Schüler_innen gefragt, ob er schwul sei, so wäre eine mögliche Antwort im Sinne des Verbündet-Seins, sich nicht als heterosexuell zu bezeichnen und damit nicht die normative Logik respektive Heteronormativität aufrechtzuerhalten. Verbündet-Sein würde bedeuten, die eigene Positionierung nicht ins Zentrum zu stellen, sondern in der Schwebe zu halten oder das Schwul-Sein (ohne es selbst sein zu müssen) zu bejahen.« (Perko/Czollek 2014: 156f.)

Mit dieser Haltung, die prinzipiell gleichgeschlechtliche Lebensweisen bejaht und damit der alleinigen Normalitätssetzung von heterosexuellen Lebensweisen entgegentritt, korrespondiert eine weitere Richtung von Social Justice, der so genannte Capability Ansatz (Befähigungs- bzw. Verwirklichungschancen-Ansatz), in dem es um die Befähigung geht, anthropologische Grundfähigkeiten zu realisieren:

»Eine Gesellschaft gilt als sozial gerecht, wenn sie gewährleistet, dass Menschen die Grundfähigkeiten (wie Fähigkeit zur politischen Partizipation und Mitbestimmung, körperliche und psychische Integrität, Anm. d. A.) ausbilden können (...)« (Nussbaum 2010: 112).

1.2. Diversity als diskriminierungskritisches Konzept und Intersektionalität im Zeichen von Social Justice

Die Auffassung von »Diversity« als »Vielfalt, die uns bereichert« oder als »Vielfalt, die gemanaget wird« steht nicht im Zeichen von Social Justice. Vielmehr geht es bei diesem Diversity Konzept um ein *diskriminierungskritisches Diversity*[6] und somit um einen politisierten Ansatz, der sich gegen jede Form von Diskriminierung richtet: zugunsten von (struktureller) Anerkennung, Partizipation und Inklusion von Menschen ungeachtet ihrer Diversitäten und vermeintlichen Nützlichkeiten. Social Justice gilt hierbei als Ausgangspunkt und zugleich als gesellschaftliche Perspektive.

Formen struktureller Diskriminierung beziehen sich auf Menschen in Bezug auf (zugewiesene) Diversity-Kategorien (wie Alter, Migration, soziale Herkunft/Klasse, kulturelle Herkunft, Hautfarbe, Behinderung, Gender/ Queer oder sexuelles Begehren), die als gesellschaftliche Regulativa gelten, aufgrund derer Menschen an gesellschaftlichen Ressourcen teilnehmen oder nicht teilnehmen können, exkludiert oder inkludiert, bevorteilt oder benachteiligt, diskriminiert oder privilegiert werden. Sie zeigen sich in Formen von Sexismus, Homo- und Transphobie, Antisemitismus, Antiromaismus, Lookismus etc. Obgleich sie sich auf (konstruierte) soziale Gruppen beziehen, treffen sie immer auch den individuellen Menschen mit seinen komplexen Identitäten. Im Kontext des *Social Justice und Diversity Konzeptes* wird Diversity (Vielfalt, Heterogenität, Verschiedenheit, Unterschiedlichkeit) als diskriminierungskritisches Konzept zugunsten von Inklusion (in einem sozialwissenschaftlichen Sinne) und Partizipation von Menschen ungeachtet ihrer (zugewiesenen) Diversity-Kategorien und, wie erwähnt, ungeachtet ihrer vermeintlichen Nützlichkeit aufgefasst. In diesem Sinne kann von der Verwobenheit von Diversity-Kategorien und Diversity-Dimensionen (als Diskriminierungsformen) die Rede sein. (Vgl. u.a. Czollek/Perko/Weinbach 2009, 2012; Perko/Czollek 2012)

Werteveilfalt und Pluralismus fungieren hier als wesentliche Prinzipien:

---

6 | In früheren Arbeiten haben wir dieses von uns entwickelte Konzept als »Politisiertes Diversity-Konzept« benannt, später als »Diskriminierungskritisches Diversity« (vgl. Czollek/Perko, 2007; Czollek/Perko/Weinbach, 2009; 2012).

»(...) Wenn dieses Moment der Wertevielfalt und Pluralität in den Köpfen und Herzen der Menschen einer Gesellschaft Eingang gefunden hat, werden MigrantInnen, Flüchtlinge, Menschen mit »Behinderungen«, Lesben und Schwule, Transgender und Intersexe u. a., Minderheiten und Bevölkerungsgruppen wie Roma schließlich nicht mehr ›Mitbürger‹ oder ›mitlebende Nationalitäten‹ sein, sondern Menschen mit gleichen Rechten zur Teilhabe und Schutz vor Diskriminierung zugunsten des Projektes einer heterogenen Gesellschaft (...)« (Czollek/Perko 2007: 178).

Damit beschreibt das politisierte Diversity ein gesellschaftliches Phänomen und eine Praxis, in der es um Veränderung hin zu einem komplexen Verständnis von Vielfalt und Verschiedenheit geht. Für Lehrer_innen gilt es dabei immer auch, das Dilemma von Diversity zu erkennen: So geht es darum, aufmerksam auf die Unterschiedlichkeit und Vielfalt von Schüler_innen zu sein und sie gleichzeitig nicht auf bestimmte Merkmale, Verhaltensweisen oder Zugänge verallgemeinernd festzuschreiben. Die Dialektik von Verschiedenheit und Gleichheit kann hier zum Tragen kommen:[7] »Analog zum Undoing Gender schlagen wir vor, (...) von Undoing Identity zu sprechen« (Czollek/Perko/Weinbach 2011: 274).

Wird das oben erwähnte Beispiel (ein Lehrer wird gefragt, ob er schwul sei) nochmals herangezogen, dann lässt sich in Bezug auf ein Undoing Gender als Praxis die Zuschreibung stereotyper Geschlechterrollen erkennen, problematisieren und gegen Heteronormativität geschlechtliche Vielfalt anerkennen (vgl. Butler 2004; Deutsch 2007; Czollek/Perko/Weinbach 2009), die Verwobenheit zwischen der individuellen und der strukturellen Ebene im Hinblick auf Diskriminierung im Sinne dessen, was reflektiert werden kann, zeigen.

---

7 | Das dialektische Verhältnis von Gleichheit und Verschiedenheit pointiert Hannah Arendt: Sie sind zwar dasselbe, nämlich Menschen, aber keiner dieser Menschen gleicht je einem anderen (vgl. Arendt 1967).

Strukturelle Ebene		Individuelle Ebene
Kulturelle Ebene	Institutionelle Ebene	
Normalitäts-konstruktionen hetero-sexuellen Begehrens	Empirische Fakten zu Dis-kriminierung von Schwulen an Schulen und Institutionen	Einfluss der kulturellen, gesellschaftlichen und institutionellen Ebenen auf mein professionelles
Heteronormativität	Adoptionsrecht, Institution der Ehe, Gleichgeschlecht-	Sprechen und Handeln (kul-turell geprägte Genderbrille;
Kulturell akzeptierte Praxen (physischer und psychischer) Gewalt z.B. im öffentlichen Raum, an Schulen.	liche Partner_innenschaft, Steuerrecht etc.	Stereotypen ...)

Vgl. Perko/Czollek 2014

Die Komplexität verstärkt sich, werden die Verwobenheiten (Intersek-tionalität) von Diskriminierungsformen und Mehrfachdiskriminierung be-achtet, denen Menschen über bestimmte Diversity-Kategorien ausgesetzt sind. Intersektionalität wird im Konzept *Social Justice und Diversity* als »Mehr-perspektivenmodell und Strukturanalyse von Diskriminierung und Aus-grenzung« (vgl. Perko/Czollek 2012) aufgefasst. Dabei wird die klassische Triade von Gender, Class, Race und ihre Erweiterung zu Body dahingehend weiter gedacht, dass möglichst alle Diskriminierungsformen (Diversity-Dimensionen) und Diversity-Kategorien sowie ihre intersektionalen Bezüge als Kategorien der Differenzerkennung und Essentialisierung benannt werden, wie folgende Grafik zeigt.[8]

---

8 | Im Hinblick auf die Frage nach Intersektionalität lassen sich zur Zeit mindestens drei Ansätze ausmachen: (1) Der Begriff »intersectionality« (Intersektionalität) bzw. »intersectional oppression« (sich überschneidende Unterdrückung) hat seine politischen und wissenschaftlichen Wurzeln im amerikanischen »Black Feminism«. Er wurde auf der wissenschaftlich-analytischen Ebene von Kimberlé Crenshaw ein-geführt und von Patricia Hill Collins und anderen weitergedacht. Dabei werden die »Achsen der Differenz« als »Kreuzung« und Überlagerung unterschiedlicher Formen von Diskriminierung (vgl. Crenshaw 1998; Knapp/Wetterer 1999) in Bezug auf drei Di-versitätskategorien gedacht: Gender, Class, Race (vgl. Crenshaw 1998; Collins 1998; hooks 2000; Knapp/Wetterer 1999; Klinger 1999). (2) In einem »mehrebenenana-lytischen Intersektionalitätsmodell« wird Intersektionalität in Bezug auf Gender, Class, Race, Bodies gedacht, die erst auf dem Bereich der »symbolischen Repräsentations-ebene« und der »Ebene der Identitätskonstruktionen« eine Erweiterung durch andere

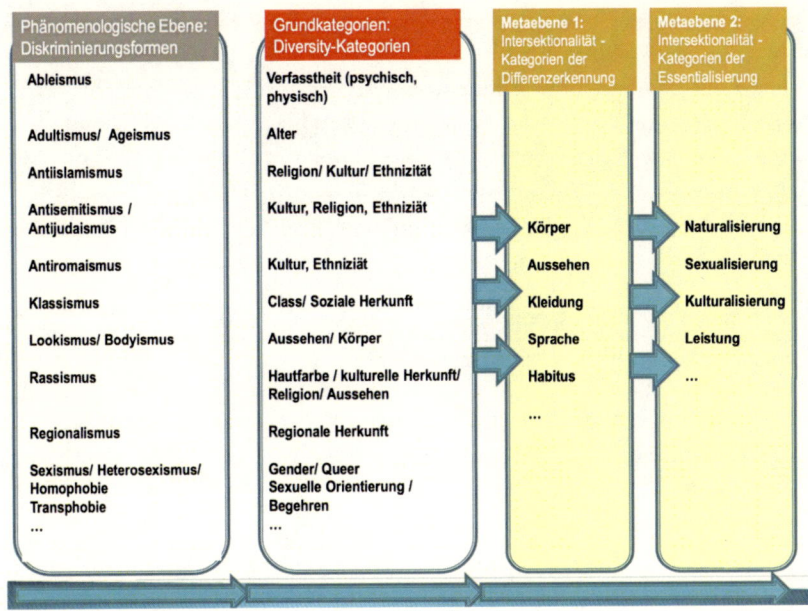

Phänomenologische Ebene: Diskriminierungsformen	Grundkategorien: Diversity-Kategorien	Metaebene 1: Intersektionalität - Kategorien der Differenzerkennung	Metaebene 2: Intersektionalität - Kategorien der Essentialisierung
Ableismus	Verfasstheit (psychisch, physisch)		
Adultismus/ Ageismus	Alter		
Antiislamismus	Religion/ Kultur/ Ethnizität		
Antisemitismus / Antijudaismus	Kultur, Religion, Ethniziät	Körper	Naturalisierung
Antiromaismus	Kultur, Ethniziät	Aussehen	Sexualisierung
Klassismus	Class/ Soziale Herkunft	Kleidung	Kulturalisierung
Lookismus/ Bodyismus	Aussehen/ Körper	Sprache	Leistung
Rassismus	Hautfarbe / kulturelle Herkunft/ Religion/ Aussehen	Habitus	...
Regionalismus	Regionale Herkunft	...	
Sexismus/ Heterosexismus/ Homophobie Transphobie ...	Gender/ Queer Sexuelle Orientierung / Begehren ...		

Vgl. Perko/Czollek 2014

Auf der phänomenologischen Ebene zeigen sich strukturelle Diskriminierungen, die in Anlehnung an existierende Gesellschaftsanalysen beachtet werden können, wobei es relevant ist, sich auch neu etablierenden Formen zuzuwenden. Davon ausgehend lassen sich Diversity-Kategorien ausmachen, die den jeweiligen Diskriminierungsformen zugrunde liegen. Auf einer Metaebene erscheinen intersektionale Bezüge dahingehend, dass Kategorien der Differenzerkennung (z. B. Körper, Kleidung, Sprache, Habitus) festgestellt werden können, die allen Diskriminierungsformen zugrunde liegen. Auf einer weiteren Metaebene zeigt sich Intersektionalität durch Kategorien der Essentialisierung (z. B. Naturalisierung, Sexualisierung, Leistung), die alle Diskriminierungsformen beinhalten. Der Ansatz Intersektionalität als »Mehrperspektivenmodell und Strukturanalyse von Diskriminierung und Ausgrenzung« nimmt Abstand davon, Diskriminierungen durch Nicht-Benennungen unsichtbar zu machen, indem eine Diskriminierungsform

---

Differenzkategorien erfahren können (vgl. Winker/Degele 2009). (3) Im Kontext des Konzeptes »Social Justice und Diversity« haben wir einen dritten Ansatz etabliert. Intersektionalität wird hier in Bezug auf Diversity als »Mehrperspektivenmodell und Strukturanalyse von Diskriminierung und Ausgrenzung« aufgefasst (vgl. Czollek/Perko 2012).

unter eine andere subsummiert wird (z. B. Antisemitismus unter Race; vgl. Messerschmidt 2012).

Für eine politisierte und diskriminierungskritische pädagogische Praxis bedeutet dies, der kulturellen, sozialen und geschlechtlichen Vielfalt und Verschiedenheit von Schüler_innen im Umgang im Sinne eines intersektionalen Zugangs Rechnung tragen zu können. Auch hierbei sind die individuelle und strukturelle Ebene miteinander verwoben, die Gegenstand der Reflexion sein können:

Strukturelle Ebene		Individuelle Ebene
Kulturelle Ebene	Institutionelle Ebene	
Umgang der Gesellschaft mit Werten, Normen ...	Gesetzesverankerungen: Allgemeines Gleichbehandlungsgesetz ...	Lehrer_innen-Verhalten, Lehr- und Lernmethoden, Sprache im Lehrraum
Konstruktionsprozesse von Gender/Queer und Diversity	Verankerungen: Gender Mainstreaming.	Einfluss der kulturellen (gesellschaftlichen) und institutionellen Ebenen
Othering als Prozess, in dem Menschen zu Anderen im negativen Sinn gemacht werden	Gender/Queer und Diversity gerechte Leitlinien	auf mein professionelles Sprechen und Handeln (kulturell geprägte Genderbrille; Stereotypen ...) über
	Verankerungen in Ordnungen	Sozialisationsprozesse und Kulturalisierung
	Umgang der Institution Schule mit geschlechtlicher, kultureller und sozialer Vielfalt	

2. BEDEUTUNGEN VON GENDER/QUEER IM SOCIAL JUSTICE UND DIVERSITY TRAININGSKONZEPT

Es gibt keine »Rezepte« zugunsten eines anerkennenden Umgangs mit geschlechtlichen, kulturellen und sozialen Verschiedenheiten und Vielfalt, keinen »Methodenkoffer«, der uns die komplexe Arbeit der Reflexion über eigene Vorurteile, Stereotypen und Auswirkungen von (Sprach)Handlungen... abnimmt.

Im *Social Justice und Diversity Training* können »Grundformen von Diskriminierung verstanden, ein Grundverständnis von Diskriminierung erworben (...), eigene Zugehörigkeiten zu sozialen Gruppen und Stereotype reflektiert, eigene Verwobenheiten begriffen (...) und gelernt werden, den eigenen Lernprozess zu reflektieren. Ausgehend von Analysen werden Diskriminierungsformen je einzeln und in ihren strukturellen Verwobenheiten (Intersektionalität) vertiefend behandelt« (Czollek/Perko/Weinbach 2012: 14). Dabei geht es immer auch um die Vermittlung historischer und theoretischer Entwicklungen, aber vor allem um die Frage, wie das erworbene Wissen in die Praxis übertragen werden kann. Wichtig wird das Ausloten von Handlungsoptionen im Kontext der Idee des oben beschriebenen Verbündet-Seins. Dafür steht ein breites Spektrum an Methoden sowie Übungen (u. a. Biografie- und Stereotypenarbeit, Übungen zur Perspektivenvielfalt) zur Verfügung, anhand derer Reflexionsprozesse angeregt werden. Gleichzeitig wird die ethisch-politische und dialogische Haltung (Mahloquet[9]) zugunsten von Partizipation und Inklusion vermittelt, die dem *Social Justice und Diversity Training* zugrunde liegt.

Wird im Folgenden Gender/Queer herausgegriffen, das in dem *Social Justice und Diversity Training* aufgegriffen wird, so mit der Prämisse, dass Gender/Queer als Ungleichheit generierende Differenzkategorien, mit der (strukturelle) Diskriminierung (wie Sexismus, Heterosexismus, Homophobie, Transphobie ...) oder Privilegierung einhergehen, nicht losgelöst von anderen Diskriminierungsformen gesehen werden, sondern immer auch intersektionale Verwobenheiten beinhalten.

---

9 | *Mahloquet* kommt aus dem Hebräischen und bezeichnet Streitgespräch. Im Trainingskonzept ist es die dem Training zugrunde liegende ethisch-politische Haltung und zugleich eine spezifische Gesprächsform. Eine genaue Beschreibung zur Mahloquet findet sich in Czollek/Perko/Weinbach (2012).

2.1. Gender/Queer als Anerkennung geschlechtlicher Vielfalt

>»Die Kategorie Geschlecht ist ein Unterscheidungs-
>merkmal von Menschen innerhalb einer Gesellschaft.
>Kulturelle Vorstellungen über Unterschiede zwischen
>Frau und Mann sind in der Gesellschaft verankert und
>von den Einzelnen verinnerlicht. Davon ausgehend
>ist das gesellschaftlich konstruierte Geschlecht zu-
>meist verbunden mit hierarchisierenden Bewertungen
>und spiegelt die Machtverteilung einer Gesellschaft
>wider. Über die Unterscheidung von Mann und Frau
>(Zweigeschlechtlichkeit) hinausgehend zeigen sich
>Unterscheidungsmerkmale   als   Diskriminierungs-
>strukturen   und   Diskriminierungsmechanismen   in
>Bezug auf queere Menschen (Vielgeschlechtlichkeit).«
>– Czollek/Perko/Weinbach (2009: 11)

Der Begriff *Gender* wurde im deutschsprachigen Raum in den aus den USA
kommenden Gender Studies verwendet, die sich seit Mitte der 1980er Jahre als
eigene Disziplin etablierten und in unterschiedlichsten Weisen Geschlechterverhältnisse zwischen Frauen und Männern analysierten. In Abgrenzung zum
biologischen Geschlecht (Sex) wird auch im deutschsprachigen Raum der
Begriff Gender beibehalten und damit eine kulturell begründete Dimension
benannt, die der deutsche Begriff Geschlecht nicht unmittelbar transportiert
(vgl. Braun/Stephan 2006): Gender gilt als sozial bzw. kulturell hergestelltes
Geschlecht und verdeutlicht Rollen, Verhaltensweisen und Funktionen etc.
der Geschlechter. Der Hinweis auf den Konstruktionscharakter macht darauf
aufmerksam, dass Gender veränderbar ist und dass traditionelle Rollen,
Funktionen und Verhaltensweisen etc. von Frauen und Männern nicht als
»naturbedingt« festgeschrieben sind. In diesem Zusammenhang ist es wichtig,
Differenzierungen zu treffen: »(...) zwischen dem biologischen und dem sozialen Geschlecht, die *sex* als ›naturgegebene‹, biologische Ausstattung und *gender* als soziale Konstruktion und kulturelle Zuschreibung (...)« ansieht (Braun/
Stephan 2006: 32f.).[10] Diese Definition richtet sich gegen »eine tief verankerte
Tradition und Haltung, dass durch das biologische Geschlecht eine ›natürliche‹ Trennung der Geschlechter auch auf gesellschaftlicher Ebene erfolgt«
(Czollek/Perko/Weinbach 2009: 22). Gender zeigt sich im Fokus der Gender

---

10 | Der Konstruktionsgedanke findet sich bereits bei Simone de Beauvoir, die auf-
zeigt, dass die Unterdrückung der Frau gesellschaftlich bedingt ist, was sie damit
formulierte, dass man nicht als Frau geboren ist, sondern es wird (vgl. Beauvoir 1951).

Studies als »variabel und veränderbar«, was das Verhältnis der Geschlechter zueinander einschließt, das »keiner stereotypen Form aus ›natürlichen‹ Gründen folgt: Männer können dieselben Funktionen und Rollen einnehmen wie Frauen, und umgekehrt« (Czollek/Perko/Weinbach 2009: 22).

Ausgehend vom Merkmal gesellschaftlicher Konstruktion, das die Veränderbarkeit von Gender impliziert, sind im *Social Justice und Diversity Training* zwei Momente zentral, die in wissenschaftlichen Diskursen mit Doing Gender und Undoing Gender beschrieben werden: Doing Gender

»sind die permanenten Interaktionen der Ein- und Anpassung von Personen in zweigeschlechtliche, heteronormative durch Auf- und Abwertung strukturierte, hierarchische Verhältnisse in der Schule, am Arbeitsplatz, in der Familie, im politischen Raum. Es meint die Herstellung normativer Geschlechterrollen (männlich und weiblich) durch Sprache und Handlungen, durch Gestik und Mimik, durch Auftreten und Art sich zu kleiden. Auch durch die Art und Weise, andere Menschen wahrzunehmen, anzusprechen und zu behandeln« (Czollek/Perko/Weinbach 2009: 21; vgl. dazu auch Fenstermaker/West 2002; Kotthoff 2002).

Ihren Ausgang nehmen Vorgänge des Doing Gender in sozialen Prozessen, insofern Mädchen und Jungen zur Übernahme unterschiedlicher Verhaltensmuster sozialisiert und kulturalisiert werden. Die »weibliche« und die »männliche« Sozialisation (vgl. u.a. Nestvogel 2004) zeigt sich in soziokulturellen bzw. gesellschaftlichen Kontexten in verschiedensten Gestalten. So spiegelt sich die Reproduktion klassisch-traditioneller Verhaltens- und Rollenzuweisungen auch gegenwärtig z. B. durch geschlechterspezifische Berufswahlen[11] wider oder zeigt sich in Form von struktureller Diskriminierung, wie sie in Bezug u. a. auf prozentuale Anteile von Frauen in Leitungspositionen und mit dem Stichwort der »gläsernen Decke« bekannt *ist*.[12] Undoing Gender beschreibt eine Praxis, Doing Gender als einer Form von Stereotypisierung im Hinblick auf Geschlechterrollen entgegenzuwirken (vgl. Butler 2004; Deutsch 2007; Czollek/Perko 2009): »Auf die Erkenntnis über den Konstruktionscharakter der Geschlechter folgt der Versuch, Geschlechterhierarchisierungen

---

11 | Mädchen wählen immer noch die beliebtesten der »weiblichen« Berufe und Jungen die Top Ten der »männlichen« Berufe; vgl. http://www.karrieretrends.de/wissen/karriere-news/die-haufigsten-ausbildungsberufe-2010/ (letzter Zugriff 10.12.2013).

12 | Die »gläserne Decke« ist eine Metapher für unsichtbare Aufstiegsbarrieren im Hinblick darauf, dass qualifizierte Frauen kaum in Toppositionen in Unternehmen oder Organisationen kommen, wobei Glass-Ceiling-Effekte nicht zuletzt auf Stereotype und Vorurteile basieren. Um ein Beispiel zu nennen: Deutschland wies 2012 16 Prozent Frauen in den höchsten Entscheidungsgremien der größten börsennotierten Unternehmen in der EU auf (vgl. Europäische Kommission 2012).

und -kategorisierungen abzubauen und dadurch zur Destabilisierung der normativen eindeutigen Zweigeschlechtlichkeit beizutragen« (Czollek/Perko 2009: 22). Mit der Intention, über die Dekonstruktion normativer Zweigeschlechtlichkeit plurale Möglichkeiten des So-Sein-Könnens von Frauen und Männern aufzuzeigen, geht die Forderung nach institutionellen Rahmenbedingungen einher, die Frauen wie Männern, Mädchen wie Jungen Wahl- und Verwirklichungsmöglichkeiten bereitstellen. Korrespondierend mit Gender Mainstreaming[13] als Strategie und Methode (verankert seit dem Amsterdamer Vertrag 1999), die auf die Beseitigung der Ungleichheiten und auf die Herstellung der tatsächlichen Gleichstellung von Frauen und Männern, von Mädchen und Jungen hinwirken soll, wird in »klassischen« Gender Studies eine zweigeschlechtliche Dimension fokussiert. Eine Perspektivenerweiterung, die im *Social Justice und Diversity Training* relevant ist, wird mit dem Begriff Queer vorgenommen.

Mit dem positiven Gebrauch des Begriffes Queer ging in den USA die Etablierung eines politischen Aktivismus sowie einer Denkrichtung und eines politischen und theoretischen Projektes einher. Queer Theory entstand 1991 (vgl. Jagose 2001). Der Begriff Queer wurde als Möglichkeit vorgeschlagen, kategoriale und identitätspolitische Einschränkungen zu überwinden; seine politische und analytische Kraft wird in seiner Offenheit gesehen (vgl. Lauretis 1991).[14] Im deutschsprachigen Raum wurde Queer Theory (mittlerweile auch als Queer Studies konzeptualisiert) in erster Linie über die Analysen von Butler (1991) darüber aufgegriffen, dass Sex immer schon Gender gewesen sei, und vor allem über ihre Auseinandersetzungen zu Queer, im Zuge derer sie zugunsten eines offenen Gebrauches des Begriffes davor warnt, Queer als fest umrissene Identitätskategorie zu verstehen (vgl. Butler 1995). Bis heute werden im deutschsprachigen Raum unterschiedlichste Richtungen von Queer Studies zur Diskussion gestellt: Politische Praxen, Positionen zu Institutionalisierung

---

13 | Gender Mainstreaming ist ein Instrument zur Herstellung der Chancengleichheit für Männer und Frauen, Mädchen und Jungen in allen Bereichen des öffentlichen und privaten Lebens (Gender Equality).

14 | Queer ist zwar Ausdruck für Zugehörigkeit, beschreibt aber diejenigen, die er repräsentiert, niemals vollständig und beinhaltet immer mehr an Beschreibungsmöglichkeiten. In diesem Zusammenhang ist auch Butlers Aussage affirmativ zu verstehen, dass es unverzichtbar sei, »die Kontingenz des Begriffes (Queer, Anm. d. A.) zu bejahen: zuzulassen, dass er von denjenigen erobert wird, die von dem Begriff ausgeschlossen werden (...).« Und »tatsächlich«, schreibt Butler, »ist der Ausdruck *queer* genau der diskursive Sammelpunkt für jüngere Lesbierinnen und schwule Männer gewesen (...), in noch anderen Kontexten für Bisexuelle und Heteros, für die der Begriff *queer* eine Zugehörigkeit zur Politik gegen Homosexuellenfeindlichkeit ausdrückt (...)« (Butler 1995: 316).

und Regierungsmacht sowie macht- und herrschaftskritische Analysen (vgl. u. a. Engel 2009; Gender Initiativkolleg 2012; Haberle/Hajek/Ludwig/Paloni 2012; Hacker 2012; Voß/Wolter 2013) werden dabei ebenso fokussiert wie die Pluralität queerer Lebensweisen, die nicht der Heteronormativität entsprechen und die über die Zweigeschlechtlichkeit hinausgehen (vgl. Perko 2005, 2006). Queer-Sein im Kontext von Geschlechterverhältnissen bejahend in den Blick zu nehmen, inkludiert im *Social Justice und Diversity Training* immer mindestens drei Momente: Erstens werden allein mit dem Wahrnehmen der Existenz queerer Lebensweisen und Genderformen die Wurzeln gesellschaftlich tief verankerter Zweigeschlechtlichkeit und Heteronormativität[15] radikal in Frage gestellt; zweitens wird strukturelle Diskriminierung gegen queere Menschen in Form von Homophobie, Transphobie etc. problematisiert und drittens wird gegen Macht- und Herrschaftsverhältnisse und für partizipative Anerkennung, d.h. Partizipationsmöglichkeit an allen gesellschaftlichen Ressourcen argumentiert.[16]

Über Queer Studies in ihrer pluralen Orientierung (vgl. Perko 2005, 2006) wird im *Social Justice und Diversity Training* der herkömmliche Begriff Gender als Bezeichnung zweier Geschlechter (Frauen, Männer; Mädchen, Jungen) hin zu weiteren Geschlechtern erweitert: Transsexuelle, Transgender, Intersexuelle, Lesben, Schwule etc., wobei die jeweilige Selbstbezeichnung von Menschen im Vordergrund steht, so sie sich bezeichnen wollen. Insofern fungiert der Begriff Queer als politisch-strategischer Überbegriff. Gendervielfalt und Gendervielheit[17] sind keine theoretischen Konstrukte, sondern Antworten auf die Pluralität anthropologischer Daseins- und Lebensweisen. Während wir

---

15 | Zur Heteronormativität und Schule, vgl. Hartmann (2013).

16 | Studien zeigen Homophobie und (seltener) Transphobie in unterschiedlichen gesellschaftlichen Sphären: u. a. im Arbeitsleben, im schulischen und hochschulischen Bereich (vgl. u. a. Frketi/Baumgartinger 2008; Franzen/Sauer 2014; Krell 2013; Antidiskriminierungsstelle des Bundes 2013). »Insbesondere einzelne Gruppen von Studierenden wie Trans*-Personen, homosexuelle Studierende, nichtdeutsche Studierende, muslimische Studierende, Studierende mit Kindern sowie Studierende mit Behinderung oder chronischer Krankheit machen an Hochschulen Diskriminierungserfahrungen. Den Betroffenen fehlt es häufig an qualifizierten Anlaufstellen und Beschwerdestellen an den Hochschulen (...)« (Antidiskriminierungsstelle des Bundes 2013: 142).

17 | Der Begriff Geschlechtervielheit im Kontext von Queer wird im *Genderkompetenzzentrum* in Zusammenhang mit der Begriffskreation »Queerversity« als das »Einführen der Differenz des Differenten in die Diversität« mit folgender Zielsetzung verwendet: »Das heißt anzuerkennen, dass sich innerhalb (anerkannter ebenso wie diffamierter) Formen von Identität und Differenz immer auch weitere Dimensionen von Andersheit entfalten« (Genderkompetenzzentrum 2013: o.S.).

im Rahmen von Sozialisations- und Kulturprozessen gelernt haben, nur zwei Geschlechter wahrzunehmen und Gesellschaften danach strukturiert werden, nimmt Gender vielfältige Formen an. Queer in seiner Pluralität zu begreifen, zielt darauf ab, eine kritische Sichtweise in Bezug auf Heteronormativität zu entwickeln, was beinhaltet, zu erkennen, in welcher Weise sie Organisationsformen und Normen beeinflusst. Darüber hinaus bedeutet die Einbeziehung der Queer-Dimension die eigene Wahrnehmung, das eigene Fühlen und Denken in Frage zu stellen und zugunsten anthropologischer Vielfalt auch im Kontext von Gender hinsichtlich eines anerkennenden Umgangs mit geschlechtlicher Vielfalt zu öffnen.

Butler verdeutlicht, »dass das Geschlecht nicht länger als innere Wahrheit der Anlagen und der Identität gelten kann, sondern eine performativ inszenierte Bedeutung ist (und also nicht ist), die eine parodistische Vervielfältigung und ein subversives Spiel der kulturell erzeugten Bedeutungen der Geschlechtsidentität hervorrufen kann, sobald sie von ihrer naturalisierten Innerlichkeit und Oberfläche befreit ist. (...)« (Butler 1991: 61). Eine Bedeutung der Entnaturalisierung betrifft das Umdenken des vermeintlich logischen Zusammenhanges von biologischem Geschlecht (Sex), kulturell konstruiertem Geschlecht und Begehren. Dabei zeigt sich die Mannigfaltigkeit von sozialen Geschlechtern ebenso als anthropologisches Faktum wie die Alchemien des Begehrens,[18] die sich nicht notwendigerweise von biologischen Geschlechtsformen ableiten lassen. Diese Mannigfaltigkeit kann sprachlich durch die Bezeichnung »Gender/Queer« seinen Ausdruck finden, wie sie im *Social Justice und Diversity Training* in Anlehnung an Degele (2008)[19] vorgenommen wird. Damit öffnet sich ein Raum für eine erweiterte Wahrnehmung und Denkweise: So wäre beispielsweise Gender Mainstreaming als Gender/Queer Mainstreaming oder das im Allgemeinen Gleichbehandlungsgesetz (AGG; in Kraft getreten am 18.08.2006) als »personenbezogenes Merkmal« bezeichnete »Geschlecht« in seiner durch Queer erweiterten Genderauffassung zu begreifen. Dieser Bezeichnung liegt das Wahr- und Ernstnehmen vieler Geschlechter und Begehrensformen in der Vielfalt der jeweiligen Subjekte zugrunde.

---

18 | Um keine Missverständnisse zu generieren: Pädophilie ist hier nicht inkludiert. Auch in diesem Zusammenhang gilt es, den Referenzrahmen von Menschenrechten und Gewaltfreiheit immer wieder zu betonen (vgl. Perko 2005, 2006).

19 | »Eine Verbindung von Gender/Queer Studies liefert das Konzept der Verunsicherung«, schreibt Degele, das auf der »Entselbstverständlichung« basiert (Degele 2008: 12).

2.2. Reflexionen über Gender/Queer in der pädagogischen Praxis

Mithilfe des intersektionalen Ansatzes können Lehrende eine weitgehende Offenheit und einen professionellen Umgang im Hinblick auf die Vielfalt von Schüler_innen gegen Exklusion, Ungleichbehandlung und struktureller Diskriminierung zugunsten von Social Justice pflegen.

Im Zentrum des *Social Justice und Diversity Konzeptes* stehen Themenbezogenheit und Prozessorientierung im Hinblick auf eine kritische Auseinandersetzung mit und das Wahrnehmen und Verstehen von struktureller Diskriminierung in ihrer intersektionalen Verwobenheit, ihrer Geschichte, ihren gegenwärtigen Phänomenen und ihren Auswirkungen auf Menschen. Das setzt nicht selten ein Verlernen existierender Stereotype in Bezug auf Geschlecht (Sex und Gender) und Begehren voraus:

»Wir gehen im Training davon aus, dass Stereotype, Vorurteile usw. erlernt werden und nicht biologisch determiniert sind. Damit einher geht die Vorstellung, dass Erlerntes auch verlernt werden kann. Die ›Kompetenz der Kompetenzlosigkeit‹ (Mecheril 1998) geht davon aus, nicht als einzige_r Recht zu haben, sondern »(...) dass unser je eigenes Wissen und unsere Wahrnehmung begrenzt sind« (Czollek/Perko/Weinbach 2012: 14).

Ein Beispiel: Gender-Brille

Gemäß der Sozialisation ist die eigene Gender-Brille zumeist bipolar, insofern Frauen, Mädchen und Männer, Jungen wahrgenommen werden. Zumeist werden dabei Frauen, Mädchen und Männern, Jungen jeweils bestimmte Verhaltensweisen, Funktionen oder Rollen zugeschrieben. Die Reflexion dieser Gender-Brille könnte heißen, unsere Zuschreibungen zu reflektieren, d. h. zu hinterfragen, was und warum wir z. B. einer Kopftuch tragenden Frau oder einem spielenden Jungen ... zuschreiben. Sie könnte auch bedeuten, unsere Wahrnehmung von zwei Geschlechtern zu reflektieren und zu fragen, ob es mehrere Geschlechter gibt. Der Wahrnehmung von zwei oder mehreren Geschlechtern steht die Ausblendung der Geschlechter diametral gegenüber. So etwa, wenn wir eine Formel zu vermitteln haben und diese als Begründung heranziehen, Gender/Queer (und Diversity) wären nicht relevant. Eine Formel bleibt zweifelsohne eine Formel, doch könnte die Reflexion jener Ausblendung bedeuten, zu wissen, dass wir nicht in genderfreien Räumen sind, dass es keine homogenen Räume gibt und dass unterschiedliche Sozialisationsprozesse divergierende Kommunikationsverhalten und Lernverhalten produzieren. Als Lehrende sollten wir demnach herausfinden, wie wir handeln, wie wir vermitteln: und zwar nicht gemäß unserer je eigenen Gender-Brille, sondern gemäß der Unterschiede und Bedürfnisse der Schüler_innen in ihren Diversitäten. Auch hier zeigt sich die Schwierigkeit, einerseits Differenzen wahrnehmen zu sollen, andererseits keine Verallgemeinerungen, wie *die* Frauen, *die* Mädchen oder *die* Männer, *die* Jungen etc. sind, vorzunehmen.

Verbunden mit der ethisch-politischen Haltung (Mahloquet) nimmt im *Social Justice und Diversity Training* die Reflexion einen hohen Stellenwert ein. Als abwägendes Nachdenken und Denken wird Reflexion im *Social Justice und Diversity Konzept* nicht als »innere Selbstbeobachtung« aufgefasst. Vielmehr steht im Zentrum die themenbezogene Reflexion im Hinblick auf Auseinandersetzungen mit Sexismus, Homo- und Transphobie und ihrer Intersektionalitäten hin zu anderen Diskriminierungsformen. Dabei wird einerseits über die Herstellung (Konstruktion) und die Verfestigung von struktureller Diskriminierung, die Herstellung und Verfestigung von Vorurteilen und Stereotypen ebenso nachdenklich reflektiert wie über die Möglichkeiten, sie sprechend und/oder handelnd zu dekonstruieren. Andererseits wird auf kognitiver und emotionaler Ebene zur Reflexion eigenen Handelns im Kontext von Gender/Queer angeregt. Dabei kann im Kontext des Lehrens reflektiert werden, u.a.:

- Welche Gender/Queer- und Diversity-Kompetenzen habe ich als Lehrende_r im Umgang mit Schüler_innen (z.B. Sprache, kulturelle Brille, Gender/Queer Brille)?
- Welche professionelle Rolle/Funktion habe ich (z.B. als Frau, Mann, Queer mit spezifischer kultureller Herkunft ...)?
- Wie teile ich Team Teaching Rollen auf (z.B. im Sinne von Doing Gender und Undoing Gender)?
- Welche Rahmenbedingungen bestehen institutionell?
- Wie nehme ich die Vielfalt von Schüler_innen wahr (z.B. habe ich Voreingenommenheiten, Verunsicherungen; nehme ich alle gleich ernst ...)?
- Inwieweit werden meine Inhalte der geschlechtlichen, kulturellen und sozialen Verschiedenheiten und Vielfalt der Schüler_innen gerecht?
- Inwieweit werden meine Lehr-Methoden (inkl. Medien) der geschlechtlichen, kulturellen und sozialen Verschiedenheiten und Vielfalt der Schüler_innen gerecht?

Vgl. im Detail Czollek/Perko 2014

Die Reflexion selbst ist dabei noch keine Erarbeitung konkreter Handlungen, sondern die Fähigkeit, sich kritisch mit Mechanismen und Strukturen von Diskriminierungen in ihrer Komplexität auseinanderzusetzen. Mit der dialogischen Methode wird es möglich, unter und mit den Teilnehmenden einen dialogischen Raum herzustellen, der getragen von einer anerkennenden und affirmativen Haltung gegenüber jedem Einzelnen ist. Die ethisch-politische und dialogische Haltung »verlangsamt« bewusst, um so Denkräume zu eröffnen, in denen die Fähigkeit zu Staunen und Prozesse der Auseinandersetzung im nachdenklichen Reflektieren ermöglicht werden. So können sich festgezurrte Meinungen über das Zuhören und Fragen sowie über die Auseinandersetzung mit Anderen verändern, können gesellschaftliche Kontexte und strukturelle Bedingungen einbezogen werden, kann die Verwobenheit von Stereotypen in die jeweiligen gesellschaftlichen Strukturen gesehen und verstanden werden, können Handlungsoptionen gegen Diskriminierung ausgelotet werden.

3. AUSBLICK

Im Prozess des *Social Justice und Diversity Trainings* werden Gender/Queer-Kompetenzen (Wissen, Verstehen, Können, aber auch Haltung und Reflexionsfähigkeit)[20] vermittelt, bei denen es darum geht, Gender in seiner erweiterten Form zu denken. Zudem geht es um

»die Wechselwirkungen von Wahrnehmen, Analysieren, Reflektieren und Handeln in Bezug auf Gender. Insofern beschreiben Genderkompetenzen den Prozess von der Wahrnehmung einer Genderinszenierung bis hin zur Entwicklung von Handlungsoptionen« (Czollek/Perko/Weinbach 2009: 201).

Sie beinhalten mit Bezügen zu Diversity-Kompetenzen, den Abbau von Benachteiligungen zu fördern, zur Befähigung und Ermöglichung der Teilhabe am gesellschaftlichen und öffentlichen Leben beizutragen sowie einen affirmativen und pro-aktiven Umgang mit geschlechtlicher Vielfalt und Verschiedenheit von Menschen.

Der komplexen Auseinandersetzung mit Diskriminierung, Gender/Queer-Vielfalt und Partizipation, Inklusion und Exklusion kann vertiefend nicht mit einem einmaligen Workshop Rechnung getragen werden. Diese Auseinandersetzung bedarf eines längeren Prozesses und sollte nicht nur in der Verantwortung individueller Subjekte verbleiben. Vielmehr geht es generell um eine institutionelle Verankerung in der pädagogischen Ausbildung.

---

20 | Zum Begriff Kompetenz siehe Perko/Kitschke (2014).

4. LITERATUR

Adams, Maurianne/Bell, Lee Anne/Griffin, Pat (Hg.) (2007): Teaching for diversity and social justice. A sourcebook, New York und London 1997: Routledge.

Antidiskriminierungsstelle des Bundes (Hg. (2013): Diskriminierung im Bildungsbereich und im Arbeitsleben, Berlin. Online unter: http://www. antidiskriminierungsstelle.de/SharedDocs/Downloads/DE/publikationen/ BT_Bericht/Gemeinsamer_Bericht_zweiter_2013.html(letzter Zugriff: 27. 7. 2015).

Arendt, Hannah (1967): Vita Activa oder vom tätigen Leben, München: Piper.

Arendt, Hannah (2003): Denktagebuch. 2 Bde., München: Piper.

Beauvoir, Simone de (1951): Das andere Geschlecht. Sitte und Sexus der Frau, Hamburg: Rororo.

Braun, Christina von/Stephan, Inge (2006): Gender Studies. Eine Einführung, Stuttgart/Weimar: Metzler.

Butler, Judith (1991): Das Unbehagen der Geschlechter, Frankfurt a.M.: Suhrkamp.

Butler, Judith (1995): Körper von Gewicht. Die diskursiven Grenzen des Geschlechts, Frankfurt a.M.: Suhrkamp.

Butler, Judith (2004): Undoing Gender. New York: Routledge.

Collins, Patricia Hill (1998): Its All in the Family: Intersections of gender, race and nation. In: Hypatia, 13, 3.

Crenshaw, Kimberlé (2004): Intersectionality: the double bind of race and gender. In: perspectives. Frühling 2004. Online unter: http://www.abanet. org/women/perspectives/Spring2004CrenshawPSP.pdf (letzter Zugriff 15. 7. 2015).

Czollek, Leah Carola/Perko, Gudrun (2007): Diversity in außerökonomischen Kontexten: Bedingungen und Möglichkeiten seiner Umsetzung. In: Re-Präsentationen. Dynamiken der Migrationsgesellschaft, Hg. Anne Broden/ Paul Mecheril, Oldenburg: IDA e.V. Online unter: http://www.ida-nrw.de/ cms/upload/PDF/Re-Praesentationen.pdf (letzter Zugriff: 10. 7. 2015)

Czollek, Leah Carola/Perko, Gudrun (2007): Diversity (Cultural) Managing und Interkulturelle Öffnung, in: Informieren, qualifizieren, integrieren. Dokumentation, Flüchtlingsrat Schleswig-Holstein e.V., Kiel. Online unter: http://www.social-justce.eu/texte/Diversity_Interkulturalit%C3%A4t_ SocialJustice%5BPerko_Czollek_Weinbach%5D.pdf   (letzter   Zugriff: 27.7.2015).

Czollek, Leah Carola/Perko, Gudrun (Mhg.) (2012): Social Justice als soziales und politisches Projekt, Zeitschrift: Quer. denken lesen schreiben (Kooperation der Frauenbeauftragten der Alice-Salomon-Hochschule für

Soziale Arbeit/ Sozialpädagogik und Pflege/ Pflegemanagement und der Gleichstellungsbeauftragte der Fachhochschule Potsdam), Nr. 18/12, Berlin.

Czollek, Leah Carola/Perko, Gudrun (2015): Eine Formel bleibt eine Formel... Gender/Queer und Diversity gerechte Didaktik an Hochschulen: ein intersektionaler Ansatz, Hg. FH-Campus Wien (überarbeitete Neuauflage von 2008), Wien: FH Campus Wien.

Czollek, Leah Carola/Perko, Gudrun/Weinbach, Heike (2011): Radical Diversity im Zeichen von Social Justice. Philosophische Grundlagen und praktische Umsetzung von Diversity in Institutionen. In: Soziale (Un)Gerechtigkeit. Kritische Perspektiven auf Diversity, Intersektionalität und Antidiskriminierung, Hg. Maria do Mar Castro Varela/ Nikita Dhawan, Berlin: LIT.

Czollek, Leah Carola/Perko, Gudrun/Weinbach, Heike (2012): Praxishandbuch Social Justice und Diversity. Theorien, Training, Methoden, Übungen, München/Weinheim: Beltz/Juventa.

Czollek, Leah Carola/Perko, Gudrun/Weinbach, Heike (2009): Lehrbuch: Gender und Queer. Grundlagen, Methoden und Praxisfelder (Modul Soziale Arbeit), gem. mit Leah Carola Collek und Heike Weinbach, Weinheim/München: Juventa.

Czollek, Leah Carola/Weinbach, Heike (2008): Lernen in der Begegnung: Theorie und Praxis von Social Justice-Trainings. IDA e.V. (Hg.), Bonn. Online unter: http://www.social-justce.eu/texte/Czollek_Weinbach%5BSocial%20Justice_Lernen%20in%20oder%20Begegnung%5D.pdf (letzter Zugriff: 27. 7. 2015).

Degele, Nina (2008): Gender/Queer Studies. Eine Einführung, München: UTB Fink.

Deutsch, Francise M. (2007): Undoing Gender. In: Gender & Society, 21, 1. Online unter: http://www.smu.ca/webfiles/Deutsch-UndoingGender.pdf (letzter Zugriff: 27. 7. 2015).

Engel, Antke (2009): Bilder von Sexualität und Ökonomie. Queere kulturelle Politiken im Neoliberalismus, Bielefeld: Transcript.

Fenstermaker, Sarah/West, Candace (Hg. (2002): Doing gender, doing difference: Inequality, power, and institutional change, New York: Routledge.

Franzen, Jannik/Sauer Arn (2014): Benachteiligung von Trans*Personen, insbesondere im Arbeitsleben, Berlin. Online unter: http://docplayer.org/34603-Benachteiligung-von-trans-personen-insbesondere-im-arbeits-leben-expertise-von-jannik-franzen-dipl-psych-arn-sauer-m-a.html(letzter Zugriff: 10. 7. 2015).

Fraser, Nancy (2001): Die halbierte Gerechtigkeit. Frankfurt a.M.: Suhrkamp.

Frketić, Vlatka/Baumgartinger, Perry Persson (2008): Transpersonen am österreichischen Arbeitsmarkt, Wien. Online unter: http://www.transx.at/Dokumente/TransAmArbeitsmarkt_2008.pdf (letzter Zugriff: 27.7.2015).

Gender Initiativkolleg (Hg.) (2012): Gewalt und Handlungsmacht. Queer_Feministische Perspektiven, Frankfurt a.M.: Campus.

Gindl, Michaela/Helfer, Günter/Hellmer, Silvia (2008): Grundlagen der Gendersensibilität in der Lehre. Leitfaden für gendersensible Didaktik Heft 1, Wien. Online unter: http://www.wien.gv.at/menschen/frauen/pdf/leitfaden-didaktik-teil1.pdf (letzter Zugriff: 25.7.2015)

Gramelt, Katja (2010): Der Anti-Bias-Ansatz: Zu Konzept und Praxis einer Pädagogik für den Umgang mit (kultureller) Vielfalt: VS Verlag für Sozialwissenschaften.

Haberle, Helga/Hajek, Katharina/Ludwig, Gundula/Paloni, Sara (Hg.) (2012): Que[e]r zum Staat. Heteronormativitätskritische Perspektiven auf Staat, Macht und Gesellschaft, Berlin: Querverlag.

Hacker, Hanna (2012): Queer entwickeln. Feministische und postkoloniale Analysen, Wien: Mandelbaum.

Hartmann, Jutta (2013): Heteronormativität und Schule. In GEW: Die Demokratische Schule. Zeitschrift der Gewerkschaft Erziehung und Wissenschaft (GEW) im DGB, Landesverband Bayern. Heft 03/2013, S. 9-10. Online unter: http://www.gew-bayern.de/fileadmin/uploads/DDS-hefte/DDS13_03/Seite_09-10.pdf (letzter Zugriff: 15.08.2013).

hooks, bell (2000): Where we stand. Class matters, New York: Routledge.

Jagose, Annamarie (2001): Queer. Eine Einführung, Berlin: Querverlag.

Klinger, Cornelia (1999): Ungleichheit in den Verhältnissen von Klasse, Rasse und Geschlecht. In: Knapp, Gudrun-Axeli/Wetterer, Angelika (Hg.): Achsen der Differenz. Gesellschaftstheorie und feministische Kritik 2, Münster: Westfälisches Dampfboot.

Knapp, Gudrun-Axeli/Wetterer, Angelika (Hg.) (1999): Achsen der Differenz Gesellschaftstheorie und feministische Kritik II, Münster: Westfälisches Dampfboot.

Krell, Claudia (2013): Lebenssituationen und Diskriminierungserfahrungen von homosexuellen Jugendlichen in Deutschland, Berlin. Online unter: https://www.lsvd.de/fileadmin/pics/Dokumente/Studien/Abschluss-bericht_Pilotstudie_Lebenssituationen_und_Diskriminierungs-erfahrungen_von_homosexuellen_Jugendlichen_in_Deutschland.pdf (letzter Zugriff: 27.7. 2015)

Kotthoff, Helga (2002): Was heißt eigentlich »doing gender«? Zu Inter-aktion und Geschlecht. In: J. van Leeuwen-Turnovcová u.a. (Hg.): Wiener Slawistischer Almanach, Sonderband 55.

Lauretis, Teresa de (1991): Queer Theory. Lesbian and Gay Sexualities: An Introduction. In: differences, A Journal of Feminist Cultural Studies. Heft 2/Jg. 3/2.

Mecheril, Paul (2010): »Kompetenzlosigkeitskompetenz«. Pädagogisches Handeln unter Einwanderungsbedingungen. In: Auernheimer, Georg

(Hg.), Interkulturelle Kompetenz und pädagogische Professionalität. 3. Auflage, Wiesbaden: VS Verlag.

Messerschmidt, Astrid (2012): Zusammenhänge von Rassismus und Antisemitismus in der postnationalsozialistischen Gesellschaft. In: Frauenrat der Frauenbeauftragten Alice-Salomon-Fachhochschule und Gleichstellungsbeauftragte der Fachhochschule Potsdam (Hg.): Social Justice als soziales und politisches Projekt. Quer. denken lesen schreiben. Nr.18, Berlin.

Nestvogel, Renate: Sozialisationstheorien (2004): Traditionslinien, Debatten und Perspektiven. In: Becker, Ruth/Kortendiek, Beate (Hg.), Handbuch Frauen- und Geschlechterforschung. Theorie, Methoden, Empirie, Wiesbaden: VS Verlag.

Nussbaum, Martha C. (1999): Gerechtigkeit oder das gute Leben, Frankfurt a.M.: Suhrkamp.

Nussbaum, Martha C. (2010): Die Grenzen der Gerechtigkeit, Frankfurt a.M.: Suhrkamp.

Perko, Gudrun/Czollek, Leah Carola (2012): Social Justice und Diversity Training: Intersektionalität als Diversitymodell und Strukturanalyse von Diskriminierung und Exklusion. Online unter: www.portal-intersektionalität.de (letzter Zugriff: 27. 7. 2015).

Perko, Gudrun/Czollek, Leah Carola (2014): Das Konzept des Verbündet-Seins im Social Justice als spezifische Form der Solidarität. In: Anne Broden/ Paul Mecheril (Hg.), Solidarität in der Migrationsgesellschaft. Befragung einer normativen Gruppe, Bielefeld: transcript.

Perko, Gudrun/ Kitschke, Dorothea (2014): Kompetenzmessung in der Hochschullehre? Eine Studie über die Vermittlung und Überprüfung von Gender/Queer- und Diversity-Kompetenzen in der Hochschullehre als Ausbildungs- und Bildungsort für soziale Berufe, München/Weinheim: Beltz/Juventa.

Perko, Gudrun (2005): Queer-Theorien. Über ethische, politische und logische Dimensionen des plural-queeren Denkens, Köln: PapyRossa.

Perko, Gudrun (2006): Queer-Theorien als Denken der Pluralität: Kritiken – Hintergründe – Alternativen – Bedeutungen. In: Quer. Lesen denken schreiben, Hg. Alice-Salomon-Fachhochschule, Nr. 12/06, Berlin: 4-12. Online unter: http://www.asfh-berlin.de/index.php?id=1948 (letzter Zugriff 27. 7. 2015).

Rawls, John (1975): Eine Theorie der Gerechtigkeit. Frankfurt a.M.: Suhrkamp.

Taylor, Charles (1992): Multikulturalismus und die Politik der Anerkennung. Frankfurt a.M.: Fischer.

Trisch, Oliver/Hahn, Harald (2013): Der Anti-Bias-Ansatz: Beiträge Zur Theoretischen Fundierung und Professionalisierung der Praxis: Ibidem-Verlag.

Voß, Heinz-Jürgen/Wolter, Salih Alexander (2013): Queer und (Anti) Kapitalismus, Stuttgart: Schmetterling Verlag.

Wagner, Petra: Vielfalt respektieren, Ausgrenzung widerstehen – aber wie kann man das lernen? Konzepte und Praxis der Aus- und Fortbildung. In: Dies. (Hg.) (2013): Handbuch Inklusion. Grundlagen vorurteilsbewusster Bildung und Erziehung, Freiburg/Basel/Wien: Herder.

Walzer, Michael (1992): Sphären der Gerechtigkeit. Ein Plädoyer für Pluralität und Gleichheit, Frankfurt a.m./New York: Campus.

Winker, Gabriele/ Degele, Nina (2009): Intersektionalität. Zur Analyse sozialer Ungleichheiten, Bielefeld: transcript.

Young, Iris Marion (1990): Justice and the Politics of Difference, Princeton/NJ.: Princeton University Press.

Young, Iris Marion (1996): Fünf Formen der Unterdrückung. In: Herta Nagl-Docekal, Herlinde Pauer-Studer (Hg.), Politische Theorie, Differenz und Lebensqualität, Frankfurt a.M.: Suhrkamp.

Young, Iris Marion (2000): Inclusion and Democracy, New York: New York University Press.

Sexuelle Vielfalt als Thema der Sexualpädagogik

Uwe Sielert

Der Beitrag nähert sich dem Zusammenhang von Sexueller Vielfalt und Sexualpädagogik zunächst anhand dominanter Diskurse, die zum Teil historisch aufeinander folgen, aktuell aber auch nebeneinander existieren und miteinander verwoben sind (Sielert 2012). Systematisch wird Vielfalt über das Konstrukt der sexuellen Identität thematisiert und am Schluss folgen strategische Handlungs- und Perspektivaussagen.

1. SEXUELLE VIELFALT IN DIVERSEN SEXUALPÄDAGOGISCHEN DISKURSEN

Sexuelle Vielfalt kann sowohl als deskriptiver Begriff benutzt werden, wenn gesellschaftliche Realität(en) diverser Repräsentationsformen von Sexualität beschrieben werden als auch als präskriptives Konstrukt mit der Intention, die real existierenden vieldimensionalen ›Sexualitäten‹ als zu respektierende Ausdrucksformen persönlicher Selbstbestimmung zu werten. In der Sexualpädagogik als Teil reflexiv-kritischer Erziehungswissenschaft und in der Sexualerziehung als ›freundliches Begleiten‹ von Menschen bei ihrer sexuellen Identitätsentwicklung spielt beides eine Rolle: Sowohl die kritische Beschreibung und Analyse der sich pluralisierenden sexuellen Verhältnisse und Empfindungsweisen (Sigusch 2005: 36ff) als auch die Bereitstellung von Lernräumen, in denen die Menschen in die Lage versetzt werden, sich angesichts dieser Situation ein Höchstmaß an selbstgewählter sexueller Lebensqualität anzueignen.

Ausgehend von dieser aktuellen Setzung kann ein kritischer Blick geworfen werden auf die Bedeutung sexueller Vielfalt in einzelnen sexualpädagogischen Diskursen[1].

1.1. Sexuelle Vielfalt im Repressionsdiskurs

Sexualpädagogik als Disziplin und Profession hat diverse Entwicklungsstadien hinter sich, die hier als Diskurse ›aufeinander geschichtet werden‹, die heute zum Teil aber auch noch nebeneinander existieren.

Im *Repressionsdiskurs* seit dem 18. bis zur Mitte des 20. Jahrhunderts dominierte in Europa die Vorstellung, dass alle Ausdrucksformen sexueller Vielfalt verwerflich sind, die nicht der vorgegebenen Zweckbestimmung als Fortpflanzung dienen. Trotz der Initiativen einzelner Sexualreformer in der Weimarer Republik (Wolff 1993) konzentrierte sich die öffentliche Schule auf die Abwehr sexueller Vielfalt. Selbstbefriedigung, vorehelicher Geschlechtsverkehr oder homosexuelle Kontakte wurden mit sexueller Verwahrlosung etikettiert.

Bis heute versuchen fundamentalreligiöse Gruppen mit ihren Forderungen gegen sexuelle Vielfalt eine Wiederbelebung dieses Repressionsdiskurses, wenn auch im modernen Gewand einer moralischen Psychohygiene und Missbrauchsprävention.

1.2. Sexuelle Vielfalt im Befreiungsdiskurs

Der *Befreiungsdiskurs* der so genannten sexuellen Revolution in den späten 1960er Jahren hat manche politökonomische und moralische Schranke gegen die sexuelle Vielfalt und entsprechende Moralvorstellungen eingerissen. Als Reaktion auf die Tabuisierung und Repression der 5oer und 6oer Jahre sollte über alles geredet, Lustvolles ausprobiert und vormals Privates öffentlich gemacht werden (vgl. Sager 2008). Es ist nachweisbar, dass die Enttabuisierung der Sexualität im Reden, Tun und Reflektieren seit der 68er Bewegung ein wichtiger Beitrag zur sexuellen Befreiung und zur Förderung der individuellen sexuellen Selbstbestimmung zumindest des heterosexuellen Teils der Bevölkerung war (Heider 2014). Gleichzeitig kann nicht verleugnet

---

1 | Siehe dazu auch Lücke, Martin (2014): Vom ›Normalkinde‹ zu einer Sexualpädagogik der Vielfalt – Homosexualitäten in den Bildungswissenschaften, in: Florian Mildenberger/Jennifer Evans/Rüdiger Lautmann/Jakob Pastötter (Hg.): Was ist Homosexualität? Forschungsgeschichte, gesellschaftliche Entwicklungen und Perspektiven, Hamburg: MännerschwarmSkript 2014, S. 513-527

werden, dass in dieser Zeit angesichts einer allgemein modischen Vielfalts-
euphorie auch manche emanzipativ verbrämte Vorstellung befreiter Sexualität
entstand (Verlinden 2015) und gelegentlich auch das Unrechtsbewusstsein angesichts sexueller Grenzverletzungen, so z. B. im Pädophiliediskurs, in den
Hintergrund trat (vgl. Kappeler 2011: 226 / Walter 2014).

1.3. Sexuelle Vielfalt im Aufklärungsdiskurs

Vordergründig fortschrittlich, letztlich aber »um Schlimmeres zu verhindern«
(Müller 1992: 18), erließen die Schulverwaltungen unterschiedlicher partei-
politischer Couleur Ende der 1970er Jahre Richtlinien zur Sexualerziehung
in den Schulen. Der Leitbegriff dieser Zeit ist *Sexualaufklärung* - und es ging
vor allem darum, den kulturellen Nachholbedarf an bisher schwer zugänglichen Informationen und Wissen im Bereich der Sexualität zu decken. Gleichzeitig blieb in dieser Debatte unterbelichtet, dass schon die Frage nach der
Bedeutung und Angemessenheit bestimmter Inhalte von Sexualerziehung
eine zutiefst normative und auf Machtverhältnissen beruhende Entscheidung
erfordert. Der *Aufklärungsdiskurs* ermöglicht aufgrund seines Verzichts auf
Wertungen zwar formal die Akzeptanz gesellschaftlicher Realitäten und
damit sexueller Vielfalt, ändert aber nichts an der Hierarchisierung sexueller
Lebensmuster wie sie in der Dominanzkultur vorgenommen wird. Für die
tatsächliche Gleichstellung von Hetero-, Homo- und Bisexualität, diverser
Geschlechtsidentitäten, bisher verpönter Sexual- und Begehrensformen sowie
sexueller Praktiken kann vom Aufklärungsdiskurs nicht viel erwartet werden.

1.4. Sexuelle Vielfalt im Präventionsdiskurs

Differenzierter sieht es in der Sexualpädagogik des *Präventionsdiskurses* aus.
Selbstverständlich kann auch hier von einer grundsätzlichen Vielfaltsskepsis
geredet werden, wenn die Konzentration auf die Gefahren sexueller Lebensweisen gerichtet wird. Medial skandalisierte vermeintliche oder tatsächlich
dokumentierte Indikatoren für eine Pornografisierung der Gesellschaft, die
Verbreitung sexuell übertragbarer Infektionen und angebliche sexuelle Verwahrlosung der Jugend wirken auf öffentliches Bewusstsein, befördern sexual-
politische Roll-back-Bewegungen und verunsichern Eltern sowie Erziehende in
verschiedenen Bereichen der privaten und öffentlichen Erziehung. Noch sind
einem sexualkonservativen Roll-back in Deutschland verfassungsrechtlich
enge Grenzen gesetzt. Dennoch gelingt es religiös-dogmatischen oder auch
rechtskonservativen Akteuren immer wieder, sexuelle Vielfalt zu geißeln und

den Liberalisierungs- und Selbstbestimmungsdiskurs der letzten Jahrzehnte zu konterkarieren.

Gleichzeitig existiert ein wissenschaftlich ernst zu nehmender Präventionsdiskurs, in dem davon ausgegangen wird, dass Verdrängen, Moralisieren und Verbieten bisher noch nie tatsächliche Gefahren für sexuelle Selbstbestimmung und Gesundheit einschränken konnten. Im Gegenteil: die mangelnde Anerkennung und Ausgrenzung sexueller Minderheiten oder besonderer sexueller Lebenspraktiken führt in der Regel zu psycho-sozialen Beeinträchtigungen und Selbstwertkränkungen, die ihrerseits wiederum gesellschaftliche Interventionen notwendig machen. Mit Hilfe von Veröffentlichungen, Expertisen, Fachtagungen und fachpolitischer Netzwerkarbeit (vor allem mit sexualwissenschaftlichen Vereinigungen) konnten einflussreiche Kräfte des politisch-administrativen Systems des Bundes und vieler Länder überzeugt werden, dass jeder Prävention die substantielle Anerkennung sexueller Vielfalt und ein Mindestmaß einer entsprechenden Sexualpädagogik vorausgehen muss. Manche Länder nahmen auch deshalb das Thema ›sexuelle Vielfalt‹ in ihre schulischen Richtlinien für Sexualpädagogik und das empfohlene Lehrmaterial auf.

Dennoch bleibt auch angesichts dieser aufgeklärten Präventionsvariante eine grundsätzliche Skepsis bestehen, wenn allein die Prävention und nicht mit gleicher Gewichtung die Rechte der Menschen auf sexuelle Selbstbestimmung betont werden (WHO 2006: 10).

1.5. Sexuelle Vielfalt im Professionalisierungsdiskurs

Solche Ambivalenzen präventiv motivierter Sexualpädagogik können nur zugunsten der angemessenen Berücksichtigung von Vielfalt entschieden werden, wenn die pädagogischen Akteure entsprechend professionell ausgebildet werden. Insofern besteht im *Professionalisierungsdiskurs* der Sexualpädagogik die Chance, Lehrkräfte mit ›Vielfaltskompetenz‹ auszustatten. Somit sind sie qualifiziert, sehr verschiedene sexuelle Identitäten und Verhaltensweisen nicht nur zur Kenntnis zu nehmen, sondern trotz anderer persönlicher Präferenzen zu respektieren und vor Diskriminierung zu schützen. Über diese handlungspraktische Kompetenzorientierung hinaus ist dem Professionalisierungsdiskurs zu verdanken, dass neben den Erkenntnissen der Sexualwissenschaft noch weitere sozial- und kulturwissenschaftliche Wissensbestände aufgegriffen wurden, die z.B. durch die feministisch motivierte Gender- und Ungleichheitsforschung in eine geschlechtersensible Pädagogik allgemein, auch in der Sexualpädagogik zur Anwendung kommen. Je mehr sich ein breiter Sexualitätsbegriff auf dem Hintergrund eines ebenso komplexen sexuellen Identitätsverständnisses durchsetzte, umso vielfältiger wurden die wissenschaftlichen Bezüge, die heute von der Sexualpädagogik berücksichtigt werden.

1.6. Sexuelle Vielfalt im Bildungsdiskurs

Innerdisziplinär begann vor einigen Jahren in der Sexualpädagogik eine Debatte um die Weiterentwicklung bzw. Ergänzung der Sexualpädagogik um ein Konzept der sexuellen Bildung als »Formung und zunehmend Selbstformung der Person durch aktive Weltaneignung« (Valtl 2008: 128). Ob mit diesem *Bildungsdiskurs* von einem Paradigmenwechsel die Rede sein kann, wird sich in Zukunft noch zeigen müssen, denn vieles davon ist identisch mit der bisher professionell entwickelten Sexualpädagogik. Die wesentlichen Besonderheiten sollen hier kurz skizziert werden:

Sexuelle Bildung ist selbstbestimmt und auf die Lernenden zentriert. Sie betont das Recht der Menschen auf die Abwesenheit von Fremdbestimmung. Das gilt im Grundsatz auch für Kinder und Jugendliche. Die Fähigkeit zur Selbstbestimmung wird vorausgesetzt, obwohl sie noch im Entstehen ist, aber genau dadurch wächst sie. Die Gestaltung von Lernumgebungen und alle Bildungsanstrengungen sind auf diesen Prozess abzustimmen. Sexuelle Bildung hilft also, das Recht aller Menschen auf Sexualität zu verwirklichen und zwar in der für die einzelnen Individuen in ihrer jeweiligen Lebenssituation, dem sich entwickelnden Lebensstil, der eigenen sexuellen Orientierung und den Vorstellungen vom gelungenen sexuellen Leben gewählten Variation.

Sexuelle Bildung hat einen Wert an sich. Eine Sexualpädagogik, die hauptsächlich an Prävention interessiert ist, braucht keine ›höhere Bildung‹, die über die Vermittlung grundlegender sexueller Kompetenzen hinausgeht. Wenn Sexualität aber mit allen ihren Facetten zum unmittelbaren Lebensgenuss, zum zentralen Wert der Selbstgestaltung gehört, dann muss sie als Lebensenergie animiert und kultiviert werden. Menschen lernen, sexuell zu sein – je nach individueller Biografie die einen mehr, die anderen weniger. Wenn die Sinnlichkeit nicht ebenso wie Sensibilität, Einfühlung und Liebesfähigkeit genährt wird, bleibt sie stumpf. Bekommt sie aber Nahrung, so entsteht ›Sexualität‹ z. B. in Analogie zu ›Musikalität‹: Das Empfinden differenziert sich, und die Bereitschaft, auch sexuell auf Umweltreize zu reagieren, nimmt zu.

Sexuelle Bildung ist konkret und brauchbar. Sie muss weltoffen sein und die Realität zeigen, wie sie ist und nicht, wie Pädagog*innen sie gern hätten. Die Mittel dazu müssen zur Verfügung gestellt werden, damit die Heranwachsenden lernen, sexuelle Erfahrungen anzunehmen oder zurückzuweisen, zu bewerten und zu beurteilen. Dazu können alle ›Bildungsgüter‹ dienen, alles, was sich in der sexuellen Kulturentwicklung und als Hilfe für die Minimierung von Fremdbestimmung als brauchbar herausgestellt hat. Die tagtäglichen und besonderen positiven und negativen Begegnungen mit der Welt müssen schon Kinder und Jugendliche, erst recht Erwachsene selbst bewältigen. Sexuelle Bildung muss dazu auf konkrete und brauchbare Weise ›die Sachen klären und die Menschen stärken‹.

Sexuelle Bildung spricht den ganzen Menschen an, also alle Lebensalter und zwar kognitiv, emotional, sozial und spirituell. Kinder und Jugendliche brauchen Kompetenzen, um in die verschiedenen Funktionen von Sexualität (Lust, Beziehung, Identität, Fruchtbarkeit) und Ausdrucksformen – von der Zärtlichkeit über die Sinnlichkeit, Erotik bis zur körperlichen Erregbarkeit hineinzuwachsen, sich auszudrücken, sexuelle Erlebnisfähigkeit wie auch Impulskontrolle zu erlernen. Vor allem müssen sie lernen, ihre sexuelle Integrität zu schützen, indem sie sich auch gegen sexuelle Übergriffe anderer zu wehren wissen. Erwachsene brauchen vor allem die Kompetenz, in unterschiedlichen Lebenslagen und Entwicklungsstadien die ›Einheit des Widersprüchlichen‹ auszubalancieren zwischen Lust und Beziehung, Fruchtbarkeit und Identität, Dauer und Lebendigkeit, Vertrautheit und Fremdheit. In ihrer Beziehung zu Kindern und Jugendlichen müssen sie lernen, ihnen mit einer Liebe zu begegnen, die sie nicht bindet oder instrumentalisiert, sondern freisetzt für die eigene psychosexuelle Entwicklung.

Sexuelle Bildung ist politisch – und das in zweifacher Weise: als abhängige und als unabhängige Variable. Sexualität wird durch politische Entscheidungen beeinflusst und beeinflusst ihrerseits politisches Tun. Sexuelle Bildung sollte ein Bewusstsein für diese Zusammenhänge wecken und die Menschen dazu befähigen, zu politisch relevanten Themen wie z. B. sexuelle Gewalt, sexuelle Vielfalt und Sexualerziehung generell als kompetente Bürger*innen einer demokratischen Gesellschaft mitreden und handeln zu können.

2. Sexuelle Identität als subjektive Basis einer Sexualpädagogik der Vielfalt

Wenn sexuelle Vielfalt auf Pädagogik bezogen wird, bekommt das Thema eine subjektzentrierte Ausrichtung, das heißt Vielfalt wird auf die sexuellen Selbstverständnisse einzelner Menschen und Menschengruppen bezogen, selbstverständlich auch auf Kinder und Jugendliche, die noch im Begriff sind, ihr sexuelles Selbst zu entwickeln. Dabei sind die Fragen berechtigt: Was genau ist gemeint, wenn von Vielfalt angesichts der Sexualität eines Menschen die Rede ist? Was ist dabei mit Sexualität gemeint? Wie hängen die einzelnen Unteraspekte sexueller Identität zusammen und mit welchen Themen wird Sexualpädagogik konfrontiert, wenn sie sich auf sexuelle Vielfalt einlässt? Einige dieser Fragen lassen sich beantworten, wenn das Konstrukt der ›sexuellen Identität‹ geklärt ist, also jener Bereich der Persönlichkeit, der sowohl intrapersonell als auch interpersonell vielfältige Formen annehmen kann.

2.1. Funktionen der Begrifflichkeit ›sexuelle Identität‹ in differenten Verwendungskontexten

Der Begriff »sexuelle Identität« (oder auch: ›das sexuelle Selbst‹) ist im wissenschaftlichen und gesellschaftlichen Diskurs noch keinesfalls definitorisch geklärt und wird je nach Kontext unterschiedlich gefüllt. Das ist zum einen nicht verwunderlich, weil auch über die Teilbegriffe ›Sexualität‹ und ›Identität‹ unterschiedliche Vorstellungen existieren. Zum anderen sind sexualwissenschaftliche und sozialwissenschaftliche Befunde eng mit gesellschaftlichen Emanzipationsbewegungen verschränkt, in denen sich zunehmend mehr Teilgruppen identitätspolitisch zu Wort gemeldet haben. Der Begriff ›sexuelle Identität‹ war angesichts einer allseits akzeptierten Heteronormativität noch gar nicht existent. Es gab in diesem Sinne nur *eine* legitime Sexualität und alle besonderen Ausprägungen des individuellen Sexuallebens blieben im Verborgenen oder gerieten in den öffentlichen Moraldiskurs und wurden als pathologische und potentiell gefährliche Besonderheiten diskriminiert. Erst der Kampf um Anerkennung der schon immer existenten homosexuellen Beziehungen führte zu der Notwendigkeit, von ›sexueller Identität‹ zu sprechen, ein Begriff, der zu diesem Zweck auch erst in den 1990er Jahren in die Rechtssprache Einzug gehalten hat (Plett 2010: 54).

Danach galten die dominanten sexuellen Orientierungen eine Zeitlang als ›sexuelle Identitäten‹ und mit der Infragestellung weiterer ›Schubladen‹ menschlichen Verhaltens wie z.B. des dualen Geschlechtsrollenmusters und der am Fortpflanzungszweck orientierten sexuellen Präferenzen (Geschlechtsverkehr als einzige Sexualpraktik) gerieten weitere Kennzeichen sexueller Selbst-Verständnisse einschließlich ihrer vielfältigen Merkmalskombinationen in den Fokus und wurden folgerichtig der sexuellen Identität eines Menschen zugerechnet. Je mehr sich das Bewusstsein durchsetzte, dass Menschen ein Recht auf die Entfaltung ihrer ganz individuellen, auch sexuellen Persönlichkeit haben, umso größer wurde der Ruf nach einer Pädagogik, die in der Lage ist, diese Vielfalt zu unterstützen.

Dass die jeweiligen Anerkennungskämpfe auch immer Zweckkoalitionen, Konkurrenz und Absetzbewegungen zur Folge haben, ist selbstverständlich. So bemühen sich Interessenvertretungen homosexuell definierter Menschen aus ethisch-rechtlichen Gründen um deutliche Abgrenzungen zur Päderastie und Pädophilie als eine illegale Ausprägung sexueller Vielfalt und schließen sie zu Recht aus dem gesellschafts- und bildungspolitischen Begriff ›sexuelle Vielfalt‹ aus (LSVD 2015). Angesichts der aktuellen Angriffe auf die Sexualpädagogik (Tuider/Timmermanns 2015) tendieren schwul-lesbische Aufklärungsinitiativen und geschlechtsidentitäre Minderheiten dazu, sich von der Flexibilisierung sexueller Praktiken im Prozess sexueller Bildung abzusetzen und alle weiteren sexuellen Präferenzen sowie konkretes Sexualverhalten aus ihrem eigenen politischen Identitätsverständnis auszuschließen. Sexuelle Identität wird dann im engeren Sinne nur noch auf ›das Sexuelle‹ als Lust und Begehren bezogen und der Sexualpädagogik zugerechnet, während der Begriff der »sexuellen Vielfalt« weiterhin für den (bildungs)politischen Anerkennungskampf benutzt wird. Auf diese Weise wird versucht, die rechtlich anerkannte Antidiskriminierungsarbeit vor dem immer wieder heiß umkämpften Begriff des Sexuellen zu schützen.[2] Das ist verständlich, führt aber im sexualpädagogischen Diskurs regelmäßig zur Verwirrung, weil mit unterschiedlichen Sexualitätsbegriffen umgegangen wird und sexuelle Bildung auf eine Art ›Begehrenspädagogik‹ eingeschränkt wird.

2.2. Sexuelle Identität und Vielfalt im aktuellen sexualpädagogischen Kontext

Eine ›kritisch-reflexive‹, bisher auch ›neo-emanzipatorisch‹ genannte Sexualpädagogik der Vielfalt beruft sich dagegen auf einen breiten Sexualitätsbegriff (Sielert 2005: 41ff), mit einer intentionalen Ausrichtung auf Anerkennung, Selbstbestimmung und Gewaltfreiheit (Tuider/Timmermanns 2015: 44f). Die Basis einer solchen Pädagogik ist ein in sich plausibles und wissenschaftlich wie praktisch brauchbares Konzept sexueller Identität. Es muss einen komplexen Bezugsrahmen zur Anwendung bringen, um das theoretische Konstrukt an bereits bestehende Identitätskonzepte der Persönlichkeitspsychologie anzuschließen (Haußer 1995), aber auch um praktische Konsequenzen der Gesundheitsförderung wie auch der sexuellen Bildung zu ermöglichen. Letztere haben immer mit dem ›ganzen Menschen‹ zu tun und sind auf alle Kinder, Jugendlichen und Erwachsenen bezogen.

Wenn die breite Definition der WHO von Sexualität zugrunde gelegt wird, welche »das biologische Geschlecht, die Geschlechtsidentität, sexuelle Orientierung, Lust, Erotik, Intimität und Fortpflanzung einschließt« (WHO 2006: 10) und wenn Identität als ein durch Lernprozesse veränderbares subjektives Wissens- und Gefühlskonstrukt verstanden wird, bedeutet *sexuelle Identität die je individuell und subjektiv konstruierte Ausprägung zentraler Aspekte von Sexualität bei einem Menschen.*

---

2 | Interessant ist in diesem Zusammenhang das Ringen um die »richtige« Definition ›sexueller Identität‹ in Wikipedia. Hier heißt es z.B. am 11.03. 2015 noch: »Transgender und Intersexuelle weisen darauf hin, dass sie zusätzlich dazu, *intersexuell* bzw. *Transgender* zu sein, auch eine *sexuelle Identität* haben, es sich daher also um zwei verschiedene Dinge handle; Beispiele wären eine intersexuelle Lesbe oder ein schwuler Transmann«.

Die Frage, welches nun zentrale Aspekte von Sexualität sind und die sexuelle Identität eines Menschen ausmachen, ist auch im bisherigen pädagogischen Vielfaltsdiskurs unterschiedlich – mit einer Tendenz zur Erweiterung der Aspektvielfalt – beantwortet worden.

In den meisten Veröffentlichungen, in denen von sexueller Identität die Rede ist, werden die *Geschlechtsidentität* und die *sexuelle Orientierung*, also die Richtung des Begehrens als zentral erachtet:

»Die sexuelle Identität ist das grundlegende Selbstverständnis der Menschen davon, wer sie als geschlechtliche Wesen sind, wie sie sich selbst wahrnehmen und wie sie von anderen wahrgenommen werden wollen. Der Begriff sexuelle Identität umfasst das geschlechtliche Selbstverständnis (biologisches, psychisches und soziales Geschlecht) sowie die sexuelle Orientierung (Begehren). Als juristischer Terminus wird der Begriff ›sexuelle Identität‹ in Gesetzestexten verwendet, um Diskriminierungsschutz sowohl von Lesben, Schwulen und Bisexuellen als auch von Transsexuellen zu gewährleisten« (Dreier/Kugler/Nordt 2012).

Gelegentlich wird explizit darauf hingewiesen, dass die Geschlechtsidentität nicht bi-polar verstanden wird, sondern auch jene Menschen einbezogen werden, deren subjektiv empfundenes Geschlecht abweicht von der bei Geburt anhand der Geschlechtsmerkmale zugewiesenen Geschlechtsrolle:

»Die sexuelle Identität umfasst neben dem biologischen und dem sozialen Geschlecht auch die sexuelle Orientierung. Dieser Begriff beschreibt, auf wen sich die Sexualität eines Menschen richtet. Die sexuelle Orientierung kann zum Beispiel auf das andere (heterosexuell) oder das gleiche Geschlecht (homosexuell) oder auf beide Geschlechter (bisexuell) gerichtet sein. Zur Diversity-Dimension der sexuellen Identität zählen auch ›Transgender‹-Menschen, die sich mit ihren biologischen Geschlechtsmerkmalen nicht oder nur unvollständig identifizieren können. Zur ›Transgender‹-Gruppe gehören auch Menschen, die sich mit der Geschlechtsrolle, die ihnen bei Geburt anhand der Geschlechtsmerkmale zugeschrieben wurde, gar nicht oder nur in unzureichender Weise charakterisieren lassen wollen« (Universität Freiburg; Homepage Diversity Management).

Eine Folge davon ist, dass auch der Begriff der sexuellen Orientierung mit seinen bisher gängigen Kategorien (Hetero- Homo-, Bisexualität) einer Ausdifferenzierung bedarf, um auch geschlechts-unabhängiges Begehren zu berücksichtigen:

»Geschlechtsunabhängiges Begehren wird heute auch mit dem Begriff Pansexualität benannt (pan = alle), um die Zwei-Geschlechter-Ordnung, die aus dem Begriff ›bisexuell‹

(bi = beide) spricht, bewusst zu erweitern, indem z. B. Trans*Identitäten und Inter*Identitäten mitgedacht werden.« (Dreier/Kugler/Nordt 2012)

Noch komplizierter wird es, wenn das Modell der sexuellen Orientierung in sich noch einmal ausdifferenziert wird: Fritz Klein unterscheidet in seinem differenzierten Modell sexueller Orientierung die Aspekte sexuelle Anziehung, Sexualverhalten, sexuelle Phantasien, emotionale Vorliebe, soziale Vorliebe, Lebensstil und Selbstidentifizierung. (vgl. Klein/Sepekoff/Wolf 1985).

In der Tat werden bei aktuellen Studien z.b. zur sexuellen Gesundheit von sexuellen LGBTQI-Minderheiten (englische Abkürzung für lesbian, gay, bisexual, trans*, queer, intersexual – Menschen) entsprechend differenzierende Dimensionen bei der Bestimmung der individuellen sexuellen Identität berücksichtigt (de Graaf/Bakker/Wijsen 2014). Anders kann die Heterogenität der persönlichen Widerstandsfähigkeit und können mögliche Gesundheitsgefährdungen nicht erklärt werden.

Es liegt also nahe, zur sexuellen Identität grundsätzlich nicht nur diverse Geschlechtsidentitäten und sexuelle Orientierungen hinzuzuzählen, sondern auch verschiedene sexuelle Präferenzen (sexuelle Motivation, Muster des Begehrens, Praktiken) und Formen der Beziehungs- und Familiengestaltung, also Konstruktionen von Generativität (biologische oder soziale Produktivität). Implizit steht diese weite Definition von sexueller Identität (auch für Jugendliche verständlich) zum Beispiel in einer Broschüre des Landesinstituts für Lehrerbildung (LI) Hamburg über »Sexuelle und geschlechtliche Vielfalt«:

»Eine zentrale Aufgabe in der Pubertät ist für Jugendliche die Entwicklung ihrer sexuellen Identität als Teil ihrer gesamten Identität: Was gehört alles zu Sexualität? Wer und wie bin ich als sexuell denkender, fühlender, handelnder Mensch? Welche Erfahrungen habe ich mit Sexualität? Wie erlebe ich mich in meinem Geschlecht? Wie darf ich sein, wie muss ich sein? Wen begehre ich? Wen darf ich begehren, wen soll ich begehren? Sexuelle Identität lässt sich dabei als komplexer Begriff beschreiben, der die Vielfalt von möglichen Geschlechterrollen, sexuellen Orientierungen und Lebensweisen in unterschiedlichen Lebensphasen umfasst.« (LI Hamburg (2014: 9)

2.3. Sexuelle Identität als plurales Konstrukt diverser Teilaspekte von Sexualität in der Gesamtidentität einer Persönlichkeit

Zur theoretischen Weiterarbeit mit dem Konstrukt der individuellen sexuellen Identität und damit auch zur Bestimmung von sexueller Vielfalt in der Sexualpädagogik ist es nützlich, einen Blick auf das Modell der kognitionspsychologischen Identitätstheorie zu werfen (Haußer 1995/Burchardt 1999). Die Gesamtidentität eines Menschen ist in sich schon sehr vielfältig. Sie besteht demnach aus verschiedenen, sich teilweise überlappenden Teilidentitäten, sie ist eine ›familiy of selves‹. So haben Menschen z. B. ein politisches, ein berufliches, ein kulturelles, religiöses und eben auch sexuelles Selbst[3]. Jedes ›Familienmitglied‹ besteht wiederum aus diversen Teilaspekten – manchmal auch ›Teil-Selbste‹ genannt – bei denen die Überschneidungen in der Regel besonders groß sind. So macht es Sinn, die Teil-Selbste Geschlecht, sexuelle Orientierung, Generativität und sexuelle Präferenzen zur sexuellen Identität zusammenzufassen, weil zwischen ihnen bei allen Menschen mehr oder weniger große Zusammenhänge bestehen. Diese Verbindungen bzw. Überlappungen gelten in unterschiedlichem Maße und oft individuell verschieden auch zwischen dem sexuellen Selbst und anderen Bereichs-Identitäten, zum Beispiel dem Körperselbst.

Nun gibt es sowohl in der Gesamtpersönlichkeit als ›family of selves‹ als auch in den einzelnen Unterfamilien zentrale und periphere Teilidentitäten. Die zentralen sind typisch für die jeweilige Persönlichkeit, weil sie eine große Schnittmenge mit anderen teilen. Häufig werden sie für die eigene Person als repräsentativ angesehen, weil die sie klarer von anderen unterscheiden. So können bei einzelnen Menschen zentrale Identitäten ihrer Gesamtpersönlichkeit auch phasenweise im Vordergrund stehen wie etwa ihr berufliches oder politisches oder auch sexuelles Selbst. Innerhalb des sexuellen Selbst z.B. gibt es dann wiederum zentrale oder periphere Segmente, die kurzfristig oder über lange Zeit die Persönlichkeit kennzeichnen. Besonders abweichende oder diskriminierte Aspekte der sexuellen Identität neigen dazu, ins Zentrum der inneren Identitätswahrnehmung oder auch der äußeren Identitätspolitik zu rücken. So können Homosexualität oder Transgenderaspekte wie auch sexuelle Präferenzen (z.B. Sadomasochismus) sowohl innerhalb der sexuellen Identität als auch der Gesamtidentität eines Menschen dominant werden.

Für die Person entscheidend können auch Teilidentitäten sein, die aufgrund besonderer Erfahrungen und deren Verarbeitung (etwa einen sexuellen Missbrauch) stets gegenwärtig sind. Das verdeutlicht zugleich, dass jede einzelne Person zum einen über eine einzigartige Zusammensetzung ihrer ›kleinen‹ family of selves also ihrer sexueller Identität verfügt, so dass schon alleine deshalb bei einer Gruppe von Menschen von einer immensen Vielfalt der ›Sexualitäten‹ ausgegangen werden kann. Zum anderen spielt die Position der sexuellen Identität in der Gesamtpersönlichkeit eine Rolle, so dass sich die Kennzeichen der individuellen Person noch einmal vervielfältigen. Sexualität hat eben bei einzelnen Menschen auch sehr unterschiedliche Bedeutung.

---

3 | In der kognitionspsychologischen Identitätstheorie wird der Begriff des »Selbst« in der Regel synonym mit Identität benutzt.

3. Sexuelle Identität und Anhaltspunkte für sexualpädagogische Theoriebildung zur sexuellen Vielfalt

Wenn also nach einem Modell gesucht wird, in dem die Entwicklung ›sexueller Kompetenz‹ eines Menschen mit dem Ziel der ›sexuellen Gesundheit‹ oder der ›sexuellen Bildung‹ abgebildet und erklärt werden kann – und das ist bei der sexualpädagogischen Theoriebildung unabdingbar – muss das komplexe Faktorenbündel der sexuellen Identität wie auch die Gesamtpersönlichkeit mit ihren weiteren Identitäten in Augenschein genommen werden.

3.1. Sexuelle Identität, Kompetenz und Sexualkultur

Individuelle Entwicklungsprozesse sind eben nur erklärbar, wenn neben der zeitlichen Dimension zunehmender Kompetenzen auch die systemische Integration der einzelnen Teilidentitäten in den Blick kommt. Anders ist nicht zu verstehen, auf welche Weise ein Individuum die verschiedenen Aspekte der Sexualität auf jeweils persönlich sinnstiftende Weise miteinander verbindet und in sexuellen Kontakten und Beziehungen zur Geltung bringt. Erklärbar wird dann auch die jeweils wirksame Entwicklungsdynamik sexueller Identität: Wie beeinflussen (prä)sexuelle Erfahrungen der Körper-, Bedürfnis-, Geschlechts- und Beziehungsgeschichte das zunächst vor-bewusste sexuelle Skript und später die sexuelle Identität eines Kindes oder Jugendlichen? Warum gehen manche Kinder, Heranwachsende oder auch Erwachsene bestimmte Kontakte ein und andere nicht?

Wie die sexuelle Identität wird auch die sexuelle Kompetenz in einem Entwicklungsprozess gebildet. Die sexuelle Identität gibt die Richtung an, welche sexuellen Erfahrungen jemand sucht und interessant findet. Der Begriff der sexuellen Kompetenz meint das Vermögen, solche Wünsche und Erfahrungen auch zu realisieren. Obwohl die sexuelle Identität wie auch die Grundlagen für sexuelle Kompetenz zum Teil schon in der dominant prä-sexuellen Kindheitsphase als sexuelles Skript angelegt wurde, wird beides erst richtig aktiviert in der Adoleszenz. Im Jugendalter verdichtet sich also das Lernen aus eigenen Erfahrungen, Rückmeldungen durch Partner*innen und Peer-Kontakte (Rademakers/Straver 1986).

Nicht unerheblich ist dabei, in welcher Sexualkultur und mit Hilfe welcher auch intentional gestalteten Lernanregungen die individuellen Lernprozesse stattfinden. Sexualkulturen mit Vielfaltsakzeptanz und sexualpädagogische Angebote, welche den wechselseitigen Respekt unterschiedlicher sexueller Identitätskonstellationen und individuelles Sexualitätslernen anregen, sind auf dem Hintergrund einer Sexualpädagogik der Vielfalt am hilfreichsten.

Mit einem normativ gefüllten Begriff von Sexualkultur ist ein gesellschaftlicher und institutioneller Möglichkeitsraum benannt für eine Grundhaltung der Liebesvielfalt und intimen Kommunikation auf der Basis von
sexueller Selbstbestimmung. Auf der Mikroebene geht es dabei um die
Befreundung mit sexueller Verschiedenheit als pädagogische Aufgabe, auf
der Mesoebene um ein sexuelles Diversity Management in der jeweiligen
Organisation und die Makroebene bildet den größeren rechtlichen, politischen
und kulturellen Rahmen für eine diversitätssensible Sexualkultur.

3.2. Didaktik der Vielfalt auf der Mikroebene

Gemeint ist im Raum der Schule die Arbeit an einer Beziehungskultur, in der
alle Akteure ohne Angst verschieden sein können. Und das auf der Ebene der
Kinder und Jugendlichen aber auch zwischen Lehrkräften und Schüler*innen
sowie den Erwachsenen im ›Lehrkörper‹. Kinder und Jugendliche haben im
gleichen Alter sehr unterschiedliche Erfahrungen mit dem Äußeren und
den Veränderungen ihres eigenen Körpers, nach Geschlecht, familiärem
Hintergrund, Medienkontakten, Temperament und individuellen Interessen.
Das alleine erfordert schon vielfältige didaktische Materialien, Settings mit
unterschiedlichem Kommunikations- und Vertrauensklima sowie taktvolle
personelle Anregungen und die Achtung der Freiwilligkeit. Hinzu kommen
je nach Entwicklungsstand differierende Wertvorstellungen vom moralischen
Rigorismus bis zu einer vermeintlich oder tatsächlich libertären Sexualmoral
und der dazugehörigen Sprache.
   Wie tragfähig die Anerkennung von Verschiedenheit tatsächlich ist,
beweist sich besonders beim Umgang mit sexuellen Identitäten von LGBTIQ-
Jugendlichen. Weil diese sexuellen Identitäten in der Vergangenheit stets auf
der Hinterbühne der Dominanzkultur im Verborgenen blieben, gehören sie in
einer Sexualpädagogik der Vielfalt taktvoll aber deutlich auf die Vorderbühne
der thematischen Angebote. Das heißt, sie müssen zumindest eine Zeitlang
›dramatisiert‹ werden, um sie später allmählich wieder zu ›entdramatisieren‹,
wie das in der geschlechtssensiblen Pädagogik auch vollzogen wurde. Trotz
dieser pädagogisch gemeinten ›Identitätspolitik‹ sollte stets darauf ge-
achtet werden, dass sowohl die nur medial vermittelten, besonders aber die
anwesenden Personen mit vom Mainstream abweichender sexueller Identität
dabei nicht auf die besonders augenfälligen oder überraschenden Aspekte
ihrer sexuellen Identität fixiert, sondern in ihrer facettenreichen Persönlichkeit angesprochen werden. Das alles ist z.B. in dem Materialband von Stefan
Timmermanns und Elisabeth Tuider: »Sexualpädagogik der Vielfalt« (2012)
berücksichtigt worden.

3.3. Managing von ›sexual diversity‹ auf der Mesoebene

Das Thematisieren und Sichtbarmachen sexueller Minderheitsidentitäten aber auch der vielfaltssensible Umgang mit den Unterschieden in den Mainstreamgruppen ist vor allem eine curriculare Frage der Lehrplanung, des Vorhandenseins entsprechender Unterrichtsmaterialien und der gelegentlich gemeinsamen Projektplanung. Es ist auch eine Frage des Schulprogramms und vor allem des Schulklimas, ob die Thematisierung von Sexualität überhaupt und das Zur-Sprache-bringen diverser Identitäten und der gleichzeitige Schutz vor Stigmatisierung gelingen. Eine von Diskriminierung freie Schule kann mit ganz spezifischen Themen beginnen. Meist ist es leichter zunächst gegen Ausländerfeindlichkeit und die Ausgrenzung von Menschen mit Behinderungen vorzugehen, bevor z.B. Homonegativität zum Thema gemacht wird. Eine Schule der Vielfalt muss aber ebenso die sexuelle Vielfalt in ihr umfassendes Inklusionskonzept einbeziehen, sexuelle Identitäten sichtbar machen und vor Stigmatisierung schützen. Auf die operativen Konsequenzen muss an dieser Stelle nicht im Einzelnen eingegangen werden, weil die sich bei allen langfristigen Veränderungen von Schulkultur ähneln: Verankerung sexueller Vielfalt im institutionellen Selbst- und Fremdbild, Überprüfung eigener Vorbehalte oder Vorurteile sowie Qualifizierung des Personals in Fortbildungsveranstaltungen, Unterstützung von Schüler*innen und Kolleg*innen mit abweichenden Identitäten, Einmischen bei diskriminierenden Äußerungen und Mobbing und die Vernetzung mit Elternvertretungen und anderen außerschulischen Akteuren (Sielert 2013).

3.4. Sexualpolitische Aktivitäten auf der Makroebene

Durch medial gezielt eingefädelte Fehlinformationen, durch Cyberattacken und ferngesteuerte Demonstrationen der »besorgten Eltern« wird das bildungspolitische Klima auf der gesellschaftlichen Makroebene immer wieder mal von ›sexueller Einfalt‹ beeinflusst. Es gibt Parteien und religiöse Personengruppen, die sexueller Vielfalt gegenüber missbilligend oder verleugnend eingestellt sind und für einen ausschließlich heterosexuellen und familienorientierten Lebensentwurf eintreten. Jene, die bisher kaum oder gar nicht mit dem Thema in Berührung gekommen sind, werden durch den lautstarken und mit unlauteren Mitteln geführten Kampf gegen eine Sexualpädagogik der Vielfalt teilweise verunsichert und werden skeptisch gegenüber sexualfreundlichen pädagogischen Angeboten für Kinder und Jugendliche, die die Vielfalt des Sexuellen repräsentieren. Diejenigen, denen der aufmerksame, offene und achtsame Umgang mit den vielfältigen Aspekten des Lebensthemas ›Sexualität‹ bereits vertraut ist, befürworten die Thematisierung der bereits vorhandenen pluralen Ausdrucksformen menschlicher Sexualität in der Schule. Die Erfahrungen zeigen, dass solche medial beeinflussbaren Einstellungsstrukturen nicht einfach ignoriert werden können, weil sie die Arbeit in den Schulen fördern oder auch massiv behindern können. Motoren der sexualpolitischen Arbeit sind eine breit aufgestellte und medienwirksame Aufklärung über die (Sexual-)aufklärung und immer wieder an der Basis geführte Kämpfe um Anerkennung sexueller Vielfalt (bottom up) sowie die Bekanntmachung offizieller globaler Verlautbarungen der Weltgesundheitsorganisation wie auch der Europäischen Union (top-down) (Sielert 2001). Der sexualpädagogische Professionsdiskurs bewegt sich in Richtung auf Diversitätsakzeptanz, inzwischen zunehmend aber noch viel zu wenig in Aus- und Fortbildungsstätten vermittelt (Henningsen 2015). Vielerorts geht der außerschulische Sektor nonformaler Bildung in der Jugendarbeit und Erwachsenenbildung voran bei diesem Thema (MGSSF NRW 2004); umso wichtiger ist die Vernetzung auf allen gesellschaftlichen Ebenen vom Sozialraum einer Schule bis auf die verschiedenen parlamentarischen Systemebenen.

4. LITERATUR

Burchardt, Eva (1999): Identität und Studium der Sexualpädagogik. Frankfurt: Peter Lang.

De Graaf, Hanneke/Bakker, Bouko/Wijsen, Ciel (2014): Een wereld van verschil. Seksuele gesondheid van LHBT's in Nederland 2013. Rutgers WPF. Uitgeverij Eburon.

Dreier, Katrin/Kugler, Thomas/Nordt, Stephanie (2012): »Sexuelle Identität« – Glossar zum Thema geschlechtliche und sexuelle Vielfalt im Kontext von Antidiskriminierung und Pädagogik. Bildungsinitiative Queerformat und Sozialpädagogisches Fortbildungsinstitut Berlin-Brandenburg (Hrsg.): Geschlechtliche und sexuelle Vielfalt in der pädagogischen Arbeit mit Kindern und Jugendlichen. Handreichung für Fachkräfte der Kinder- und Jugendhilfe, Berlin.

Haußer, Karl (1995): Identitätspsychologie. Berlin/Heidelberg/New York: Springer.

Heider, Ulrike (2014): Vögeln ist schön. Die Sexrevolte von 1968 und was von ihr bleibt. Berlin: Rotbuch-Verlag.

Henningsen, Anja (2015): Sexualpädagogik als Profession – Ein Zustandsbericht. In: sozialmagazin 40. Jg. H.1-2 2015, Weinheim und Basel: Beltz-Juventa, S. 48-55.

Kappeler, Manfred (2011): Anvertraut und ausgeliefert. Sexuelle Gewalt in pädagogischen Einrichtungen. Berlin: nicolai.

Klein, Fritz/Sepekoff, Barry/Wolf, Timothy J. (1985): Sexual orientation. A multi-variante dynamic process, Journal of Homosexuality, 11 (1/2), S. 35-49.

Landesinstitut für Lehrerbildung (LI) Hamburg, Redaktion Beate Proll (2014): Sexuelle und geschlechtliche Vielfalt. Hamburg.

LSVD (Lesben- und Schwulenverband in Deutschland): Homepage http://www.lsvd.de/homosexualitaet/rueckblicke/svdundpaedophile.html Zugriff am 14.03.2015.

Ministerium für Gesundheit, Soziales, Frauen und Familie des Landes NRW (Hrsg.): Mit Vielfalt umgehen. Sexuelle Orientierung und Diversity in Erziehung und Beratung. Link zum Bestellen oder Herunterladen: https://broschueren.nordrheinwestfalendirekt.de/broschuerenservice/mgepa/mit-vielfalt-umgehen-sexuelle-orientierung-und-diversity-in-erziehung-und-beratung/410

Müller, Walter (1992): Skeptische Sexualpädagogik. Möglichkeiten und Grenzen schulischer Sexualerziehung. Weinheim: Deutscher Studienverlag.

Plett, Konstanze (2010): Begrenzte Toleranz des Rechts gegenüber individueller sexueller Identität. In: Duttge, Gunnar/ Engel, Wolfgang/Zoll, Barbara (Hrsg.): Sexuelle Identität und gesellschaftliche Norm. Göttinger Schriften zum Medizinrecht Band 10, Göttingen: Universitätsverlag.

Rademakers, Janny/Straver, Cees (1986): Van fascinatie naar relatie: Het leren omgaan met relaties en sexualiteit in de jeugdperiode. Zeist:NiISSO.

Sager, Christin (2008): Das Ende der kindlichen Unschuld. Die Sexualerziehung der 68er-Bewegung. In:Baader, Meike Sophia (Hrsg.): »Seid realistisch, verlangt das Unmögliche«. Wie 1968 die Pädagogik bewegte. Weinheim: Beltz. S.56-68.

Sielert, Uwe (2001): Gender Mainstreaming im Kontext einer Sexualpädagogik. In: BZgA FORUM Sexualaufklärung und Familienplanung. Heft 4. Köln, S. 18-24.

Sielert, Uwe (2012): Paradigmenwechsel der Sexualpädagogik im Kontext gesellschaftlicher Entwicklungen. In: Sexuologie. Hrsg.: Deutsche Gesellschaft für Sexualmedizin, Sexualtherapie und Sexualwissenschaft. Band 19. Heft 3-4, S. 128 - 134.

Sielert, Uwe (2013): Sexualkulturbildung als systemische Prävention. In: Schmidt, Renate-Berenike/Sielert, Uwe: Handbuch Sexualpädagogik und sexuelle Bildung. Weinheim/München: BeltzJuventa, S. 547-562.

Sielert, Uwe (2015): Einführung in die Sexualpädagogik. Weinheim und Basel: Beltz.

Sigusch, Volkmar (2005): Neosexualitäten. Über den kulturellen Wandel von Liebe und Perversionen. Frankfurt a.M.: Campus.

Timmermanns, Stefan/Tuider, Elisabeth (2012): Sexualpädagogik der Vielfalt. Praxismethoden zu Identitäten, Beziehungen, Körper und Prävention für Schule und Jugendarbeit. Weinheim/München: Juventa.

Tuider, Elisabeth/Timmermanns, Stefan (2015): Aufruhr um die sexuelle Vielfalt. In: sozialmagazin 40. Jg. H.1-2 2015, Weinheim und Basel: Beltz-Juventa, S. 38-47.

Valtl, Karlheiz (2008): Sexualpädagogik in der Schule. Didaktische Analysen und Materialien für die Praxis. Weinheim und Basel: Beltz.

Walter, Franz u.a. (Hrsg.) (2014): Die Grünen und die Pädosexualität: Eine bundesdeutsche Geschichte. Göttingen: Vandenhoeck & Ruprecht.

WHO (2006): Defining sexual health. Report of a technical consultation on sexual health. 28-31. January Genf , S. 10.

Wolff, Wilfried (1993): Max Hodan (1894 – 1946). Sozialist und Sexualreformer. Hamburg: Von Bockel Verlag.

Universität Freiburg, Homepage »Diversity Management«. http://www.gleichstellung.uni-freiburg.de/GDManagement. Zugriff am 11.03. 2015.

II. Unterrichtsfächer

Unnatürliche Sünden – lasterhafte Lustknaben

Didaktische Aspekte einer Geschichte von Männlichkeiten und Sexualitäten am Beispiel von Homosexualität und männlicher Prostitution[1]

Martin Lücke

1. IDENTITÄT OHNE GESCHICHTE: MÄNNLICHE HOMOSEXUALITÄT ALS THEMA HISTORISCHEN LERNENS

Im Januar 2005 wurde der Münchener Modeunternehmer Rudolph Moshammer das Opfer eines Gewaltverbrechens. Wie durch eine lebhafte Berichterstattung in den Medien bekannt wurde, hatte Moshammer am späten Abend des 13. Januar in der Nähe des Münchener Hauptbahnhofs einen 25-jährigen Mann von der Straße aufgelesen und ihm für sexuelle Dienstleistungen die ungewöhnlich hohe Summe von 2000 Euro versprochen. Als er jedoch nicht bereit war, den vollen Preis für die Liebesdienste zu entrichten, kam es zum Streit zwischen den Sexpartnern, in dessen Folge der Gelegenheitsprostituierte den Modedesigner mit einem Telefonkabel erdrosselte.

Für die Medien war der Mord an Moshammer ein gefundenes Fressen. In grellen Farben leuchteten sie sein Leben und Sterben aus. Die *Süddeutsche Zeitung* prophezeite bereits am Morgen nach dem Mord: »Vor allem, so steht zu befürchten, werden sich die Medien auf den Umstand stürzen, dass Rudolph Moshammer als homosexuell galt, sich jedoch [...] dazu nie dezidiert öffentlich bekannte« (Makowsky/Zons 2005). Das Blatt selbst trug durch seine eigene

1 | Erstmals erschienen als: »Unnatürliche Sünden – lasterhafte Lustknaben. Didaktische Aspekte einer Geschichte von Sexualitäten und Männlichkeiten«, in: Bea Lundt/Bärbel Völkel (Hg.): Outfit und Coming-Out. Geschlechterwelten zwischen Mode, Labor und Strich, Münster: Lit 2007, S. 127-159.

Berichterstattung jedoch erheblich dazu bei, dass sich die Befürchtung, das Heimliche und Unheimliche der Homosexualität würde nun in den Mittelpunkt des Interesses rücken, schnell erfüllen sollte. Noch im gleichen Artikel, nur wenige Zeilen später, klärte es die Leserschaft auf: »Morde im Homosexuellen-Milieu gelten als besonders grausam« (ebd.).

Das Nachrichtenmagazin *Der Spiegel* nannte Moshammer »eines der schillernsten Originale der Münchner Schickeria« (Musall/Neumann 2005) und teilte mit, dass das »Leben des bizarren Modeunternehmers« (ebd.) nun so traurig geendet sei, wie es einst in ärmlichen Verhältnissen begonnen habe. An seinem letzten Abend, so das Nachrichtenmagazin, »tafelte Moshammer mit einer Bekannten in einem feinen Restaurant [...]. Danach suchte er offensichtlich halbseidene Gesellschaft. Für ältere Männer mit dicker Geldbörse seit je eine riskante Sache« (ebd.). Die Mordermittlungen in der Münchener Prostituiertenszene schließlich führten die Polizei nach Auskunft des Spiegel rasch nach

»ganz unten ins Milieu der Homosexuellen. Ganz weit weg vom öffentlichen Leben des bizarren Münchner Modemachers Moshammer. [...] Die Spur führte ins Strichermilieu [...] rund um den Hauptbahnhof, rund um das Milieu der Wittelsbacherbrücke, wo nachts billige Liebe aller Art gefunden werden kann« (ebd.).

Die voyeuristische und mit antihomosexuellen Stereotypen durchsetzte Berichterstattung blieb in der Öffentlichkeit im Wesentlichen unhinterfragt. Lediglich der *Bund Lesbischer und Schwuler JournalistInnen* sah sich aufgerufen, öffentlich Einspruch einzulegen. Besonders verwahrten sich die homosexuellen Presse-Lobbyisten gegen die in den Artikeln häufig zu beobachtende »ständige Nachbarschaft der Begriffe ›Homosexuellenmilieu‹ und ›Strichermilieu‹«. Den moralischen Fehdehandschuh warfen sie jedoch ihren heterosexuellen Zeitgenossen zurück, indem sie feststellten: »Schließlich gibt es weitaus mehr heterosexuell Veranlagte, die die Dienste von Prostituierten in Anspruch nehmen, als Schwule«[2].

Das Beispiel vom Leben und Sterben des Rudolph Moshammer zeigt, dass die Grenzen dessen, was im Bereich der mann-männlichen Sexualität noch als legitim und was bereits als deviant zu gelten hat, sehr unterschiedlich verlaufen können und von Standpunkt und Perspektive der jeweiligen Betrachter abhängen. Während es Presseorganen wie der *Süddeutschen Zeitung* oder dem

---

2 | Presseerklärung des *Bundes Lesbischer und Schwuler JournalistInnen* vom 17.01.2005, weitere Informationen unter: http://www.homosexuellen-milieu.de. Interessant ist an dieser Stelle zudem, dass selbstredend davon ausgegangen wird, dass gleichgeschlechtlich begehrende Frauen nicht als Kundinnen der Prostitution auftreten.

Spiegel leicht fällt, Homosexualität als solche insgesamt als eine kriminelle Milieunische zu beschreiben, richtet sich der Protest des schwul-lesbischen Journalistenverbandes ›nur‹ gegen die Diskriminierung »gewöhnlicher« Homosexueller. Eine Kriminalisierung des gleichgeschlechtlichen Prostitutionsmilieus stört die Lobbyisten offenbar nur wenig.

Derber und direkter als in den Mediendiskursen scheint es auf Schulhöfen und in Klassenzimmern zuzugehen, wenn das Thema Homosexualität zur Sprache kommt. Schimpfausdrücke wie »Du Schwuler!« oder »Du Schwuchtel!« gehören besonders bei männlichen Jugendlichen zum festen Repertoire geschlechtsbezogener Diskriminierungsmuster (vgl. Pascoe 2006: 1-14; Alavi 2004: 56). Hintergrund solcher Redeweisen, so stellt Bettina Alavi fest, sei das Bedürfnis, dass »pubertierende Jugendliche in Gruppen häufig sehr drastisch Gendergrenzen übermarkieren« (ebd.). Durch eine verbal massive Abgrenzung vom häufig als »verweiblicht« angesehenen schwulen Männlichkeitsbild wollen Jungen also ihrer eigenen heterosexuellen Männlichkeit Geltung verschaffen. Lehrerinnen und Lehrer scheinen nur ungern beherzt und engagiert einzugreifen, wenn männliche Jugendliche wegen vermeintlicher Homosexualität zum Gegenstand des Gespötts ihrer Mitschüler und Mitschülerinnen werden oder wenn Jungen bei der Suche nach den Grundfesten ihrer Männlichkeit lautstark antihomosexuelle Stereotype (re-)produzieren.

Gut einhundert Jahre, nachdem sich in Deutschland zum ersten Mal eine politische Homosexuellen-Bewegung formiert hatte und mehr als zehn Jahre, nachdem die letzten Reste einer antihomosexuellen Gesetzgebung aus dem Strafgesetzbuch verschwunden sind, lebt – das zeigen die Beispiele aus den Medien und dem Schulalltag – eine Abneigung gegen mann-männliche Sexualität auf unterschiedlichen Ebenen fort.

Innerhalb der fachhistorischen Forschung konnte das Thema der männlichen Homosexualität einen festen Platz erobern. Wenngleich die Einschätzung des Historikers Bernd-Ulrich Hergemöller, die Anzahl der fachwissenschaftlichen Veröffentlichungen hierzu sei »fast ins Uferlose gestiegen« (Hegermöller 1999: 9), ein wenig zu euphorisch anmutet, so ist in der Tat festzustellen, dass mittlerweile viele fundierte Arbeiten vorliegen, in denen die historische Dimension von Homosexualität aus wissenschaftsgeschichtlicher, juristischer und zunehmend auch aus alltagsgeschichtlicher Perspektive beleuchtet wird. Zudem konnte sich innerhalb der historischen Männlichkeitsforschung das Konzept der »Hegemonialen Männlichkeit« des australischen Soziologen und Erziehungswissenschaftlers Robert W. Connell zu einer wichtigen theoretischen Folie entwickeln. Es ist das Kennzeichen dieser Theorie, dass homosexuelle Männlichkeiten beispielhaft beschrieben und analysiert werden, um Machtverhältnisse von Geschlechterbeziehungen insgesamt zu untersuchen.[3] Auch hier konnte das Thema der männlichen Homosexualität, zumindest implizit, eine große Wirkungsmächtigkeit entfalten.

Im Gegensatz zur Erforschung der Homosexualität steckt die historische Erforschung der Prostitution von Männern für Männer noch in den Kinderschuhen. Eine erste historische Analyse für den Zeitraum des Kaiserreichs und der Weimarer Republik habe ich im Rahmen meines Promotionsprojektes erarbeitet[4] Die Quellen zur Geschichte der mann-männlichen Prostitution, die im Rahmen dieses Beitrags verwendet werden, stammen aus dem Zusammenhang dieses Forschungsprojektes. Hier wird aus Gründen der besseren Lesbarkeit für die »mann-männliche Prostitution« die weniger sperrige Formulierung »männlichen Prostitution« verwendet. Um die Prostitution von Männern für Frauen wird es hier also nicht gehen. Dieses spannende Thema wartet noch auf eine wissenschaftliche Bearbeitung.

Das Coming-out der Homosexualität, von dem hier die Rede war, blieb auf die Geschichtswissenschaft beschränkt, auf den Bereich der Geschichtsdidaktik konnte es sich bislang nicht ausdehnen.[5] Die Frage, was Schüler und Schülerinnen, Lehrer und Lehrerinnen und die historisch interessierte Öffentlichkeit über die Geschichte der Homosexualität wissen sollen, warum es sich lohnt, sich explizit diesem Thema zu widmen und mit welchen Medien historischen Lernens ein solches Vorhaben in die Tat umgesetzt werden kann, wurde bisher von Seiten der fachdidaktischen Zunft nicht gestellt. Der von der Fachwissenschaft durch zahlreiche historische Arbeiten breit erschlossene sekundäre Erfahrungsraum der Homosexuellengeschichte ist also bisher von der Geschichtsdidaktik nicht entdeckt und betreten worden, um die mal versteckte und mal offen zur Schau gestellte Ablehnung homosexueller Männlichkeiten zu problematisieren und als Gegenwartserfahrung für das historische Lernen nutzbar zu machen.

Warum jedoch soll es sich überhaupt lohnen, männliche Homosexualität zum Thema der Vermittlung von Geschichte zu machen? Allein der Tatbestand, dass die Fachwissenschaft ein Themengebiet historisch breit erschlossen hat, kann als Argument nicht ausreichen. Zudem mag es niemand Geschichtslehrern und -lehrerinnen verdenken, auf einen solchen Lerninhalt

---

3 | Connell stellt sein Konzept zusammenfassend dar, in: Connell, Robert W. (2000): Der gemachte Mann. Konstruktion und Krise von Männlichkeiten, Opladen, insb. S. 87-115.

4 | Vgl. Lücke, Martin (2008): Männlichkeit in Unordnung. Homosexualität und männliche Prostitution in Kaiserreich und Weimarer Republik, Frankfurt (Main).

5 | Diese Aussage soll nicht suggerieren, dass Geschichtswissenschaft und Geschichtsdidaktik zwei voneinander unabhängige Disziplinen sind. Vielmehr sind beide jeweils zentrale Bestandteile der gesamtgesellschaftlichen Geschichtskultur.

lieber verzichten zu wollen. Denn hier müssen sich viele in ein völlig neues, vielfach fremdes und für viele gewiss auch befremdliches Themenfeld einarbeiten. Ist Homosexualität nicht eher ein Thema für den Biologieunterricht, geht es hier doch um das heikle Feld der Sexualität und bietet nicht gerade die Didaktik der Biologie ein reichhaltiges Instrumentarium an? Sollte man über die soziale Dimension von Homosexualität nicht eher in einem Fach wie Sozialkunde sprechen, wo es doch in erster Linie um gegenwartsbezogene Diskriminierungsmuster geht? Und sollte nicht eher der Klassenlehrer einschreiten und nicht der Geschichtslehrer, wenn auf dem Schulhof und im Klassenzimmer Schimpfwörter wie »Schwuchtel« um sich greifen?

Drei Gründe, die es rechtfertigen, männliche Homosexualität dennoch zum Thema historischen Lernens zu machen, sollen hier exemplarisch genannt und erläutert werden. Unter historischem Lernen wird dabei nicht der bloße Erwerb von Faktenwissen über die Vergangenheit verstanden, sondern die Kompetenz, aus Gegenwartserfahrungen heraus Fragen an die Vergangenheit zu stellen und aus der Beantwortung dieser Fragen Orientierung für Gegenwart und Zukunft zu gewinnen.[6]

1.1. Historisierung einer scheinbaren Wahrheit über das Natürliche

Die sexuellen Identitätskonzepte der Hetero-, Homo- und Bisexualität sind für Jugendliche *heute* das entscheidende Analysemuster für ihre Sexualität. In einer Studie der Berliner Senatsverwaltung für Schule, Jugend und Sport aus dem Jahr 2001 wird deutlich, dass die Probanden und Probandinnen im Alter zwischen 15 und 27 Jahren ihre Sexualität fast ausschließlich in diese Kategorien eingeordnet haben (vgl. Senatsverwaltung 2001: 13-19). Die Studie legt überzeugend dar, dass das zunächst diffuse Gefühl, sexuell anders zu empfinden als die meisten anderen einer Altersgruppe, von jungen Menschen sehr schnell mit dem eindeutig definierten Identitätskonzept der Homosexualität bezeichnet wird. Über Reichweite und Ausstrahlungskraft zum Beispiel des Identitätskonzepts »Schwulsein« führt der australische Geschlechterforscher Robert W. Connell aus: »Schwulsein ist mittlerweile so konkret definiert, dass es Männern leicht fällt, die Übernahme dieser gesellschaftlichen Definition

---

6 | Ausführlich zum Begriff und zu Prinzipien historischen Lernens: Bergmann (2000): 25-39. Multiperspektivität. Geschichte selber denken, Schwalbach: Wochenschau-Verlag 2000, insb. S. 25-39.

als die Entdeckung einer Wahrheit über sich selbst zu erfahren« (Connell 2000: 173).[7]

Sexuelle Identitätskonzepte werden also häufig als unverrückbare Wahrheiten über die Sexualität und sogar über sich selbst aufgefasst. Wie für Wahrheiten üblich, wird auch den »Wahrheiten« über die Sexualität nur selten eine historische Dimension zugeschrieben; sie umgibt häufig noch immer der Nimbus des Natürlichen und deshalb nicht zu Hinterfragenden. Dass auch sexuelle Identitäten historisch gewachsen sind und von handelnden und leidenden Menschen in der Vergangenheit entworfen und gelebt wurden, gerät bei einer solchen Sichtweise häufig nicht in den Blick; die Schülervorstellung von Sexualität ist zumeist eine ahistorische Vorstellung. Die Beschäftigung mit sexuellen Identitätskonzepten, ihrer historischen Genese und Wandelbarkeit im Laufe der Geschichte kann dazu führen, dass Sexualität als ein elementarer Erfahrungsbereich von Schülerinnen und Schülern und zugleich als Kategorie mit historischer Dimension wahrgenommen werden kann. Eine solche Wahrnehmung einer grundsätzlichen Wandelbarkeit von Konzepten sexueller Identität verschafft jungen Menschen die Gegenwarts- und Zukunfts-perspektive, sich nicht scheinbaren Wahrheiten über die Sexualität ausliefern zu müssen, sondern aktiv an deren Um- und Neugestaltung mitwirken zu können.

1.2. Normalität und Abweichung als historisch-perspektivische Konstrukte

Dass noch immer ein normatives Gefälle zwischen der gesellschaftlichen Beurteilung von Heterosexualität und Homosexualität besteht, dürfte bekannt sein und soll hier nicht weiter ausgeführt werden. Man mag an dieser Stelle einwenden, dass gerade in der gegenwärtigen Medienlandschaft die Präsenz Homosexueller, etwa in Serien, Talk-Shows und Jugendmagazinen relativ hoch ist und darin einen Indikator für eine zunehmende Akzeptanz homo-sexueller Lebensweisen erkennen. Die Analysen des Sexualwissenschaftlers Gunther Schmidt zeigen jedoch, dass in den Medien sehr unterschiedliche Muster bei der Darstellung von Hetero- und Homosexualität vorherrschen. Für den Bereich der Heterosexualität, so Schmidt,

»ist alles [...] genau zu sehen und nachzulesen, was es zwischen Mann und Frau gibt: Flirt, Anmache und Reaktionen darauf; Verliebtsein, Trennung, Sex und was ihm voran-geht; wann und wie man oder frau die Augen schließt, wenn der Mund des oder der

---

7 | Im englischen Original verwendet Connell für »Schwulsein« die Bezeichnung *Gay*. Vgl. Connell, Robert W. (1995): Masculinities, Cambridge: Polity Press, S. 78-79.

Geliebten sich nähert; wie die Hand sich unters T-Shirt schiebt; was man beim ›ersten Mal‹ zu tun und zu erwarten hat usw.‹« (Schmidt 2004: 322)

Homosexuelle als konkret sexuell Handelnde hingegen bleiben in den Medien blass oder sogar unsichtbar. Sie fungieren laut Schmidt nur als »Hintergrund, vor dem sich Heterosexualität um so klarer abbilden lässt« (ebd.). Noch vor wenigen Jahren hingegen, so hebt Schmidt hervor, hätte eine so offensive Darstellung von Heterosexualität, wie sie heute üblich ist, für großes Aufsehen und sogar für Ablehnung gesorgt. Ein Blick auf Strategien medialer Inszenierung – beziehungsweise bewusster Nicht-Inszenierung – von Sexualität weist auf die Zeitbedingtheit der Vorstellungen von legitimem und deviantem Sexualverhalten hin, die von den gesellschaftlichen Rahmenbedingungen, den medialen Möglichkeiten und der Perspektive des Betrachters abhängen, und es ist besonders das Wissen um die Perspektivität von Standpunkten, das einen zentralen Bestandteil historischen Lernens darstellt.[8] Die Massenmedien – das Beispiel Rudolph Moshammers hat es deutlich gezeigt – ziehen heute die Grenze zwischen legitimem und deviantem Verhalten anders als zum Beispiel homosexuelle Presselobbyisten. Sehr ähnliche Prozesse sind auch bei einem Blick in die Geschichte zu beobachten: Während mann-männliche Sexualität fast immer einer breiten gesellschaftlichen Ablehnungsfront gegenüberstand, wurde zum Beispiel die männliche Prostitution seit dem Kaiserreich von Homosexuellen-Organisationen bekämpft und stigmatisiert. Hier kann das Thema der männlichen Homosexualität als Gegenstand historischen Lernens das Bewusstsein für Perspektivität vertiefen und gleichzeitig die historische Dimension gesellschaftlicher Stigmatisierungsprozesse aufzeigen. Auf diese Weise können etwa auch Schüler und Schülerinnen sensibilisiert werden, in ihrer Gegenwart nach den subtilen Mechanismen der Konstruktion von Normalität und Abweichung Ausschau zu halten und diese kritisch zu hinterfragen.

1.3. Historisierung von Geschlechterkonzepten

Drittens schließlich kann am Beispiel der männlichen Homosexualität exemplarisch deutlich werden, wie alternative Männlichkeitsentwürfe entworfen, propagiert, gelebt und bekämpft wurden. Mit der Genese von vorbildlichen und marginalisierten Männlichkeitsentwürfen in der Geschichte hat sich zuletzt der Sammelband »Männer – Macht – Körper« von Martin Dinges (2005) auseinandergesetzt. Wenn Bettina Alavi fordert, dass gerade auch im

---

8 | Hier sei erneut vor allem auf die Arbeiten von Klaus Bergmann verwiesen, dessen Werk eng mit dem Begriff der Multiperspektivität verknüpft ist.

Geschichtsunterricht ein Blick auf unterschiedliche historische Männlichkeitsentwürfe lohnenswert sei, um die Historizität von Geschlecht zu erarbeiten
(vgl. Alavi 2004: 64), so hat diese Forderung das breite und facettenreiche Feld
der Homosexualität bisher nicht erreicht. Gerade weil homosexuelle Männlichkeiten in der Geschichte häufig als Bedrohung von heterosexueller »normaler«
Männlichkeit interpretiert wurden, werden bei einer Auseinandersetzung mit
Homosexualität Konturen und Grenzen dessen deutlich, was im Bereich der
Männlichkeit als zustimmungsfähig und was als ablehnenswert galt. Alavis
Forderung, im Geschichtsunterricht »Männlichkeiten im Plural« (ebd.) darzustellen und zu analysieren, kann wiederum auf besonders gute Weise am Beispiel der männlichen Prostitution erfüllt werden. Auf dem Marktplatz dieser
besonderen Art von käuflicher Sexualität trafen mit homosexuellen Freiern
und Strichjungen Vertreter von zwei Männlichkeiten aufeinander, deren
Männlichkeitsentwürfe von der Gesellschaft marginalisiert wurden. Nimmt
man hierbei den Zeitraum des Kaiserreichs und der Weimarer Republik in
den Blick, so gerät eine Zeitspanne in den Fokus, in der die auf dem Markt der
männlichen Prostitution angebotene Sexualität gesellschaftlich stigmatisiert
und juristisch verboten war. Homosexuelle Männlichkeiten können also
beispielhaft für die historische Vielfalt von Männlichkeitsentwürfen betrachtet
werden.

Bisher gibt es nur wenige Materialien für den Geschichtsunterricht, mit
deren Hilfe das Thema der männlichen Homosexualität bearbeitet werden
kann. Neben einem kurzen Aufsatz von Andreas Pretzel und Jens Dobler in der
Reihe *Praxis Geschichte* (vgl. Pretzel/Dobler 2005: 36-38)[9] liegt nur ein einziger
weiterer Versuch vor, konkretes Unterrichtsmaterial aufzubereiten: Hartmann
Wunderer und Franziska Conrad beschäftigen sich in ihrem 2005 erschienenen
Unterrichtswerk zur Geschlechtergeschichte (vgl. Wunderer/Conrad 2005)
auch am Rande mit männlicher Homosexualität. In Form einer Hintergrund-
narration führen der Autor und die Autorin aus: »Noch gibt es viele, gerade ältere
Konservative, die Homosexualität negativ bewerten, aber der (internationale)
Trend weist doch klar auf Toleranz und sexuellen Pluralismus« (ebd.: 143).

---

9 | Thema des Beitrags ist ein Vergleich von Lebenswelten männlicher und weiblicher
Homosexueller in der Bundesrepublik und der DDR. Neben einer kurzen Darstellung der
gesellschaftlichen Situation von Schwulen und Lesben in Ost- und Westdeutschland
präsentieren die Autoren, die durch zahlreiche Veröffentlichungen als profilierte Fach-
historiker für die Geschichte der Homosexualität hervorgetreten sind, eine Übersicht über
die Straftatbestandsentwicklung von mann-männlicher Sexualität von 1871 bis 1994
und zwei kurze Quellentexte: Der erste befasst sich mit Lesben- und Schwulendebatten
in der Bundesrepublik des Jahres 1977, der zweite mit dem Thema »Stasi und Homosexuelle«. Aufgrund des Publikationsdesigns der Reihe *Praxis Geschichte* sind die Ausführungen und der Umfang des Quellenmaterials leider von geringem Ausmaß.

Eine solche Analyse von Gegenwart und Zukunftserwartungen birgt die Gefahr, die Geschichte der Homosexualität einseitig als erfolgreiche Emanzipationsgeschichte eines westlichen Aufklärungsmodells darzustellen und gegenwärtige Diskriminierungsmuster auszublenden oder von vorne herein zu relativieren. Im Rahmen des von der Didaktik an Schülerinnen und Schüler gestellten Anspruchs von »Geschichte selber denken«[10] ist es für eine didaktische Darstellung des Jahres 2005 zudem verwunderlich, dass eine Zukunftserwartung, die ja erst das Ergebnis des historischen Lernens sein sollte, hier bereits von den Autorinnen und Autoren ex ante vorgegeben wird.[11]

Es ist zu vermuten, dass die Vorstellung, Männlichkeiten im Plural zu denken, dem Bereich der Sexualität eine historische Dimension zuzuweisen und die Ursachen von Devianz und Legitimität in der Perspektive des Betrachters zu suchen, zunächst befremdlich erscheint. Im Rahmen dieses Beitrags sollen Materialien vorgestellt werden, mit deren Hilfe es im Geschichtsunterricht gelingen kann, sich diesem Zusammenhang anzunähern. Gerade die ersten beiden hier benannten Begründungszusammenhänge (»Historisierung einer scheinbaren Wahrheit über das Natürliche« bzw. »Normalität und Abweichung als perspektivisch-historische Konstrukte«) lassen die Konzeption eines regressiven Längsschnitts, in dem konkrete Gegenwartserfahrungen zur Analyse von Geschichte nutzbar gemacht werden, sinnvoll erscheinen. Es ist das Kennzeichen solcher regressiver Längsschnitte, dass »die Geschichte retrospektiv ›befragt‹ [wird], um ein rationaleres Verhältnis zur aktuellen Situation erreichen zu können« (Michler 2002: 35).

Der zeitliche Schwerpunkt der Materialien erstreckt sich dabei im Wesentlichen auf die Zeit des Deutschen Kaiserreichs von 1871 und die Weimarer

---

10 | So der Untertitel des Werkes von Klaus Bergmann zum Thema der Multiperspektivität.

11 | Aus fachwissenschaftlicher Sicht ist zu dem Band anzumerken, dass beim Themenbereich Homosexualität im Nationalsozialismus durch die Verwendung der Himmler-Rede vom 18.11.1937 als einziger Quelle der Eindruck entstehen könnte, einzig und allein die mangelnde biologische Reproduktionsbereitschaft homosexueller Männer habe zu deren Ablehnung durch die Nationalsozialisten geführt. Unklar bleibt zudem, warum der Autor und die Autorin in den als Hintergrundnarration konzipierten Überblickstexten Formulierungen verwenden wie »Einen nicht unwesentlichen Beitrag dazu [zur Verunsicherung vieler Männer nach 1945, Anm. M.L.] leistet das Problem der Akzeptanz gleichgeschlechtlicher Polung, die nach seriösen Schätzungen einen Verbreitungsgrad von immerhin fünf bis zehn Prozent in der Bevölkerung hat.« (S. 166). Ob die Akzeptanz einer Lebensform in den Augen des Autors und der Autorin von deren quantitativer Verbreitung abhängt und ob sie einem rein biologistischen Modell von Homosexualität anhängen – der Begriff *Polung* könnte dies nahe legen – erläutern der Autor und die Autorin nicht.

Republik. Diese Beschränkung ist sinnvoll, weil hier – im Unterschied vor allem zur Zeit des Nationalsozialismus – eine lebhafte Homosexuellen-Bewegung agiert hat. Die Zahl der Akteure auf dem Spielfeld der Homosexualität war also besonders groß, die Auswahl an Quellen ist deshalb mannigfach. Explizit nicht in den Blick gerät hier die Zeit des Nationalsozialismus auch deshalb, weil die massive Homosexuellenverfolgung, die ideologische Ausgrenzung abweichender Männlichkeiten und insbesondere die Frage nach einer Entschädigung homosexueller NS-Opfer ein so eigenes Thema ist, dass hierfür ein eigener Beitrag notwendig wäre. Eine Konzentration auf die Geschichte der Sexualität zwischen Männern – und nicht auf diejenige zwischen Frauen – erfolgt hier nicht nur aus den zuvor genannten Gründen, sondern auch deshalb, weil mann-männliche Sexualität von konkreten Strafvorschriften bedroht war. Die gesellschaftliche Bewertung dieser Sexualität und ihr historischer Wandel sind deshalb quellenmäßig viel einfacher zu greifen als die komplexen und eher verborgenen Mechanismen der gesellschaftlichen Stigmatisierung von weiblicher Homosexualität.

2. FAKTEN UND HINTERGRÜNDE: ÜBERBLICK ÜBER FACHWISSENSCHAFTLICHE UND SEXUALPÄDAGOGISCHE LITERATUR

Bevor nun tatsächlich Materialien vorgestellt, in ihren historischen Zusammenhang eingeordnet, ihr didaktisches Potenzial erläutert und Vorschläge für ihren Einsatz unterbreitet werden, sollen zunächst einige wenige einführende Veröffentlichungen benannt werden, mit deren Hilfe ein gewisses Hintergrundwissen über die Geschichte der Homosexualität erworben werden kann. Dabei ist anzumerken, dass es *die* Überblicksdarstellung zum Thema bisher nicht gibt, stattdessen aber gute Einzelstudien, die in wichtige Bereiche des Themas einführen. Bereits 1989 legte Hans-Georg Stümke (1989) mit dem Buch »Homosexuelle in Deutschland« eine gut lesbare Politikgeschichte der Homosexualität vor, die sich zeitlich vom Mittelalter bis in die 1980er Jahre erstreckt und als narrativen Leitfaden den Aspekt der Verfolgung Homosexueller zur Grundlage macht. Neuere politikgeschichtliche Arbeiten, etwa zur Eulenburg-Affäre im Kaiserreich und zum so genannten Röhm-Putsch im Nationalsozialismus, sind vor allem in Susanne zur Niedens Sammelband »Homosexualität und Staatsräson« aus dem Jahr 2005 anzutreffen (vgl. zur Nieden 2005). Wer einen fundierten Einblick in die historische Genese homosexueller Identitätskonzepte sucht, sei auf das Handbuch »Homosexualität« von Rüdiger Lautmann (1993) verwiesen. Eine Analyse der Straftatbestände von mann-männlicher Sexualität für den Zeitraum 1871 bis 1939 legte Kai Sommer (1998) vor. Sehr bilderreich schließlich dokumentieren die

Ausstellungskataloge »Goodbye to Berlin? 100 Jahre Schwulenbewegung« (Schwules Museum/Akademie der Künste 1997) und »Eldorado« (Berlin Museum 1984) die Geschichte der männlichen Homosexualität. Durch ihre optisch anspruchsvolle Präsentation können die beiden Kataloge leicht zum Materialfundus für den Unterricht werden.

Neben der fachwissenschaftlichen Perspektive darf bei einem Thema wie Homosexualität, das auch in der Lebenswelt von Jugendlichen keine emotional neutrale Rolle einnimmt, der Bezug auf die Lerngruppe nicht aus dem Blick geraten. Will man Diskriminierungsmuster pubertierender Jugendlicher aufbrechen, so muss deren gegenwärtige Geschlechter- und Sexualitätssozialisation beachtet werden, um vor diesem Hintergrund eine historische Beschäftigung mit Homosexualität planen und durchführen zu können. Sinnvolle Lektüre, um sich in dieses Thema einzuarbeiten, ist hier vor allem die bereits im ersten Teil des Beitrags erwähnte Berliner Studie »Sie liebt Sie – Er liebt Ihn«, die neuere empirische Daten zur psychosozialen Situation junger Lesben, Schwuler und Bisexueller zusammenfasst, ausführlich auf Konsequenzen für »Elternhaus, Schule und Jugendhilfe« eingeht und weiterführende Literatur zum Thema benennt. Mit Homosexualität als Thema der pädagogischen Jungenarbeit hat sich Erik Zurdel beschäftigt und zu diesem Thema 1997 eine Veröffentlichung vorgelegt (vgl. Zurdel 1999). Ausführlich widmet sich auch das Handbuch »Mit Vielfalt umgehen. Sexuelle Orientierung und Diversity in Erziehung und Beratung« (Ministerium 2004) der Frage nach dem Umgang mit Homosexualität in Schulen und Bildungseinrichtungen und bietet hierzu zahlreiche Materialien an.

3. VOM SCHEITERHAUFEN ZUR HOCHZEITSTORTE: DIE GESELLSCHAFTLICHE BEWERTUNG VON HOMOSEXUALITÄT IM SPIEGEL VON RECHTSNORMEN

Mit dem Feuertod bestraften Züricher Richter im Jahre 1482 den Ritter Richard Puller von Hohenburg und den Barbier Anton Mätzler wegen gleichgeschlechtlicher sexueller Betätigung.[12] Die Darstellung des gemeinsamen Todes des Männerpaares (Abb. 1, im Anhang) gilt als eine der ersten Bilddarstellungen männlicher Homosexualität überhaupt. Gut 400 Jahre später verabschiedete der Deutsche Bundestag ein umfassendes Gesetzespaket, durch das es gleichgeschlechtlichen Paaren ermöglicht wurde, eine so genannte »Eingetragene

---

12 | Ausführliche Informationen zur Lebens- und Leidensgeschichte des Ritters Richard Puller zu Hohenburg, der nicht nur wegen seiner gleichgeschlechtlichen Neigungen, sondern auch aufgrund seiner Brutalität als Raubritter in die Annalen der Geschichte einging, in Hergemöller (1998).

Lebenspartnerschaft« einzugehen. Als »Homo-Ehe« ging diese zivilrecht-
liche Reformmaßnahme in das allgemeine Sprachbewusstsein ein. Die Partei
»Bündnis 90/Die Grünen«, wesentliche Initiatorin der Reform, schmückte
sich gerne mit diesem Erfolg ihrer Politik. Auf Wahlplakaten (Abb. 2, im Anhang) präsentierte die Partei dem Publikum, homosexuelle Lebensformen
hätten sich dank der grünen Politik zu Beginn des 21. Jahrhunderts rechtlich
und kulturell stark der heterosexuellen Ehe angenähert. Zwischen dem spät-
mittelalterlichen Feuertod und dem postmodernen Gang zum Standesamt
scheint ein weiter Weg zurückgelegt worden zu sein. Die beiden Schlaglichter
dokumentieren besonders eindringlich, auf welche Weise sich die gesellschaftliche Bewertung von mann-männlicher Sexualität gewandelt hat:
Nichts scheint heute noch so, wie es im scheinbar dunklen Mittelalter einst
gewesen ist.

Der Tod auf dem Scheiterhaufen und die Beurkundung einer Lebens-
gemeinschaft durch den Standesbeamten haben jedoch gemeinsam, dass
es jeweils Rechtsnormen und Rechtsakte sind, die das Handeln und Leiden
gleichgeschlechtlich begehrender Männer beeinflusst haben und noch heute
beeinflussen. Rechtsnormen, so der Rechtssoziologe Rüdiger Lautmann, sind
mehr als bloße Einträge in Gesetzesbüchern. Sie dokumentieren »Grund-
werte und Sinnstrukturen einer Gesellschaft mit starker Visibilität und
Kommunikabilität« (Lautmann 1992: 141), geben also auf besonders deutliche
Weise Auskunft darüber, was als erwünscht und was als unerwünscht gilt und
verkünden Sanktionen für diejenigen, die gegen solche Normen verstoßen. Die
staatlich-gesellschaftliche Bewertung von männlicher Homosexualität kann
durch einen Blick auf Rechtsnormen schnell und präzise erkannt werden.

Die Bilddarstellungen von Feuertod und Hochzeitstorte eignen sich dabei als
Hinführung zu diesem Themenkomplex. Es sollte dabei zunächst nicht darum
gehen, dass Schüler und Schülerinnen bei einer ersten Betrachtung der Ab-
bildungen Überlegungen zu Rechtsnormen im Allgemeinen und Besonderen
anstellen, sondern in der Lage sind, eine erste Hypothese zur historischen
Dimension der Bewertung mann-männlicher Sexualität aufzustellen. Eine
solche Hypothese (etwa: »Während Homosexualität früher bestraft wurde, ist
sie heute straffrei« oder »Man erkennt einen klaren Wandel bei der Bewertung
von Homosexualität«) kann dann Ausgangspunkt für eine genaue Betrachtung
von Einzeltexten werden. Ausgewählt wurden ein Auszug aus der *Constitutio
Criminalis Carolina*, eine Passage aus dem *Preußischen Allgemeinen Landrecht*
und die Ausformulierung des Paragrafen 175 des *Deutschen Strafgesetzbuches
von 1871* (Quellenanhang Texte 1 bis 3). Diese Gesetzestexte dokumentieren
den Weg vom Feuertod bis hin zum berühmt-berüchtigten Paragrafen 175,
der als »Symbolführer« (ebd.) einer antihomosexuellen Gesetzgebung seit
diesem Zeitpunkt in unterschiedlichen Formen durch die Geschichte geisterte
und erst 1994 endgültig aus dem Strafgesetzbuch verschwinden sollte. Die

Schüler und Schülerinnen können die Geschichte dieser Gesetzesgenese nachvollziehen, indem sie die drei Gesetzestexte anhand von drei Leitfragen untersuchen. Erstens kann betrachtet werden, mit welcher Terminologie die jeweilige Straftat benannt wird (»Vnkeusch wider der Natur«, »Sodomiterey« bzw. nicht nennbare »unnatürliche Sünden«, »widernatürliche Unzucht«), zweitens soll untersucht werden, welche verbotenen Handlungen der Gesetzestext genau beschreibt, drittens schließlich, welche Strafen hierfür vorgesehen waren (Feuertod, Zuchthaus und Vertilgung des Andenkens, Gefängnis und Verlust der bürgerlichen Ehrenrechte, also Wahlrecht etc.). Auf diese Weise kann deutlich werden, dass die Strafen für mann-männliche Sexualität einem starken Wandel unterworfen waren, der Begründungszusammenhang, hier liege ein Verstoß gegen die Ordnung der Natur vor, hingegen großes Beharrungsvermögen besaß.

Gegen Ende des 19. Jahrhunderts formierte sich zum ersten Mal eine Homosexuellen-Bewegung, die gegen die Strafbarkeit von mann-männlicher Homosexualität ankämpfte: Im Jahr 1897 gründete sich in Berlin auf Initiative des Arztes und Sexualwissenschaftlers Magnus Hirschfeld das so genannte »Wissenschaftlich-humanitäre Komitee« (WhK). Ein zentrales Dokument des WhK war eine Petition (Quellenanhang Text 4), in der Gründe für eine Abschaffung des § 175 zusammengetragen wurden. Das WhK sammelte zahlreiche Unterstützer-Unterschriften, zum Beispiel auch eine von August Bebel, und hoffte auf diese Weise, auf publizistischem Wege eine Straffreiheit zu erreichen. Schülern und Schülerinnen dürfte es leicht fallen, die Gründe, die in dieser zentralen Quelle der Geschichte der Homosexuellen-Bewegung genannt werden, aufzulisten. Auf diese Weise lernen sie einen historischen Argumentationszusammenhang zur Entkriminalisierung von mann-männlicher Sexualität kennen und können aufgefordert werden, zu den Argumenten Stellung zu beziehen.

Ob und inwiefern sich die Argumentationsmuster aus der Vergangenheit bewahrt haben und wie in unserer heutigen Gegenwart über die rechtspolitische Dimension der Homosexualität gestritten wird, kann anhand von zwei Texten deutlich werden, die sich aus sehr unterschiedlichen Perspektiven *gegen* das so genannte »Lebenspartnerschaftsgesetz« aussprechen, mit dessen überspitzter Bilddarstellung auf dem Plakat der Partei Bündnis 90/ Die Grünen die Schülerinnen und Schüler bereits vertraut sind. Der ehemalige Fuldaer Bischof Johannes Dyba erinnert in seiner Argumentation (Quellenanhang Text 5) an die Traditionen von heterosexueller Ehe und Familie. Die Thesen der ehemaligen PDS-Politikerin Christina Schenk (Quellenanhang Text 6) hingegen weisen darauf hin, dass es auch Gegenpositionen zu diesem Gesetzesvorhaben gab, in denen die Ehe generell als eine überholte Institution angesehen wurde. Im Vorfeld der Beschäftigung mit den Positionen von Schenk und Dyba sollten sich die Schüler und Schülerinnen selbstständig über die rechtlichen Maßnahmen der »Eingetragenen Lebenspartnerschaft« informieren und auf diese Weise kennen lernen, welche Rechtsnormen heute für die gesellschaftliche Normierung gleichgeschlechtlicher Lebensformen maßgeblich sind, bevor sie sich mit der politischen Bewertung dieser Normen durch Dyba und Schenk befassen. Das Handbuch »Mit Vielfalt umgehen« hält Informationen zu diesem Themenbereich bereit. Die Texte von Dyba und Schenk verlassen die explizite Ebene des auf Geschichte gerichteten Lernens und stellen Argumentationsmuster der Gegenwart dar. Indem hier zwei extreme Positionen zur Bewertung zur »Homo-Ehe« vorgestellt werden, die beide gesellschaftlich nicht konsensfähig waren, sind die Schüler und Schülerinnen aufgefordert, sich zwischen den Positionen zu verorten und aus der Auseinandersetzung mit diesen einen eigenen Standpunkt zu entwickeln. Durch die vorherige Beschäftigung mit der geschichtlichen Bewertung von Homosexualität haben sich die Schüler und Schülerinnen jedoch einen historischen Hintergrund erarbeitet, der ihnen bei einer solchen Verortung behilflich sein kann.

4. ECHTE UND UNECHTE MÄNNER: VORSTELLUNGEN VON MÄNNLICHKEIT UND WEIBLICHKEIT BEI DER KONSTRUKTION HOMOSEXUELLER IDENTITÄTEN

Wenn Schüler heute Schimpfausdrücke wie »*Du Schwuchtel*« verwenden, beabsichtigen sie damit, ihre eigene Männlichkeit von alternativen Männlichkeitskonzepten abzugrenzen. Mit der Verwendung des Begriffs der *Schwuchtel* zum Beispiel wird zumeist eine Männlichkeit abgewertet, die sich durch eine vermeintliche Effeminisierung auszeichnet, bei der also die Grenzen zwischen Männlichkeit und Weiblichkeit als nicht hinreichend scharf wahrgenommen werden. Unklare Trennungslinien zwischen den Geschlechtern werden als Störung der Geschlechterordnung aufgefasst und verstören viele bei der Konstruktion ihrer eigenen Geschlechtsidentität.

Die Zeitgenossen im Kaiserreich waren sehr verstört über den Tatbestand, dass zahlreiche Soldaten im Nebenerwerb der männlichen Prostitution nachgegangen sind. Im Kaiserreich galten Soldaten als besonders ideale Verkörperung von Männlichkeit. In ihnen kulminierten Vorstellungen von Wehrhaftigkeit, militaristischer Staatsdoktrin und von den konventionellen Geschlechterrollen. Sehr zum Ärger vieler Bürger und Bürgerinnen war in den Großstädten jedoch zu beobachten, dass junge Soldaten während ihres Wehrdienstes der männlichen Prostitution nachgingen. Die Ursachen hierfür sind in ökonomischen und sozialen Umständen zu suchen: Der oft karge Sold ließ die Möglichkeit eines Nebenverdienstes verlockend erscheinen und während des Militärdienstes hielten sich die Soldaten oft fern der Heimat auf,

waren also nicht in die Strukturen sozialer Kontrolle ihrer Heimatorte eingebunden. Die Kommunikationsverhältnisse in den Kasernen sorgten zudem
dafür, dass das Wissen darüber, dass mit der Prostitution ein Zusatzverdienst
erwirtschaftet werden könne, schnelle Verbreitung fand. Das Phänomen der
Soldatenprostitution ist ein deutliches Beispiel dafür, wie Männlichkeits-
leitbilder und konkret gelebte Männlichkeit auseinander laufen konnten.
Soldatenprostitution erscheint als ein besonders spannungsreiches Gelände
der Auseinandersetzung zwischen Männlichkeiten.

Diejenigen, die sich überhaupt zu diesem Thema geäußert haben, mussten
erheblichen argumentativen Aufwand betreiben, damit durch eine Darstellung
der Soldatenprostitution die konventionellen Vorstellungen von Geschlecht
nicht ins Wanken gerieten. Einer der wenigen, die hier einen Versuch
unternommen haben, war der Homosexuellen-Aktivist Magnus Hirschfeld,
von dessen Kampf für die Rechte der Homosexuellen bereits die Rede war.
Er verfasste zu Beginn des 20. Jahrhunderts ein umfassendes Handbuch,
in dem er das zeitgenössische Wissen über Homosexualität enzyklopädisch
zusammenfasste. Der 1914 erschienene Text, über 1000 Seiten stark, ist heute
noch immer eine aufschlussreiche und oft auch kurzweilige Quelle (vgl.
Hirschfeld 1984). Aus Gründen der Vollständigkeit konnte Hirschfeld auf den
Aspekt der Soldatenprostitution in seinem Handbuch nicht verzichten, hätte
er sich doch sonst dem Vorwurf ausgesetzt, das Themengebiet der Homosexualität nur unzureichend abgebildet zu haben.

Im hier vorliegenden Textausschnitt (Quellenanhang Text 7) stellt der Autor
zunächst in Abrede, dass es sich bei der »mit Unrecht oft so benannten Soldatenprostitution« überhaupt um Prostitution handelt und er hebt hervor, dass ein
sexuelles Verhältnis zwischen Soldat und Homosexuellem zum einen in der
männlichen Ausstrahlungskraft des Soldaten begründet liege – Hirschfeld
verwendet hier den männlich konnotierten Begriff des »Kriegers« – und zum
anderen von Seiten der Homosexuellen »ethische Momente« beim Eingehen
einer solchen Beziehung eine Rolle spielten. Nicht also ein Tauschgeschäft
Geld – Sexualität soll hier stattgefunden haben, sondern ein Handel von
vorbildlich-männlicher Anziehungskraft und selbstlosem Erziehungsauftrag.
Zwar stellte Hirschfeld nicht in Abrede, dass es bei einem Verhältnis dieser Art
auch um materielle Entschädigungen ging (»besseres Essen, mehr Getränke,
Zigarren und Vergnügungen, wie Tanzboden und Theater«), stellte der Figur
des Soldaten jedoch indirekt die Figur des männlichen Prostituierten gegenüber, der offenbar nicht über die vorbildlichen Eigenschaften soldatischer
Männlichkeit verfügt hat, wie sie etwa in dem Wunsch nach geregelter Arbeit,
der Bildungsbedürftigkeit, der sexuellen und emotionalen Treue zum Ausdruck kommen.

Im Geschichtsunterricht kann sich die Lerngruppe an einen Text wie
diesen annähern, indem die Schüler und Schülerinnen zunächst aus ihrem

Alltagswissen heraus den Prostitutionsbegriff definieren. Ausgehend davon kann die Lerngruppe bei einer Erarbeitung des Textes zwei Aspekte in den Blick nehmen: Einmal kann danach gefragt werden, ob es sich bei der Soldatenprostitution tatsächlich um Prostitution gehandelt hat oder nicht. Eine solche Frage lässt die Argumentationsweise, die nur vor dem Hintergrund der zeitgenössischen Vorstellungen von Geschlecht funktionieren konnte, zu Tage treten. Zum anderen – für eine Erarbeitung unterschiedlicher Männlichkeitskonzepte die zentralere Frage – können sie aufgefordert werden, die im Text genannten Charakteristika von Soldaten, Homosexuellen und männlichen Prostituierten aufzulisten. Um das auf diese Weise gewonnene Wissen über die zeitgenössische Darstellung dreier unterschiedlicher Männlichkeitsentwürfe zu verarbeiten und zu systematisieren, könnten die Schüler und Schülerinnen nun aufgefordert werden, aus ihren Auflistungen der Charakteristika eine Hierarchie dieser drei Männlichkeiten zu erstellen. Auf diese Weise kann es gelingen, sich an die in der Männlichkeitsgeschichte augenblicklich virulente Frage nach Mechanismen von Hegemonie und Unterordnung von Männlichkeiten anzunähern.[13] Durch eine Beschäftigung mit dieser Quelle erfahren die Schüler und Schülerinnen nicht nur, dass es in der Geschichte unterschiedliche Entwürfe von Männlichkeit gegeben hat, sondern auch, dass bei einem Aufeinandertreffen solcher unterschiedlicher Konzepte von Männlichkeit Abgrenzungs- und Unterordnungsmechanismen zu Tage traten.

Die Ausführungen des Homosexuellen-Aktivisten Friedrich Radszuweit (Quellenanhang Text 8) zeigen, wie bei der Konstruktion von Homosexualität mit den Ressourcen von Männlichkeit und Weiblichkeit umgegangen wurde. Radszuweit (1886-1932), seit 1922 Vorsitzender der Homosexuellen-Organisation *Vereinigung der Freunde und Freundinnen*, betrieb aus dieser Position heraus eine Fusion mit dem 1920 gegründeten *Deutschen Freundschaftsverband* zum so genannten *Bund für Menschenrecht E.V.* (BfM), dessen erster Vorsitzender er 1923 wurde. Der BfM konnte zu einer homosexuellen Massenorganisation werden, die 1929 angeblich 29.000 Mitglieder verzeichnen konnte (vgl. Hergemöller 1998: 568). Zahlen dieser Größenordnung dürften sich jedoch eher auf die Abonnenten und regelmäßigen Leser der Periodika beziehen, die in Radszuweits eigenem Verlag seit 1923 erschienen. Neben Zeitschriften für männliche Homosexuelle wie den *Blättern für Menschenrecht*, dem *Freundschaftsblatt* oder der *Insel* veröffentlichte er auch Periodika für lesbische Frauen wie die Zeitschriften *Die Freundin* und *Ledige Frauen*; sogar ein Blatt für Transvestiten konnte im Zeitraum von 1930-33 unter dem Titel *Das Dritte Geschlecht. Die Transvestiten* erscheinen. Radszuweit war Medienunternehmer und

---

13 | Ob und inwiefern Mechanismen von Hegemonie und Unterordnung bei einem Aufeinandertreffen unterschiedlicher Männlichkeiten wirken, wurde zuletzt ausführlich diskutiert in: Dinges (2005); hier zur Frage der männlichen Prostitution: Lücke (2005).

politischer Homosexuellen-Aktivist zugleich und reiste zudem als Vortrags-
redner durch die Lande, um seinen politischen Zielen Geltung zu verschaffen.
    In diesen Zusammenhang fällt der hier vorliegende Textauszug, der aus
Radszuweits Zeitschrift *Die Insel* stammt. Quellenkritisch ist anzumerken,
dass die Zeitschrift in erster Linie von männlichen Homosexuellen gelesen
wurde. Der Bericht der *Insel* bezieht sich auf einen Vortrag, den Radszuweit
zum Thema der Ursachen von Homosexualität am 29. Oktober 1924 im
thüringischen Gera gehalten hat. Um vermeintliche Objektivität herzustellen,
verfasste die *Insel* keinen eigenen Bericht, sondern zitierte die Thüringer
Tageszeitung *Ostthüringische Tribüne*, die am 31.01.1924 über Radszuweits
Vortrag berichtet hatte.
    Bemerkenswert an den Ausführungen ist, dass als Thema des Vortrags
die »natürlichen Zusammenhänge« der Homosexualität genannt werden.
Es wird also das Ziel verfolgt, in der Stimme der Natur eine Legitimation
für die Homosexualität zu erkennen. Zunächst grenzt sich Radszuweit von
dem homosexuellen »Massenmörder« Fritz Haarmann ab, der in den 1920er
Jahren für großes Aufsehen gesorgt hatte. Haarmann hatte zahlreiche junge
Männer im Alter zwischen 14 und 18 Jahren in seine Wohnung in Hannover
gelockt, sie dort auf brutale Weise umgebracht und schließlich ihre Knochen
befreundeten Metzgern verkauft.[14] Der »Fall Haarmann« schlug hohe Wellen
und warf ein schlechtes Licht auf die Homosexuellen insgesamt. Eine Abgrenzung von Haarmann und seiner *»sadistischen Mordsucht«* war also notwendig, wenn Radszuweit in seinem politisch motivierten Vortrag Sympathie
für die Belange der Homosexuellen wecken wollte. Als Ursache der Homosexualität benannte er den Umstand, dass homosexuelle Männer über eine
weibliche Seele in einem männlichen Körper verfügten. Diese Argumentation
bedeutete zweierlei: zum einen waren homosexuelle Männer nach »außen«
als solche nicht zu erkennen. Körperliche Effemination als offensichtliches
Zeichen eines Diskriminierungspotenzials war bei Ihnen nach Auffassung
des Homosexuellen-Aktivisten also nicht zu beobachten. Zum anderen aber
sei die Seele solcher »männlich« aussehender Männer weiblichen Geschlechts.
Entsprechend konventioneller Geschlechtervorstellungen begehrte eine solche
weibliche Seele nun jedoch immer Männer und nicht, wie es ein Blick auf den
männlichen Körper hätte vermuten lassen können, Frauen. Auf diese Weise
wurde homosexuelles Begehren mit einer an sich heterosexuellen Erklärungs-
matrix begründet.
    Mit Hilfe dieses Textes kann Schülerinnen und Schülern verdeutlicht
werden, dass es eine lange Tradition hat, männliche Homosexualität mit

---

14 | Weitere Informationen zum Leben von Fritz Haarmann, die ausreichen, um
Schülerinnen und Schüler hinreichend zu informieren, finden sich zum Beispiel in:
Hergemöller (1998), S. 315-316.

Weiblichkeit in Einklang zu bringen, beziehungsweise sich von dieser abzugrenzen. Bei einer argumentativen Erschließung des Textes im Unterricht kann konkret deutlich werden, dass sich Männlichkeit und Weiblichkeit
als dichotome Kategorien gegenüberstanden und dass aus dem politisch
motivierten Spiel mit diesen Kategorien Konzepte homosexueller Identität
entstehen konnten. Die scheinbar natürliche Ordnung der Geschlechter
wurde also von den Zeitgenossen der 1920er Jahre zwar nicht überwunden,
aber sehr kreativ angewendet und im Sinne von Identitätspolitik umgedeutet.
Konkrete Fragen, die im Unterricht an den Text zu stellen wären, könnten
sein, wie Radszuweit homosexuelle Männer charakterisiert hat und wie er das
Phänomen der Homosexualität zu legitimieren versuchte. Im Vergleich zu
den Ergebnissen, die bei einer Behandlung des Hirschfeld-Texts zur Soldatenprostitution erzielt wurden, kann auf diese Weise ein Wandel in der Definition
homosexueller Männlichkeit erkennbar werden. Homosexuelle Identitäten,
das zeigen die Ausführungen von Radszuweit, sind also keine Wahrheiten
über das Natürliche, sondern zumeist politisch motivierte Konstrukte.

5. PARASITEN UND WARZEN: ZUM UMGANG MIT DER MÄNNLICHEN PROSTITUTION

Für eine Vertiefung des Aspektes der Konstruktion unterschiedlicher Männlichkeiten, insbesondere jedoch, um darzustellen, dass die Homosexuellen-
Bewegung ihrerseits mit ähnlichen Ein- und Ausschlussmechanismen gearbeitet hat, wie die breite Bevölkerung auch, lohnt sich ein erneuter Blick
auf das Thema der männlichen Prostitution. Ab 1902 wurden im Kaiserreich
Debatten geführt, nach denen »gewöhnliche« Homosexualität weniger hart oder
gar nicht bestraft werden sollte; für männliche Prostituierte hingegen war in
den Reformentwürfen zumeist eine Zuchthausstrafe vorgesehen. Begründet
wurde ein solches unterschiedliches Strafmaß damit, dass die männlichen Prostituierten häufig auch als Erpresser in Erscheinung träten. Die Argumentation
lautete hier, dass es den Prostituierten leicht falle, aus der gesellschaftlichen und
juristischen Stigmatisierung der Homosexualität Kapital zu schlagen. Indem sie
– so das Argument – potentiellen Freiern drohten, deren Sexualneigung öffentlich zu enttarnen, konnten sie hohe Geldsummen erpressen. Magnus Hirschfeld stellte jedoch fest, dass sich Erpresser zwar häufig an den Plätzen der Prostitution aufhielten, es aber zumeist keine Personalunion zwischen Erpressern
und Prostituierten gegeben habe.[15]

---

15 | Zum Erpresserwesen und den Debatten um eine Reform des Sexualstrafrechts in
Bezug auf mann-männliche Sexualität und Prostitution, vgl. Lücke (2013).

Die hier ausgewählten Texte werfen ein Schlaglicht darauf, wie die Gesellschaft (Quellenanhang Text 9) und die Homosexuellen-Bewegung (Quellenanhang Texte 10 und 11) mit der männlichen Prostitution umgegangen sind. Die Denkschrift des Reichsministeriums entwirft eine Argumentation, die auf den Aspekt der Verführung verweist und eine Gefährdung der öffentlichen Sittlichkeit erkennt, würden männliche Prostituierte nicht hart bestraft werden. Der Homosexuellen-Aktivist Friedrich Radszuweit hingegen zeichnet im *Freundschaftsblatt*, einem weiteren seiner Publikationsorgane, ein anderes Bild: Er stellt die drohende Bestrafung männlicher Prostituierter einer angeblichen Straffreiheit ihrer weiblichen Kolleginnen gegenüber und schließt daraus auf eine generelle Benachteiligung von Homosexualität. Von den homosexuellen Freiern zeichnet er ein besonders wohlwollendes Bild, indem er, ähnlich wie Hirschfeld bei der Soldatenprostitution, deren angeblich fast karitatives Verhalten gegenüber verarmten Gelegenheitsprostituierten hervorhebt. Zum Gegner ernennt Radszuweit dann jedoch eindeutig die gewohnheitsmäßigen Prostituierten, gegen die sich sein ganzer Groll richtet. Die starke Ablehnung der männlichen Prostitution gerade in der Homosexuellen-Bewegung zeigt sich noch deutlicher in einer weiteren Ausgabe der Homosexuellen-Zeitschrift *Das Freundschaftsblatt*. (Quellenanhang, Text 11). Hier zitiert das Blatt mit den *Hamburger Nachrichten* eine Nicht-Homosexuellenzeitschrift und bedient sich auf diese Weise des gleichen publizistischen »Tricks«, der bereits in Text 8 angewandt wurde. Die deutliche Abwertung männlicher Prostituierter durch biologistisch aufgeladene Metaphern aus dem Wortfeld von Parasiten- und Schmarotzertum, die Verquickung von Erpressung und Prostitution und das Lob für das Durchgreifen der Behörden sind hier die zentralen Merkmale, mit denen männliche Prostituierte aus der Gruppe der »gewöhnlichen Homosexuellen« ausgegrenzt werden. Bei einer Verwendung dieser Texte im Geschichtsunterricht kann eine Analyse der Wortfelder, die in den Texten verwendet werden, Aufschluss darüber geben, mit welchen sprachlichen Mitteln ein solcher Ausschluss männlicher Prostituierter stattgefunden hat. Im Anschluss kann dann die jeweilige Argumentationsweise der Texte in den Blick geraten. Auf diese Weise werden die perspektivischen Strategien deutlich, mit deren Hilfe Normalität und Abweichung konstruiert wurden.

In Hinblick auf die bereits genannten drei Gründe, die es lohnenswert erscheinen lassen, sich mit der Geschichte der männlichen Homosexualität auch im Geschichtsunterricht zu befassen, kommt hier vor allem der zweite Begründungszusammenhang zum Tragen: Anhand der Debatten um die männliche Prostitution kann erkannt werden, dass Mechanismen von Normalität und Abweichung und von Ausgrenzung und Einschluss in gesellschaftliche Gruppen von der Perspektivität des Betrachters abhängen. Die Mechanismen, die in der Gegenwart etwa am Beispiel des Mordes an Rudolph Moshammer beobachtet werden konnten, können auf diese Weise historisiert werden.

6. LITERATUR

Alavi, Bettina (2004): Wozu Männergeschichte? Die Teilkategorie Mann im Prozess des historischen Lernens, in: Zeitschrift für Geschichtsdidaktik Jahresband 2004: Gender und Geschichtsdidaktik, S. 56-70.

Bergmann, Klaus (2000): Multiperspektivität. Geschichte selber denken, Schwalbach: Wochenschau-Verlag.

Berlin Museum (1984): Eldorado. Homosexuelle Männer und Frauen in Berlin 1850-1950. Geschichte, Alltag und Kultur, Ausstellung im Berlin Museum 26. Mai-8. Juli 1984, Berlin: Fröhlich und Kaufmann 1984.

Connell, Robert W. (1995): Masculinities, Cambridge: Polity Press.

Connell, Robert W. (2000): Der gemachte Mann. Konstruktion und Krise von Männlichkeiten, Opladen.

Dinges, Martin (Hg.) (2005): Männer – Macht – Körper. Hegemoniale Männlichkeiten vom Mittelalter bis heute, Frankfurt a.M. / New York: Campus.

Dobler, Jens/Pretzel, Andreas (2005): »Das etwas andere Leben. Homosexualität in beiden deutschen Staates«, in: Praxis Geschichte 3: Geteiltes Land – geteiltes Leben?.

Hergemöller, Bernd-Ulrich (1998): Mann für Mann. Biographisches Lexikon zur Geschichte von Freundesliebe und mann-männlicher Sexualität im deutschen Sprachraum, Hamburg: MännerschwarmSkript-Verlag, S. 564-565.

Hergemöller, Bernd-Ulrich (1999): Einführung in die Historiographie der Homosexualitäten, Tübingen.

Hirschfeld, Magnus (1984): Die Homosexualität des Mannes und des Weibes. Nachdruck der Erstauflage von 1914, Berlin: de Gruyter.

Lautmann, Rüdiger (1992): »Das Verbrechen der widernatürlichen Unzucht. Seine Grundlegung in der preußischen Gesetzesrevision des 19. Jahrhunderts«, in: Lautmann, Rüdiger/Taeger, Angela (Hg.): Männerliebe im alten Deutschland. Sozialgeschichtliche Abhandlungen, Berlin: Verlag rosa Winkel, S. 141-186.

Lautmann, Rüdiger (1993): Homosexualität. Handbuch der Theorie- und Forschungsgeschichte, Frankfurt a.M.: Campus.

Lücke, Martin (2003): »Männliche Prostitution in den Debatten um eine Reform des Sexualstrafrechts zu Beginn des 20. Jahrhunderts«, in: Invertito. Jahrbuch für die Geschichte der Homosexualitäten 5, S. 109-121.

Lücke, Martin (2005): »›Das ekle Geschmeiß‹ – Mechanismen von Hegemonie und Unterordnung am Beispiel der mann-männlichen Prostitution«, in: Dinges, Martin (Hg.) (2005), Männer – Macht – Körper. Hegemoniale Männlichkeiten vom Mittelalter bis heute, Frankfurt a.M. / New York: Campus, S. 157-172.

Makowsky, Arno/Zons, Achim (2005): »Ein Gesamtkunstwerk nach Münchner Art«, in: Süddeutsche Zeitung vom 14.01.2005, S. 3.

Michler, Andreas (2002): »Längsschnitte im Geschichtsunterricht – Versuch einer Typologie«, in: Elisabeth Erdmann (Hg.), Thematische Längsschnitte für den Geschichtsunterricht in der gymnasialen Oberstufe, Bayerische Studien zur Geschichtsdidaktik Bd. 4, Neuried: ars una, S. 25-42.

Ministerium für Gesundheit, Soziales, Frauen und Familie des Landes Nordrhein-Westfalen (Hg.) (2004): Mit Vielfalt umgehen. Sexuelle Orientierung und Diversity in Erziehung und Beratung, Düsseldorf.

Musall, Bettina/Neumann, Conny (2005): »Verbrechen: Tod eines Münchners«, in: Der Spiegel, Ausgabe 3 vom 17.01.2005, Artikel online abrufbar unter: http://www.spiegel.de/jahreschronik/a-389030.html.

zur Nieden, Susanne (2005): Homosexualität und Staatsräson: Männlichkeit, Homophobie und Politik in Deutschland 1900-1945, Frankfurt a.M.: Campus.

Pascoe, Cheri Joe (2006): »Du bist so ´ne Schwuchtel, Alter«. Männlichkeit in der Adoleszenz und der ›Schwuchteldiskurs‹, in: Zeitschrift für Sexualforschung 19, S. 1-14.

Schmidt, Gunther (2004): »Zur Sozialgeschichte jugendlichen Sexualverhaltens in der zweiten Hälfte des 20. Jahrhunderts«, in: Bruns, Claudia/Walter, Tilmann (Hg.), Von Lust und Schmerz. Eine historische Anthropologie der Sexualität, Köln: Böhlau, S. 313-324.

Schwules Museum, Berlin/Akademie der Künste, Berlin (Hg.) (1997): Goodbye to Berlin? 100 Jahre Schwulenbewegung. Eine Ausstellung des Schwulen Museums und der Akademie der Künste 17. Mai bis 17. August 1997, Berlin: Verlag Rosa Winkel.

Senatsverwaltung für Jugend, Schule, Bildung und Sport Berlin, Fachbereich für gleichgeschlechtliche Lebensweisen (Hg.) (2001): Sie liebt Sie – Er liebt Ihn. Eine Studie zur psychosozialen Situation junger Lesben, Schwuler und Bisexueller in Berlin, Berlin.

Sommer, Kai (1998): Die Strafbarkeit der Homosexualität von der Kaiserzeit bis zum Nationalsozialismus. Eine Analyse der Straftatbestände im Strafgesetzbuch und in den Reformentwürfen, Frankfurt a.M.: Peter Lang.

Stümke, Hans-Georg (1989): Homosexuelle in Deutschland. Eine politische Geschichte, München: Beck.

Wunderer, Hartmann/Conrad, Franziska (2005): Geschlechtergeschichte – Historische Probleme und moderne Konzepte, Thema Geschichte. Geschichtliche Reihe für die Sekundarstufe II, Braunschweig: Schroedel.

Zurdel, Erik (1999): Homosexualität als Thema in der Jungenarbeit – Materialien zur sozialen und politischen Arbeit, Jugendnetzwerk Lambda (Hg.), Lützensömmern.

7. QUELLENTEIL

Bei der Auswahl der Quellen, die als Medien historischen Lernens Aspekte von
Männlichkeit und (männlicher) Sexualität thematisieren können, standen zwei
Auswahlkriterien im Mittelpunkt: Zum einen wurden Quellen ausgewählt,
die mit großer gesellschaftlicher Signalwirkung über historische Aspekte
von Homosexualität und männlicher Prostitution Auskunft geben. Hierzu
zählen zunächst die Bilddarstellung der Verbrennung eines Männerpaares
auf dem Scheiterhaufen aus dem 15. Jahrhundert (Abb. 1) und das Wahlplakat
von Bündnis 90/Die Grünen aus dem Jahr 2001 (Abb. 2). Ähnliche Signalwirkung wie die beiden Bilddarstellungen können Rechtsnormen und Texte,
in denen Rechtsnormen kommentiert werden, entfalten. Solche Texte verfügen
– wie bereits unter 3. dargestellt – innerhalb der Gesellschaft über eine hohe
»Visibilität und Kommunikabilität«16. Dazu gehören die Texte 1-3 als Beispiele
für explizite Ausformulierungen von Rechtsnormen und die Texte 4-6 sowie
Text 9 als Beispiele für gesellschaftliche Debatten um Rechtsnormen.

Zum zweiten werden im Quellenteil Texte angeboten, die Debatten innerhalb der Homosexuellen-Bewegung widerspiegeln und Einblick geben in
Männlichkeitsbilder, die von Vertretern marginalisierter Männlichkeiten
generiert wurden. Auf diese Weise kann der Forderung, Männlichkeit
tatsächlich als plurales Konstrukt zu begreifen, Rechnung getragen werden.
Quellen dieser Art, die nicht zum Standardrepertoire klassischer Quellen-
sammlungen gehören, sind oft schwer auffindbar und nur nach mühsamen
Recherchen nutzbar zu machen. Text 7 aus Magnus Hirschfelds sexualwissen-
schaftlichem Standardwerk *Die Homosexualität des Mannes und des Weibes* aus
dem Jahr 1914 gehört dabei noch zu den relativ einfach zugänglichen Texten
und dürfte in fast jeder größeren Bibliothek greifbar sein. Hier lohnt sich eine
vertiefende Lektüre dieses enzyklopädischen Textes, der zudem auf deutliche
Weise Auskunft gibt über den Wandel von Wissen über Homosexualität seit
dem frühen 20. Jahrhundert. Die Texte 8, 10 und 11 hingegen stammen aus
zeitgenössischen Homosexuellen-Zeitschriften der Weimarer Jahre und sind
in gesammelter Form lediglich im Kölner *Centrum Schwule Geschichte* zugänglich. Eine Analyse dieser Texte etwa im Geschichtsunterricht kann Schülern
und Schülerinnen aufzeigen, auf welch facettenhafte Weise über Männlichkeit und unterschiedliche Formen männlicher Sexualität bereits in der ersten
Hälfte des 10. Jahrhunderts verhandelt wurde.

Zu näheren inhaltlichen Ausführungen zu den Quellen sei auf die
Abschnitte 3 bis 5 dieses Beitrags verwiesen. Hier finden sich ausführliche
Erläuterungen zum jeweiligen Material, durch die eine Einbettung der Texte
und Bilder in den historischen Zusammenhang erfolgt.

---

16 | Lautmann: Verbrechen, S. 141.

A. Quellen zum Thema »Vom Scheiterhaufen zur Hochzeitstorte: Die gesellschaftliche Bewertung von Homosexualität im Spiegel von Rechtsnormen«

Abbildung 1: *Verbrennung des Ritters von Hohenburg und des Barbiers Mätzler vor Zürich*

Farbige Illustration. In: Diebold Schilling: Chronik der Burgunderkriege, Schweizer Bildchronik, Band 3, um 1483, Zürich, Zentralbibliothek, zit. aus: Goodbye to Berlin? 100 Jahre Schwulenbewegung. Eine Ausstellung des Schwulen Museums und der Akademie der Künste, Berlin: rosa Winkel 1997

Abbildung 2: *Wahlplakat von Bündnis 90/Die Grünen zur so genannten »Eingetragenen Lebenspartnerschaft« (Bündnis 90/Die Grünen 2001)*

Text 1: *Constitutio Criminalis Carolina: Peinliche Gerichtsordnung Kaiser Karls V. von 1532*

Art. 116: Widernatürliche Unkeuschheit

Straff der Vnkeusch, so wider der Natur beschicht. Jtem so ein Mensch mit dem Viehe, Man mit Man, Weib mit Weib Vnkeusch treiben, die habenn auch das lebenn Verwurckt, Vnd man solle sy, der gemeynen gewohnheit nach meit dem feure vom lebenn zum Tode richtenn

zitiert nach: Kai Sommer: Die Strafbarkeit der Homosexualität im Kaiserreich und im Nationalsozialismus. Eine Analyse der Straftatbestände im Strafgesetzbuch und in den Reformentwürfen (1871-1945), Frankfurt (Main): Peter Lang Verlag 1998, S. 361

Text 2: *Allgemeines Landrecht für die Preußischen Staaten 1794, 20. Teil, zwölfter Abschnitt: Von fleischlichen Verbrechen*

Unnatürliche Sünden

§ 1069
Sodomiterey und andere dergleichen unnatürliche Sünden, welche wegen ihrer Abscheulichkeit hier nicht genannt werden können, erfordern eine gänzliche Vertilgung des Andenkens.

§ 1070
Es soll daher ein solches Verbrechen, nachdem er ein- oder mehrjährige Zuchthausstrafe mit Willkommen und Abschied ausgestanden hat, aus dem Orte seines Aufenthaltes, wo sein Laster bekannt geworden ist, auf immer verbannt, und das gemißbrauchte Tier getödtet oder heimlich aus der Gegend entfernt werden.

zitiert nach: Kai Sommer: Die Strafbarkeit der Homosexualität im Kaiserreich und im Nationalsozialismus. Eine Analyse der Straftatbestände im Strafgesetzbuch und in den Reformentwürfen (1871-1945), Frankfurt (Main): Peter Lang Verlag 1998, S. 361

Text 3: *Das Strafgesetzbuch für das Deutsche Reich. Mit Kommentar von Dr. jur. et phil. Ernst Schwartz, Berlin 1914, S. 414-415.*

§ 175

Die widernatürliche Unzucht, welche zwischen Personen männlichen Geschlechts oder von Menschen mit Tieren begangen wird, ist mit Gefängnis zu bestrafen; auch kann auf Verlust der bürgerlichen Ehrenrechte erkannt werden.

1. Man unterscheidet drei Arten der Sodomie:
a) zwischen Personen männlichen Geschlechts [...];
b) zwischen Mensch und Tier, Bestialität [...]. Das Geschlecht des Menschen ist gleichgültig, ebenso, wenn der Täter ein Mann ist, das des Tieres, wogegen, wenn der Mensch weiblichen, das Tier männlichen Geschlechts sein muß. Nach der Ansicht v. Liszts muß der Mensch stets männlichen Geschlechts sein;
c) zwischen Personen weiblichen Geschlechts, die sog. lesbische Liebe. Das StGB. kennt sie nicht, wie sie auch schon lange vor ihm aus den neueren Strafgesetzbüchern verschwunden war. Ebenso ist straflos die widernatürliche Unzucht zwischen Hermaphroditen und die zwischen Frauen und Hermaphroditen. [...]

Text 4: *Petition an die gesetzgebenden Körperschaften des deutschen Reiches behufs Abänderung des § 175 des R.-Str.G.B. und die sich daran anschliessenden Reichstagsverhandlungen*

An die gesetzgebenden Körperschaften des Deutschen Reiches

In Anbetracht, dass bereits im Jahre 1869 sowohl die österreichische, wie auch die oberste deutsche Sanitätsbehörde, welcher Männer wie Langenbeck und Virchow angehörten, ihr eingefordertes Gutachten dahin abgaben, dass die Strafandrohungen des gleichgeschlechtlichen Verkehrs aufzuheben seien, mit der Begründung, die in Rede stehenden Handlungen unterschieden sich nicht von anderen, bisher mit Strafe bedrohten Handlungen, die am eigenen Körper oder von Frauen untereinander oder zwischen Männern und Frauen vorgenommen würden;

In Erwägung, dass die Aufhebung ähnlicher Strafbestimmungen in Frankreich, Italien, Holland und zahlreichen anderen Ländern durchaus keine entsittlichenden oder sonst ungünstigen Folgen gezeigt hat;

In Hinblick darauf, dass die wissenschaftliche Forschung, die sich namentlich auf deutschem, englischem und französischem Sprachgebiet innerhalb der letzten zwanzig Jahre sehr eingehend mit der Frage der Homosexualität [...] beschäftigte, ausnahmslos das bestätigt hat, was bereits die ersten Gelehrten, welche dem Gegenstande ihre Aufmerksamkeit zuwandten, aussprachen, dass es sich bei dieser örtlich und zeitlich so allgemein ausgebreiteten Erscheinung ihrem Wesen nach um den Ausfluss einer tief innerlichen constitutionellen Anlage handeln müsse; [...]

Mit Rücksicht darauf, dass diese gleichgeschlechtliche Anlage meist in ebenso hohem oft in noch höherem Masse, zur Betätigung drängt, als die normale; [...]

In Erwägung, dass unter denjenigen, die von derartigen Gefühlen erfüllt waren, erwiesenermassen nicht nur im klassischen Altertum, sondern bis in unsere Zeiten Männer und Frauen von höchster geistiger Bedeutung gewesen sind;

In Hinblick darauf, dass das bestehende Gesetz noch keinen Konträrsexuellen von seinem Triebe befreit, wohl aber viele brave, nützliche Menschen, die von Natur aus mehr als benachteiligt sind, ungerecht in Schande und Verzweiflung, ja Irrsinn und Tod gejagt hat, selbst wenn nur ein Tag Gefängnis – im Deutschen Reich das niedrigste Strafmass für diese Handlung – festgesetzt oder selbst wenn nur eine Voruntersuchung eingeleitet wurde;

Unter Berücksichtigung, dass diese Bestimmungen einem ausgedehnten Erpresserwesen (der Chantage) und einer höchst verwerflichen männlichen Prostitution grössten Vorschub geleistet haben, erklären untenstehende Männer, deren Name für den Ernst und die Lauterkeit ihrer Absichten bürgen, beseelt von dem Streben für Wahrheit, Gerechtigkeit und Menschlichkeit die jetzige Fassung des § 175 R.Str.G.B. für unvereinbar mit der fortgeschrittenen wissenschaftlichen Erkenntnis, und fordern daher die Gesetzgebung auf, diesen Paragraphen möglichst bald dahingehend abzuändern, dass, wie in den oben genannten Ländern, sexuelle Handlungen zwischen Personen desselben Geschlechts, ebenso wie solche zwischen Personen verschiednen Geschlechts [...] nur dann zu bestrafen sind,

wenn sie unter Anwendung von Gewalt,

wenn sie an Personen unter 16 Jahren,

oder wenn sie in einer »öffentliches Aergernis« erregenden Weise [...] vollzogen werden.

in: Jahrbuch für sexuelle Zwischenstufen unter besonderer Berücksichtigung der Homosexualität. Herausgegeben unter Mitwirkung namhafter Autoren vom wissenschaftlich-humantitären Commitée Leipzig und Berlin, 1(1899), S. 239-269.

Text 5: *Gegenpositionen zur Eingetragenen*
Lebenspartnerschaft: Bischof Johannes Dyba

Erzbischof Johannes Dyba über »importierte Lustknaben«

Recht ist es, Gleiches gleich und Ungleiches ungleich zu behandeln. Gleiches ungleich oder Ungleiches gleich zu behandeln schafft dagegen Unrecht. Das ist der elementare Webfehler des vorgelegten Gesetzesentwurfs. Da eine beliebige Freundschaft oder Partnerschaft sich nämlich von Ehe und Familie mit all ihren Formen, Lasten und Pflichten wesentlich und absichtsvoll unterscheidet, ist es Unrecht, sie gleichzustellen.«

Volker Beck [Homosexuellen-Aktivist und Politiker von Bündnis 90/Die Grünen] sagt, dass er mit seinen Vorstellungen vor 20 Jahren noch ausgelacht worden wäre. Das stimmt, weil vor 20 Jahren noch jedes Kind wusste, dass zur Ehe Mann und Frau gehören und ein gleichgeschlechtliches Paar, das sich im Standesamt zwecks Eheschließung eingefunden hätte, für geistesgestört erklärt worden wäre. Das heißt aber nicht, dass die natürliche Ordnung der Dinge sich inzwischen geändert hätte, sondern nur, dass die ideologische Vernebelung der letzten 20 Jahre inzwischen allzu vielen Leuten den klaren Blick auf die Schöpfungsordnung entzogen hat.

Die vorgesehene Gleichstellung widerspricht aber nicht nur der Natur, sondern auch unserer Verfassung. Das Grundgesetz stellt in Artikel 6 Ehe und Familie unter den ›besondern‹ Schutz des Staates. Das ›Besondere‹ ist aber offensichtlich das Gegenteil von Gleichstellung.

Verfassungsrechtlichen Anspruch auf die Fürsorge der Gemeinschaft gibt das Grundgesetz den Müttern. Von importierten Lustknaben zum Beispiel ist hier nicht die Rede, abgesehen davon, dass die Koppelung eines besonderen Zuzugs- und Bleiberechts an eine homosexuelle Liaison jeder Erpressung Tür und Tor öffnet.

Die besondere Förderung von Ehe und Familie hat unsere Verfassung natürlich nicht ohne Grund vorgesehen, sondern weil von gesunden und glücklichen Familien unser aller Zukunft abhängt. Wenn der Nachwuchs ausbleibt und keine starke neue Generation mehr heranreift, dann sind all die Milliardeninvestitionen für wissenschaftliche und technische Zukunftsprojekte in den Sand gesetzt. Wir haben die Familien bisher eher zu wenig gefördert. Wenn wir jetzt die Weitergabe des Lebens mit all den damit verbundenen Mühen, mit dem Verzicht auf seine Weitergabe gleichstellen, sägen wir den Ast ab, auf dem wir alle einmal sitzen wollen. Kurzum: Die Verabschiedung dieses Gesetzes wäre eine Verabschiedung von der Schöpfungsordnung, eine Aushöhlung des Grundgesetzes und ein weiterer fataler Schritt in die Degeneration - im wörtlichsten Sinne des Wortes.

in: Der Spiegel 08.07.2000

Text 6: *Gegenpositionen zur Eingetragenen*
Lebenspartnerschaft: Christina[17] Schenk

Homo-Ehe – nein, danke?!

Selbstverständlich ist die Forderung nach Öffnung der Ehe für Lesben
und Schwule legitim – wie jegliche nach gleicher Teilhabe aller an
allem. Die Gleichheit der Rechte ist ein Grundprinzip jeder Form von
Demokratie, das nicht zur Disposition gestellt werden darf, will man
nicht Diskriminierungen den Weg ebnen. [...]
So berechtigt die Forderung nach Heiratsrecht für Lesben und Schwule
auch ist, so lebensfremd im wahrsten Sinne des Wortes ist sie zugleich.
Die Realität lesbischen, schwulen, bisexuellen, transgender und sons-
tigen Lebens war schon immer sehr viel vielfältiger, als daß sie sich
in das Korsett des Rechtsinstituts Ehe pressen ließe. Die Entwicklungen in jüngerer Zeit lassen immer deutlicher erkennen, daß auch
diejenigen, die heterosexuelle Beziehungen bevorzugen, zunehmend
weniger bereit sind, sich den Rahmenbedingungen, Folgewirkungen
und nicht zuletzt auch den Eigendynamiken der Ehe zu unterwerfen.
[...]
Im Zusammenleben von Heterosexuellen haben sich in den vergangenen Jahren gravierende Veränderungen vollzogen. Die Ehe ist
heute schon längst nicht mehr die lebenslange und unkündbare Verbindung zwischen Mann und Frau; in den Großstädten ist sie seit
geraumer Zeit nicht einmal mehr das dominierende Lebensmodell.
Stattdessen ist eine Vielzahl neuer Familienformen entstanden. Die
Bindungswirkung überkommener Konventionen und Moralvorstellungen läßt nach, und die sozio-ökonomischen Möglichkeiten, selbstbestimmt und authentisch zu leben, nehmen insbesondere für Frauen.
Es wächst die Zahl der sogenannten Patchworkfamilien, in denen
es »meine«, »deine« und »unsere« Kinder gibt. Man ist viel selbst-
verständlicher als je zuvor ganz bewußt auch ohne Trauschein zusammen. Man lebt hetero-, homo- oder bisexuell als Paar oder zu
mehreren oder allein – entweder mit Kind/ern oder ohne. Zuweilen
gibt es Beziehungen ohne einen gemeinsamen Haushalt. In der Regel
hat man nicht mehr nur die eine Beziehung im Leben, sondern es

---

17 | Christina Schenk hat ihren Vornamen 2006 gerichtlich in Christian ändern lassen.
Seine Schriften sind bibliografisch zumeist unter dem ehemaligen weiblichen Vornamen
Christina verzeichnet, der aus diesem Grund an dieser Stelle verwendet wird.

folgen mehrere nacheinander. Die Zahl der Alleinerziehenden wächst, aber auch die Zahl der Kinder, die von Co-Müttern und -Vätern mitbetreut werden. Immer mehr Menschen entscheiden sich, in Wohngemeinschaften zu leben statt in einer Zweierbeziehung. Oftmals sind die besten Freundinnen oder Freunde eine wichtigere Konstante im Leben als die Liebesbeziehung. [...]

In heutiger Zeit ist es nicht mehr akzeptabel, daß die Gesetzgebung die verschiedenen, a priori jedoch gleichwertigen Lebensformen moralisierend bewertet. Die Art und Weise, wie Erwachsene selbstverantwortlich ihre Beziehungen leben, geht den Staat nichts an. Alle Formen des Zusammenlebens, die das Selbstbestimmungsrecht anderer nicht verletzen, haben Anspruch auf gleiche Möglichkeiten der rechtlichen Ausgestaltung. Dabei muss das Leben mit Kindern und/oder Pflegebedürftigen selbstverständlich in besonderer Weise – materiell und ideell – unterstützt werden. Die Gleichstellung aller Lebensweisen ist nicht das Problem sogenannter Randgruppen oder Minderheiten, sondern sie schafft die Freiheit für jede und jeden, die eigenen Lebenszusammenhänge so authentisch wie möglich zu gestalten.

in: Christina Schenk: Einen neuen Kuchen backen, in: Ilona Bubeck: Unser Stück vom Kuchen? Zehn Positionen gegen die Homo-Ehe, Berlin: Querverlag 2000, S. 137-141.

B.   Quellen zum Thema »Echte und unechte Männer: Vorstellungen von Männlichkeit und Weiblichkeit bei der Konstruktion homosexueller Identitäten«

Text 7: *Magnus Hirschfeld zu Soldatenprostitution*

Wie schwer im homosexuellen Verkehr die Grenzen der Prostitution zu ziehen sind, zeigt nichts mehr als das Beispiel der mit Unrecht oft so benannten Soldatenprostitution. Solange es Krieger gibt, haben diese auf homosexuelle Männer eine besonders große Anziehungskraft ausgeübt, und auch unter den Soldaten selbst gab es stets eine erkleckliche Anzahl nicht nur selbst urnisch[1] veranlagter, die sich gern an Homosexuelle angeschlossen haben. Im allgemeinen pflegen sie es nur während ihrer Militärzeit zu tun, und ließen es schon dadurch zweifelhaft erscheinen, ob es sich wirklich um Prostituierte handelt, die von einer geregelten Arbeit nicht viel wissen mögen. Mit Recht wird gesagt, daß, wenn ein Heterosexueller aus Freundschaft, aus Dankbarkeit usw. ein Bündnis mit einem Homosexuellen eingeht, deshalb ein solches Verhältnis nicht mit einem prostitutiven gleichgestellt werden könne, zumal wenn für den Heterosexuellen ethische Momente, wie erzieherische Wirkung, Bildung seines Charakters, Förderung seiner Fähigkeiten usw. durch den günstigen, liebevollen Einfluß der Homosexuellen in Betracht kommen. Dies gilt für die Soldatenfreundschaft in ausgesprochenstem Maße.

Die Gründe, welche den Soldaten zum Verkehr mit Homosexuellen veranlassen, sind mannigfach; einmal der Wunsch, sich das Leben in der Großstadt etwas komfortabler zu gestalten, besseres Essen, mehr Getränke, Zigarren und Vergnügungen (Tanzboden, Theater) zu haben; dazu kommt, daß der oft sehr bildungsbedürftige Landwirt, Handwerker oder Arbeiter im Verkehr mit dem Homosexuellen geistig zu profitieren hofft; dieser gibt ihm gute Bücher, spricht mit ihm über die Zeitereignisse, und geht mit ihm ins Museum, zeigt ihm, was sich schickt, und was er nicht tun soll; das oft drollige Wesen des Urnings trägt auch oft zu seiner Erheiterung bei. Weitere Momente sind der Mangel an Geld oder an Mädchen, die dem Soldaten nichts kosten, die Furcht vor Geschlechtskrankheiten und die gute Absicht der daheim

---

1 | »urnisch« ist ein zeitgenössisches Adjektiv für homosexuell. Diese Terminologie lehnt sich an die griechische Mythologie an und beschreibt gleichgeschlechtlich begehrende Männer und Frauen als Anhänger des Gottes Uranos.

gebliebenen Braut treu zu bleiben, der man beim Abschied die Treue geschworen hat, und die in jedem »Schreibebrief« ängstlich an diesen Schwur gemahnt. [...] Man muß die Innigkeit solcher Beziehungen, den Stolz auf der einen, die Anhänglichkeit auf der anderen Seite oft zu beobachten Gelegenheit gehabt haben, um zu erkennen, daß die Vorstellung, welche wir mit dem Worte Prostitution verbinden, die Sache nicht deckt.

Auszug aus: Magnus Hirschfeld: Die Homosexualität des Mannes und des Weibes. Nachdruck einer Erstauflage von 1914, Berlin 1984, S. 730-731.

Text 8: *Der Homosexuellen-Aktivist Friedrich Radszuweit*
zu den Ursachen der Homosexualität

»Zu einem Aufklärungsvortrag über Homosexualität und § 175 hatte
gestern der Bund für Menschenrecht (Sitz Berlin) nach der Heinrichs-
brücke eingeladen. Eine starke, aus allen Kreisen der Bevölkerung zu-
sammengesetzte Besucherschaft hatte sich eingefunden. Und es muss
gesagt werden, der Vortrag, den ein Herr Radszuweit aus Berlin hielt,
bot eine feine und sachliche Aufklärung über das Gebiet der Homosexualität und deren natürlichen Zusammenhänge. Redner ging
von dem Haarmann-Fall in Hannover aus, der den Homosexuellen
großen Schaden zugefügt habe, da man irrtümlicherweise für die
sadistische Mordsucht Haarmanns die Homosexuellen verantwortlich machen wollte und will. Das sei grundfalsch. Der Homosexuelle
neige nicht zur Rohheit, ja, seine Seele sei nicht so robust, wie oftmals
die eines anderen Menschen. [...] Die Homosexualität sei kein Laster
und keine Angewohnheit, sondern den betreffenden Menschen mit in
die Wiege gegeben. Und wenn man ob dieser Veranlagung jemanden
anklagen wolle, dann müßte man die Natur anklagen [...]. Der homosexuelle Mann sei aber kein richtiger Mann, seine Seele sei weiblich.
Er könne deshalb auch keine Zuneigung zum Weibe haben, sondern
neige in seinen Empfindungen zum Manne [...]. Nicht die äußerlichen
Merkmale seien wesentlich, sondern das Empfindungsleben.«

in: *Die Insel* Jg.2, Nr. 2 (14.11.1924), S. 1

C. Quellen zum Thema Parasiten und Warzen: Zum Umgang mit der männlichen Prostitution

Text 9: *Denkschrift des Reichsjustizministeriums zur männlichen Prostitution*

Der männlichen Prostitution muß – darüber besteht allgemeines Einverständnis – mit allen Mitteln begegnet werden. Sie ist eine Brutstätte des Verbrechertums und des Verbrechens; gerade sie fördert die gleichgeschlechtliche Unzucht, auf sie fallen in erster Linie die schweren Schäden zurück, die mit der gleichgeschlechtlichen Unzucht im Zusammenhange stehen. Zur Bekämpfung der männlichen Gewerbsunzucht genügt es nicht, ihren Betrieb unter Strafe zu stellen; der Nachweis dafür ist schwer zu erbringen. Die Strafbarkeit muss schon bei der Vorbereitungshandlung einsetzen. Das Treiben der Personen, die sich zu dieser Gewerbsunzucht anbieten oder bereiterklären, ist eine fortgesetzte Versuchung für den, welcher zur gleichgeschlechtlichen Unzucht neigt; es bildet sich darüber hinaus die Quelle schwersten Ärgernisses und eine besondere Gefahr für die öffentliche Sittlichkeit. Mit einer Strafandrohung gegen die Vorbereitungshandlungen erhält zugleich die Verwaltungsbehörde die Möglichkeit, vorbeugend einzugreifen und die männlichen Prostituierten von der Straße und den öffentlichen Lokalen zu entfernen. [...] Die Gewerbsunzucht ist[...] durch die Umgebung des Täters bedingt; die Großstädte vor allem sind es, in denen dieses Unwesen wuchert. Die zwangsweise Entfernung des Täters aus dieser Umgebung bildet daher ein besonders wirksames Mittel, Rückfällen entgegenzutreten.

Reichsjustizministerium (Hg.): Entwürfe zu einem Deutschen Strafgesetzbuch. Dritter Teil: Denkschrift zu dem Entwurf von 1919, Berlin 1920, S. 270 – 271.

Text 10: *Die Haltung der Homosexuellen-Bewegung zur männlichen Prostitution*

Männliche Prostitution ... soll sie bestraft werden?

Über die Bestrafung der männlichen Prostitution ist in der letzten Zeit eine öffentliche Diskussion entstanden, und zwar deshalb, weil in dem neu zu schaffenden Reichsstrafgesetzbuch Bestimmungen enthalten sind, die die männlichen Prostituierten mit den schwersten Strafen belegen wollen.

Vom rein menschlichen Standpunkt aus betrachtet erscheint es natürlich als ein Unrecht, daß die männlichen Prostituierten bestraft werden sollen, während für die weiblichen Prostituierten keinerlei Strafen vorgesehen sind. Bei der Betrachtung der Prostitution muß man von dem Standpunkt ausgehen, daß der Staat schon von vornherein den Geschlechtsverkehr seiner Bürger in zwei Klassen einteilt, und zwar in eine strafbare und in eine nicht strafbare Handlung. Der Geschlechtsverkehr zwischen erwachsenen Männern ist laut § 175 strafbar und folgerichtig muß dann natürlich auch die männliche Prostitution betraft werden, da ihre Handlungen ja ohne weiteres gegen das Gesetz verstoßen. Diesen Gedankengang mögen die Gesetzgeber wohl verfolgt haben, als sie die neuen Paragraphen zur Bestrafung der männlichen Prostitution schufen und von diesem Standpunkt aus betrachtet erscheint die Bestrafung der männlichen Prostitution als gerechtfertigt. [...]

Der Bund für Menschenrecht als Interessenvertretung der homosexuellen Menschen Deutschlands, hat in einer Denkschrift an den Reichstag Straffreiheit für alle homosexuellen Handlungen, die zwischen erwachsenen Männern vorgenommen werden, gefordert, und außerdem als Forderung 5 die Bestrafung der gewerbsmäßigen männlichen Prostitution aufgestellt. Wie schon gesagt, mag dieses vom menschlichen Standpunkt aus unrichtig sein, vom Standpunkt der Homosexuellen aus ist diese Forderung aber voll und ganz berechtigt. In der Monatsschrift »Menschenrecht« Aprilausgabe, sind die Zahlen von Erpressungen und Erpressern genannt, die sich aus der gewerbsmäßigen Prostitution rekrutieren, und diese Zahlen allein rechtfertigen schon unsere Forderung. Aber die Homosexuellen haben auch noch andere Gründe, wenn sie die Bestrafung der gewerbsmäßigen männlichen Prostitution fordern. [...]

Es wird behauptet, mit der Forderung, die der Bund in bezug auf die männliche Prostitution aufgestellt hat, werden die Proletarierjungen den reichen, vollgefressenen Homosexuellen zur Ausbeutung ausgeliefert. Diese Behauptung ist sinnlos. Wenn sich der Prostituierte aus Not auf die Straße begibt, so wird niemand, der ihn zu einer Handlung haben will, den Jungen ausbeuten, sondern, wenn der Junge anständig ist, dann wird der andere Teil immer freigebig sein und ihm ein Geschenk machen, soweit er dazu in der Lage ist. Sollte aber ein Junge tatsächlich ausgebeutet werden (was ja in einzelnen Fällen vorkommen kann) und wiederholt ohne Bezahlung eine Handlung mit einem anderen vorgenommen hat, so wird er sich vielleicht eines besseren besinnen. Er wird nach anderen Arbeitsmöglichkeiten suchen um Geld zu verdienen und wird sich der Prostitution abwenden. Es wäre im Interesse der öffentlichen Reinlichkeit sehr wohl zu wünschen, daß gerade die gewerbsmäßigen männlichen Prostituierten, die sich seit Jahr und Tag aus reiner Arbeitsunlust diesem Gewerbe obliegen, in der vorhin erwähnten Weise ausgebeutet würden, denn dann würden sie zu der Erkenntnis kommen, daß ehrliche Arbeit doch besser ist, als sich gewerbsmäßig zu verkaufen.

U.E. wird durch eine Bestrafung das Angebot an männlicher Prostitution nachlassen und auch die reichen Homosexuellen, die sich heute alles für ihr Geld kaufen können, werden nicht so leicht ihre Opfer finden wie das jetzt der Fall ist. Die jungen Leute, die sich ziel- und wahllos verkaufen, werden, wenn ein Strafgesetz besteht, mit dem Verkauf ihres Körpers etwas vorsichtiger sein, und die dauernden Nachfrager nach der männlichen Prostitution werden vielleicht zu der Erkenntnis kommen, daß es ratsamer sei, sich einen Freund zu suchen, mit dem sie gefahrlos verkehren können, als wie mit solchen Burschen, deren Handlungen unter das Strafgesetz fallen. [...]

Friedrich Radszuweit: Männliche Prostitution...soll sie bestraft werden? In: Das Freundschaftsblatt 7. Jahrgang, Nr. 18 (03.05.1929), S. 1-2.

Text 11: *Darstellung männlicher Prostituierter in den Medien*

Die Unappetitlichen

Der Gesellschaftskörper hat, wie der lebendige Leib, seine Parasiten, Warzen, Polypen, Grützbeutel und andere schöne Auswüchse, die sich illegitim außen oder innen auf der Haut festsetzen und von den Säften leben, die ihnen nicht zukommen. Man sollte sie rechtzeitig mit einem energischen Eingriff und ohne Angst vor dem kleinen Schmerz beseitigen. Zwei Typen, mehr zu den schleimigen Polypen als zu den ehrlichen Warzen oder komischen Grützbeuteln gehörig, standen kürzlich vor ihren zuständigen Richtern, geleckte, glatte, ältere Jünglinge, gut gebügelt, an Scheitel, an Zeug, Schuhen und äußerer Aufmachung beide tadellos und für das gute Geld anderer Menschen nach der neuesten Mode equipiert, innerlich völlig verkommen und vergammelt.

Nummer eins, Erpresser, selbstverständlich Nichtstuer, es sei denn, daß man seine passive Tätigkeit auf dem männlichen Strich als Arbeit bezeichnen will. Ein Unglückswurm von kaufmännischem Angestellten hatte sich mit diesem 26jährigen Burschen eingelassen und saß nun in der Zange. Unmittelbar nach genossenem Vergnügen mußte er zunächst einmal mit 50 Mk. Honorar herausrücken, was vielleicht noch im Rahmen der gültigen Tarife lag. Aber dann verlangte der »Freund« auf einen Anhieb 380 Mark, obschon der andere, der ehrlich arbeiten mußte, um zu leben und lieben zu können, im Monat bloß 340 Mark verdiente. Als die Summe verweigert wurde, setzte der Zünftige mit Drohungen ein, er werde der Schwester, dem Chef Mitteilung machen und der andere werde dann »unmöglich« werden. In der Not tut man manchmal das Richtige. Hier tat es der Erpreßte, indem er gegen den Strichjungen Anzeige erstattete, worauf dieser in behördliche Obhut genommen wurde. Vor dem Richter spielte er jetzt mit weinerlicher Stimme den Reuigen, was ihm aber nicht viel half; denn das Urteil lautete wegen Erpressung auf 1 Jahr, 6 Monate Gefängnis. Mit vollem Recht betonte dabei der Richter Letz, daß es sich hier um einen gemeingefährlichen Erpresser handle, der mit aller Schärfe angefasst werden müsse. Denn gerade durch solche Verbrecher würden die Opfer in ihrer Angst oft genug zu Unterschlagungen, Diebstählen und anderen Unredlichkeiten getrieben, um nur das verlangte Geld aufzubringen. [...]

Zeitungsartikel aus den Hamburger Nachrichten, abgedruckt in der Homosexuellen-Zeitschrift »Das Freundschaftsblatt« 8. Jahrgang, Nr. 3 (16.01.1930), S. 1-2.

Verliebte Jungs, verliebte Mädchen

Liebe und Sexualität in aktuellen Texten der Kinder- und Jugendliteratur

Petra Josting

1. LITERATURDIDAKTISCHE ÜBERLEGUNGEN

Liebe und Sexualität sind verbreitete Motive in der Literatur und deshalb Gegenstand des Deutschunterrichts. Zum Literaturkanon der Oberstufe gehören Texte wie *Effi Briest* (2013; 1896) von Theodor Fontane mit der Protagonistin Effi, die auf Wunsch ihrer Eltern den wesentlich älteren Baron von Innstetten heiratet und später in ihrer Einsamkeit eine leidenschaftliche Affäre mit dem Major von Crampas eingeht. Kanonisch ist auch Bernhard Schlinks Roman *Der Vorleser* (2009; 1995), in dem anfangs die erotische Beziehung des Ich-Erzählers Michael Berg zu der 21 Jahre älteren Hanna Schmitz im Mittelpunkt steht. Die Themen Liebe und Sexualität haben aber nicht nur in den klassischen Printmedien, sondern bei Heranwachsenden auch in beliebten Serien und Filmen einen hohen Stellenwert, weil sie in dieser Lebensphase für die Identitätsbildung von zentraler Bedeutung sind. Welche Vorstellungen, Erwartungen verbindet der / die Einzelne mit Liebe? Welche Gefühle gehören dazu, wie artikuliert man Zuneigung, was bedeutet Trennung? Und ganz grundsätzlich: Was ist überhaupt Liebe? Eine Passion, ein Boogie-Woogie der Hormone, pure Begierde, Glück, Krankheit etc.? Die Definitionen sind vielfältig.

Diese und andere Fragen interessieren nicht nur Oberstufenschüler_innen, sondern sind bereits mit Beginn der Pubertät von Bedeutung. Neuere empirische Studien zeigen, dass das Verlieben schon bei etlichen Kindern im Kindergarten- und Grundschulalter zum »festen Erlebnisbestand« (Leidinger 2003: 54) gehört, sodass viel dafür spricht, die Thematik im Deutschunterricht in unterschiedlichen Klassenstufen aufzugreifen und auch Kinder- und Jugendliteratur (KJL) heranzuziehen. Aus literaturdidaktischer Sicht hat Hurrelmann

(2002: 143f.) in Anlehnung an Rosebrock drei Gründe für den Einsatz von KJL im Literaturunterricht benannt, die für den Komplex Liebe/Sexualität genauso relevant sind wie für andere Themenkomplexe. KJL ist erstens eine *Themenlieferantin*, die aus entwicklungspsychologischer Sicht auf die eingangs formulierten Fragen wie natürlich weitere zumindest teilweise Antworten geben kann und aus soziologischer Sicht sogenannte Mitgliedschaftsentwürfe in der Gesellschaft anbietet (vgl. Hurrelmann/Ulich 1998: 12ff.). Dazu gehören selbstverständlich im Sinne von Diversity auch Fragen sexueller Vielfalt und die Infragestellung der gesellschaftlich konstruierten Zweigeschlechtlichkeit. KJL dient zweitens der *Leseförderung* im Sinne der Steigerung der Lesemotivation – nicht Lesefähigkeit! –, was jedoch bekanntermaßen nicht nur vom Inhalt abhängt, von dem die Heranwachsenden sich angesprochen fühlen müssen, sondern gleichfalls von der Gestaltung der Texte. Spannung und Komik sind z.B. wichtige Kriterien, um (nicht nur junge) Leser_innen zu gewinnen. KJL zum Thema Liebe/Sexualität eignet sich drittens für *literarästhetisches Lernen* (vgl. Spinner 2006), also für eine der zentralen Aufgaben des Literaturunterrichts.

Ästhetisch reichhaltig sind Texte, die mehrdeutig sind, zum Fragen anregen und helfen, das Unbewusste in uns zu formulieren. Das sind sehr allgemeine Aussagen, und selbstverständlich kann es für kein Thema einen abzuhakenden Kriterienkatalog geben. Gleichwohl bleibt zu fragen, welche Bücher zu empfehlen sind. Wie plastisch soll zumindest für Jugendliche Sexualität geschildert werden, ohne pornografisch zu sein? Wann werden Grenzen überschritten? Sind vielleicht Andeutungen und Subtiles besser, um mehr Freiraum für eigene Gedanken, Gefühle und Phantasie zu haben? Soll/kann es überhaupt noch um Aufklärung gehen, wenn es im Internet oder Fernsehen längst keine Tabus mehr gibt? Im Folgenden werden einige *aktuelle* Bücher zum Thema Liebe/Sexualität vorgestellt. Gemeint sind damit zum einen Bücher neueren Erscheinungsdatums; aktuell meint aber zum anderen auch solche Titel, die älteren Datums sind, gleichwohl aber archetypischen Charakter haben, weil sie Wünsche, Ängste, Probleme, Sehnsüchte etc. aufgreifen, die Kinder und Jugendliche ansprechen. Außen vor bleiben Liebe zu Haustieren sowie der sexuelle Missbrauch. Doch soll zunächst zur besseren Verortung aktueller Titel ein kurzer Blick in die Geschichte des Themas in der KJL geworfen werden.

2. DAS THEMA LIEBE UND SEXUALITÄT IN HISTORISCHER PERSPEKTIVE IN DER KJL

Der folgende skizzenhafte Rückblick bezieht sich auf die Entwicklung in der BRD und im vereinten Deutschland. Aufgrund fehlender Überblicksdarstellungen bleibt die DDR unberücksichtigt. Richter wies allerdings darauf hin, dass das Thema Liebe/Sexualität in der DDR weniger an die Gattung Mädchenbuch gebunden war als im Westen und dass es in den 1970/80er-Jahren eine Reihe von Bestsellern im Bereich des Jugendbuches gab, die Trends und Veränderungen in Sachen Darstellung von Erotik und Sexualität sehr gut spiegeln (vgl. Richter 2010). In Westdeutschland ist das Thema wie gesagt traditionell und bis in die 1970er-Jahre hinein vor allem in der sogenannten traditionellen Mädchenliteratur vorzufinden, wie sie z.B. in Form der Backfischliteratur seit dem 19. Jahrhundert bekannt ist und in Form von Serien wie *Trotzkopf* von Emmy von Rhoden, *Nesthäkchen* von Else Ury oder *Pucki* von Magda Trott auf den Markt kamen. Dem Mädchen bzw. Backfisch begegnet ein Mann, der schnell die große Liebe wird, es gibt Missverständnisse oder Prüfungen, aber letztlich immer ein Happy End. Sexualität wird nicht weiter erwähnt oder erläutert, sie tritt wenn überhaupt in Form heftiger Küsse auf und dient natürlich nur der Fortpflanzung (vgl. Wenke 1995: 211), ansonsten ist sie ein Tabu. Das bevorzugte Männerbild in der traditionellen Mädchenliteratur ist der reife, selbstsichere Männertyp, eine Mischung aus Vater und älterem Bruder, der die Protagonistin nicht in Versuchung führt. Vereinzelt tritt in der Adenauer-Ära Grenz zufolge, die die mädchenliterarischen Männerbilder »verlässlicher Männertypus«, »Verführer« und »Märchenprinz« unterscheidet (vgl. Grenz 2010: 354ff.), zwar der Typus des Verführers auf, also der erotisch-attraktive, aber charakterlich schwache Mann, auf den sich die Protagonistin auch einlässt, doch wird ihr Verhalten nicht moralisch bewertet und ihre Abwendung vom Verführer als Teil des adoleszenten Identitätsfindungsprozesses erzählt (vgl. ebd.: 365).

Mit dem um 1970 einsetzenden Formen- und Funktionswandel der KJL in der BRD, ausgelöst durch gesellschaftliche und politische Reformprozesse auf breiter Ebene, löst sich die Literatur für Heranwachsende zunehmend aus ihren pädagogischen Schonräumen, erhebt den Anspruch, kindliche und jugendliche Lebenswelten zu spiegeln, greift entsprechend neue Themen und Darstellungsmuster auf.[1] Zum einen finden sich Bücher, die sich auflösende, zerrüttete Familienverhältnisse beschreiben. Liebe ist hier ein Thema der Eltern, das auch die Kinder betrifft. Die Liebe zerbricht, Eltern trennen sich, lassen sich scheiden, sind neu verliebt, Patchworkfamilien entstehen.

---

1 | Vgl. dazu die Zeitschrift kjl&m 67 (2015) Heft 1 mit dem Themenschwerpunkt *Innovationen auf allen Ebenen: Kinder- und Jugendliteratur in den 1970er-Jahren.*

Die Protagonisten müssen die Auflösung der Familie verarbeiten, sind oft zwischen Vater und Mutter hin- und hergerissen, zudem stellen die neuen Lebenspartner der Eltern und deren Anhang Reibungspotenzial dar. Wie in der KJL mit den neuen Familienverhältnissen umgegangen wird, hat Minges in ihrer Dissertation *Patchworkfamilien in der KJL der Gegenwart* (2010) dargestellt. Untersucht wurden Bücher von so bekannten Autoren wie Paul Maar, Kirsten Boie, Alexa Hennig von Lange oder Cornelia Funke. Meistens haben die untersuchten Romane, die mehrheitlich nach 2000 erschienen, ein offenes Ende, überwiegend sind die Protagonisten weiblich, woraus der Schluss gezogen werden kann, dass es sich bei diesen Texten weitgehend um Mädchenliteratur handelt.

Zum anderen kommen im Zuge des Formen- und Funktionswandels um 1970 aber auch vermehrt Titel auf den Markt, in denen die kindlichen und jugendlichen Protagonisten verliebt sind. Es liegen zwar noch keine umfassenden Studien vor[2], doch hat es den Anschein, dass in den 1970er-Jahren diese Bücher mit dem Thema *Liebe* weitgehend ebenfalls Mädchenlektüren sind. Eine wichtige Rolle spielte Christine Nöstlinger mit ihren berühmten Mädchenbüchern wie z.B. *Ilse Janda, 14* (2006; 1974) oder *Pfui, Spinne* (2003; 1980). Diese und viele andere Bücher sind geprägt von der Frauenbewegung und damit dem emanzipatorisch-soziologischen Diskurs der 68er-Generation (vgl. Grenz 2010: 367). Auffallend ist eine neue Sexualmoral, sexuelle Erfahrungen sind selbstverständlich und losgelöst von Vorstellungen an dauerhafte Beziehungen wie die Ehe. Sabine Keiner spricht von einer sogenannten emanzipatorischen Mädchenliteratur und stellt u.a. fest, dass sich die meisten Autor_innen vom Bild einer romantischen Liebe verabschiedet haben (vgl. Keiner 1994: 145f.). Liebesbeziehungen sind kein »allein glücksbringender ›Schonraum‹« (ebd.: 146) mehr wie in der traditionellen Mädchenliteratur, sondern hängen von gesellschaftlichen, politischen und psychosozialen Bedingungen ab, ganz stark auch von der eigenen Persönlichkeitsstruktur. So wird in dieser Literatur deutlich, dass Liebe voraussetzt, dem anderen Freiräume zuzugestehen, und sie ist mit unterschiedlichsten Emotionen verbunden: Freude, Glück, Trauer, Angst, Unsicherheit, Eifersucht, Enttäuschung etc. All den heterosexuellen Beziehungen, die in dieser Mädchenliteratur geschildert werden, liegt ein partnerschaftliches Lebensmodell zugrunde, das traditionelle Geschlechtervorstellungen hinterfragt. Das ›Erste Mal‹ wird vielfältig dargestellt, von Ernüchterung bis zum »euphorischen Erlebnis« (ebd.: 148), »Träume und Phantasien mit sexualisierten Inhalten« (ebd.: 147) findet man dagegen kaum. Selten anzutreffen sind in diesen Jahren noch lesbische

---

2 | Vgl. als ersten Überblick z.B. Schmidt-Dumont (1994); zu aktuellen Tendenzen Ewers (2011) sowie die Zeitschrift kjl&m 62 (2010) Heft 1 mit dem Themenschwerpunkt *Wenn Amors Pfeil getroffen hat ... Liebe in der KJL.*

Beziehungen oder die Darstellung von Masturbation, wie sie dann später z.B. in dem Debütroman *Relax* (2001; 1997) von Alexa Hennig von Lange eine zentrale Rolle spielt.

Grundlegende Veränderungen sind seit den 1980er-Jahren zu verzeichnen. In Jugendbüchern zum Thema Liebe oder genauer gesagt zu ›Erste Liebe‹ und Sexualität gibt es nun zunehmend auch männliche Protagonisten. Diese Entwicklung hängt u. a. mit der großen Verbreitung des Adoleszenzromans innerhalb der Jugendliteratur zusammen, der zunächst in Form von Übersetzungen aus Amerika und Skandinavien auf den deutschen Markt kommt. Ein frühes Beispiel und Klassiker ist der *Fänger im Roggen* von Jerome Salinger (dt. EA 1954). In diesem wie in anderen Adoleszenzromanen geht es um Identitätskrisen und Identitätssuche, um die Ablösung von der Herkunftsfamilie, an deren Stelle die Peergroup tritt, den Aufbau eines eigenen Wertesystems, Liebe/erste sexuelle Erfahrungen (vgl. u. a. Gansel 2010). Liebe und Sexualität sind in den Adoleszenzromanen also ein Thema neben anderen. Wichtige und noch heute lesenswerte Autor_innen sind beispielsweise der Schwede Mats Wahl und die Schwedin Inger Edelfeldt, die mit ihrem Jugendroman *Jim im Spiegel* (1998; 1985) als eine der ersten Homosexualität zum Thema machte. Edelfeldt zeigt die Entwicklungsgeschichte bzw. Coming-Out-Geschichte eines Jungen auf, der schwul ist, zunächst an sich zweifelt, seine inneren Widerstände ablegt, dann aber seine Homosexualität glücklich lebt. Die Frage nach dem Warum ist nicht sein Problem, sondern das seiner Umwelt.

Nicht nur Mitte der 1990er-Jahre wird in einer ersten größeren Untersuchung von jugendliterarischen Texten zur Homosexualität die überwiegend problemorientierte Darstellung von Jungen- und Mädchenpaaren kritisiert (vgl. Dethloff 1995), was ja durchaus noch mit der allgemeinen gesellschaftlichen Wahrnehmung korrespondierte. Auch neuere Untersuchungen zur lesbischen Liebe, die sich auf einen größeren Textkorpus der 1990er-Jahre bis 2004 beziehen, zeichnen insgesamt kein positives Bild. So heißt es z.B. in einer Studie von 2008 im Hinblick auf die untersuchten Romane:

»Während verbal ständig beteuert wird, dass es nicht schlimm und ganz normal sei, lesbisch zu sein, werden den Leserinnen gleichzeitig die durchweg schlimmen, bedrückenden und unnormalen Lebensumstände lesbischer jugendlicher Heldinnen vorgeführt: Einsamkeit, Verzweiflung, Außenseitertum, Liebeskummer, Ausgrenzung, verständnislose und unglaubhaft verständnisvolle Eltern, verräterische Freundinnen, spottende Klassenkameraden, zynische Lehrer, Selbstzweifel und Zukunftsängste.« (Gries 2008: 327)

In eine ähnliche Richtung argumentieren Kadasch/Lommatzsch (2013: 278), die zudem darauf verweisen, dass sich die in den Gender Studies und der Queer Theory geführten »Diskussionen um semantisch offene und zeitlich instabile Identitätsentwürfe« (ebd.: 126) in der deutschen Jugendliteratur nicht finden.

Die bisherigen Ausführungen bezogen sich auf Jugendliteratur. Die Erste Liebe ist aber im Zuge des Formen- und Funktionswandels der KJL auch Thema der Kinderliteratur, so in Peter Härtlings Kinderroman *Ben liebt Anna* (2011; 1979), in dem konsequent aus der Perspektive des neunjährigen Ben vom Verliebtsein erzählt wird. Das Buch ist inzwischen ein Klassiker und wird in Schulen nach wie vor gern unter dem Aspekt Migration/Aussiedler behandelt, wobei aus heutiger Sicht eine Vielzahl von Stereotypen auffällt, weshalb von der Klassenlektüre abzuraten ist. Als Liebesgeschichte zwischen einem Jungen und einem Mädchen ist das Buch jedoch literaturhistorisch bedeutsam, weil hier erstens sozusagen modellbildend der psychologische Kinderroman als neue Gattung eingeführt wird und weil zweitens erstmals in der Kinderliteratur das Thema *Erste Liebe* im Mittelpunkt steht.

3. AKTUELLE TITEL IN EINEM VIELFÄLTIGEN GATTUNGSSPEKTRUM

Das Thema Liebe/Sexualität ist mittlerweile nicht nur in der Mädchenliteratur, im Adoleszenz- und Kinderroman präsent, sondern in vielen anderen Gattungen, was im Folgenden ohne Anspruch auf Vollständigkeit nur skizziert wird. Im Bereich neuerer Bilderbücher ist *Papierschiff ahoi!* (2009) von Luján/ Friese hervorzuheben, zu dem ein Unterrichtsmodell von Oeste (2010) für die Klassen 2-4 vorliegt (vgl. Abb. 1 u. 2).

Abbildung 1

Ein Mädchen sitzt in der Badewanne, begibt sich auf das selbst gefaltete Papierschiff, das aufzuweichen droht. Es gerät in einen Sturm und landet im vorletzten Bild in den Armen eines Freundes am Steg, nach dem es sich offenbar die ganze Zeit über sehnt. Im letzten Bild ist die leere Badewanne zu sehen.

Das literarästhetisch überzeugende Bilderbuch bietet viel Raum, um über die Gefühle des Mädchens nachzudenken. Der Schluss lässt unterschiedliche Deutungen/Vorstellungsbilder zu: Sie ist tatsächlich in den Armen des Freundes gelandet. Oder alles war nur der Traum eines kleinen Mädchens, das nun im Bett liegt und schläft.

Abbildung 2

Sehr unterschiedlich aufgenommen von der Kritik wurden Bilderbücher zum Thema Homosexualität, u. a. mit dem Argument, das sei verfrüht. Das erste überhaupt stammt von dem Bilderbuchforscher Thiele, der 2004 *Jo im roten Kleid* (2004) vorlegte und sich selbst zum Produktionsprozess äußerte. Er wies darauf hin, dass das Bilderbuch nicht länger als eine von gesellschaftlichen Entwicklungen losgelöst zu sehende Spezialkunst für Kinder anzusehen ist – niedlich, schön, lieblich etc. –, sondern als »Teil einer lebendigen, visuellen und sozialen Kultur über Grenzen hinweg.« (Thiele 2011: 129)

Die Rahmenerzählung des nicht nur thematisch, sondern auch gestalterisch äußerst innovativen Bilderbuches *Jo im roten Kleid* ist als Dialog angelegt: Ein Erwachsener unterhält sich mit einem Kind, was er machen würde, wenn er heute ein Kind wäre; beide Figuren sind als Scherenschnitte entworfen. Thiele selbst sieht eine Interpretationsmöglichkeit darin, dass ein Junge auf der Suche nach Identität mit einem Kleid vor dem Spiegel dargestellt wird, vorn nur die Silhouette sichtbar, im Spiegel (!) das Gesicht, eine Coming-Out Geschichte; als künstlerisches Mittel fiel die Wahl auf die Collagetechnik (Abb. 3). Aber auch andere Lesarten sind möglich, das rote Kleid kann ebenso als Metapher für alle Formen des Unangepasstseins stehen (vgl. Thiele 2011: 121).

»Liebe im Kinderbuch ist stets als eine emotionale Zuneigung zu einem Menschen außerhalb des familialen Umfeldes zu begreifen« (vgl. Giesa 2010, 33). Ähnlich wie Härtlings *Ben liebt Anna* haben in späteren Jahren andere Autoren das Thema aufgegriffen. Schilcher kommt in ihrer Untersuchung der Kinderliteratur der 1990er-Jahre zu dem Ergebnis, dass in einer ersten Phase das Interesse am anderen Geschlecht immer von Heimlichkeit begleitet sei,

auch einer gewissen Scham. In der zweiten Phase gehe es dann um Paar-
bildung, man will mit dem anderen gehen, um diese Beziehung von anderen
Freundschaften abzugrenzen und erwachsen zu wirken (vgl. Schilcher 2001:
219). Sind Mädchen verliebt, so gehen sie im Unterschied zur klassischen
Mädchenliteratur zielstrebig auf den Auserwählten zu (vgl. ebd.: 222). Der
Kuss auf den Mund sei die äußerste Grenze der körperlichen Annäherung,
Sexualität komme nur insofern gelegentlich zur Sprache, als die Kinder mit
Scham über die Sexualität ihrer Eltern nachdenken (vgl. ebd.: 299ff.).

Abbildung 3

An dieser Darstellungsweise hat sich im Kinderbuch der Gegenwart kaum etwas
verändert (vgl. Giesa 2010: 38f.). Was allerdings auffällt, ist die humoristische
Brechung der Liebesmartyrien, denen die Kinder ausgesetzt sind, die in der
schwedischen Kinderliteratur schon früher als in der deutschen zu finden
sind. Sehr bekannt sind die aus Schweden kommenden *Sune-* und *Bert*-Bücher
von Anders Jacobsson und Sören Olsson, die alle um das Thema Jungen
und Liebe kreisen. Über zwanzig *Sune*-Bücher sind mittlerweile erschienen,
die auch als Real- und Zeichentrickfilm vorliegen, Lieder wurden dazu ge-
schrieben, Hörfassungen gestaltet und Computerspiele dazu entworfen, ein
großer Medienverbund also. Aus der gemeinsamen Arbeit des Autorenduos an
den *Sune*-Büchern, im Deutschen *Niklas*, entstand schon bald eine neue Figur,

die noch erfolgreicher wurde: der Tagebuch schreibende Bert, der zunächst in die 5. Klasse geht (vgl. Jendis 2010).

Anders als im Kinderbuch spielen Sexualität, Lust und Leidenschaft in Liebesromanen für Jugendliche eine große Rolle, wie aktuellen kleineren Studien von Lexe (2010), Ewers (2011) und Knödler (2011) zu entnehmen ist. Fast immer geht es im jugendlichen Liebesroman um das Erste Mal, zumindest für einen der Partner. In diesem Zusammenhang macht Lexe darauf aufmerksam, dass die Jugendliteraturforschung die Gattung Liebesroman gar nicht kennt (vgl. Lexe 2010:6), weshalb sie auf Ausführungen der allgemeinen Literaturwissenschaft zurückgreift, wonach klassische Liebesromane (auch) für Jugendliche ein spezifisches Handlungsmuster aufweisen: Zwei lernen sich kennen (1), es treten Hindernisse/Krisen auf (2), wobei gern das Romeo & Julia-Motiv übernommen wird, aber anstelle verfeindeter Familien stehen den Liebenden unterschiedliche Schichtzugehörigkeiten, Kulturen oder Wesens-unterschiede (wie z.B. in der *Twilight*-Serie von Stephenie Meyer) im Wege. Im dritten Handlungsschritt kommen die Protagonist_innen entweder zu-einander oder aber Krankheit oder Tod verhindern ein Zusammenkommen (vgl. ebd.: 7). Weitere gattungstheoretische Überlegungen legte Ewers vor, der angesichts der Vielzahl von Texten zum Ersten Mal vom »Erste-Liebe-Roman« als Genre der Jugendliteratur spricht, der sowohl homo- als auch heterosexuelle Beziehungen thematisiert; diese Literatur handele »vom Zustandekommen einer Liebesbeziehung, von deren Vollzug bis hin zur sexuellen Vereinigung und von der anschließenden Wiederauflösung der Beziehung und Trennung« (Ewers 2011: 107). Dabei unterscheidet er zwei Ausprägungen: erstens den »prototypischen Erste-Liebe-Roman«, der den Anspruch erhebt, eine proto-typische Liebesbeziehung zu schildern, Wissen in Sachen Sex, Verhütung, Aids, eventuell auch Schwangerschaftsabbruch, Trennung, Liebeskummer zu vermitteln (vgl. ebd.: 107f.). Vom prototypischen Erste-Liebe-Roman unterschieden wird der »individualisierende Erste-Liebe-Roman« (ebd.: 108). In diesen Texten steht nicht die erste Liebe an sich im Vordergrund, sondern alles ist auf die Charaktere fokussiert, die sie erleben (vgl. ebd.: 108). In vielen Fällen handelt es sich um Adoleszenzromane, in denen die Identitätssuche und Identitätskrisen im Mittelpunkt stehen, aber auch erste Liebeserfahrungen und Sexualität eine Rolle spielen. Am Ende steht oft eine Trennung oder das Ende ist offen. Ein lesenswertes Beispiel ist *Busfahrt mit Kuhn* (2007; 2004) von Tamara Bach, die filmisch erzählt und durchgängig auf Musik als zentralen intertextuellen Bezug zurückgreift, der die jeweils aktuellen Gefühle der Protagonistin spiegelt.

Eine Frage, die erwachsene Kritiker_innen bewegt, ist die nach der an-gemessenen Sprache. Darf Jugendliteratur pornografisch sein, also sexuell erregen? Beispielhaft hat sich zu dieser Frage Knödler mit dem Roman *Doktor-spiele* (2009) des Poetry-Slamers Jaromir Konecny befasst, der in der Presse etwas abfällig als »Dr. Sommer der Jugendliteratur« oder auch »Sexbuch-Autor« bezeichnet wurde (Knödler 2011: 83), dem Jugendliche aber nachsagen, überzeugend die Jugendsprache eines 16-jährigen Teenagers zu imitieren (vgl. ebd.: 82).

In *Doktorspiele* erfahren wir z.B. aus der Sicht von Andi:

»[...] Als Sechzehnjähriger kennst du die Möse in- und auswendig. Wie 'ne Möse ausschaut, ist für mich echt kein Geheimnis. Ich hab im Web ja schon Hunderttausende Mösen gesehen, in all ihren Arten und Abarten – haarig, ein bisschen frisiert und ganz rasiert, kleine süße Zuckerschnecken und große lappige Medusen, die hungrig herumschnappen: schnapp, schnapp! Die sind ja noch ganz hübsch, schlimm aber sind die Plastikmösen ohne Gesicht – die sind der Grund dafür, dass du dir diese Sachen irgendwann nie mehr anguckst. Mösenbilder werden im Web wie Tomaten verkauft – kiloweise und ohne Liebe! Nur die lebendige Möse blieb für mich wie der Mond für 'nen Astronomen, jedes Stück davon schon am Bild gesehen, doch noch nie in das gelobte Land gereist!« (Konecny 2009: 44f.)

»[...] Um mich zu zerstreuen, fing ich an, mich mit meinem Pimmel zu unterhalten. Ich versuchte dabei, an etwas anderes zu denken als Lillis nackten Körper – echt! Irgendwie gehörte es sich nicht, Lilli zu einer Wichsvorlage im Kopf zu machen. Aber an was sonst sollte ich denken, verdammt? Wollte ja nicht untreu sein! Trotzdem kam mir das Wichsen mit dem Bild von Lilli im Hirn wie eine Vergewaltigung vor – sie wusste ja nichts davon. [...] Ich kletterte also auf den Badewannenrand, rubbelte dort wie ein Affe und guckte in den Spiegel dabei. Und dann kam's endlich! Mein Gott! Ich kam! ›Aaaah!‹ Ich spannte meine Muskeln an, als caste ich für »Deutschland sucht den Bodybuilder«, und spritzte um mich herum wie ein Feuerwehrmann! ›Huuuuh!‹ Doch während der Ejakulation rutschte ich vom Wannenrand ab, versuchte, mich am Kosmetikschrank zu halten, riss ihn ab, stürzte mit der Spiegelbox auf die zwei blechernen Wäscheeimer, die am Boden standen, und kippte sie auch um. Noch während meines Fluges hatte ich gespritzt wie ein Tier.« (Ebd.: 129)

Ist das nun abzulehnende Pornografie, diese »neue Lust am Erzählen über die Lust«? (Knödler 2011: 86) Oder ist eine solche Jugendliteratur auf der Höhe ihrer Zeit, will sie Verständnis für die Nöte von pubertierenden Jugendlichen wecken, die möglicherweise – und Lehrkräfte in Grundschulen berichten von solchen Erfahrungen – schon als Kinder Pornofilme der Eltern gesehen haben, die sie nicht verarbeiten können? Und die wie der Protagonist in Konecnys Roman mit Bildern und Filmen im Internet überfordert sind? Die Lektüre von *Doktorspielen* und ähnlichen Romanen, die Erwachsene, auch Lehrer_innen, zumindest ausschnittsweise kennen sollten – YouTube macht es möglich –, ermöglicht interessante Einblicke in jugendliche Entwicklungsprozesse.

Liebe/Sexualität ist nicht nur Thema in Liebesromanen unterschiedlicher Ausprägung und in Adoleszenzromanen, sondern oft ein wichtiges Thema anderer Gattungen. So findet man es u. a. in der zeitgeschichtlichen Literatur, die den Holocaust thematisiert, wie in *Mojsche und Rejsele* (2011; 1998) von Karlijn Stoffels, in der es vorrangig um das von dem berühmten Arzt, Schriftsteller und Pädagogen Janucz Korczak geführte Waisenhaus zur Zeit der deutschen Besatzung in Polen geht; ebenso in der KJL zur sogenannten Wende 1989, wie in Herbert Günthers Jugendroman *Ein Sommer, ein Anfang* (1995), oder in der Literatur zum Ersten Weltkrieg, als Beispiel sei Maja Nielsens *Feldpost für Pauline* (2014; 2013) genannt. Und natürlich gibt es dieses Phänomen auch in der Kinderliteratur. Erinnert sei an *Ronja Räubertochter* (2011; 1982) von Astrid Lindgren: Birk und Ronja verlassen ihr Elternhaus, um gemeinsam zu leben. Auch hier liegt gattungstheoretisch ein Hybridcharakter vor, den Märchenroman durchziehen Elemente des Adoleszenzromans. Wirft man einen Blick auf den aktuellen Buchmarkt in Sachen Jugendliteratur, fallen Dystopien auf, eine Gattung, in der negative Zukunftsszenarien ausgemalt werden und in der häufig ebenfalls Liebe und Sexualität eine Rolle spielen. Zu den frühen und bekannten Titeln dieser Gattung gehört das Buch *Die Wolke* (2013; 1987) von Gudrun Pausewang, in dem es um einen Reaktorunfall und seine Folgen geht. Das gegenwärtige Angebot an Anti-Utopien ist so groß, dass von der »Lust an der Apokalypse« (Schweikart 2012: 3) die Rede ist.

Beim Versuch, die Gattungsvielfalt zu skizzieren, dürfen Graphic Novels nicht fehlen, die in den vergangenen Jahren auch innerhalb der KJL immer mehr Bedeutung erlangten. *Rosa Winkel* von Dufranne/Vicanovic (2012) beispielsweise schildert die Verfolgung von Homosexuellen in der NS-Zeit. Hinzuweisen ist weiterhin auf Sachbücher wie *Only for Girls* (Raffauf 2008), in denen die Gespräche der Autoren mit Jugendlichen über Liebe aufgezeichnet sind, wie auch auf Hausbücher. In *Funken in den Augen, Rosinen im Kopf. Das Hausbuch der Liebe* (Kantelhardt/Waechter 2012) sind Gedichte und Geschichten rund um die Liebe von Gegenwartsautoren wie Zoran Drvenkar und Andreas Steinhöfel versammelt, aber auch von älteren Autoren wie Ringelnatz und Rilke, die davon erzählen, wie es ist, sich das erste Mal zu verlieben, wie schwierig es sein kann, die Liebe zu bewahren oder mit Liebeskummer umzugehen. Aber sie erzählen auch vom großen Glück einer erfüllten Liebe.

4. VIELFALT IM HINBLICK AUF SEXUALITÄT UND SPIELARTEN DER LIEBE

Die bisherigen Ausführungen verdeutlichen, dass es in der KJL unterschiedliche Formen von Liebe/Sexualität gibt. Überwiegend ist von heterosexueller Liebe die Rede, weniger von Homosexualität. Tabuisierte Liebe wird nur selten thematisiert

– kaum Vielfalt im Hinblick auf sexuelle Lebensformen. Zu den Tabus zählt nach wie vor Bisexualität, denn es finden sich nur wenige Titel, z.b. *Schön – Helenas größter Wunsch* (2008) von Jana Frey. Zu den preisgekrönten älteren Büchern, in denen Bisexualität aber nicht im Mittelpunkt steht, gehört *Jan, mein Freund* (2011; 1989) des Schweden Peter Pohl, in dem mit den Kategorien *weiblich* und *männlich* gespielt wird, was für die Leser_innen eine positiv zu wertende Verunsicherung mit sich bringen kann. Transsexualität ist ebenfalls ein Tabu – z.b. *Body – Leben im falschen Körper* von Christine Fehér (2003) –, und beim Thema Inzest/Geschwisterliebe fällt auf, dass auch hier die Schweden Vorreiter waren. Eines der ersten Bücher legte Katarina von Bredow mit *Ludvig meine Liebe* vor (2011; 1994). Während in anderen Büchern jener Jahre beim Beschreiben des sexuellen Kontakts metaphorisch noch von Spaziergängen über den Körper die Rede ist, beschreibt von Bredow sehr genau, was passiert, ohne dass es pornografisch wirkt. In einem der wenigen neueren Titel – *forbidden* (2014; 2011) von Tabitha Suzuma – wird der Inzest als »Liebesgeschichte voller Leidenschaft erzählt« (Knödler 2011: 93), ohne das Tabu selbst weiter zu diskutieren, sodass man von einem doppelten Tabubruch sprechen kann.

Bekes (2006) greift in seinen didaktischen Überlegungen zum Thema Liebe im Literaturunterricht auf die Kategorien des amerikanischen Soziologen Lee (1976) zurück, der sechs Spielarten der Liebe unterscheidet. Wendet man diese Kategorien auf die KJL an – wobei zu bedenken ist, dass in der KJL keine langjährigen Beziehungen beschrieben werden und repräsentative Studien notwendig wären –, so scheint die romantische Liebe (Eros) zu dominieren, d. h. die geliebte Person wird als sexuell sehr attraktiv wahrgenommen, man sehnt sich nach ihr, möchte ihr möglichst oft nahe sein. Aber auch die spielerische Liebe (Ludus) kommt – wie deutlich wurde – schon in der Mädchenliteratur der 1970/80er-Jahre vor, die für sexuelle Freiheit und Ungebundenheit steht, gleichfalls die besitzergreifende Liebe (Mania), eine Steigerung der romantischen Liebe, die mit großer Eifersucht verbunden ist. Inwieweit sich bei dem Thema Liebe und Sexualität die Emotionen von Jungen und Mädchen in der KJL unterscheiden, ist eine offene Frage. Auf jeden Fall sind Mädchen keineswegs nur gefühlvoll romantisch, auch sie wollen wie etliche Jungen oft nur Sex ohne Liebe. Alexa Hennig von Lange zeigt das exemplarisch, wenn sie selbstbewusste Mädchen vorführt, die sich mit selbst gezimmerten Dildos befriedigen und den Jungen die Hölle heiß machen, wie z.B. die Serienfigur Lelle (vgl. Knödler 2011: 91f.).

5. Vielfalt für das Klassenzimmer

Die eingangs formulierten didaktischen Überlegungen sprechen für ein Aufgreifen des Themas Liebe/Sexualität im Literaturunterricht. Gleichzeitig haben wir es mit einem Thema zu tun, bei dem verständlicherweise die

wenigsten Schüler_innen bereit sein werden, persönliche Erfahrungen ein-
zubringen, was grundsätzlich auch bei anderen Themenschwerpunkten zu
respektieren ist. Neben der für den Literaturunterricht zentralen Frage, ob
sich ein Text für literarästhetisches Lernen eignet – d.h. für die Förderung
von Imaginationsfähigkeit, reflektierter Subjektivität, Empathie und Fremd-
verstehen, Fiktionalitätsbewusstsein, Symbolverständnis, Gattungswissen,
literaturhistorischem Bewusstsein etc. (vgl. Spinner 2006) –, steht stets
auch die der inhaltlichen Spezifik. Es scheint ratsam, mit Rücksicht auf die
Schüler_innen pornografische Jugendliteratur und prototypische Erste-Liebe-
Romane, denen es vor allem um Aufklärung geht, nicht im Unterricht zu behandeln (viele könnten es als peinlich empfinden, darüber mit der Lehrkraft,
aber auch mit Mitschüler_innen zu sprechen), sondern die individualisierenden
mit der Fokussierung auf Identitätssuche und Identitätskrisen, aber auch erste
Liebeserfahrungen. Zu den aktuell herausragenden dieser Subgattung gehört
Susan Krellers ästhetisch reichhaltiger Roman *Schneeriese* (2014). Die Autorin
erzählt wieder einmal mit großer Sprachgewalt und zoomt in ganz besonderer
Weise das Innenleben des 14-jährigen Protagonisten Adrian an die Leser_innen
heran, aus dessen Perspektive erzählt wird. Adrian ist seit Kindesbeinen mit
dem Nachbarmädchen Stella befreundet, beide sind eng miteinander vertraut.
Als sich Stella in den Neuen im Nachbarhaus verliebt, bricht für Adrian eine
Welt zusammen; er ist traurig, aber auch wütend und eifersüchtig. In seiner
Verzweiflung setzt er sich bei Eiseskälte auf die winterliche Terrasse, um zu
erfrieren, wird aber von den Eltern gefunden und muss mit einer schweren
Lungenentzündung das Bett hüten. Im Mittelpunkt steht Adrians Innerstes,
sein Umfeld ist eher schemenhaft. Er verkriecht sich unter der Bettdecke, will
niemanden sprechen, wandert später »stundenlang durch die Winterkälte und
kann sich selbst doch nicht abhängen« (Hörnlein 2015: 38), bis er am Ende
»nach all den Wochen und Monaten [...] Mut in seinen Wodkabeinen [fühlte],
Mut, der diesmal bleiben würde, es war immerhin möglich.« (Kreller 2014: 195)
    Auszuklammern sind als Klassenlektüre Mädchenbücher wie die *Lelle-*
Serie (vgl. z.B. Hennig von Lange 2011; 2009), weil Jungen sich nach Meinung
vieler Lehrkräfte von weiblichen Hauptfiguren nicht angesprochen fühlen
– was empirisch nicht nachgewiesen ist –, die jedoch einen Platz in der
Schüler- oder Klassenbücherei haben sollte. Beide Geschlechter könnte z.B.
das o.g. Buch *Ludvig meine Liebe* von Bredow (2011) interessieren. Es ist davon auszugehen, dass einerseits eine persönliche Distanz zum Thema Inzest/
Geschwisterliebe vorherrscht, andererseits geht es aber um Erste Liebe und
damit verbunden alle Gefühle und Gedanken, die die Schüler_innen selbst
beschäftigen, sodass ein Beitrag zur Identitätsentwicklung ermöglicht wird.
Zu empfehlen sind des Weiteren Bücher mit homosexuellen Jugendlichen,
weil trotz aller Liberalität, die aber m.E. nur in Teilen unserer Gesellschaft vorhanden ist, das Überwinden von inneren und äußeren Widerständen in vielen

Fällen für die Jugendlichen noch dazu gehört. Das sind die prototypischen Coming Out-Romane als weitere Variante des Erste-Liebe-Romans, in denen aber die homosexuelle Initiation, das Betreten der Schwulen- und Lesbenszene oder gar sexuelle Praktiken nicht geschildert werden (vgl. Ewers 2011: 109f.). Einen völlig unverkrampften Umgang mit Homosexualität beschreibt dagegen Andreas Steinhöfel in der *Mitte der Welt* (2011; 1998). Der 17-jährige Protagonist Phil lebt seine Sexualität selbstverständlich, und auch seine Mutter hat keinerlei Probleme damit, unterstützt ihn in seiner Orientierung. Eine spannend und voller Anklänge an die griechische Mythologie geschriebene Geschichte des Erwachsenwerdens, mit vielen Rückblicken in die Kindheit, die wie der *Schneeriese* gleichermaßen Identifikationspotenzial und ästhetische Qualität bietet.

Interessante Kinderbücher liegen dort vor, in denen es auch um soziale und kulturelle Unterschiede geht, wie in dem Kinderbuch *Rabenhaar* von Ranst (2008), das eine Clique von Kindern an der Grenze vom Kindsein zum Erwachsenwerden zeigt und andeutungsweise aus der Ich-Perspektive und mit zahlreichen Rückblenden von der ersten Liebe zwischen dem holländischen Jungen Bram und Fatima, einem muslimischen Mädchen mit marokkanischem Hintergrund, erzählt. Nach Afrika führt Lutz van Dijk mit seinem Buch *Romeo und Jabulile* (2012; 2010), in dem sich das schwarze Mädchen Jabulile, eine 13 Jahre alte, begeisterte Fußballerin in den Flüchtlingsjungen Romeo verliebt; eine Mischung aus Fußball- und Liebesgeschichte, aber auch politischem Buch, das zum Nachdenken über den Umgang mit Flüchtlingen in Europa anregt.

Ob man KJL zum Thema Liebe/Sexualität als Ganzschrift behandelt oder sie in Auszügen mit Klassikern vergleicht, man sich für Projektunterricht entscheidet, in dem unterschiedliche Bücher von einzelnen Gruppen gelesen und präsentiert werden, man als Lehrkraft verschiedene Textauszüge selbst zu einer Anthologie mit vielfältigen Aspekten des Liebesdiskurses zusammenstellt, sich für handlungs- und produktionsorientierte Aufgaben und Medienverbünde entscheidet etc., das sind didaktisch-methodische Fragen, die individuell zu entscheiden sind. Wichtig ist bei allen Überlegungen, zur kritischen Reflexion gesellschaftlich dominanter Vorstellungen von Geschlechterrollen anzuregen und zur Offenheit, Toleranz und Akzeptanz für alle sexuellen Lebensweisen zu erziehen. Dass das mit der Lektüre eines Kinder- oder Jugendbuches nicht realisierbar ist, versteht sich von selbst. Aber vielfaltspolitisch betrachtet ist die KJL eine von vielen Instanzen, denen im Sozialisationsprozess eine wichtige Rolle zukommt, weil sie zum Nachdenken über Mitgliedschaftsentwürfe anregt. Konkrete Unterrichtserprobungen und Evaluationen, auch im kleinen Rahmen, wären sinnvoll, um zu verlässlichen Aussagen über das Wirkungspotenzial literarischer Texte zu gelangen.

6. LITERATUR

Primärliteratur

Bach, Tamara (2007): Busfahrt mit Kuhn. München: dtv, [EA 2004].

Bredow, Katarina von (2011): Ludvig meine Liebe. Übersetzt von Maike Dörries. Weinheim [u.a.]: Beltz & Gelberg, [dt. EA: 1994].

Dufranne, Michel/Vicanovic, Milorad (Ill.) (2012): Rosa Winkel. Übers. von Edmund Jacoby. Berlin: Jacoby und Stuart.

Dijk, Lutz van (2012): Romeo und Jabulile. Ravensburg: Ravensburger, [EA 2010].

Edelfeldt, Inger (1998): Jim im Spiegel. Aus dem Schwed. von Birgitta Kicherer. Ravensburg: Ravensburger, [dt. EA 1985].

Fehér, Christine (2003): Body – Leben im falschen Körper. Düsseldorf: Sauerländer.

Fontane, Theodor (2013): Effi Briest. Sonderausg., Köln: Anaconda. (Die größten Liebesromane der Weltliteratur), [EA: 1896].

Frey, Jana (2008): Schön – Helenas größter Wunsch. Frankfurt/M.: Fischer.

Günther, Herbert (1995): Ein Sommer, ein Anfang. Ravensburg: Ravensburger, [auch erschienen u.d.T.: Grenzgänger. Ravensburg: Ravensburger Buchverl.].

Härtling, Peter (2011): Ben liebt Anna. Weinheim [u.a.] : Beltz & Gelberg, [EA 1979].

Hennig von Lange, Alexa (2001): Relax. 8. Aufl. Hamburg: Rogner & Bernhard bei Zweitausendeins, 2001, [EA 1997]

Hennig von Lange, Alexa (2011): Leute, die Liebe schockt. München: cbt/ cbj, [EA 2009]

Jacobsson, Anders/Olsson, Sören/Härdin, Sonja (Ill.) (1994): Berts Herzenskatastrophen. Hamburg: Oetinger, [dt. EA 1991].

Jacobsson, Anders/Olsson, Sören/ Brix-Henker, Silke (Ill.)(2006): Niklas ist doch ein Supertyp. Hamburg: Oetinger, [dt. EA 2004].

Kantelhardt, Arnhild/Philip Waechter (Ill.) (2012): Funken in den Augen, Rosinen im Kopf. Das Hausbuch der Liebe. Hildesheim: Gerstenberg.

Konecny, Jaromir (2009): Doktorspiele. München: cbj, [EA: 2009].

Kreller, Susan (2014): Schneeriese. Hamburg: Carlsen.

Lindgren, Astrid (2011): Ronja Räubertochter. Hamburg: Oetinger, [EA: 1982].

Luján, Jorge/Julia Friese (Ill.) (2009): Papierschiff ahoi!, Deutsche Bearbeitung von Christian Duda, Zürich: Bajazzo.

Nielsen, Maja (2014): Feldpost für Pauline. Hildesheim: Gerstenberg, [EA 2013].

Nöstlinger, Christine (2006): Ilse Janda, 14 oder die Ilse ist weg. Würzburg: Arena, [EA 1974].

Nöstlinger, Christine (2003): Pfui Spinne! Roman. Weinheim: Beltz & Gelberg, [EA 1980].

Pausewang, Gudrun (2013): Die Wolke. Jetzt werden wir nicht mehr sagen können, wir hätten von nichts gewusst. Ravensburg: Maier, [EA 1987].

Pohl, Peter (2011): Jan, mein Freund. Aus dem Schwed. von Birgitta Kicherer. München: dtv, [dt. EA 1989].

Raffauf, Elisabeth (2008): Only for Girls. Alles über Liebe und Sex. Ill. von Isabel Große Holtfort. Weinheim [u.a.]: Beltz & Gelberg.

Ranst, Do van (2008): Rabenhaar. Aus d. Niederl. von Andrea Kluitmann. Hamburg: Carlsen.

Salinger, Jerome D. (2003): Der Fänger im Roggen. 2. Aufl. Köln: Kiepenheuer & Witsch, [dt. EA 1954].

Schlink, Bernhard (2009): Der Vorleser. Ungekürzte Lizenzausgabe [Rheda-Wiedenbrück, Gütersloh]: RM-Buch-und-Medien-Vertrieb [u.a.], [EA: 1995].

Steinhöfel, Andreas (2011): Die Mitte der Welt. Roman. Hamburg: Carlsen [EA 1998].

Stoffels, Karlijn (2011): Mojsche und Rejsele. Aus dem. Niederl. von Mirjam Pressler. 7. Neuaufl. Weinheim: Beltz, [dt. EA: 1998].

Suzuma, Tabitha (2014): forbidden. Wie kann sich so etwas Falsches so richtig anfühlen? Dt. von Bernadett Otte. Hamburg: Oetinger, [dt. EA 2011].

Thiele, Jens (2004): Jo im roten Kleid. Wuppertal: Hammer.

Sekundärliteratur

Bekes, Peter (2006): »Erklär mir Liebe« – ein schwieriges Gefühl im Deutschunterricht. In: Deutschunterricht 59, 3, S. 4-12.

Dethloff, Cyrus (1995): Jungenpaare, Mädchenpaare. Der humanwissenschaftliche Diskurs um die »Homosexualität« und sein Einfluß auf ihre Darstellung im erzählenden Kinder- und Jugendbuch. Paderborn: Igel. (Literatur- und Medienwissenschaft; 42). Zugl.: Saarbrücken, Univ., Diss., 1995.

Ewers, Hans-Heino (2011): Frühlingserwachen heute. Erste Liebe und Sexualität in der Jugendliteratur der Gegenwart. In: Institut für Jugendbuchforschung [u.a.]: Kinder- und Jugendliteraturforschung 2010/2011. Frankfurt/M. [u.a.]: Lang, S. 101-113.

Gansel, Carsten (2010): Neue Gattung. Der Adoleszenzroman. In: ders.: Moderne Kinder- und Jugendliteratur. Vorschläge für einen kompetenzorientierten Unterricht. 4. überarb. Aufl. Berlin: Cornelsen, Kap. 4.

Giesa, Felix (2010): »Du hast dich verliebt.« – Und jetzt? Liebe in der zeitgenössischen Kinderliteratur. In: kjl&m 62, 1, S. 32-29.

Grenz, Dagmar (2010): Männerbilder und weibliche Adoleszenzphantasien. Sexualität, Liebe und Geschlechterbeziehungen in der deutschen Mädchenliteratur von den 1950er Jahren bis zur Gegenwart. In: Gansel, Carsten/

Zimniak, Pawel (Hg.): Zwischenzeit, Grenzüberschreitung, Aufstörung. Bilder von Adoleszenz in der deutschsprachigen Literatur. Heidelberg, Winter, S. 353-382.

Gries, Sabine (2008): Eigentlich ganz normal? Lesbische Mädchen und Frauen in zeitgenössischer Kinder- und Jugendliteratur. Münster: Lit. (Kinder- und Jugendliteratur; 2).

Hörnlein, Katrin (2015): Eiszeit. In: Die ZEIT 8, vom 05.02.2015, S. 38.

Hurrelmann, Bettina (2002): Kinder- und Jugendliteratur im Unterricht. In: Bogdal, Klaus-Michael/Korte, Hermann: Grundzüge der Literaturdidaktik. München: dtv, S. 134-146.

Hurrelmann, Klaus/Dieter Ulich (Hg.): Gegenstands- und Methodenfragen der Sozialisationsforschung. In: dies.: Handbuch der Sozialisationsforschung. Studienausgabe. 5. neu ausgest. Ausgabe. Weinheim [u. a.]: Beltz, 1998, S. 3-20

Jendis, Mareike (2010): Alles okeh – Kartoffelpüreh. Verliebte Jungen in den Sune- und Bert-Büchern von Anders Jacobsson und Sören Olsson. In: kjl&m 62, 1, 40-45.

Kadasch, Kathrin/Lommatzsch, Sabine (2013): Ja, Nein, Vielleicht? Homosexualität und Coming Out in der deutschen Jugendliteratur. Norderstedt: GRIN.

Keiner, Sabine (1994): Emanzipatorische Mädchenliteratur 1980-1990. Entpolarisierung der Geschlechterbeziehungen und die Suche nach weiblicher Identität. Frankfurt/M. [u.a.]: Lang. (Europäische Hochschulschriften: Reihe 1, Deutsche Sprache und Literatur; 131). Zugl.: Gießen, Univ., Diss., 1993.

Knödler, Christine (2011): Zwischen Aufstörung und Neuverortung – aktuelle Jugendliteratur gibt sich in Sachen Liebe, Lust und Leidenschaft bekennend unartig. In: Gansel, Carsten/Zimniak, Pawel (Hg.): Zwischen didaktischem Auftrag und grenzüberschreitender Aufstörung. Zu aktuellen Entwicklungen in der deutschsprachigen Kinder- und Jugendliteratur. Heidelberg: Winter, S. 75-108.

Lee, John A. (1976): Colours of Love. http://www.ruhr-uni-bochum.de/soc-psy/dokumente/Projekt_Enge_Beziehungen [06.03.2015]

Leidinger, Birgit (2003): Freundschaft und Liebe bei Jungen und Mädchen im Grundschulalter. Eine empirische Untersuchung. Marburg: Tectum.

Lexe, Heidi (2010): Zum Heulen: Der Liebesroman als jugendliterarische Gattung. In: kjl&m 62, 1, S. 3-9.

Minges, Britta (2010): Patchworkfamilien in der Kinder- und Jugendliteratur der Gegenwart. Innsbruck: Studien-Verl. [u.a.]. (Angewandte Literaturwissenschaft; 6).

Oeste, Bettina (2010): Liebe ahoi! Ein Unterrichtsmodell zum Thema Liebe für Kinder in der Grundschule. In: kjl&m 62, 1, S. 46-54.

Perschon, Erich (1996): Sinn und Sinnlichkeit des »ersten Mals« in jugend-literarischen Texten. Untersuchungen zur sprachlichen und erzählerischen Realisation. In: ide 2, S. 110-129.

Recke, Renate/Baumann, Ute D. (Hg.): Zwischen Bullerbü und Schewenborn. Auf Spurensuche in 40 Jahren deutschsprachiger Kinder- und Jugend-literatur. München: AKJ, S. 211-218.

Richter, Karin (2010): »Denkst du schon an Liebe?« Gedanken zur Darstellung von Liebe, Erotik und Sexualität im Kinder- und Jugendbuch der DDR. In: kjl&m 62, 4, S. 79-85.

Schilcher, Anita (2001): Geschlechtsrollen, Familie, Freundschaft und Liebe in der Kinderliteratur der 90er Jahre. Studien zum Verhältnis von Normativität und Normalität im Kinderbuch und zur Methodik der Werteerziehung. Frankfurt/M. [u. a.] 2001. (Kinder- und Jugendkultur, -literatur und -medien; 15). Zugl.: Passau, Univ. Diss., 2001.

Schmidt-Dumont, Geralde (1994): Literarische Gestaltungsmittel von Jugend-erzählungen zum Thema »Liebe und Sexualität«. In: JuLit 20, 1, S. 19-37.

Schweikart, Ralf (2012): Nur noch kurz die Welt retten. Dystopien als jugend-literarisches Trendthema. In kjl&m 64, 3, S. 3-11.

Spinner, Kaspar H. (2006): Literarisches Lernen. In: Praxis Deutsch 33, 200, S. 6-16.

Thiele, Jens (2011): Bildbewegungen zwischen Kinder- und Erwachsenenkultur – exemplarisch untersucht am Bilderbuch Jo im roten Kleid. In: Gansel, Carsten/Zimniak, Pawel: Zwischen didaktischem Auftrag und grenzüber-schreitender Aufstörung. Zu aktuellen Entwicklungen in der deutsch-sprachigen Kinder- und Jugendliteratur. Heidelberg: Winter, S. 109-130.

Wenke, Gabriela (1995): Liebe, Lust und Frust. Liebe und Sexualität in Erzählungen für Jugendliche, in: Recke, Renate/Baumann, Ute D. (Hg.): Zwischen Bullerbü und Schewenborn. Auf Spurensuche in 40 Jahren deutschsprachiger Kinder- und Jugendliteratur. München: AKJ, S. 211-218.

Sexuelle Vielfalt und Diversity im Politikunterricht

Simone Micek

1. EINLEITUNG

Auszug aus einer fiktiven Gruppendiskussion[1]:

Schüler_in 1: Wie groß sind denn die Wohnungen in unserer Stadt und wer darf wo wohnen?

Schüler_in 2: Familien mit Kindern sollten natürlich größere Wohnungen haben.

Schüler_in 1: Und was ist zum Beispiel mit lesbischen Frauen, die keine Kinder haben können?

Schüler_in 2: Na die können doch Kinder adoptieren.

Schüler_in 3: Dann haben ja diejenigen Nachteile, die keine Kinder haben oder haben wollen.

Schüler_in 1: Kinder hin oder her, manche brauchen mehr Platz, andere weniger. Vielleicht hat jemand keine Kinder, dafür aber seine Eltern oder eine kranke Freundin bei sich wohnen.

Schüler_in 4: Oder ein Hobby, das viel Platz einnimmt.

Fiktive Gruppendiskussionen wie diese zum Thema »Wir entwerfen eine menschenfreundliche Stadt« können dazu dienen, Schüler_innen die politische und soziale Dimension von sexueller Vielfalt und Diversity zu verdeutlichen. Christa Kaletsch und Stefan Rech führten bereits ähnliche Dilemma-Planspiele mit Schüler_innen und Lehrer_innen mit dem Ziel durch, Vielfalt bzw. Diversity konkret lern- und erfahrbar zu machen (vgl. Kaletsch/Rech 2012: 136).

---

[1] | Eine solche Gruppendiskussion wäre bei der Auseinandersetzung mit sexueller Vielfalt und Diversity in der Schule denkbar, ist jedoch von der Autorin lediglich erdacht, inspiriert durch Trainingsbeispiele, die in dem Aufsatz von Kaletsch und Rech (vgl. ebd. 2012: 136) behandelt werden.

Der Ausgangspunkt ihrer Methode ist dabei zunächst die Frage nach den eigenen Bedürfnissen und Vorstellungswelten: Was brauche ich, um in einem Gemeinwesen gut zu leben? Was brauche ich, um mich wohl zu fühlen? Welche Möglichkeiten, Chancen und Werte sind mir wichtig? Ausgehend von diesen Fragen werden Menschenrechte diskutiert, die Herausforderungen des Zusammenlebens wahr- und ernstgenommen und die Komplexität von Vielfalt deutlich gemacht. »Demokratie lernen«, bedeutet für Kaletsch und Rech vor allem, »Zusammenleben in Vielfalt« lernen und möglich machen (ebd.: 137).

Vielfalt bzw. Diversity ist ein Begriff, der in vielen Kontexten und verschiedenen Fachrichtungen diskutiert und als Konzept umgesetzt wird. Ursprünglich in den 1950er bis 1970er Jahren in den US-amerikanischen Bürger_innenrechtsbewegungen wie der Bewegung der Afroamerikaner_innen, der Frauen oder der Schwulen- und Lesbenbewegungen als Antidiskriminierungsansatz verwendet, mit dem Ziel, auf die gesellschaftliche Benachteiligung aufgrund von Fremdzuschreibungen und Rassismus aufmerksam zu machen und diese durch Gleichstellung im Sinne gleicher Bürger- und Menschenrechte zu beheben. Seit den 90er Jahren profiliert sich der Begriff auch in wirtschaftlichen Unternehmen als Diversity-Management-Ansatz (vgl. Walgenbach 2014: 97-100). Letzteres ist jedoch weniger auf die Bereitschaft zurückzuführen, Chancengleichheit zu realisieren, als viel eher auf die Prognose, dass der Anteil weißer Männer in der Erwerbsbevölkerung zukünftig zurückgehen wird, sodass der Diversity-Management-Ansatz eine Möglichkeit darstellt, dem Rekrutierungsproblem von sogenannten »high potentials« auf dem Arbeitsmarkt entgegenzuwirken. Aber auch Non-Profit-Organisationen, die sich nicht auf Wettbewerbsvorteile und Effizienzsteigerung fokussieren, nutzen Diversity-Management-Konzepte. Es lässt sich bereits erahnen, dass Diversity mehr als ein Begriff ist, der lediglich mit »Vielfalt« übersetzt werden kann. Dahinter verbirgt sich ein Konzept, das unterschiedlich verstanden wird und in verschiedenen Kontexten Verwendung findet.

Es stellt sich also die Frage, was dieses Konzept im (politischen) Bildungsbereich bedeutet und wie es für den Politikunterricht und für das Thema sexuelle Vielfalt praktisch anschlussfähig gemacht werden kann. Ziel dieses Beitrags ist es, bisherige Überlegungen zu dieser Fragestellung zusammenzufassen und zu einer weiteren theoretischen Fundierung des Diversity-Konzeptes für den Bereich der politischen Bildung im Kontext von Schule beizutragen.

Im Folgenden soll zunächst das Diversity-Konzept in den Erziehungswissenschaften in Deutschland skizziert werden. Hier gibt es bereits einige Ansatzpunkte, wie Diversity und Bildung konzeptionell miteinander verknüpft werden können. Anschließend wird ein Überblick über die bisherige Auseinandersetzung in der Politikdidaktik in Deutschland gegeben. Daran anknüpfend wird der Versuch eines pragmatischen Ausblicks für die politische

Bildung in der Schule unternommen. Abschließend werden die Erkenntnisse dieses Beitrags in einem Fazit festgehalten.

2. Diversity in den Erziehungswissenschaften

Der Begriff Diversity ist dem angloamerikanischen Sprachraum entnommen und lässt sich, wie oben erwähnt, mit Vielfalt übersetzen. Als pädagogisches Konzept, das den Umgang mit Unterschiedlichkeit in den Fokus nimmt (vgl. Groll 2008: 77), beruht es auf zwei unterschiedlichen Theorietraditionen (vgl. Walgenbach 2014: 92). Einerseits ist es von den Wirtschafts- und Betriebswissenschaften in die Erziehungswissenschaften hineingetragen worden und andererseits stammt das pädagogische Konzept, nach dem multikulturelle Gesellschaften als Bereicherung für Erziehung und Bildung angesehen werden, aus Einwanderungsländern wie Kanada oder den USA. Nicht nur zwischen den Disziplinen sondern auch geographisch gesehen, hat das Konzept Diversity eine transatlantische Reise angetreten. Entsprechend schwierig ist es, eine allgemeingültige Definition für dieses Travelling Concept zu finden, weshalb Diversity im Kontext der Erziehungswissenschaften in Deutschland im Folgenden genauer in den Blick genommen werden soll.

Der Diskurs zum Begriff Diversity zeigt zahlreiche Überschneidungen zur Differenzdebatte. Diese entwickelte sich in den Erziehungswissenschaften als Widerpart zur Defizitperspektive, in der Schüler_innen etwa mit Migrationshintergrund zwar der formale Zugang zu Bildungsinstitutionen gewährt wurde, doch die Organisationsformen, Methoden und Inhalte der Bildungseinrichtungen keine neue Ausrichtung fanden (vgl. Walgenbach 2014: 94-95). So haben sich die Schulen beispielsweise nicht auf die Mehrsprachigkeit der sogenannten »Gastarbeiterkinder« eingestellt, sondern Programme für »Ausländerkinder« entwickelt, welche die Sprachdefizite der Kinder beseitigen sollten. Vertreter_innen des Differenzansatzes hingegen forderten, kulturelle und geschlechtliche Differenzen positiv wertzuschätzen. Die gegenseitige Anerkennung des »Andersseins« und auch die Herausarbeitung der Gleichwertigkeit von Differenzen wurden dementsprechend zur Hauptaufgabe der neuen Differenzansätze (vgl. ebd.: 94). Anfang der 90er Jahre gelang es Annedore Prengel in ihrer wegweisenden Veröffentlichung »Pädagogik der Vielfalt«, die verschiedenen Ansätze, die auch aus der feministischen Mädchenarbeit stammen, zusammenzubringen und insbesondere den Aspekt der ›egalitären Differenz‹ herauszuarbeiten. »Die Prinzipien von Gleichheit und Verschiedenheit«, so Prengel in einem Vortrag an der Universität Potsdam zur inklusiven Pädagogik in der Kita, »sind unauflöslich miteinander verbunden, beide bedingen einander. Gleichheit ohne Differenz wäre Gleichschaltung, und Differenz ohne Gleichheit wäre Hierarchie.« (Prengel 2010: 6)

Der Differenzansatz geriet jedoch unter starke Kritik, denn es stellten sich die Fragen: Was ist unter kultureller Differenz zu verstehen? Inwiefern greifen Differenzen auf Normalitätsvorstellungen zurück und wie entstehen diese Differenzen aus sozialer und historischer Perspektive? (Vgl. Walgenbach 2014: 95-97). Seit Ende der 1990er Jahre entstand langsam ein neues Diskursfeld rund um Diversity (vgl. ebd.: 96-97). Neben Walgenbach konstatieren auch Hubertus Schröer und Renate Nestvogel, dass das Diversity-Konzept in der Erziehungswissenschaft noch nicht ganz angekommen zu sein scheint und die Kritik am Differenz-Ansatz bisher auch nicht gänzlich überwunden wurde (vgl. Nestvogel 2008: 21 / vgl. Schröer 2012: 5). Der von Walgenbach identifizierte machtsensible Diversity-Ansatz (im Gegensatz zum affirmativen Diversity-Management-Ansatz) wendet sich zwar ebenso wie die Differenz-Konzepte gegen Vorurteile und Stereotype, doch geht er andererseits nicht davon aus, dass diese Herangehensweise ausreicht, um die dahinter liegenden sozialen Strukturen zu verändern (vgl. Walgenbach 2014: 104). In erster Linie soll es um die Kritik an gesellschaftlichen Strukturen gehen, die Identitäten und Zugehörigkeiten erst hervorbringen und mit unterschiedlichen Zugängen zu Ressourcen ausstatten. Der Fokus liegt auf der Annahme, dass jegliche Differenzen nicht als natürlich betrachtet, sondern als sozial konstruiert behandelt werden. Nicht nur Unterschiede oder Gemeinsamkeiten machen Diversity aus, es handelt sich viel eher um »eine Vielfalt sich überkreuzender, überschneidender und wechselnder Differenzlinien bis hin zu einer Auflösung« dieser Differenzen (Nestvogel 2008: 22).

»Der kategorial verengte Blick auf nur eine Dimension und Zielgruppe wird erweitert und Intersektionalität ermöglicht; es wird daran erinnert, dass Vielfalt und Verschiedenheit keine neuen Herausforderungen sind, sondern Menschen beständig an Aushandlungsprozessen [...] beteiligt sind; es wird eingefordert, dass es um einen bewussten und reflektierten Umgang mit Vielfalt, um die Förderung einer differenz- und dominanzsensiblen Haltung und insoweit um eine in der Organisation geteilte Vision und Mission geht.« (Schröer 2012: 12).

Betont werden also verschiedene soziale Gruppenzugehörigkeiten. Ein Mensch ist eben nicht nur Frau, nur lesbisch, nur Mutter, nur schwarz. Intersektionalitätsansätze verhindern, dass Menschen trotz ihrer vielfältigen Zugehörigkeiten auf eine hin klassifiziert werden (vgl. ebd.: 12).

Darüber hinaus überträgt der machtkritische Diversity-Ansatz die Verantwortung nicht auf das einzelne Individuum, sondern betrachtet die Verantwortung als Aufgabe der Institutionen. So stellt sich die Frage, wie Schulen den Anforderungen der Schüler_innen gerecht werden können (vgl. Walgenbach 2014: 114-117). Vielfalt als Chance zu begreifen, muss also bedeuten, über die Konzepte von Toleranz, Assimilation und Multikulturalität

hinaus zu gehen, indem diskriminierende Strukturen benannt und Möglichkeiten der kritischen Auseinandersetzung konkretisiert werden. Doch offen
bleibt, was unsere Wertschätzung verdient (vgl. Nestvogel 2008: 23). Werden
auch Bedingungen, die sich nicht mit einer optimalen Kompetenzentwicklung
der Schüler_innen vereinbaren lassen, als zu wertschätzend konstruiert? Denn
unklar ist, inwieweit hier ein affirmativer Diversity-Management-Ansatz verfolgt wird, der sich lediglich daran orientiert, Leistungsbereiche zu optimieren
und effizienter zu gestalten (vgl. Walgenbach 2014: 101-102).

3. Sexuelle Vielfalt und Diversity im Politikunterricht

> »Wir sind als Subjekte ein Produkt vielfacher Prozesse
> von Othering und können daher nicht mittels Diversität
> sofort ›egalisiert‹ werden.« – Eggers (2010: 3)

Maischa Eggers deutet hiermit an, dass es eine Tendenz zur Entpolitisierung
und Egalisierung in den Diversity-Diskursen gibt. Auch Paul Mecheril und
Andrea Vorrink konstatieren, dass alle darin gleich seien, dass sie vielfältig
seien (vgl. Mecheril/Vorrink 2012: 94-95). Ungleichheit tritt auf diese Weise
also nicht als Problem auf.

Umso wichtiger erscheint es, Diversity-Konzepte in den Politikunterricht zu
integrieren, die strukturelle und institutionelle Machtverhältnisse fokussieren.
In der Politikdidaktik ist der Begriff Diversity nur ansatzweise angekommen.
Der bisherige Umgang erscheint zögerlich und theoretisch wenig fundiert.
Dennoch soll hier der bisherige Stand zu Diversity im Fach Politik zusammen-
gefasst werden.

Ein erster Anhaltspunkt findet sich bei Anja Besand, die ausführt, dass
es im Politikunterricht eben nicht darum gehen soll, sich auf Minderheiten
zu konzentrieren und sie mit den Eigenschaften der Mehrheitsgesellschaft
zu vergleichen, sondern ein Umgang mit Vielfalt jenseits derartiger polarer
Konstruktionen zu ermöglichen (vgl. Besand 2008: 88). Der asymmetrische
Blick, der von einer wie auch immer gearteten Eindeutigkeit ausgeht und
auf das Andere schaut, soll sich hin zu einem positiv konnotierten Blick
der Vielfalt verschieben und die situative Bedingtheit von Identitäten wahrnehmen. Besand schlägt für die Politikdidaktik vor, sich vor allem mit der
Wahrnehmung von Differenzen auseinanderzusetzen. Dabei verweist sie auf
ihre Analyse, »dass wir Dinge, die uns nah sind, differenziert betrachten und
sich ähnelnde Dinge, mit denen wir selten oder nie konfrontiert sind, letztlich nur schwer unterscheiden können.« (ebd.: 89). Ihr vierstufiges Modell,
das sie im Kontext der Wahrnehmung von kulturellen Differenzen entwickelt,

veranschaulicht, welchen Umgang sie mit dem Diversity-Konzept verbindet (vgl. ebd.: 90-95). Erstens braucht es eine erhöhte Differenzierungsfähigkeit in der eigenen Kultur. Was bedeuten Demokratie, Politik und politische Bildung in den unterschiedlichen Regionen und Kontexten? Bereits bei der Definition derart abstrakter Begriffe wie Demokratie treten die ersten Schwierigkeiten auf. Zweitens stellt Besand fest, dass die bisherige Vermittlung von politischer Bildung einen national geprägten Zugang zu politischen Fragen hat. Fremde Perspektiven werden nicht wahrgenommen bzw. die eigene Perspektive nicht als die spezifisch eigene erkannt. Drittens fragt sie, wie eine transkulturelle Vermittlungsarbeit möglich ist, die anerkennt, dass kulturelle Differenzen nicht nur zwischen, sondern auch in Gesellschaften bestehen und dass Eigenes und Fremdes sich daher nicht als strikt abgrenzbare Bereiche trennen lassen, sondern situativ konstruiert werden. Damit will Besand wahrnehmbar machen, dass es nicht *die* Einwander_innen gibt und vor der Blindheit gegenüber Differenzen in der fremden Kultur warnen. Viertens schließlich weist sie auf eine übersteigerte Wahrnehmung des Fremden hin, die derart undifferenzierte Bilder wie etwa den traditionsorientierten Migranten oder die unterdrückte Migrantin generieren, sodass eine nähere Auseinandersetzung mit dem Individuum überflüssig erscheint. Besand schlägt ableitend aus ihrem vierdimensionalen Modell vor, das Konzept von Diversity in der politischen Bildung aufzunehmen. Der von ihr vorgeschlagene Diversity-Ansatz bezieht sich eher auf das Individuum und fordert weniger eine machtkritische Auseinandersetzung mit gesellschaftlichen Strukturen ein. So zeigt sich auch in der Politikdidaktik das bereits in den Erziehungswissenschaften diskutierte Problem der Individualisierung. Der von Marina Chernivsky geforderte Diversity-Ansatz, nach dem es um die Aufdeckung und Dekonstruktion der von der Gesellschaft vorgenommenen und in unserer Wahrnehmung verinnerlichten Differenzkonstruktionen geht, erfährt bei Besand keine kritische Auseinandersetzung (vgl. Chernivsky 2010). Zudem unterstreicht Thomas Groll in diesem Zusammenhang die Frage nach der Bedeutung bestimmter Merkmale für die Ausprägung sozialer Ungleichheiten (vgl. Groll 2008: 79). Im Unterricht müsse deutlich werden, so Groll, dass nicht alle sozialen Ungleichheiten politisch und gesellschaftlich gleichermaßen bedeutsam sind. Auch Peter Massing betont, dass das Diversity-Konzept die Verhältnisse von Unterdrückung, Herrschaft und Macht einbeziehen müsse, um sich als politisches Konzept behaupten und um für die Politikdidaktik nutzbar gemacht werden zu können (vgl. Massing 2008: 73). Wenn also Kaletsch und Rech es für ihr Ziel erklären, »blinde Flecken« in gesellschaftlichen Zusammenhängen aufzudecken und die Schüler_innen dafür zu sensibilisieren, wo die Würde des Menschen verletzt und die Selbstbestimmtheit eingeschränkt wird (vgl. Kaltesch/Rech 2012: 138), dann greift auch dieses Ziel zu kurz, insbesondere für eine politische Auseinandersetzung im Sinne der machtsensiblen Diversity-Konzepte. Auch Groll betont, dass Diversity-Lernen etwas anders als soziales Lernen ist und fordert somit eine in der Politik-didaktik oft eingeforderte Verschiebung vom sozialen zum politischen Lernen (vgl. Groll 2008: 85). Die fachspezifische Aufgabe des Politikunterrichts ist und bleibt, so Groll, »die Analyse von Prozessen und Strukturen, in denen die Konstruktion sozialer Unterschiedlichkeiten und die damit verbundenen Hierarchisierungen thematisiert« (ebd.: 85) werden. So darf auch menschliche Vielfalt nicht als etwas Selbstverständliches dargestellt werden, ansonsten würde das »So-sein« auf individuelle Verschiedenheit und Befähigung bezogen, wodurch z.B. geschlechtliche oder sexuelle Aspekte zu einem essenziell gegebenen individuellen Merkmal oder als gegebene Anlage verstanden würden (vgl. Mecherril/Vorrink 2012: 95). Auf diese Weise zeigt sich, dass die 2005 von Ulrike Hormel und Albert Scherr formulierten Ziele des Diversity-Konzeptes in der Politikdidaktik weiterhin Gültigkeit haben. Nach ihnen kommt es darauf an,

- Strukturen und Prozesse durchschaubar zu machen, die ungleiche Gruppen hervorbringen,
- zur Kritik unzulässiger Generalisierungen, Vorurteile und Stereotypisierungen zu befähigen,
- dafür zu sensibilisieren, dass es sich um individuelle Menschen handelt,
- begreifbar zu machen, dass Gruppenzuordnungen durch übergreifende Gemeinsamkeiten und durch quer zu den Gruppenunterscheidungen liegende Differenzen überlagert und relativiert werden,
- Räume zu ermöglichen, in denen die Irrelevanz etablierter Gruppenunterscheidungen erfahren wird (vgl. Hormel/ Scherr 2005: 212).

Wie sich nun konkrete soziale Dimensionen wie eben sexuelle Vielfalt mit dem Diversity-Konzept im Politikunterricht umsetzen lassen, bleibt bisher eine nicht behandelte Frage in der Politikdidaktik. Sogar nach der in den Sozialwissenschaften viel diskutierten Dimension Gender sucht mensch in der Politikdidaktik weiterhin fast vergeblich. So verwies Dagmar Richter bereits 2004 auf den Umstand, dass es seit Beginn der 1990er Jahre in der politischen Bildung zwar geschlechtersensible Veröffentlichungen gäbe, aber diese nur als ausdrücklich geschlechterbezogene Arbeiten Eingang fänden. Die Anliegen der Gender Studies haben in die Literatur der Fachdidaktiken nur ansatzweise Eingang gefunden (vgl. Lücke 2011). Gender erscheint also weiterhin als ein isoliertes Konzept. Massing hofft in diesem Sinne, dass Diversity-Konzepte als »Türöffner« für Konzepte wie Gender wirken (vgl. Massing 2008: 72). Er begreift Diversity auch als Chance, »andere diskriminierungsrelevante Gruppenmerkmale« in die Politikdidaktik einzuführen (ebd.: 71).

4. PRAGMATISCHE ANSÄTZE FÜR DEN POLITIKUNTERRICHT

Auch wenn sexuelle Vielfalt und Diversity in der Politikdidaktik schwer aus-
zumachen sind, so lassen sich Ansatzpunkte aus der allgemeinen Pädagogik
und den Erziehungswissenschaften gewinnen. Diese Ideensammlung kann
allerdings nur als erster Schritt, keinesfalls als direkte Übernahme für den
eigenen konkreten Politikunterricht verstanden werden.

*   Unter dem Stichwort »Social Justice und Diversity Training« lassen sich im
    »Archiv für Wissenschaft und Praxis der Sozialen Arbeit«, 1/2012, sowie
    unter der Internetadresse http://www.social-justice.eu zahlreiche Angebote
    insbesondere für Einrichtungen der Jugend- und Erwachsenenbildung
    finden, die ähnlich wie bei Kaletsch und Rech Kommunikations- und
    Kooperationszusammenhänge schaffen, in denen einerseits Kategorien
    wie Geschlecht und sexuelle Orientierung als gesellschaftliche Regulative
    aufgezeigt und andererseits die Irrelevanz etablierter Gruppenunterschei-
    dungen verdeutlicht werden.
*   In diesem Zusammenhang machen Leah Carola Czollek, Gudrun Perko
    und Heiko Weinbach auf die Mahloquet-Methode aufmerksam, die sich
    in Diversity-Konzepten als dialogische Gesprächsform ihrer Erfahrung
    nach sehr gut umsetzen lässt (vgl. Czollek/Perko/Weinbach 2012: 33).
    Diese Methode ist in mehrere Stationen von der Konflikterhellung, über die
    Historisierung des Konflikts bis zur Eröffnung des Konfliktraumes hin zur
    Gesellschaft gegliedert. Eine erste Einführung ist einsehbar unter http://
    czollek-consult.de/pub/Czollek_Perko%5BMahloquet_Mediation%5D.pdf .
*   Besand erwähnt einen weiteren wichtigen Aspekt für den Umgang mit
    Vielfalt, nämlich die Biographieforschung (vgl. Besand 2008: 6). Anhand
    von Biographien können individuelle Sinnstrukturen und Wahrnehmungs-
    räume herausgearbeitet werden, sodass individuelle Sichtweisen deutlich
    werden. Neben dem von Besand empfohlenen ausgearbeiteten Unterrichts-
    entwurf von Monika Ebertowski »Trotzdem bin ich ein moderner Mensch«
    (vgl. Ebertowski 2005) lässt sich auch die von Katja Michel verfasste
    Zusammenstellung von 7 Biographien empfehlen (vgl. Michel 2007).
    Sowohl Michel als auch Lutz van Dijk machen in diesem Zusammenhang
    didaktische Vorschläge für den Umgang mit der Geschichte des Homo-
    sexuellen Stefan K. (vgl. Dijk 2008).
*   Zum politikwissenschaftlichen Unterricht gehört bekanntermaßen auch
    die Auseinandersetzung mit politischen Theorien. Perspektiven auf Macht
    und Herrschaft und deren Folgen für das soziale Leben können auf diese
    Weise thematisiert und kritisiert werden. Czollek, Perko und Weidenbach
    nennen spezifische Theoriebezüge mit namhaften Autoren wie Hannah
    Arendt, Nancy Fraser oder Iris Marion Young (vgl. Czollek/Perko/Weinbach

2012: 33), die dazu dienen können, den Schüler_innen anhand anspruchs-
voller Diskussionen vielfältige Machtverhältnisse bewusst zu machen.

• Eine weitere Möglichkeit, Diversity und sexuelle Vielfalt im Klassenverband
zu behandeln, sind Ausflüge in umliegende Institute, die sich mit Anti-
diskriminierungs- und Diversity-Konzepten auseinandersetzen und häufig
auch themenspezifische Workshops und Trainings anbieten. Zu nennen
wären hier u.a. das Informations- und Dokumentationszentrum für Anti-
rassismusarbeit (IDA) oder das Institut Social Justice und Diversity. Je nach
Region lassen sich hier zahlreiche weitere Einrichtungen auflisten.

Die formulierten ersten Ansätze für eine Thematisierung und Auseinandersetzung mit dem Diversity-Ansatz im Politikunterricht sind nicht unbe-
dingt zufriedenstellend. Notwendig wird eine theoretisch fundierte Aus-
einandersetzung mit den Diversity-Konzepten in der Politikdidaktik und ihrer
Forschung, die schließlich in Materialien für Lehrende mündet. An dieser
Stelle darf nicht unerwähnt bleiben, dass der Politikunterricht nicht isoliert von
Schule und Schulsystem betrachtet werden kann. So weist Besand in Bezug
auf die Organisationsentwicklung der Schulstruktur auf folgenden wichtigen
Aspekt hin: »Solange es uns [...] nicht gelingt, die noch immer herrschende
Annahme auszutreiben, dass Differenzen den Lernprozess behindern,
werden gerade viele unserer individuellen und fachspezifischen Versuche,
Differenzen als Potenziale zu beschreiben, für die Schülerinnen und Schüler
einen merkwürdigen, vielfach unverständlichen und moralisierenden Subtext
erhalten.« (Besand 2008: 97)

5. FAZIT

Insgesamt lässt sich sagen, dass machtkritische Diversity-Ansätze das Potenzial
haben, den Politikunterricht demokratischer zu gestalten. Sie könnten einen
positiven Einfluss darauf haben, dass Gender und Sexualität Eingang in die
politische Bildung finden. Wichtig in diesem Zusammenhang ist vor allem,
dass die Schüler_innen nicht lediglich eine wertschätzende Haltung gegenüber vielfältigen Lebensformen einnehmen und zur Kritik an unzulässigen
Stereotypisierungen befähigt werden, sondern dass ihnen bewusst wird,
dass die Kategorien Gender und Sexualität durch machtvolle Prozesse konstruiert werden. Dabei sind gesellschaftliche Diskurse, politische und öko-
nomische Interessen, kulturelle Symbolisierungen und das Handeln der
Subjekte daran beteiligt, verschiedene Differenzkategorien zu konstruieren,
die zu Diskriminierungsverhältnissen führen können. Diese Macht- und
Herrschaftsstrukturen transparent zu machen, muss Ziel und Aufgabe des
Politikunterrichts sein. Es genügt also nicht, wie eingangs in der fiktiven

Gruppendiskussion dargestellt, über den Entwurf einer menschenfreundlichen Stadt zu diskutieren, sondern es müssen auch die bestehenden Mechanismen behandelt werden, die einerseits Menschen durch gesellschaftliche Regulative privilegieren und andererseits unterdrücken und diskriminieren.

Die Politikdidaktik sollte sich den Diskursen um Diversity nicht verschließen, sondern im Gegenteil um eine theoretische Fundierung und Integration bemüht sein.

6. LITERATUR

Besand, Anja: »Vielfalt entdecken – Differenzen denken. Zu den Schwierigkeiten und Herausforderungen bei der Vermittlung und Reflexion identitätsrelevanter Konzepte«, in: GPJE (Hg.), Diversity Studies und politische Bildung, S.88-99.

Chernivsky, Marina (2010): »Anti-Bias-Ansatz im Spannungsfeld zwischen Vielfalt und Diversität«, in: Dies. (Hg.), Perspektivwechsel. Theorie – Praxis – Reflexion, unter: http://www.zwst-perspektivwechsel.de/pdf/pw-broschuere-uebung-teil-I-email.pdf

Czollek, Leah Carola/Perko, Gudrun/Weinbach, Heiko (2012): »Social Justice und Diversity Training«, in: Archiv für Wissenschaft und Praxis der Sozialen Arbeit 1, S.31-40.

Diyk, Lutz van (2008): »Erinnern für heute – die Geschichte von Stefan K.«, in: Ders./ Barry van Driel (Hg.), Sexuelle Vielfalt lernen. Schulen ohne Homophobie, Berlin: Querverlag, S.194-197.

Ebertowski, Monika (2005): »Trotzdem bin ich ein moderner Mensch«, in: Praxis Politik 5, S.12-17.

Groll, Thomas (2008): »Diversity in der politischen Bildung – Kontext und Reichweite eines Konzeptes«, in: GPJE (Hg.), Diversity Studies und politische Bildung, Schwalbach/Ts.: WOCHENSCHAU Verlag, S.76-87.

Hormel, Ulrike/Scherr, Albert (2005): Bildung für die Einwanderungsgesellschaft. Perspektiven der Auseinandersetzung mit struktureller, institutioneller und interaktioneller Diskriminierung, Wiesbaden: VS Verlag.

Kaletsch, Christa/Rech, Stefan (2012): »Demokratie lernen und Zusammenleben in Vielfalt. Zielsetzung, Erfahrung und Entwicklungspotentiale eines Trainings- und Beratungskonzeptes«, in: Wolfgang Beutel/Peter Fauser/ Helmolt Rademacher (Hg.), Jahrbuch Demokratiepädagogik. Aufgabe für Schule und Jugendbildung, Bd. 2, Schwalbach/Ts.: Wochenschau Verlag, S.136-148.

Lücke, Martin (2011): »Geschlechterkonstruktionen bewusst machen«, eine Rezension, in: querelles-net, Jg.12/Nr.2, unter: http://www.querelles-net.de/index.php/qn/article/view/952/944

Massing, Peter (2008): »Diversity-Studies. Neue Impulse für die Politikdidaktik?«, in: GPJE (Hg.), Diversity Studies und politische Bildung, Schwalbach/Ts.: WOCHENSCHAU Verlag, S.67-75.

Mecheril, Paul/Vorrink, Andrea J. (2012): »Diversity und Soziale Arbeit: Umriss eines kritisch-reflexiven Ansatzes«, in: Archiv für Wissenschaft und Praxis der Sozialen Arbeit 1, S.92-101.

Michel, Katja (2007): Mehrheit, Macht, Geschichte – 7 Biografien zwischen Verfolgung, Diskriminierung und Selbstbehauptung hrsg. vom Anne Frank Zentrum, Mülheim an der Ruhr: Verlag an der Ruhr.

Nestvogel, Renate (2008): »Diversity Studies und Erziehungswissenschaften«, in: GPJE (Hg.), Diversity Studies und politische Bildung, Schwalbach/Ts.: WOCHENSCHAU Verlag, S.21-33.

Prengel, Annedore (2010): »Wie viel Unterschiedlichkeit passt in eine Kita? Theoretische Grundlagen einer inklusiven Praxis in der Frühpädagogik«, Vortrag an der Universität Potsdam, unter http://www.weiterbildungs-initiative.de/fileadmin/_migrated/content_uploads/WiFF_Fachforum_Inklusion_Impulsreferat_Prof_Dr_Prengel.pdf

Richter, Dagmar (2004): »Demokratie braucht Geschlechtergerechtigkeit braucht politische Bildung«, in: Gotthard Breit/Siegfried Schiele (Hg.), Demokratie braucht politische Bildung, Schwalbach/Ts.: WOCHEN-SCHAU Verlag, S.181-195.

Schröer, Hubertus (2012): »Diversity Management und Soziale Arbeit«, in: Archiv für Wissenschaft und Praxis der sozialen Arbeit 1, S.4-16.

Walgenbach, Katharina (2014): Heterogenität, Intersektionalität, Diversity in der Erziehungswissenschaft, Opladen: Verlag Barbara Budrich.

Geschlechtliche und sexuelle Vielfalt in der Didaktik der Biologie

Ausgangspunkte und Perspektiven für die Initiierung von Bildungsprozessen[1]

Sarah Huch

»Obwohl es ethisch nicht korrekt ist, ist Homosexualität eine biologische Störung. Denn der biologische Sinn des Lebens ist die Reproduktion.« – (Schüler_inN19)

»Warum sind manche Menschen homosexuell geworden, weil mir scheint das unnatürlich!?« – (Schüler_in78)

»Ich würde trotzdem zu ihr halten, wenn sie das Thema (Liebe zu einem anderen Mädchen) nicht allzu oft anspricht und es nicht sichtbar wird, dass sie dieses Mädchen so toll findet.« – (Schüler_in77)

»Ich finde, man kann schon bi- oder homosexuell sein, aber man sollte damit vorsichtig sein, denn andere sind so was nicht gewöhnt.« – (Schüler_inB658)

---

1 | Der Artikel lehnt sich an Huch (2009), Huch/Krüger (2010), Huch/Urhahne/ Krüger (2012), Huch (im Erscheinen) sowie an die erscheinende Dissertation zur empirischen Analyse der Einstellungen von Schüler_innen zu Geschlecht und sexuellen Orientierungen im Fachbereich Didaktik der Biologie (FU Berlin) an.

1. EINLEITUNG

Die hier angeführten Zitate von Schüler_innen der 8./9. Jahrgangsstufe in Berlin und Nordrhein-Westfalen verweisen darauf, dass eine biologistische Alltagstheorie präsent sein kann, die ihre geschlechtlichen und sexuellen Selbstverständnisse mit bedingt (vgl. auch Huch/Krüger 2010, Horn 2006, Lundin 2014). Im Kontext eines normativ aufgeladenen Naturverständnisses gilt die Existenz von ausschließlich zwei klar voneinander abgrenzbaren Geschlechtern (Frau/Mann), die sich in ihrer reproduktionsorientierten Sexualität aufeinander beziehen, als von Natur aus gegeben. Heterosexualität wird damit als essenzielle, einzig richtige Form legitimiert. Nicht-heterosexuelles Begehren wird bei Schüler_innen als abweichende unnatürliche Variante konstituiert, die die Fortpflanzung ausschließt und sich erklären muss (vgl. Huch/Urhahne/Krüger 2012). Die angegebenen und eine Vielzahl weiterer Schüler_innenäußerungen zeigen, wie das gesellschaftlich vorherrschende heteronormative Wertesystem mit seinen hierarchisierenden Geschlechter- und Sexualitätsnormen maßgeblichen Einfluss auf die Einstellungen, Handlungs- und Wahrnehmungsmuster der Schüler_innen nimmt. Sexuelle Identitäten, die der anzutreffenden Normalitätserwartung einer eindeutigen heterosexuellen Ausrichtung nicht entsprechen, werden (ungeachtet des gesellschaftlich fortschreitenden Diskurses gelebter sexueller Vielfalt) in der Peergroup wirkungsmächtig sozial abgewertet, unsichtbar gemacht und als ›anders‹ ausgeschlossen. Nicht nur diese Ergebnisse, auch weitere empirische Untersuchungen zeigen, dass lesbische, schwule, bisexuelle, Trans* und Inter* (LGBTI*) Jugendliche an Schulen von ex- und impliziter Diskriminierung betroffen sind (vgl. Bittner/Lotz 2014, Huch/Urhahne/Krüger 2012, Lundin 2014).

Als zentrale Bildungs- und Sozialisationsinstanz beeinflusst die Schule, und damit auch der Biologieunterricht, nicht nur die Einstellungen und Bewertungen der Schüler_innen hinsichtlich vielfältiger sexueller Lebensweisen auf verschiedenen Ebenen, er prägt auch maßgeblich die Identitätsentwicklung sowie die geschlechtlichen und sexuellen Selbstdefinitionen (vgl. Bazzul/Sykes 2011, Budde/Blasse 2014, Scantlebury 2014). Dass die Schule vorwiegend von heteronormativen Strukturen auf interpersoneller und struktureller Ebene geprägt ist und diese durch soziale und bildungstheoretische Praktiken implizit diskursiv reproduziert, betont Epstein: »Schools not only reproduce dominant cultural norms such as homophobia, sexism and heterosexism, but are important sites for the production of sexual and other identities.« (Epstein 1999, zit. nach Streib-Brzič/Quadflieg 2011: 68). Vor dem Hintergrund ist auch der Biologieunterricht, der sich in diesem Spannungsfeld normativer Konstituierungsprozesse befindet, vor die Herausforderung gestellt, Perspektiven, Konzepte und Methoden für den Unterricht zu entwickeln, um eine positive individuelle Identitätsentwicklung *aller* Jugendlichen zu unterstützen.

Einen wertschätzenden und konstruktiven Umgang mit geschlechtlicher und sexueller Vielfalt[2] zu ermöglichen, impliziert auf Seiten der Lehrenden und Lernenden, die strukturierende Wirkung von sozialen Kategorien wie Geschlecht und sexuelle Orientierung, die Zugehörigkeiten und Ausgrenzungen festlegen, zu erkennen und durch das Reflektieren gesellschaftlicher Normen und Identitätszwänge die darin enthaltenen Einschränkungen kritisch zu betrachten (vgl. Tuider 2008). Biologie fachimmanent und im Sinne einer wissenschaftskritischen Perspektive ist es zentral, eine reflektierte Haltung zur Reichweite biologischer Aussagen zu entwickeln und Naturalisierungen von gesellschaftlichen Ordnungen zu thematisieren.

Um schüler_innenorientiert Ausgangspunkte für die Initiierung von Lernprozessen zu gewinnen, misst die Biologiedidaktik den soziokulturellen und entwicklungsbezogenen Voraussetzungen der Schüler_innen zunehmend Bedeutung zu (vgl. Schecker/Parchmann/Krüger 2014). Dementsprechend begründen diese Voraussetzungen den Anspruch einer zeitgemäßen geschlechterreflexiven und diversitysensiblen Didaktik der Naturwissenschaften. Ausgehend von einer konstruktivistischen kognitionspsychologischen Perspektive gilt es, die individuellen Einstellungen der Schüler_innen als einen einflussreichen Teil von Lehr-Lernprozessen in die Gestaltung von Unterricht einzubinden, um den Schüler_innen ein auf ihren subjektiven Verstehens- und Bewertungsprozessen aufbauendes, vernetztes und fruchtbares Lernen zu ermöglichen (vgl. Born 2007). So werden in der empirischen Lehr- und Lernforschung der Biologiedidaktik mit qualitativen und quantitativen Methoden u.a. die Einstellungen und Vorerfahrungen der Schüler_innen als entscheidende Konstrukte erhoben, von denen aus erfolgreiche Vermittlungsstrategien für den Biologieunterricht abgeleitet werden können (Gropengießer/Kattmann/Krüger 2010, Upmeier zu Belzen 2007). An dieses biologiedidaktische Forschungsparadigma knüpft der vorliegende Beitrag an, in dem u.a. auch zentrale Ergebnisse eines durchgeführten empirischen Forschungsprojektes zu den Einstellungen von Schüler_innen hinsichtlich sexueller Lebensweisen (Huch 2009, Huch/Krüger 2010, Huch/ Urhahne/Krüger 2012) herangezogen werden.

Als Ausgangspunkt für fachspezifische methodisch-didaktische Ansatzpunkte zum Umgang mit sexueller Vielfalt für den Biologieunterricht arbeitet

---

2 | Unter geschlechtlicher und sexueller Vielfalt wird hier im Sinn der prinzipiellen Pluralisierung von Geschlecht und Sexualität sowohl die Vielzahl differierender Lebensweisen als auch die subjektimmanente vielfältige lebenslang andauernde Ausdifferenzierung geschlechtlicher und sexueller Identität verstanden (vgl. dazu auch Hartmann, Perko, Sielert in diesem Band).

der Artikel heraus, inwieweit geschlechtliche und sexuelle Vielfalt bisher in die Biologiedidaktik, ihre Forschung und in Unterrichtsmaterialien Eingang gefunden haben und zu welchen Ergebnissen durchgeführte empirische Einstellungserhebungen von Schüler_innen zu gleichgeschlechtlichen Lebensweisen kommen. In Verbindung mit theoretischen Überlegungen lassen sich fachspezifische methodisch-didaktische Ansatzpunkte zum Umgang mit sexueller Vielfalt für den Biologieunterricht ableiten. Perspektivisch benennt der Ausblick Herausforderungen, denen sich die Biologiedidaktik zur Einbettung von geschlechtlicher und sexueller Vielfalt stellen könnte.

2. STANDORTBESTIMMUNG: GESCHLECHTLICHE UND SEXUELLE VIELFALT IN DER BIOLOGIEDIDAKTIK

2.1. Geschlechtliche und sexuelle Vielfalt – Inhalt und Perspektive der Biologiedidaktik?

Die Biologiedidaktik versteht sich als Teil der Fachwissenschaft Biologie mit »erziehungswissenschaftlichem Charakter« (Gropengießer/Harms/Kattmann 2013: 39). Während »Sexualität« in der Fachwissenschaft Biologie anfänglich als nahezu ausschließlich biologisches Phänomen im Dienst der Fortpflanzung und Arterhaltung gestellt wurde, das bei »Pflanzen, Tieren und beim Menschen die zweielterliche Fortpflanzung und damit Variabilität und Individualität in der Nachkommenschaft ermöglicht« (Etschenberg 2013: 157), wird nach aktuellerem Verständnis »Sexualität« als menschliches, mehrdimensionales Grundbedürfnis aufgefasst, das als zentraler Bestandteil der Persönlichkeitsentwicklung über die biologische Funktion der Fortpflanzung hinausgeht und Lust-, Identitäts-, Beziehungs- und Kommunikationsaspekte beinhaltet (vgl. Etschenberg 2012, Orlander 2014, Spörhase-Eichmann/Ruppert 2004). Zunehmend, wenn auch zaghaft, rückt die menschliche Sexualität, die Geschlecht, Geschlechterrolle und sexuelle Orientierungen einschließt, auch als soziokulturelle Kategorie in den Fokus. Sie wird aufgefasst als weitgehend von dem in der Gesellschaft vorherrschenden Werte- und Normensystem, den Moralvorstellungen und den Sozialisationsbedingungen des Individuums geformt (vgl. ebd.). Zum Anderen fließen in das fachimmanente Sexualitätsverständnis der Biologie zunehmend Diskurse aus dem Bereich der Zoologie und Botanik ein, die sich mit der Vielfalt von Geschlechtsausprägungen, ihren Uneindeutigkeiten und den komplexen Prozessen der zwei-, ein- und ungeschlechtlichen Fortpflanzungsformen auseinander setzen.

Obwohl die Biologiedidaktik über ihre Bezugswissenschaft Biologie eng mit dem Themenfeld Sexualität verbunden ist und sich nach eigenem Wissenschaftsverständnis explizit an den Erziehungswissenschaften – also eingeschlossen ihrer Geschlechter- und Diversityforschung – zu orientieren beansprucht, überrascht es, dass bisher Aspekte zu geschlechtlicher und sexueller Vielfalt inhaltlich und konzeptionell als leitende Gesichtspunkte in der fachdidaktischen Theoriebildung und in der Entwicklung von Lehr- und Lernprozessen im Biologieunterricht kaum etabliert sind. Palm verweist resümierend auf marginal festzustellende Bezüge zur Geschlechterforschung und auf eine »auffällige Abwesenheit gendertheoretischer Impulse in der Biologiedidaktik« (Palm 2013: 75). Mehrheitlich fehlen diese sowohl in den inhaltlichen Teilbereichen der Biologie (wie Verhaltens- und Evolutionsbiologie, Genetik usw.) als auch in ihren Vermittlungsweisen und curricularen Elementen. Wie ein Blick in Standardwerke und einschlägige Publikationen zur aktuellen Biologiedidaktik (z.B. Fachzeitschrift Unterricht Biologie) zeigt, lässt sich dies auch in weiten Teilen für vielfaltsorientierte Aspekte hinsichtlich sexueller Lebensweisen konstatieren, insbesondere in Verbindung mit dem theoretischen Analyserahmen der Queer Theory und der mittlerweile in den Sozial- und Erziehungswissenschaften prominenten intersektionalen Perspektive (vgl. Perko in diesem Band). Fast allein hebt sich in der Biologiedidaktik der obligatorische Teilbereich Sexualbildung – zumindest ansatzweise – als ein Ort inhaltlicher Verankerung von geschlechtlicher und sexueller Vielfalt ab, in dem die Biologiedidaktik ihrem einvernehmlich postulierten Selbstverständnis als »Mittlerstellung zwischen Natur- und Sozialwissenschaften [...]« (Gropengießer/Harms/Kattmann 2013: 144) neben »korrekt humanbiologisch-sexualkundliche[n] Kenntnisse[n] zur ›Geschlechterfrage‹« (ebd.: 165) die Auseinandersetzung mit Geschlechts- und Sexualitätsnormen fördern will. Mit erkennbarer interdisziplinärer Ausrichtung sollen »Einsichten in soziale und biologische Zusammenhänge« (ebd.) bei fächerübergreifenden Themen wie Sexualität, »Geschlechterrollen, geschlechtertypisches Verhalten« und bei »sexuelle[n] Orientierungen« vermittelt werden. In der thematischen Auseinandersetzung mit verschiedenen sexuellen Orientierungen sollen gesellschaftliche Leitbilder, Diskriminierungen und auch Prozesse des Coming-Outs Eingang finden (vgl. Etschenberg 2013), so dass ein Verständnis für die Entstehung und Wirkung sozialer Ungleichheiten hinsichtlich der sexuellen Lebensweise angestrebt wird. In ähnlicher Ausrichtung unterstreicht im Berliner Bildungskanon die bisherige Richtlinie zur schulischen Sexualerziehung (AV 27 2001: 6) diese Zielformulierung: Lehrende sollen zu »Toleranz, Offenheit und Respekt« und verantwortungsvollem Umgang mit »unterschiedlichen sexuellen Lebensweisen [...] ohne Unterschiede im Wert« erziehen und geschlechtliche »Lebensweisen in ihrer Vielfalt« darstellen. Dass verschiedene sexuelle Lebensweisen bei allen Themen zur Sexualität integriert werden sollen, wird auch von der Biologiedidaktik angemerkt (vgl. Etschenberg 2012). Darüber hinaus wird im aktuellen biologiedidaktischen Diskurs über naturwissenschaftliche Bildung (Scientific Literacy), dem Grundsatz der Erziehung zum demokratischen Handeln folgend, zunehmend die Befähigung von Schüler_innen als mündige, kritisch reflektierende und handlungsfähige Individuen zur Partizipation an gesellschaftlichen Prozessen als ein zentrales Ziel von Biologieunterricht in den Fokus gerückt (vgl. Spörhase-Eichmann/ Ruppert 2004, Gropengießer/Harms/Kattmann 2013). Dies bedeutet, dass neben dem Vermitteln biologischen Fachwissens das Einführen der Schüler_innen in normkritisches Denken sowie die Reflexion der eigenen Einstellung verbindliche Aufgaben des Biologieunterrichts sind, um die Urteils- und Handlungsfähigkeit in persönlichen und gesellschaftlichen Bewertungsfragen zu ermöglichen und gleichzeitig persönlichkeitsbildend zu wirken (Born 2007, Bögeholz 2013). Dieser Anspruch schlägt sich auch in der Implementation von »Bewertungskompetenz« als einer der vier Kompetenzdimensionen in den Bildungsstandards für den Biologieunterricht (KMK 2004) nieder.

Wie schwer es der Biologiedidaktik noch fällt, den gesellschaftlich-hierarchischen dualen Konstruktionsmodus von Geschlecht und Sexualitäten zu reflektieren und den Status einer ›natürlichen‹ feststehenden (Zwei)Geschlechtlichkeit aufzugeben, wird deutlich, wenn es in den theoretischen Grundlagen zur Sexualerziehung (Etschenberg 2012: 7) heißt:

»Es gibt zwar nur zwei Geschlechter und nicht mehrere. Zwischen den Polen existieren jedoch auf verschiedenen Ebenen zahlreiche Übergänge. [...] Die Trennung von Sex und Gender löst mitunter weltanschauliche und politische Grundsatzdiskussionen aus, die aber nicht zwangsläufig Thema in der Sexualerziehung sind«.

Auch wenn die Grenzen der Zweigeschlechtlichkeit erkannt sind, scheint insgesamt das dichotome polarisierende Grundschema von Geschlecht Prämisse zu bleiben, andere geschlechtliche Subjektivitäten bleiben unbenannt im Verborgenen: »›Menschen‹ – das sind Frauen und Männer. [...]« (ebd.: 5). Auf definitorischer Ebene, z.B. zu sexuellen Identitäten, setzt sich dieser Trend fort: »die sexuelle Identität (d.h. das subjektive Gefühl eines Menschen, sich als Mann oder Frau zu erleben)« (Fachzeitschrift Unterricht Biologie 2006: 17). Selbst die Erkenntnisse der Biowissenschaften und der Sexualwissenschaft zu zahlreichen Geschlechtsausdrücken, zu Intersexualität sowie zu vielfältigen dynamischen sexuellen Selbstverständnissen und Begehrensformen scheinen dies bisher wenig zu beeinflussen. Auffällig ist auch, dass die biologiedidaktische Literatur, die sich u.a. explizit der Heterogenität von Schüler_innen im Rahmen der Inklusionsdebatte und dem pädagogischen Umgang mit Vielfalt widmet, mehrheitlich kaum sexuelle Orientierung als relevante Diversity-Dimension und deren Zusammenwirken mit weiteren sozialen Differenzkategorien wie sozialer Status und Migration berücksichtigt.

2.2. Geschlechtliche und sexuelle Vielfalt in der biologiedidaktischen empirischen Lehr- und Lernforschung

Insgesamt lassen Ansätze, die themenspezifische, methodisch-didaktische, akteur- und adressatenbezogene sowie wissenschaftskritische Zugänge zu Geschlecht/gender und sexueller Vielfalt in der Biologiedidaktik herstellen, mehrheitlich auf sich warten (vgl. Scantlebury 2014, Palm 2013). So sucht man beispielsweise im Rahmen der naturwissenschaftsdidaktischen Evaluations- und Interventionsforschung fast vergeblich nach Forschungsstudien, die sich thematisch mit sexuellen Orientierungen/Lebensweisen im Rahmen der Sexualerziehung befassen (z.b. zur Förderung der Bewertungskompetenz, Evaluation von Lehrmaterialien). Auch die Entwicklung evidenzbasierter konzeptioneller Leitlinien für unterrichtliche Bildungsprozesse zur Thematisierung sowie zum Umgang mit hierarchischen Konstruktionsprozessen von Geschlecht und sexuellen Identitäten und weiteren Dimensionen sozialer Unterscheidungen (z.B. als Beitrag zur Professionalisierung von Biologielehrkräften mit Diversity-Kompetenzen) stehen selten im Fokus der internationalen biologiedidaktischen Forschung. Studien wie die von Lundin (2014) »Inviting queer ideas into the science classroom: studying sexual education from a queer perspective« bleiben die Ausnahme. Wie eine Durchsicht von aktuellen nationalen und internationalen Tagungsbänden (The National Association for Research in Science Teaching 2015 (NARST), European Researchers in Didactics of Biology 2014 (ERIDOB) und Fachzeitschriften vor Augen führt, beschränkt sich die empirische biologiedidaktische Lehr- und Lernforschung überwiegend auf Differenzen aufgrund des (biologischen) Geschlechts hinsichtlich der Kompetenzen und Interessen der Schüler_innen. Zielführender erscheint es, stärkeres Gewicht auf die individuellen Vorerfahrungen und weiteren Kategorien sozialer Zugehörigkeiten der Schüler_innen wie Ethnizität, sozialer Status, sexuelle Identität, Alter usw. zu legen sowie deren Interdependenzen in Forschungsstudien zu beachten.

2.3. Geschlechtliche und sexuelle Vielfalt in Unterrichtsmaterialien

Speziell für die biologische Unterrichtspraxis gibt es einige Materialien und Aufgabensammlungen, die geschlechtliche und sexuelle Vielfalt thematisieren und perspektivisch berücksichtigen (z.B. Amon/Wenzl 2012;2015, Huch/ Krüger 2009). Darüber hinaus wird von kritischen Stimmen zu Recht konstatiert, dass sich durch Aufgabensammlungen und Biologieschulbücher mehrheitlich nach wie vor ein unterschwelliges heteronormatives Differenzdenken auf verschiedenen Ebenen zieht und eine heterosexuelle Ausrichtung das Wissen über Sexualität bestimmt (vgl. Bittner 2015, Scantlebury 2014).

Bei humanbiologischen Themen wie Entwicklung und Bau der Geschlechtsorgane (Ontogenese), Hormone und beim Themenfeld Pubertät mit Unterthemen wie Freundschaften und sexuelles Interesse ist Geschlecht als binäre Differenzkategorie leitend (»Normalerweise entscheidet sich bei der Befruchtung, ob es ein Junge oder Mädchen wird.« Unterricht Biologie 2006: 1, »die Mädchen und die Jungen«, »dem anderen Geschlecht« Bioskop 1 2011: 148, vgl. auch Staeck 2012). Auch die geschlechtliche Identität ist selbstverständlicherweise entweder eindeutig weiblich oder eindeutig männlich, gekoppelt mit heterosexuellem Begehren. Exemplarisch wird dies in der folgenden Definition zur Pubertät deutlich: »Jungen beginnen sich für Mädchen zu interessieren und umgekehrt.« (Natur und Technik Biologie 2011: 294, vgl. auch Bittner/Lotz 2014).

Wenn in einigen Materialien für den Biologieunterricht gleichgeschlechtliche Lebensweisen explizit aufgegriffen werden, finden diese oft noch in additiver Form als eine Variante menschlicher Sexualität Eingang, die mit akzentuierter Angabe ihrer Prävalenz im Kontrast zur weit verbreiteten Form der Heterosexualität stehen. (»Heterosexualität wird als ›normal‹ empfunden, weil diese Form der Sexualität besonders häufig ist [...]. Immerhin sind fünf bis acht Prozent der Bevölkerung homosexuell.« Linder Biologie 2 2014: 320). In Anbetracht dessen, dass es nahezu unmöglich und auch fragwürdig ist, exakte Prävalenzraten von nicht heterosexuellen Orientierungen erfassen zu wollen und die vorgenommene implizierte Kategorisierung der gelebten Wirklichkeit vielfältiger Lebens- und Begehrensweisen kaum gerecht wird, besteht hier die Gefahr, dass bei Schüler_innen die statistische Norm zur moralischen Norm werden könnte. Gleichgeschlechtliche Beziehungen könnten als unnormale Abweichung erscheinen. Problematisch erscheint hier auch die Konnotation von sexuellen Identitäten als starre Entweder-Oder-Kategorie, die dem aktuellen Erkenntnisstand der Biologie und Sexwissenschaft von fluiden Identitäten (vgl. Strauß 2007, Fausto-Sterling 2000) nicht entspricht. Dass vielfältige sexuelle Lebensweisen mehrheitlich noch nicht gleichwertig und gleichberechtigt aufgegriffen werden, veranschaulicht ihre weitgehende

Absenz bei einer breiten Themenpalette wie Freundschaften und Safer-Sex-Möglichkeiten. Auch im Kontext von Reproduktion und Elternschaft offenbart sich dies. Bazzul and Sykes (2011) machen deutlich:»There is no discussion of other pathways such as in vitro fertilization or of nonheterosexuals being involved in human reproduction.« (zit. nach Scantlebury 2014: 199).

Zusammenfassend wird deutlich, dass empirische Forschungsarbeiten und methodisch-didaktische Materialien für die biologische Unterrichtspraxis eher in geringem Umfang vorhanden sind. Umso notwendiger ist die Entwicklung empirisch gestützter Leitlinien zum Umgang mit geschlechtlicher und sexueller Vielfalt für den Biologieunterricht. Erste Ansatzpunkte für die Initiierung von Lernprozessen im Biologieunterricht liefern Ergebnisse eines Forschungsprojekts, in dem die Einstellungen zu Geschlecht, Geschlechterrollen und sexuellen Orientierungen von Schüler_innen der 8. und 9. Jahrgangsstufen qualitativ und quantitativ erhoben wurden (Huch/Krüger 2010, Huch/Urhahne/Krüger 2012). Die Einstellungen der Schüler_innen stehen im Zentrum, weil sie in der aktuellen biologiedidaktischen Forschung vor allem als »Bestandteil einer umfassenden Kompetenzstruktur von Schüler_innen [...]« eingestuft werden, die »von Lehrpersonen im Rahmen der Vermittlung von Kenntnissen, Fähigkeiten, und Fertigkeiten zu berücksichtigen und gezielt zu fördern [...]« sind (Upmeier zu Belzen 2007: 21). So können Lernumgebungen dann förderlich gestaltet werden, wenn die Einstellungen von Lernenden bekannt sind. Sie sind auch deswegen ins Forschungsinteresse gerückt, weil sie einen wichtigen Ausgangspunkt für die Entwicklung ethischer Bewertungskompetenz und für die soziale Identität (Weidenbach 2005) darstellen.

3. EMPIRISCHE BEFUNDE ZU DEN EINSTELLUNGEN VON SCHÜLER_INNEN

Einstellungen werden als psychologische Tendenz einer Person definiert, auf ein bestimmtes Objekt (hier gleichgeschlechtliche sexuelle Orientierungen) mit einem gewissen Grad an Zustimmung oder Ablehnung zu reagieren (vgl. Haddock/Maio 2003). Als Ausdruck eines bewertenden, mehrdimensionalen Urteils werden Einstellungen von den individuellen Werthaltungen beeinflusst (vgl. Asendorpf 2007). Dabei bezieht sich die affektive Einstellungskomponente auf die gefühlsbestimmte oder emotionale Bewertung, die sich bei der Konfrontation mit dem Einstellungsgegenstand entwickelt (affektiv basierte Einstellung) (vgl. Haddock/Maio 2003, Aronson/Wilson/Akert 2008). Die kognitive Einstellungskomponente dagegen umfasst vorwiegend Argumente, reflektierbare Annahmen und Ansichten, die das Individuum mit dem Einstellungsgegenstand verbindet (kognitiv basierte Einstellung) (s. ebd.).

Exemplarisch werden zentrale Ergebnisse von Studien (Huch 2009, Huch/
Krüger 2010, Huch/Urhahne/Krüger 2012) vorgestellt, die sich schwerpunktmäßig auf gleichgeschlechtliche Lebensweisen beziehen[3]. Dabei werden
folgende Forschungsfragen in den Blick genommen: Zum Einen welche affektiv
und welche kognitiv basierten Einstellungsausprägungen von Schüler_innen
zu gleichgeschlechtlichen sexuellen Lebensweisen sich feststellen lassen und
wie prominent diese Einstellungsausprägungen bei Schüler_innen sind. Zum
Anderen wird der Frage nachgegangen, welche Zusammenhänge hinsichtlich
der affektiv basierten und der kognitiv basierten Einstellungen bei der Bewertung der sexuellen Orientierungen erkennbar sind. Aus den empirischen
Befunden lassen sich methodisch-didaktische Ansätze zum Umgang mit
sexueller Vielfalt erschließen.

3.1. Studienergebnisse der Einstellungserhebungen von Schüler_innen zu sexuellen Lebensweisen[4]

Affektiv basierte Einstellungsausprägungen

Die in qualitativen Studien (vgl. Huch/Urhahne/Krüger 2012) ermittelten
affektiv basierten Einstellungen, die Schüler_innen der 8./9. Jahrgangsstufe gegenüber gleichgeschlechtlich Orientierten haben, reichen über ein
Kontinuum von mehrheitlicher Zustimmung (Sympathie, Neugier und
Angstfreiheit) bis hin zu totaler emotionaler Ablehnung (Ekel, Unwohlsein,
Angst vor Anmache). Schüler_innen, die angaben, mit gleichgeschlechtlich Orientierten bereits gut bekannt oder befreundet zu sein, äußern eher
affektiv positive Einstellungen und bestätigen so die in der Literatur berichteten Befunde über die positive Wirkung von interpersonalem Kontakt
auf eine zustimmende Einstellung. Ein weiteres zentrales Ergebnis ist, dass

---

3 | Die Fragebögen enthielten darüber hinaus Skalen zu hetero- und bisexuellen
Lebensweisen und zur Erhebung des Geschlechtsrollen- und Sexualitätsverständnisses
der Schüler_innen (Huch/Urhahne/Krüger 2012).

4 | Für eine detaillierte Darstellung des qualitativen und quantitativen Forschungs-
designs mit ihren evaluierten Testinstrumenten s. Huch/Krüger 2010, Huch/Urhahne/
Krüger 2012. Geschlecht und sexuelle Orientierungen werden im Sinne eines dynamischen Verständnisses (Relativität der Kategorien) aufgefasst und als eine im Prozess
befindliche Identität begriffen. Aufgrund der notwendigen Operationalisierung für eine
Testkonstruktion mit jugendlichen Schüler_innen, der quantitativen Datenanalyse und
der Anschlussfähigkeit an internationale Studien ließen sich Kategorisierungen wie
Frauen und Männer, männliche und weibliche gleichgeschlechtliche Orientierungen z.T.
nicht vermeiden.

die mit Hilfe einer differenzierten Gefühlsskala erhobenen affektiv basierten Einstellungen der Schüler_innen gegenüber gleichgeschlechtlich Orientierten kontextabhängig sind (vgl. Huch/Urhahne/Krüger 2012). Im sozial nahen Umfeld (Vorstellung, eine_n homosexuellen Freund_in oder Geschwister zu haben, Party mit homosexuellen Personen) fällt die affektive Zustimmung deutlich geringer aus als im sozial fernen Umfeld (homosexuelle Filmfigur, Person des öffentlichen Lebens). Es zeigte sich, dass die Vorstellung sozialer Nähe einer gleichgeschlechtlich orientierten Person mehrheitlich zu unangenehmen Gefühlen führt. Die Angst von gleichgeschlechtlich Orientierten gut gefunden und selber für homosexuell gehalten zu werden erwies sich dabei als bedeutend. Resümierend zeigte sich in der quantitativen Studie, dass von den befragten Schüler_innen (N= 1.047, Jugendliche der 8./9. Jahrgangsstufe aus unterschiedlichem sozio-geographischen Umfeld: verschiedene Bezirke Berlins und ländlicher Raum Ostwestfalens) insgesamt über die Hälfte (59,3%, n= 621) gegenüber gleichgeschlechtlich Orientierten sowohl im sozial nahen als auch im sozial fernen Umfeld eher affektiv ablehnend eingestellt ist.[5]

Kognitiv basierte Einstellungsausprägungen

Mit welchen Argumenten begründen Jugendliche ihre ablehnende oder zustimmende Einstellung gegenüber gleichgeschlechtlich Orientierten? Mit dem Einsatz eines Fragebogens mit offenen Items konnten vier qualitativ unterscheidbare Einstellungsausprägungen von Schüler_innen gegenüber gleichgeschlechtlich Orientierten inhaltsanalytisch (Mayring 2010) identifiziert werden: eine traditionell-biologistisch-, eine religiös-, eine egalitär- und eine dekonstruktivistisch-orientierte Einstellung (vgl. Huch/Urhahne/ Krüger 2012).

Schüler_innen, die gleichgeschlechtlich Orientierte ablehnen, sind vorwiegend *traditionell-biologistisch* eingestellt. So werden nicht heterosexuelle Lebensweisen von den Schüler_innen als »unnormale« (S67) und »unnatürliche« (SB719) Abweichungen bewertet, da sie u.a. die Fortpflanzung und die Arterhaltung im Sinne von »Mutter Natur« (S71) ausschließen. Das verdeutlichen die folgenden Zitate aus der 8./9. Jahrgangsstufe »[Homosexualität] ist für mich schon ein wenig gegen die Natur, da der biologische Sinn des Menschen natürlich auch die Fortpflanzung ist und das können solche Paare halt nicht.« (SN302). Die traditionell-biologistische Einstellungsausprägung ist wesentlich dadurch gekennzeichnet, dass die Natur als normative Ordnungsinstanz menschlicher Lebensweisen und Identitäten herangezogen wird

---

5 | Inwieweit sich soziodemografische Variablen wie die Religionszugehörigkeit und psychologische Variablen wie kognitive Bewertungen als relevante Einflussfaktoren auf die affektiv basierten Einstellungen erweisen, ist Huch/Urhahne/Krüger 2012 zu entnehmen.

(»Ich finde, dass die Natur gemacht hat, dass Mann und Frau zusammengehören. Das soll auch so bleiben.« (SB410)).

Schüler_innen mit einer *religiösen* Einstellung lehnen gleichgeschlechtliche Lebensweisen u.a. ab, indem sie diese als Abweichung von der zweigeschlechtlichen religiösen Ordnung Mann und Frau auffassen (»Ich finde, dass Gott wollte, dass Männer und Frauen heiraten sollten.« (SB710); »Gott schuf Adam & Eva, nicht Adam & Peter!« (SB682)). Auch als »Sünde« (S22) werden gleichgeschlechtliche Beziehungen bewertet.

Im Gegensatz dazu sprechen sich andere Schüler_innen mit einer kognitiv zustimmenden, *egalitären* Einstellung für die Gleichwertigkeit sexueller Lebensweisen aus und betonen das Recht auf Selbstbestimmung in Anlehnung an die menschlichen Grundrechte (»Jeder sollte lieben dürfen, wen er lieben will.« (S79); »Mir ist es egal, ob jemand lesbisch oder schwul ist. Ich bin auch dafür, dass man jedem, egal ob hetero oder nicht, gestatten sollte, ein Kind zu adoptieren. Ob man gute Eltern wird, hat nichts damit zu tun, ob man Frauen oder Männer liebt.« (SBN29). Dass die Liebe zudem als universelles gemeinsames Prinzip aller Beziehungen gesehen wird, verdeutlicht exemplarisch die folgende Schüleräußerung »Egal, ob lesbisch, schwul, bi oder hetero – Hauptsache man liebt sich!« (S44).

Schüler_innen mit einer *dekonstruktivistisch-orientierten* Einstellungsausprägung bewerten gleichgeschlechtliche Lebensweisen ebenfalls positiv und reflektieren die hierarchisierende, gesellschaftliche Einteilung von Menschen aufgrund sozialer Differenzkriterien wie hetero-und homosexuell: »Es wird einem gesagt, dass ›hetero sein‹ normal ist und Homos anders sind oder unnormal. Es kann keiner sagen, was ›normal‹ ist oder nicht.« (S01). Der zugrunde gelegte Erklärungsansatz dieser Einstellung beinhaltet die Ablehnung einer Kategorisierung von Menschen im Sinne eines »Schubladen-Denkens«, das in »normal = heterosexuell« und »unnormal = homosexuell« unterteilt (»Ich finde diese Einteilung unnötig.« (SN195); »[...] ich finde es rassistisch, dass man sie [gleichgeschlechtliche Paare] ausschließt oder so einfach in eine Schublade steckt, das soll aufhören«. (SBxx). Die Dekonstruktion der Zweigeschlechtlichkeit als zentraler Normierungskategorie (»Keiner sollte einem vorschreiben, wen er zu lieben hat und wen nicht. Die Einteilung nach sexuellen Orientierungen ist falsch. Wie ist man darauf gekommen?« (SB258)) wird mit einer gleichwertigen Vielfalt sexueller Lebensweisen begründet (vgl. Huch/Urhahne/Krüger 2012).

Die quantitative Erhebung gibt Auskunft darüber, inwieweit sich diese kognitiv zustimmenden und kognitiv ablehnenden Einstellungsausprägungen über den Einzelfall hinaus als besonders relevant bei Schüler_innen erweisen können. Clusteranalytische Befunde zeigen, dass bei den insgesamt 1.047 befragten Jugendlichen traditionell-biologistische und religiöse Bewertungsmuster bei 43.5% (n=449) der befragten Schüler_innen prominent sind.

Korrelate von affektiv und kognitiv basierten Einstellungen

Vor dem Hintergrund bestehender sozial- und moralpsychologischer Theorie-
konzeptionen (Van de Ven/Bornholt/Bailey 1996, Weidenbach 2005) wurde
das Ineinandergreifen von affektiven und kognitiven Bewertungsprozessen
der Schüler_innen zu sexuellen Orientierungen untersucht. Es zeigte
sich, dass die affektiven und kognitiven Bewertungen gegenüber gleichgeschlechtlich Orientierten insgesamt positiv miteinander korrelieren (Huch/
Urhahne/Krüger 2012) und entsprechend Schüler_innen mit einer affektiv
zustimmenden Einstellung in stärkerem Maße auch kognitiv zustimmend
eingestellt sind und sich u.a. für gleiche Rechte (egalitäre Einstellung) sowie
für die Infragestellung der Norm der Heterosexualität (dekonstruktivistisch-
orientierte Einstellung) aussprechen. Schüler_innen mit einer affektiv ablehnenden Einstellung sind in stärkerem Maße auch kognitiv ablehnend eingestellt. Gleichgeschlechtliche Lebensweisen werden argumentativ als negative
Abweichungen ausgegrenzt mit traditionell-biologistischen bzw. religiösen
Ansätzen (vgl. ebd). Ein wichtiges Ergebnis aus fachdidaktischer Sicht ist aber
auch, dass sich über die grundlegende Tendenz der korrelativen Beziehung von
affektiv und kognitiv basierten Einstellungen hinausgehend kognitiv-affektive
Einstellungsambivalenzen bei Schüler_innen andeuten. So wurde ersichtlich,
dass trotz einer kognitiv zustimmenden aufgeschlossenen Einstellung (z.B.
auf der Basis von Grundrechten) gegenüber gleichgeschlechtlich Orientierten
Angst oder Ekelgefühle gegenüber Homosexuellen dominieren und letztlich
zu deren Ablehnung und Vermeidung führen können. Die affektiv basierte
Einstellung hat sich als stark lenkende Komponente des mehrdimensionalen
Einstellungskonstruktes erwiesen.

**3.2. Methodisch-didaktische Ansätze zum Umgang
mit sexueller Vielfalt in der Biologiedidaktik
auf Basis der empirischen Erhebungen**

In den Ergebnissen zeigte sich zum Einen, dass affektiv ablehnende Einstellungen gegenüber gleichgeschlechtlich Orientierten unter Jugendlichen
weit verbreitet sind. Zum Anderen wurde die exponierte Rolle der affektiven
Einstellungskomponente in der generellen Bewertung gleichgeschlechtlicher
Lebensweisen von Schüler_innen (Huch/Urhahne/Krüger 2012) auch am Beispiel des festgestellten Divergierens der affektiven und kognitiven Bewertung
deutlich. Daraus ergibt sich die erforderliche systematische Einbindung
und ganzheitliche Reflexion emotionaler Aspekte in biologiedidaktische
Konzepte zur Sexualbildung und auch zur Bewertungskompetenz. Positivere
Bewertungen gegenüber geschlechtlicher und sexueller Vielfalt rein ra-
tional erreichen zu wollen erscheint nur begrenzt erfolgreich. Theorien der

psychologischen Kognitionsforschung (vgl. Weidenbach 2005), der Ein-
stellungsforschung (Haddock/Maio 2003) sowie der Biologiedidaktik (Gebhard
2013) betonen, dass »[...] affektive und vorrationale Elemente eine kaum zu
überschätzende Rolle spielen [...]« in der Entwicklung eigener Einstellungen
und Bewertungsprozesse (ebd.: 198). Zudem sind Einstellungen zu sexuellen
Lebensweisen Ausdruck der gesamten Persönlichkeit der Schüler_innen, so
dass generell ein ganzheitlicher Lernansatz, in dem Emotionen, Wissen und
Handlungen zum Tragen kommen, als übergeordnetes didaktisches Prinzip besonders auch für eine vielfaltsorientierte Unterrichtspraxis zu berücksichtigen
ist. Die Integration affektiver Elemente in Lehr- und Lernprozesse kann über
verschiedene emotionsbasierte Zugänge realisiert werden. Z.B. bietet sich vor
allem emotional positiv besetzte Literatur über gleichgeschlechtlich orientierte
Jugendliche an, damit u.a. möglichen angstbesetzten Bewertungsstrukturen
(gleichgeschlechtlich Orientierte als Fremde) auf derselben emotionalen
Dimension begegnet werden kann. Affektiv basierte Einstellungen mit emotionalen Appellen zu beeinflussen, hat sich in anderen Bereichen in mehreren
internationalen Studien zur Einstellungsänderung als ein generelles Prinzip
angedeutet (Fabrigar/Petty 1999). Darüber hinaus kann themenspezifisch
ausgewählte Literatur mit einem offenen Interpretationsspielraum einen
hohen Aufforderungscharakter zur Selbstreflexion auch eigener Einstellungen
darstellen (vgl. auch Hartmann in diesem Band). Damit eröffnet sich ein
großes didaktisches Potenzial zur Bildung individueller geschlechtlicher und
sexueller Identität.

Anhand einer Coming-Out Geschichte könnten sich die Schüler_innen
durch ihre individuelle Rezeption mit den Normierungen von nicht-hetero-
sexuellen Lebensweisen auseinandersetzen[6]. Es kann z.B. partiell erfahrbar
gemacht werden »Wie fühle ich mich, wenn ich anders als die meisten bin und
ausgeschlossen werde?« und mein eigenes sexuelles Selbstverständnis z.T.
immer noch verbergen muss. Dabei sollte didaktisch eine starre Dichotomie
von Homo- und Heterosexualität, von Norm und Abweichung durchbrochen und eine selbstreflexive, anerkennende Auseinandersetzung mit
unterschiedlichen sexuellen Selbstverständnissen und -definitionen im Sinne
einer enthierarchisierenden, auf Selbstbestimmung fußenden Vielfalt eröffnet
werden.

Als eine weitere ganzheitlich orientierte Methode bietet sich auch das
Rollen- und Planspiel an, da es die Fähigkeit zum Perspektivwechsel fördert,
zur Entwicklung von Empathie und Ambiguitätstoleranz beiträgt und
Handlungsoptionen aufzeigen kann. Mögliche Rollen- und Planspiele sowie
weitere Methoden mit emotionsbasierten und biografischen Zugängen zu

---

6 | Hinweise für mögliche Literatur zu gleichgeschlechtlichen Lebensweisen im Unter-
richt und Anregungen zu weiteren inhaltlichen Themen gibt auch Josting in diesem Band.

vielfältigen Lebensweisen und Identitäten, die auch im Biologieunterricht eingesetzt werden können, lassen sich in den Praxismethoden der »Sexualpädagogik der Vielfalt« (Tuider/Müller/Timmermanns/Bruns-Bachmann/ Koppermann 2012) sowie bei Schmidt/Schondelmayer/Schröder (2015) und Huch (2009) finden.

Ergänzend sollte an die kognitiv basierten Einstellungen der Jugendlichen angeknüpft werden, da auch sie Einfluss auf die Bewertung (Van de Ven/ Bornholt/Bailey 1996) von geschlechtlicher und sexueller Vielfalt nehmen. Das beinhaltet, dass die Schüler_innen sich mit ihren Argumenten, ihren zu Grunde gelegten individuellen Werten und Normalitätsvorstellungen selbstreflexiv auseinandersetzen. Vor dem Hintergrund, dass bei Schüler_innen eine biologistische Einstellung prominent sein kann, in der die Natur zur normativen Instanz wird im Sinne von »was natürlich ist, ist gut«, ist eine kritische Auseinandersetzung mit dem naturalistischen Fehlschluss entscheidend (vgl. Huch (im Erscheinen), Huch/Urhahne/Krüger 2012). Häufig werden Tiere mit ihren zugeschriebenen biologisch determinierten Verhaltensweisen als Stellvertreter der Natürlichkeit herangezogen. Sie werden, wie die folgende Äußerung belegt, nicht selten als Legitimation für Abwertungen sexueller Lebensweisen und für bestehende Hierarchien genutzt.

»Ich würde abweisend reagieren, weil ich das [Homosexualität] komisch finde. Ich würde es zwar tolerieren und sie [Homosexuelle] nicht mobben, aber Tiere machen das ja auch nicht und da könnte man sich etwas danach richten.« (S78).

Entgegen der weit verbreiteten Alltagsannahme, dass Zweigeschlechtlichkeit und die damit einhergehende Heterosexualität im Tierreich das vorherrschende Prinzip besonders im Zusammenhang mit evolutions- und soziobiologischen Kontexten (Genmaximierung, Verhalten usw.) ist, zeigen Studien der biologischen Geschlechterforschung die große Vielfalt an Sexualitäten, Geschlechtern und Fortpflanzungsstrategien in der Zoologie auf (vgl. Ebeling 2006). Die weite Verbreitung gleichgeschlechtlichen Sexualverhaltens bei zahlreichen Tierarten wie bei Löwen, Grauwalen, Störchen oder Schmetterlingen zeichnet sich durch eine große Variabilität aus, die von Gorilla-Gruppen mit wechselndem gleich- und gegengeschlechtlichen Sexualverhalten bis zum systematischen gemeinsamen Aufziehen von Jungen bei gleichgeschlechtlichen schwarzen Schwänen reicht (vgl. ebd). Die Vielzahl und Wandelbarkeit von Geschlecht in der Zoologie zeigen sich am Beispiel von Intersexen/Hermaphroditen (Tüpfelhyänen, Spinnen usw.) und Geschlechtswechslern (Clownfisch usw.) sowie am transgeschlechtlichen Verhalten von Dickhornschafen. Dass neben zweigeschlechtlichen Reproduktionsformen auch häufig ein- und ungeschlechtliche Fortpflanzungsformen (z.B. Jungfernzeugung bzw. Parthenogenese der Blattläuse und der Rädertiere)

vorkommen (vgl. ebd.), relativiert tief verankerte heteronormative Natur-
anschauungen.

Der naturalistischen Argumentationsfigur, die aus obiger Schüleräußerung hervorgeht, könnte aus fachwissenschaftlich biologischer Seite mit
Informationen über die weite Verbreitung von gleichgeschlechtlichem Sexualverhalten bei zahlreichen Tierarten begegnet werden, sodass dadurch die Annahme von Homosexualität als ›natürlicher‹ Grundlage im Tierreich zu einer
akzeptierenden Haltung menschlicher sexueller Vielfalt beitragen könnte.
Ihre elaborierte Wirksamkeit unterstreicht das folgende Schülerzitat:

»Schließlich habe ich neulich eine Reportage gesehen, wo zwei Pinguine schwul waren.
Also sind nicht nur wir Menschen schwul oder lesbisch, sondern auch Tiere. Also ist es
eigentlich ganz normal.« (S82).

Eine solche thematische Behandlung verschiedener sexueller Lebensformen in der Zoologie greift aber im Biologieunterricht zu kurz. Sie würde
trotz ihres wirksamen Potenzials den »Zirkelschluss der Naturalisierung«
(Ebeling 2006: 57) menschlicher soziokultureller Geschlechterverhältnisse
und ihre Legitimation durch Tierbeschreibungen unkritisch fortsetzen sowie
heteronormative Strukturierungen begünstigen[7]. Zentral ist im Biologieunterricht die Erarbeitung, dass allein das Vorkommen bestimmter Verhaltensweisen im Tierreich menschliches Verhalten nicht rechtfertigen oder
abwerten kann. Vom ›Sein‹ kann nicht auf das ›Sollen‹ geschlossen werden.
Die Natur begründet keine ethischen Normen; moralische Urteile lassen sich
aus ihr nicht ableiten (vgl. Gebhard 2013)[8]. Menschliches sexuelles Verhalten
und seine Bewertung sind wesentlich gesellschaftlich geprägt. Grundlage der
ethischen Normen und moralischen Urteile sind vielmehr die menschlichen

---

7 | Neben der Problematisierung des Mensch-Tier/Kultur-Natur-Dualismus mit seinen
fließenden Übergängen stellen Ebeling/Schmitz/Bauer (2006) dar, wie im Sinne einer
zirkulären Argumentationslogik vielfach die gesellschaftlich und kulturell entstandene
Kategorie Homosexualität ins Tierreich übertragen wird (Anthropomorphisierung), bei
einer Tiergruppe gesucht, gefunden und als tierisches Phänomen mit biologischer
Determination versehen wird. Im letzten Schritt wird Homosexualität wieder vom
Tier auf den Menschen zurückübertragen und damit als überkulturelles, natürliches,
feststehendes Phänomen legitimiert. Wie im Einzelnen eine Durchbrechung des
Zirkelschlusses und der generellen Naturalisierung soziokultureller Vorstellungen
von menschlichen Geschlechterverhältnissen durch die De- und Rekonstruktion
biologischer Diskurse initiiert werden kann, greifen Ebeling/Schmitz/Bauer (2006) auf.
8 | In diesem Zusammenhang verweisen Ansätze der biologischen Wissenschafts-
forschung darauf, dass ›die Natur‹ und die biologische Körperlichkeit selbst einem
sozio-kulturellen Konstruktionsprozess unterliegen (vgl. auch Palm 2008).

Grundrechte. Auch in den egalitären Einstellungsausprägungen von Schüler_innen kommt zum Ausdruck, dass diese das entscheidende Argument für die Gleichwertigkeit sexueller Lebensweisen bilden und mit dem Recht auf Selbstbestimmung und der Achtung menschlicher Würde handlungsleitende Werte vorgeben (vgl. Huch/Urhahne/Krüger 2012).

In diesem Kontext ist auch die Instrumentalisierung der Biologie zur Rechtfertigung von historisch entstandenen gesellschaftlichen Normen, wie die hierarchisierende Einteilung von Menschen in hetero-/homosexuell kritisch zu reflektieren. Durch den Blick auf Bewertungen von sexuellen Orientierungen in verschiedenen zeitlichen Epochen und Kulturen kann deutlich werden, dass diese hierarchisierende Einteilung in Hetero- und Homosexualität ein historisches, gesellschaftlich und kulturell bedingtes Phänomen ist und nichts universell Feststehendes, was aus der Biologie abzulesen ist (vgl. Lücke in diesem Band). Historisch-biologische Studien demonstrieren den Konzeptwandel von Homosexualität mit dem im 19. Jahrhundert stattgefundenen Beginn der Kategorisierung sexueller Orientierungen und der Konstruktion von dem ›Anderen‹ (gleichgeschlechtliches Verhalten als krankhafte Abweichung) bis hin zur biologisch zweckmäßigen weit verbreiteten sexuellen Orientierung bei Tieren mit evolutionsbiologisch sinnvoller populationsregulierender und Verwandtschaft unterstützender Funktion (vgl. Ebeling 2006). Ergänzend könnte die Bewertungskompetenz von Schüler_innen gefördert werden, indem eine wissenschaftskritische Perspektive auf die Entstehungsbedingungen und die Reichweite biologischer Theorien fokussiert wird, besonders auch im Zuge der in der Tagespresse und anderen Medien weit verbreiteten populärwissenschaftlichen Aussagen zu naturgegebenen, deterministischen Grundlagen von Geschlecht und Sexualitäten (wie geschlechtsspezifischem räumlichen Denken, dem ›Homo‹-Gen usw.), die in der Evolutionsgeschichte verankert seien. Anhand von historischen und aktuellen biologischen Diskursen zur Zweigeschlechtlichkeit (vgl. Palm 2008, Amon/Wenzl 2012) und zu sexuellen Orientierungen (vgl. Voß 2013) kann deutlich werden, dass sich in biologischen Wissensbeständen und deren Generierung auch gesellschaftliche Vorstellungen spiegeln und diese kein wertfreies, objektives Abbild der Natur sowie Tatsachenwissen über Geschlecht und Sexualitäten bereitstellen. Studien über mögliche biologische Grundlagen von Homosexualität (Hormone, Gene, Gehirnstrukturen) könnten auf ihren transportierten ideologischen Gehalt hinterfragt werden und neben der kritischen Analyse der Hypothesenbildung und Dateninterpretation dafür sensibilisieren, wie auch biologische Studien heteronormative Strukturen untermauern und wirkungsmächtig sexuelle Identitäten erzeugen können. Im Zuge der nicht endenden Suche nach biologischen Markern für nicht-heterosexuelle Orientierungen rückt zudem der aktuelle Erkenntnisstand der Biologie in den Fokus, dass sexuelle Orientierungen nicht auf biologische Parameter reduziert werden können und Begehren nicht an bestimmte biologische Körper gekoppelt ist. Welche Faktoren eine sexuelle Orientierung prägen, ist unklar (vgl. Höppner 2006, Weitzel 2006). Auch inwieweit anlagebedingte und soziokulturelle Einflüsse bei der Entwicklung der sexuellen Orientierungen und Identität zusammenspielen, ist bis heute weitgehend ungeklärt. Festzuhalten ist, dass sich sexuelle Orientierungen als biologisches und psychosoziales Phänomen nicht auf eine fassbare organische Ursache zurückführen lassen und die Ursachenforschung mit ihrer heteronormativen Kategorisierung auf mehreren Ebenen kritisch zu sehen ist (vgl. Voß 2013).

In Bezug auf biologisches Fachwissen erweist sich im Biologieunterricht die Thematisierung der verschiedenen Funktionen von Sexualität als sinnvoll, da, wie die empirischen Befunde zeigen, bei Schüler_innen Fortpflanzung vorwiegend als zentraler Zweck der Sexualität ausgewiesen wird. Hervorzuheben ist die mehrdimensionale Bedeutung von Sexualität in der individuellen Lebensgeschichte. Sie dient u.a. der Identitätsentwicklung, schafft Nähe, Lust und ist Ausdrucksmedium.

Unter Berücksichtigung der von Schüler_innen vertretenen dekonstruktivistisch-orientierten Einstellung (Huch/Urhahne/Krüger 2012) wäre ein wichtiger methodisch-didaktischer Ansatzpunkt, der zu einer akzeptierenden Einstellung gegenüber geschlechtlicher und sexueller Vielfalt beitragen könnte, die Norm der Heterosexualität zu relativieren und ihre soziale und kulturelle Konstruktion zu erkennen. Wenn deutlich wird, dass »keiner sagen [kann], ›was normal‹ ist oder nicht.« (S01) und Vermittlungs- und Lernprozesse dahingehend angeregt werden, ein Bewusstsein für Macht- und Ausgrenzungsmechanismen zu entwickeln, können Identitätszwänge reflektiert und letztendlich Handlungsoptionen für die Schüler_innen eröffnet werden: selbstbestimmt in einem Aushandlungsprozess mit gesellschaftlich vorherrschenden Normen und Erwartungen des sozialen Umfelds, Individualität und vielfältige Identitäten unter der Prämisse entwickeln zu können »Jeder sollte lieben dürfen, wen er lieben will.« (S79).

4. Ausblick

Vor dem Hintergrund des dargestellten Standes der Biologiedidaktik ist es für den Biologieunterricht grundsätzlich entscheidend, geschlechtliche und sexuelle Vielfalt nicht reduziert als Themenkomplex im Rahmen der Sexualbildung additiv zu behandeln, sondern systematisch und kontinuierlich als Perspektive aufzufassen. Eine vielfaltsorientierte Perspektive hat Relevanz für alle biologischen Fachinhalte, für die Gestaltung der Lehrmaterialien und für die Gestaltung des Unterrichts z.b. hinsichtlich der Heterogenität von Lerngruppen. Um der sich besonders in Unterrichtsmaterialien offenbarenden

»silence and absence of sexuality outside of the heterosexual norm« (Fifield/ Will 2014: 397) entgegenzuwirken, gehört zu den noch offenen notwendigen Schritten, die Vielfalt von Körpern, geschlechtlichen und sexuellen Identitäten für Schüler_innen zu etwas Sichtbarem und Selbstverständlicherem werden zu lassen und diese nicht nur bei Unterrichtsthemen wie Familienformen, Safer-Sex u.a. sondern auch bei Teilgebieten wie Entwicklungsbiologie und Wissenschaftsethik mitzudenken.

Da die Thematik und Perspektive vielfältiger sexueller Lebensweisen über die biologische Sexualbildung hinausgeht, sind ergänzend fachübergreifende Unterrichtsprojekte bedeutsam. Verschiedene Schwerpunktsetzungen (vgl. Kapitel II Unterrichtsfächer in diesem Band) wie z.B. Liebe und Freundschaft in der Literatur des Deutschunterrichts (vgl. Josting) oder der Umgang mit sexuellen Identitäten in der Geschichte (vgl. Lücke) können transdisziplinär die jeweilige Fachspezifik erweitern.

Wenn die Biologiedidaktik zur Entnaturalisierung von sozialen Differenzkategorien beiträgt, kann sie eine unreflektierte Reproduktion hierarchischer Geschlechterdifferenz und sexueller Lebensweisen überwinden. Durch eine kritische Beurteilung der von der biowissenschaftlichen Forschung entworfenen ›Naturtatsachen‹ über Zweigeschlechtlichkeit, Sexualhormone und Gene sowie über die biologischen Grundlagen und Funktionen nicht heterosexueller Lebensweisen (vgl. z.B. Palm 2008, Bock von Wülfingen 2007, Ebeling/Schmitz 2006) kann einem pauschalisierenden »Schubladendenken« (Mädchen-Junge, Homo-Hetero) wie auch einer Ausgrenzung von Menschen, die z.B. nicht in den vorgegebenen Geschlechtskategorien leben wollen und können, deren geschlechtliche Identität von dem bei der Geburt zugeteilten Geschlecht abweicht oder die mit uneindeutigen biologischen Geschlechtsmerkmalen geboren sind (trans*, inter*, queer*), entgegengewirkt werden. Dies kann den Blick für die Schüler_innen eröffnen, dass »die Biologie der Geschlechter keine festliegenden Körperschicksale, sondern [...] einen verhandelbaren immer vorläufigen Wissensbestand über Geschlechterkörper zur Verfügung [stellt]« (Palm 2012: 74) und sexuelle Orientierungen nicht als unverrückbare Naturtatsache zu verstehen sind. Andererseits unterstreichen die dargestellten Studienergebnisse der Einstellungserhebungen die Notwendigkeit, die gesellschaftlich immer wieder stattfindenden Konstruktionsmechanismen einer als »normal« titulierten Sexualität transparent zu machen, damit zum Einen von Schüler_innen eigene Wahrnehmungs- und Handlungsmuster in Bezug auf stereotype, einengende Zuschreibungen von Geschlecht und sexuellen Identitäten reflektiert werden und vielfältige Identitäten gebildet werden können. Zum Anderen können sie sich mit der Vielfalt differenter Lebensentwürfe offener auseinandersetzen.

Resümierend kann die Biologiedidaktik ihr Potenzial noch stärker ausschöpfen, die geforderte Geschlechter- und auch Bildungsgerechtigkeit zu einem differenzreflexiven und anerkennenden Umgang mit Vielfalt zu verwirklichen. Die von der internationalen Naturwissenschaftsdidaktik (Science Education) konstatierte Forschungslücke »Teachers may need more direction on how to inject queer into the science curriculum and pedagogy.« (Scantlebury 2014: 199) verweist auf die Notwendigkeit, Forschungen anzustoßen, die evidenzbasiert zu einem kritischen Bewusstsein für zugrunde liegende heteronormative Strukturen in biologiedidaktischen Unterrichtskonzepten, biologischen Fachinhalten und dem Wissenschaftsverständnis beitragen. Hierarchisierende Geschlechter- und Sexualitätsnormen sind zu dekonstruieren. Gewinnbringend wäre sicherlich, wenn die Biologiedidaktik insbesondere stärkere Bezüge zu den Diversity-Studies und einer ›Sexualpädagogik der Vielfalt‹ (vgl. Sielert in diesem Band) herstellt und wenn möglich deren Befunde und Methoden in ihre eigene fachdidaktische Forschung/ Ausrichtung fachspezifisch angemessen transferiert. Eine integrative Erweiterung durch intersektionale Ansätze (vgl. Perko in diesem Band), die die individuellen Konstruktionen von Geschlecht und sexueller Identität im Zusammenhang mit weiteren sozialen Differenzkategorien wie Ethnizität und sozialer Status sehen, ließe innovative Ergebnisse erwarten, z.B. hinsichtlich der Relevanz des bedeutsamen Wechselspiels dieser Kategorien für das Selbstkonzept und den Bildungserfolg, und wäre zudem als methodisch-didaktisches Postulat bedeutsam, Schüler_innen nicht auf Aspekte ihrer geschlechtlichen und sexuellen Identität zu fixieren, sondern sie in ihrer Gesamtpersönlichkeit anzusprechen.

5. LITERATUR

Amon, Heidemarie/Wenzl, Ilse (2015): Wie wird das Geschlecht festgelegt? Eine Unterrichtseinheit für den Biologieunterricht mit 15-16jährigen Schüler_innen, in: Juliette Wedl/Annette Bartsch, Teaching Gender?: Zum reflektierten Umgang mit Geschlecht im Schulunterricht und in der Lehramtsausbildung, Bielefeld: Transcript, S. 235-249.

Amon, Heidemarie/Wenzl, Ilse (2012): Ist das soziale Geschlecht durch das biologische Geschlecht festgelegt? Geschlechtertheorien in der Biologie, in: Heidemarie Amon/Ilse Bartosch/Anja Lembens/Ilse Wenzl, Gender_Diversity-Kompetenz im naturwissenschaftlichen Unterricht. Fachdidaktische Anregungen für Lehrerinnen und Lehrer, Klagenfurt: Institut für Unterrichts- und Schulentwicklung, S. 27-38.

Aronson Elliot/Wilson, Timothy/Akert, Robin (2008): Sozialpsychologie, München: Pearson.

Asendorpf, Jens (2007): Psychologie der Persönlichkeit, Heidelberg: Springer.

AV 27 (2001): Allgemeine Hinweise zu den Rahmenplänen für Unterricht und Erziehung in der Berliner Schule: Sexualerziehung. Senatsverwaltung für Bildung, Jugend und Sport (Hg.).

Bazzul, Jesse/Sykes, Heather (2011): The secret identity of a biology textbook: straight and naturally sexed, in: Cultural Studies of Science Education 6, pp. 265-286.

Bioskop 1 SI. (2011): Ausgabe für Baden-Württemberg, Braunschweig: Wester mann.

Bittner, Melanie/Lotz, Alexander (2014): Vielfalt an Schulen! Vielfalt in Schulen? Zur Sichtbarkeit von lesbischen, schwulen, und bisexuellen Lebensweisen in Schule und Unterricht, in: Verona Eisenbraun/Siegfried Uhl (Hg.), Geschlecht und Vielfalt in Schule und Lehrerbildung, Münster: Waxmann, S. 93-110.

Bittner, Melanie (2015): Die Ordnung der Geschlechter in Schulbüchern. Heteronormativität und Genderkonstruktionen in Englisch- und Biologiebüchern, in: Friederike Schmidt/Anne-Christin Schondelmayer/ Ute B. Schröder (Hg.), Selbstbestimmung und Anerkennung sexueller und geschlechtlicher Vielfalt. Lebenswirklichkeiten, Forschungsergebnisse und Bildungsbausteine, Wiesbaden: Springer, S. 247-260.

Budde, Jürgen/Blasse, Nina (2014): Thematisierungen von Geschlecht in pädagogischen Kontexten, in: Verona Eisenbraun/Siegfried Uhl (Hg.), Geschlecht und Vielfalt in Schule und Lehrerbildung, Münster: Waxmann, S. 13-27.

Bock von Wülfingen, Bettina (2007): Das Lesbenhormon, oder: Geschlechts-körper-hormonell stabilisiert oder flexibilisiert?, in: Jutta Hartmann/ Christian Klesse/Peter Wagenknecht/Bettina Fritzsche/Christina Hack-mann (Hg.), Heteronormativität. Empirische Studien zu Geschlecht, Sexualität und Macht, Wiesbaden: VS Verlag, S. 61-77.

Born, Barbara (2007): Lernen mit Alltagsphantasien. Zur expliziten Reflexion impliziter Vorstellungen im Biologieunterricht, Wiesbaden: VS Verlag.

Bögeholz, Susanne (2013): Bewerten der Anwendung biologischer Erkennt-nisse, in: Harald Gropengießer/Ute Harms/Ulrich Kattmann (Hg.), Fachdidaktik Biologie, Köln: Aulis, S. 71-77.

Ebeling, Smilla (2006): Queering Biologie, in: Bärbel Mauss/Barbara Petersen (Hg.), Das Geschlecht der Biologie, Mössingen-Talheim: Talheimer Verlag, S. 31-60.

Ebeling, Smilla/Schmitz, Sigrid (2006) (Hg.): Geschlechterforschung und Naturwissenschaften. Einführung in ein komplexes Wechselspiel, Wiesbaden: VS-Verlag.

Ebeling, Smilla/Schmitz, Sigrid/Bauer, Robin (2006): Tierisch menschlich. Ein un/geliebter Dualismus und seine Wirkungen, in: Smilla Ebeling/ Sigrid Schmitz (Hg.), Geschlechterforschung und Naturwissenschaften.

Einführung in ein komplexes Wechselspiel, Wiesbaden: VS-Verlag, S. 347-362.

ERIDOB (European Researchers In Didactics Of Biology) (2014): Haifa, Israel June 30th-July 4th 2014, program. http://eridob.net.technion.ac.il/ [28.07.2015]

Etschenberg, Karla (2012): Aufgeklärt, selbstbestimmt und fair. Lernangebote zum Thema Sexualität, Partnerschaften und Elternschaft. Materialien für Lehrerinnen und Lehrer der Jahrgangsstufen 5 bis 13. Hrsg. von der Bundeszentrale für gesundheitliche Aufklärung (BzgA), Köln: BzgA Friedrich Verlag.

Etschenberg, Karla (2013): Sexualbildung, in: Harald Gropengießer/Ute Harms/Ulrich Kattmann (Hg.), Fachdidaktik Biologie, Köln: Aulis, S. 157-168.

Fabrigar, Leandre R./Petty, Richard E. (1999): The Role of the Affective and Cognitive Bases of Attitudes in Susceptibility to Affectively and Cognitively Based Persuasion, in: Journal for Personality and Social Psychology Bulletin 25, pp. 363-381.

Fausto-Sterling, Anne (2000): Sexing the Body. Gender Politics and the Construction of Sexuality, New York: Basic Books.

Fifield, Steve/Letts, Will (2014): [Re]considering queer theories and science education, in: Cultural Studies of Science Education 9, pp. 393-407.

Gebhard, Ulrich (2013): Schülerinnen und Schüler, in: Harald Gropengießer/ Ute Harms/Ulrich Kattmann (Hg.), Fachdidaktik Biologie, Köln: Aulis, S. 198-211.

Gropengießer, Harald/Kattmann, Ulrich/Krüger, Dirk (2010): Biologiedidaktik in Übersichten, Aulis: Ottobrunn.

Gropengießer, Harald/Harms, Ute/Kattmann, Ulrich (2013): Fachdidaktik Biologie, Aulis: Ottobrunn.

Haddock, Geoffrey/Maio, Greg (2003): Einstellungen: Inhalt, Struktur und Funktionen, in: Wolfgang Stroebe/Klaus Jonas/Miles Hewstone (Hg.), Sozialpsychologie, Heidelberg: Springer, S. 188-222.

Höppner, Tobias (2006): Homosexualitätsforschung in Biologie und Medizin, Unveröffentlichte Dissertation. Frankfurt am Main: Johann Wolfgang-Goethe Universität.

Horn, Stacey (2006): Heterosexual adolescents' and young adults' beliefs and attitudes about homosexuality and gay and lesbian peers, in: Cognitive Development 21, pp. 420-440.

Huch, Sarah (im Erscheinen): Zur Relevanz von »Geschlecht« im biologiedidaktischen Kontext, in: Mechthild Koreuber/Birthe Aßmann (Hg.), Das Geschlecht in der Biologie. Anregungen zu einem Perspektivwechsel, Baden-Baden: Nomos-Verlag.

Huch, Sarah/Urhahne, Detlef/Krüger, Dirk (2012): Affektiv und kognitiv basierte Einstellungen von Jugendlichen zu sexuellen Orientierungen, in: Zeitschrift für Sexualforschung, Thieme Verlag 25(3), S. 224-251.

Huch, Sarah/Krüger, Dirk (2010): Geschlechtsrollenverständnis und Einstellungen von Schüler_innen zum Thema »Sexuelle Orientierungen«, in: Ute Harms/Iris Mackensen-Friedrichs (Hg.), Lehr- und Lernforschung in der Biologiedidaktik, Innsbruck: Studienverlag S. 189-205.

Huch, Sarah (2009): Differenzierung nach Einstellungstendenzen und Kenntnisstand von Schüler_innen in der Sexualerziehung. Binnendifferenzierung im Biologieunterricht, in: Unterricht Biologie 347/348, Friedrich Verlag, S. 24-33.

KMK (2004): Bildungsstandards im Fach Biologie für den Mittleren Bildungsabschluss, Bonn. http://www.kmk.org/bildung-schule/qualitaetssicherung-in-schulen/bildungsstandards/dokumente.html

Krüger, Dirk/Parchmann, Ilka/Schecker, Horst (Hg.) (2014): Methoden in der naturwissenschaftsdidaktischen Forschung, Berlin, Heidelberg: Springer.

Linder Biologie 2 (2014): Braunschweig: Westermann Schroedel Diesterweg Schöningh Winklers.

Lundin, Mattias (2014): Inviting queer ideas into the science classroom: Studying sexual education from a queer perspective, in: Cultural Studies of Science Education 9, pp. 377-391.

Mayring, Philipp (2010): Qualitative Inhaltsanalyse –Grundlagen und Techniken, Weinheim: Beltz Verlag.

NARST (The National Association for Research in Science Teaching (2015): Annual International Conference Chicago, IL USA April 11th-14th 2015, Abstracts.   https://www.narst.org/annualconference/2015conference.cfm [28.07.2015]

Natur und Technik Biologie 7-10 (2011): Differenzierende Ausgabe Nordrhein-Westfalen, Berlin: Cornelsen.

Orlander, Auli A. (2014): »What if we were in a test tube?« Students' gendered meaning making during a biology lesson about the basic facts of the human genitals, in: Cultural Studies of Science Education 9, pp. 409-431.

Palm, Kerstin (2008): Biologie: Geschlechterforschung zwischen Reflektion und Intervention, in: Ruth Becker/Beate Kortendiek (Hg.), Handbuch Frauen- und Geschlechterforschung. Theorie, Methoden, Empirie, Wiesbaden: VS Verlag S. 843-85.

Palm, Kerstin (2013): Grundlagen und Visionen einer genderreflexiven Biologiedidaktik, in: Marita Kampshoff/Claudia Wiepcke (Hg.), Handbuch Geschlechterforschung und Fachdidaktik, Wiesbaden: VS Verlag, S. 69-82.

Scantlebury, Kathryn (2014): Gender Matters. Building on the Past, Recognizing the Present, and Looking Toward the Future, in: Sanda K. Abell/Norman G.

Lederman (eds), Handbook of research on science education I, New York: Routledge, pp. 187-203.

Schecker, Horst/Parchmann, Ilka/Krüger, Dirk (2014): Formate und Methoden naturwissenschaftsdidaktischer Forschung, in: Dirk Krüger/ Ilka Parchmann/Horst Schecker (Hg.), Methoden in der naturwissenschaftsdidaktischen Forschung, Berlin, Heidelberg: Springer, S. 1-17.

Schmidt, Friederike/Schondelmayer, Anne-Christin/Schröder, Ute B. (Hg.) (2015): Selbstbestimmung und Anerkennung sexueller und geschlechtlicher Vielfalt. Lebenswirklichkeiten, Forschungsergebnisse und Bildungsbausteine, Wiesbaden: Springer.

Schmidt, Renate-Berenike/Sielert, Uwe (2013): Handbuch Sexualpädagogik und sexuelle Bildung, Weinheim: Juventa.

Spörhase-Eichmann, Ulrike/Ruppert, Wolfgang (Hg.) (2004): Biologie-Didaktik. Praxishandbuch für die Sekundarstufe I und II, Berlin: Cornelsen Verlag Scriptor.

Staeck, Lothar (2012): Sexualerziehung konkret. Unterrichtsmaterialien für die Klassen 4-10, Baltmannsweiler: Schneider Verlag Hohengehren.

Strauß, Bernhard (2007): Sexuelle Entwicklung im Kontext soziokulturellen Wandels, in: Bundesgesundheitsblatt-Gesundheitsforschung-Gesundheitsschutz 1, S. 3-10.

Streib-Brzič, Uli/Quadflieg, Christiane (Hg.) (2011): School is Out?! Vergleichende Studie »Erfahrungen von Kindern aus Regenbogenfamilien in der Schule« durchgeführt in Deutschland, Schweden und Slowenien. Teilstudie Deutschland, Berlin: Humboldt-Universität zu Berlin.

Tuider, Elisabeth/Müller, Mario/Timmermanns, Stefan/Bruns-Bachmann, Petra/Koppermann, Carola (2012): Sexualpädagogik der Vielfalt. Praxismethoden zu Identitäten, Beziehungen, Körper und Prävention für Schule und Jugendarbeit, Weinheim: Juventa.

Tuider, Elisabeth (2008): Diversität von Begehren, sexuellen Lebensstilen und Lebensformen, in: Renate-Berenike Schmidt/Uwe Sielert (Hg.), Handbuch Sexualpädagogik und sexuelle Bildung, Weinheim: Juventa, S. 251-260.

Unterricht Biologie (2006): Biologie der Geschlechter, Heft 319, Friedrich-Verlag.

Upmeier zu Belzen, Annette (2007): Einstellungen im Kontext Biologieunterricht, in: Dirk Krüger/Helmut Vogt (Hg.), Theorien der biologiedidaktischen Forschung. Ein Handbuch für Lehramtsstudenten und Doktoranden, Springer: Berlin, Heidelberg, S. 21-31.

Van de Ven, Paul/Bornholt, Laurel/Bailey, Michael (1996): Measuring cognitive, affective and behavioral components of homophobic reaction, in: Archives of Sexual Behavior 25, pp. 155-179.

Voß, Heinz-Jürgen (2013): Biologie und Homosexualität. Theorie und Anwendung im gesellschaftlichen Kontext, Unrast: Münster.

Weidenbach, Monika (2005): Emotionen in moralischen Urteilsbildungsprozessen. Reflexion moralischer Intuition und Anerkennung subjektiver Prioritäten in Schülerurteilen zur Bioethik – ein biologiedidaktisches Konzept, Hamburg: Kovač.

Weitzel, Holger (2006): Gene, Hormone oder große Brüder? Biologische Ursachen homosexueller Orientierung, in: Unterricht Biologie 319, Biologie der Geschlechter, S. 28-34.

Queere Physik?!

Helene Götschel

1. EINLEITUNG

Diversität und sexuelle Vielfalt sind Themen, die zunehmend eine große Rolle bei der Professionalisierung von Lehrer_innen spielen. Es ist wichtig, dass angehende Lehrkräfte über die Kompetenz verfügen, kulturelle, geschlechtliche und sexuelle Vielfalt zu thematisieren, um Schüler_innen einen wertschätzenden Umgang mit Heterogenität zu vermitteln. Die Förderung pädagogischer Professionalität sollte in der universitären Lehramtsausbildung sowohl in methodischer Hinsicht als auch in Bezug auf eine inhaltliche Sensibilisierung für das Themenfeld erfolgen. Doch wie lassen sich in der Physik theoretische Überlegungen anstellen, die sich auf poststrukturalistische Ansätze beziehen, welche Geschlecht und Sexualität performativ und diskursiv erzeugt denken? Wie lassen sich diese Überlegungen in empirische Forschung übersetzen? Und lässt sich daraus ein konstruktiver Umgang mit geschlechtlicher und sexueller Vielfalt für die Praxis der zukünftigen Lehramtsausbildung und damit letztendlich für die Praxis des Physikunterrichts anregen? Ich denke ja, und möchte dies im Folgenden explizieren.

2. MENSCHEN, KULTUREN UND WISSEN DER PHYSIK AUS QUEERER PERSPEKTIVE BETRACHTEN

Auf den ersten Blick scheint es zwischen Physik, Geschlechtervielfalt und sexueller Vielfalt keine Schnittmenge zu geben. Weder den Untersuchungsobjekten der Physik, noch ihren Beschreibungen durch mathematische Formeln und Gesetzmäßigkeiten kann ein Geschlecht oder eine sexuelle Orientierung zugeordnet werden (vgl. Götschel 2010). Dennoch gibt es seit fast vierzig Jahren interdisziplinäre Forschung zu den Wechselwirkungen zwischen Gender und Physik (Götschel 2010: 842). Allerdings beziehen die

wenigsten Arbeiten bislang poststrukturalistische Ansätze in ihre Überlegungen ein. Da die Personen, die Physik betreiben, aber über eine geschlechtliche und sexuelle Identität verfügen, kann sehr wohl die Frage
nach den demokratischen Prinzipien der Chancengleichheit und Gleichberechtigung im Kontext der Physik gestellt werden. Darüber hinaus leben die
Physiker_innen (in westlichen Ländern) in einer Gesellschaft, die durch
Vorstellungen von Zweigeschlechtlichkeit (vgl. Kessler/McKenna 1978),
Heteronormativität (vgl. Warner 1991) und Mononormativität[1] (vgl. Pieper/
Bauer 2014) geprägt ist. In meinem Beitrag möchte ich daher, mich an einer
von mir vorgeschlagenen Systematisierung des Forschungsfeldes Gender und
Physik (vgl. Götschel 2011) orientierend, drei unterschiedliche Forschungs-
dimensionen vorstellen, in denen Physik aus einer queeren Perspektive
betrachtet werden kann.

Queer Theorie verstehe ich dabei nach Czollek, Perko und Weinbach
(2009: 37-42) sowie nach Degele (2008: 11) als Denkbewegung, die normative
Konzepte von Identität kritisch hinterfragt, insbesondere Heterosexualität
und Heteronormativität in den Blick nimmt, diese jedoch um weitere gesellschaftliche Regulative erweitert und dabei auf identitäre Unabgeschlossenheit
und Uneindeutigkeit setzt. Aus dieser plural-queeren Perspektive, ebenso wie
aus neumaterialistischer[2] Perspektive, können die Identitäten physikalischer
Entitäten verstanden werden als nicht feststehend, Normierungsprozesse und
Normen in Frage stellend, unbestimmt und unabgeschlossen. Indem sich
queer auf menschliche ebenso wie physikalische Entitäten, z.B. Elektronen, anwenden lässt, wird dabei die Natur-Kultur-Dichotomie durchbrochen, werden
Grenzziehungen zwischen aktiv und passiv, lebendig und reglos, intentional
oder nicht vorsätzlich hinterfragt (vgl. Roosth/Silbey 2008: 459).

Bei den drei vorgestellten Forschungsdimensionen handelt es sich um
die *Ebene der Menschen in der Physik*, die *Ebene der physikalischen Fachkultur*
und die *Ebene des physikalischen Wissens*. Physik gilt als ›männliche‹ Disziplin
und ihre Helden sind nahezu ausschließlich Männer[3]. Lange Zeit untersuchte

---

1 | Mit Mono-Normativität bezeichnen Marianne Pieper und Robin Bauer die »Wissens-
produktionen, Machttechnologien und Praktiken, die eine exklusiv dyadische Struktur
von Paarbeziehungen als elementare und ›natürliche‹ Form des Zusammenlebens
produzieren. Nichtmonogame Konstellationen werden demgegenüber pathologisiert
und als Effekt oder Verursachung eines Mangels oder Persönlichkeitsdefizits interpretiert.« (Pieper/Bauer 2014: 1).

2 | Zum New Materialism und den Arbeiten von Karen Barad siehe Kap. 2.

3 | Die Liste der Nobelpreisträger in Physik umfasst bislang 198 Personen, davon nur
zwei Frauen. Marie Curie erhielt den Nobelpreis in Physik 1903, Maria Goeppert Mayer
wurde 1963 ausgezeichnet. Seit mehr als 50 Jahren wurde keine weitere Physikerin mit
dem renommierten Preis ausgezeichnet.

die historische und sozialwissenschaftliche Geschlechterforschung Physiker-innen, gab Einblicke in die Faszination des Physiktreibens, aber auch in die dis-kriminierenden Strukturen, denen Physikerinnen während ihrer Ausbildungs-zeit oder im Berufsalltag ausgesetzt sind (vgl. Götschel 2010: 843). Zunehmend befassen sich empirische Studien mit der Analyse der physikalischen Fach-kultur, indem sie naturwissenschaftliche Institutionen wie Labore, For-schungsgruppen, physikalische Teilgebiete, wissenschaftliche Gesellschaften und Organisationen oder das Image der Physik in der Öffentlichkeit und den Medien untersuchen. Auch auf dieser Ebene, so werde ich im Verlauf meines Beitrages zeigen, können Fragen nach der Heteronormativität, Queerness[4] und Straightness der physikalischen Fachkultur gestellt werden. Da Physik von Menschen in der Auseinandersetzung mit der materiellen Welt ent-wickelt wird, werden zudem gesellschaftliche Verhältnisse und Normalitäts-vorstellungen in die Produktion physikalischen Wissens eingeschrieben (vgl. Götschel 2011: 71-74). Auf dieser Ebene kann also ebenfalls danach gefragt werden, wie sich Geschlechterordnungen und Konzeptionen von Sexualität in unsere Vorstellung und unser Erleben und Verstehen von Welt einschreiben. Zudem geriet in den letzten Jahren die Queerness der materiellen Welt selbst in den Blick. Dabei wurde, wie in Kap. 3.3. ausgeführt wird, am Beispiel von Entitäten der Quantenphysik aufgezeigt, dass Natur und damit der Gegen-stand der physikalischen Betrachtungsweise selbst auf fundamentale Weise als queer verstanden werden kann.

3. THEORETISCHE VORAUSSETZUNGEN FÜR DAS NACHDENKEN ÜBER QUEERE PHYSIK

Um die Argumentationen einer queeren Physik nachvollziehen zu können ist es zunächst notwendig, ihre theoretischen Voraussetzungen zu entfalten. Dazu zählen insbesondere dekonstruktivistische Geschlechterforschung (vgl. Butler 1997), Queer Theory (vgl. Czollek u.a. 2009) und New Materialism (vgl. Alaimo/Hekman 2008). Die dekonstruktivistische Geschlechterforschung zur Physik stellt Fragen nach der Rolle von Geschlecht auf den Ebenen der Menschen, der Kulturen und des physikalischen Wissens (vgl. Götschel 2011: 66f.). Geschlecht

---

4 | »Queerness«, wörtlich Merkwürdigkeit oder Seltsamkeit, beschreibt den Zustand des queer Seins. Straightness ist das Gegenteil davon, der Zustand des »Normal-Seins«. Unter der Queerness bzw. Straightness der physikalischen Fachkultur verstehe ich die Ausgrenzung oder den Einschluss von Angehörigen sexueller und geschlecht-licher Minderheiten. Unter Queerness bzw. Straightness der physikalischen Welt ver-stehe ich die Frage nach der Identität physikalischer Entitäten, ihrem Ausgegrenzt-Sein aus der Normalität bzw. ihrem Nicht-Abweichen von Normen.

wird dabei nicht länger als eine feststehende biologische oder kulturelle Größe verstanden, sondern als ein durch wiederholte, zitatförmige, performative Akte hervorgebrachtes und damit kulturell konstituiertes Ereignis. Die lange Zeit in der Geschlechterforschung vorherrschende Trennung zwischen biologischem Geschlecht (sex) und sozialem Geschlecht (gender) wird damit hinterfragt und das materielle körperliche Geschlecht ebenfalls einer diskurstheoretischen Analyse zugänglich. Im Sinne eines ›linguistic turn‹, einer die Wirkmächtigkeit von Sprache und Diskurs ernst nehmenden Wende, wird von dekonstruktivistisch arbeitenden Geschlechterforscher_innen untersucht, wie im Prozess der Performativität nicht nur die Geschlechtsidentitäten ›männlich/weiblich‹ hergestellt werden, sondern auch die Materialität des biologischen Geschlechts durch performative, zitatförmige Wiederholungen sedimentiert und in ihrer Bedeutung verfestigt wird (vgl. Butler 1997). Materialität wird damit ebenfalls als diskursiv hervorgebracht verstanden.

Um über queere Physik nachdenken zu können ist es wesentlich, sich mit der in der Gesellschaft wirkenden ›heterosexuellen Matrix‹ zu befassen (vgl. Butler 1991). Geschlecht gilt in unserer westlichen Kultur als zweigeschlechtlich verfasst. Menschen werden entweder als Männer oder als Frauen gelesen und ihre Geschlechtsidentität wird als eindeutig und unveränderlich angesehen. In der sozialen und kulturellen Ordnung sind anatomischer Geschlechtskörper (sex), soziales Geschlecht (gender) und erotisches Begehren (desire) jeweils binär verstanden und wechselseitig aufeinander bezogen (vgl. Butler 1997). Das bedeutet, dass aus dem biologischen Geschlecht eindeutig eine Geschlechtsidentität abgeleitet werden kann und sex und gender wiederum eindeutig mit dem Begehren nach dem entgegengesetzten Geschlecht verknüpft sind. Nicht nur Geschlecht verortet uns also an sozial ungleichen Positionen. Auch Sexualität und mononormatives, heteronormatives Begehren positionieren als gesellschaftliches Ordnungsprinzip Menschen im Zentrum oder am Rand der Gesellschaft. Mit Geschlecht, Sexualität und Begehren befasst sich die Queer Theory (vgl. Kraß 2003: 7-30). Sie verbindet die Kritik der dekonstruktivistischen Geschlechterforschung an der Idee, Gender sei Teil eines essentiellen Selbst, mit dem Ansatz der LGBT Studies[5], sexuelle Handlungen und sexuelle Identitäten als soziale Konstruktionen zu fassen. Sexualität und Begehren werden damit nicht länger als privater Lebensentwurf verstanden, sondern als eine machtbesetzte politische/soziale Kategorie, welche Menschen reguliert und kanalisiert, ihnen Rechte und Privilegien zuweist oder vorenthält (vgl. Hark 2010: 112). Mit einem queeren Ansatz werden Normalität, Normativität und Abweichung in Bezug auf sex, gender und desire in Frage

---

5 | LGBT Studies, Lesbian, Gay, Bisexual, and Trans Studies, auf Deutsch etwas verkürzt als Lesbisch-schwule-Studien bezeichnet, sind in den USA ein Studienfach und Forschungsfeld mit langer Tradition.

gestellt. Queer Theory beinhaltet dabei beides, ein queeres Lesen von ›Texten‹ und Diskursen sowie eine theoretische Reflexion von Queerness selbst. Während in der Geschlechterforschung vor allem menschliche Körper im Fokus stehen, handelt es sich bei den Körpern der Physik vornehmlich um physikalische, also posthumane materielle Körper[6]. Daher ist es wichtig, die einschränkende binäre Verfasstheit von Identität in einem weiter gefassten Sinn zu verstehen als Identität physikalischer Entitäten, die durch nicht feststehende Normierungsprozesse und Normen hinterfragende Unbestimmtheit und Unabgeschlossenheit charakterisiert sind. Darüber hinaus ist es erforderlich, die Materialität posthumaner materieller Körper zu hinterfragen und diese als in einem Prozess der Materialisierung entstehende materielle Körper zu begreifen. New Materialism ist eine Theorierichtung, die dazu Denkanstöße liefert, indem sie die abendländische Trennung von Natur und Kultur hinterfragt (vgl. Alaimo/Hekman 2008: 6). Sie schließt meiner Einschätzung nach an poststrukturalistische Konzepte der Sedimentierung und Naturalisierung (lebendiger) Geschlechtskörper an und erweitert diese performanztheoretische Konzeption des Materiellen[7] um eine Auseinandersetzung mit der Ereignishaftigkeit von Materie und ihrer Materialisierung (vgl. Barad 2007). Letzteres ist insbesondere in der Geschlechterforschung zur Physik von großer Bedeutung. Aber auch in den Sozial- und Kulturwissenschaften löste dieser Ansatz in den letzten Jahren eine Hinwendung zu materiellen Objekten, zu einem ›material turn‹ aus.[8]

Im Verständnis des New Materialism ist physikalische Materie aktiv, prozesshaft und wandlungsfähig. Die entsprechende Theorie zur Materialisierung von Materie, die sich mit der Verzahnung von Erkenntnis und Sein zur Epistem-onto-logie[9] und mit Fragen von Politik und Ethik befasst, wird

---

6 | Posthumane materielle Körper sind in den Technik- und Naturwissenschaften verhandelte eigensinnige Entitäten wie Artefakte, Hybride und Cyborgs. Es sind neue Konfigurationen von Materialität und Verkörperung, die über die ausschließlich auf den Menschen fokussierenden Körper weit hinausreichen. (Vgl. Bath et al. 2005)

7 | Vereinfacht könnte man statt »performanztheoretische Konzeption des Materiellen« sagen, dass nicht über bereits vorhandene Dinge gesprochen wird, sondern dass diese Dinge im Rahmen des Diskurses in ihrer Bedeutung, ihrer diskursiven Materialität in einem Sprechakt erst hervorgebracht werden.

8 | Der New Materialism kritisiert die »Dingvergessenheit« der Kultur- und Sozialwissenschaften, bezieht sich jedoch nicht, wie der Name suggerieren könnte, auf den dialektischen bzw. historischen Materialismus (marxistische Gesellschaftskritik), sondern auf feministische Theoriebildung, Science & Technology Studies und die Philosophie der Naturwissenschaften (vgl. Alaimo/Hekman 2008: 4).

9 | Epistem-onto-logie bringt zum Ausdruck, dass Ontologie (Lehre vom Sein) und

von der Physikerin und feministischen Theoretikerin Karen Barad (2012a) als ›agentieller Realimus‹ bezeichnet. Sie knüpft an die physikalisch-philosophische Interpretation der Quantenmechanik[10] durch Niels Bohr (1931) an. Dieser hatte in seiner sogenannten Kopenhagener Deutung das im Vergleich zur Makrophysik ungewöhnliche Verhalten kleinster Teilchen damit erklärt, dass die beobachteten Eigenschaften erst im Prozess der Beobachtung entstehen. Barad geht noch einen Schritt weiter und beschreibt, vereinfacht gesagt, dass im physikalischen Experiment sowohl die Wissenschaftler_innen als auch die physikalischen Objekte in einem ›intra-aktiven Prozess‹ in ihrer Materialität erschaffen werden. Ähnlich wie diskursive Praxen in einem intersubjektiven Prozess bringen auch materielle Praxen Materialität in einem ›intra-aktiven‹ Prozess erst hervor. Diese in materiellen Praxen stattfindenden ›Intra-Aktionen‹ müssen nach Ansicht Barads ebenso in der Theoriebildung berücksichtigt werden wie die Hervorbringung von Materialität durch diskursive Performativität (vgl. Barad 2007). Ihre Überlegungen sind zudem ein Beispiel dafür, wie Erkenntnisse der physikalischen Geschlechterforschung auf die transdisziplinäre Geschlechterforschung zurückwirken.

4. Empirische Forschungsergebnisse zu Queerer Physik

Während theoretische Überlegungen zu einer queeren Materialität international in den Gender Studies diskutiert werden, steckt die empirische Forschung zu einem Projekt, das queere Physik genannt werden könnte, noch völlig in ihren Anfängen. Dass es möglich ist, sowohl queere Menschen in der Physik, als auch die Queerness der physikalischen Fachkultur und sogar queeres physikalisches Wissen selbst zu untersuchen, zeigen erste Aktivitäten und Forschungsprojekte, die inzwischen in der wissenschaftlichen Literatur in Ansätzen thematisiert werden. Darauf werde ich in diesem Kapitel näher eingehen.

4.1. Queere Menschen in der Physik

Will man Physik, Geschlecht und Begehren zueinander in Beziehung setzen, ist es zunächst naheliegend, nach dem Beitrag von Menschen unterschiedlicher Geschlechter, Geschlechtsidentitäten und Begehrensformen zur Entwicklung

---

Epistemologie (Lehre der Erkenntnis) nicht länger getrennt zu betrachten sind, sondern als materiell-diskursives Werden (vgl. Bath et al.).

10 | Ausführlich zur philosophischen Deutung der Quantenmechanik siehe etwa den Klassiker Baumann/Sexl oder das aktuelle Lehrbuch Friebe u.a. (2015).

der Physik zu fragen. Diese Frage wurde jedoch, mit Ausnahme der Frage nach der Rolle der Frauen und von ethnischen Minoritäten in der Physik, bislang kaum gestellt. In der vermeintlich objektiven und allen begabten Menschen offen stehenden Physik haben bislang, von wenigen Ausnahmen asiatischer Physiker abgesehen, vor allem weiße (heterosexuelle, cisidentische[11]) Männer entscheidendes beigetragen und sich ins historische Gedächtnis der Physikgeschichte eingeschrieben. Homosexuell begehrende oder transidentische Physiker_innen in Geschichte und Gegenwart zum Beispiel sind dagegen kaum bekannt. Bezeichnungen für materielle Körper, ihre physikalischen Eigenschaften und bislang aufgedeckten Gesetzmäßigkeiten etwa sind bislang nahezu ausschließlich nach weißen, männlichen Menschen benannt. Zu den wenigen Ausnahmen gehören die elementaren Wechselwirkungsteilchen Bosonen, mit denen der indische Physiker Satyendranath Bose geehrt wird (vgl. James 2004: 313-319) oder das Randall-Sundrum-Modell, ein mathematischer Ansatz zur fünfdimensionalen Beschreibung der Grundkräfte im Universum, der nach den US-amerikanischen Physiker_innen Lisa Randall und Raman Sundrum benannt wurde. Die zweite und letzte Physikerin, die bislang mit dem renommierten Physiknobelpreis geehrt wurde, war 1963, also vor mehr als 50 Jahren, die deutsch-amerikanische Kernphysikerin Maria Goeppert-Mayer (vgl. Wuensch 2013).

Queere Physiker_innen, also schwul oder lesbisch l(i)ebende Physiker_innen, transidentische und intersexuelle Physiker_innen, sind bislang weder aus der Geschichte der Physik, noch als aktiv an physikalischen Fachbereichen deutscher Hochschulen und Forschungsanstalten tätige Wissenschaftler_innen bekannt.[12] In der US-amerikanischen Wissenschaftscommunity hat inzwischen ein Umdenken stattgefunden. Zunehmend wird in der weltweit größten Organisation von Physiker_innen, der American Physical Society (APS), das Thema sexuelle und geschlechtsidentitäre Minderheiten ernst genommen, werden queere Menschen politisch aktiv und ihre Anliegen sichtbar. Mehr und mehr Physiker_innen verbergen ihre queere Identität bzw. Sexualität nicht länger und können auch nach ihrem Outing weiterhin Karrieren in der Physik verfolgen.

---

11 | Cisidentisch oder cis werden Menschen genannt, die keine Probleme mit dem ihnen bei der Geburt im Rahmen der Zweigeschlechtlichkeit zugewiesenem Geschlecht haben.

12 | Es wäre interessant zu erforschen, ob in Deutschland Physik ähnlich wie Fußball als männliches Feld angesehen wird. Schwule Spitzensportler im Fußball unterliegen während ihrer aktiven Karriere einem enormen Druck, sich nicht outen zu können. Sie sehen sich oft sogar gezwungen, ein Doppelleben mit Frau und Kindern zu leben, um sich den Schein der Heteronormativität zu unterwerfen (Degele 2013, Schollas 2009).

Der heteronormative Blick auf historische Physiktreibende, der queere Lebensweisen lange Zeit nicht wahrnehmen wollte, gerät zunehmen in die Kritik. So wurde erst im Nachruf auf den Tod von Sally Ride, der populären Astrophysikerin und ersten weiblichen Astronautin der USA, bekannt, dass diese 27 Jahre mit der Pädagogin Tam O'Shaughnessy gelebt und gearbeitet hatte. Die Astronomin und Wissenschaftsjournalistin Lisa Grossmann reflektiert, warum Sally Rides sexuelle Orientierung eine Bedeutung hat:

»Ride was one of my childhood heroes. I dressed as her for Halloween when I was aged eight and my lifelong passion for space was first budding. Ride's legacy is mostly one of inclusion: bringing more women into science, encouraging girls to think they can do anything. (...) And I felt that same sense of recognition when my girlfriend read me this line from Ride's obituary, that she was ›survived by her partner of 27 years, Tam O'Shaughnessy.‹ (...) She was neither out nor deeply in the closet, it seems. Ride doesn't appear to have kept her partnership with O'Shaughnessy particularly secret. They worked together and wrote books together. Would they have legally married if they could? We may never know. But Ride's sex was visible in a way that her sexuality wasn't.« (Grossmann 2012, online)[13]

Während Sally Ride erst posthum geoutet wurde, nutzen andere queere Physiker_innen zu Lebzeiten ihre Möglichkeiten, sich öffentlich für LGBT Rechte einzusetzen. Eine von ihnen ist die pakistanisch-amerikanische Astrophysikerin Nergis Mavalvala, die mit ihrer Partnerin und ihrem siebenjährigen Sohn in der Nähe von Boston lebt[14]. Die Professorin am renommierten Massachusetts Institute of Technology (MIT) bezeichnet sich selbst als »out, queer person of color«[15]. Als Kandidatin für die Wahl des Vorstandes der APS gab sie unlängst ein eindeutiges Statement für mehr Vielfalt in der Physik ab.[16] Ein weiteres Beispiel für eine Physikerin, die sich in der Öffentlichkeit als queer outet, ist die US-amerikanische Trans*-Aktivistin

13 | Grossman (2012): Why Sally Ride's sexuality really matters. In: New Scientist, 27. Juli 2012. [online] URL: http://www.newscientist.com/article/dn22115-why-sally-rides-sexuality-really-matters.html#.VRh5LeE71wg <2015-03-28>.

14 | Vgl. Sohrabji (2010): MIT Astrophysicist Nergis Mavalvala Wins MacArthur Grant. In: Parsi Khabar, October 4, 2010. [online] URL: http://parsikhabar.net/individuals/mit-astrophysicist-nergis-mavalvala-wins-macarthur-grant/2708/ <2015-03-28>.

15 | Venkatraman (2012): Just Herself. In: Science – Careers special issue on Women in Science. June 1, 2012. [online] URL: http://sciencecareers.sciencemag.org/career_magazine/previous_issues/articles/2012_06_01/caredit.a1200061 <2015-03-28>.

16 | Vgl. American Physical Society (2015): Nergis Mavalvala, MIT. Candidate for General Councillor. [online] URL: http://www.aps.org/about/governance/election/nergis-mavalval.cfm <2015-03-30>.

Savannah Garmon. Aktuell ist sie Professorin an der Osaka Prefecture University in Japan und forscht auf dem Gebiet der Quantenoptik und Quanten-Festkörperphysik und beschreibt in ihrem Blog Leftygirl ihre Erfahrungen mit ihrem MTF-Geschlechtswechsel in der Physik.[17] In der Februarausgabe 2015 von Physics Today berichten sieben queere Physiker_innen ausführlicher über ihre Erfahrungen als Angehörige einer sexuellen oder geschlechtsidentitären Minderheit in der Physik.[18] Mehr als 60 Namen US-amerikanischer queerer Physiker_innen stehen inzwischen auf der offenen LGBT+ Physicists Liste, mehr als 70 Personen haben sich auf der Ally Physicists Liste als Verbündete eingetragen.[19]

Zu den Forderungen für einen gendersensiblen oder genderreflektierenden Physikunterricht in der Schule zählen auf einer inhaltlichen Ebene die Sichtbarmachung des Beitrags von Frauen zur Entwicklung der Physik und die Einbeziehung weiblicher Rollenvorbilder (vgl. Augustin-Dittmann 2015: 131), bzw. auf einer abstrakteren Ebene die Erfahrbarkeit der Physik als menschliches Handlungsfeld und die Reflektion der Marginalisierung von Frauen im historischen Kontext (vgl. Lembens/Bartosch 2012: 92). Im Sinne einer Thematisierung von Vielfalt im Physikunterricht sollten diese Ansätze erweitert werden um die Sichtbarmachung weiterer, bislang in der Physik unterrepräsentierter Gruppen, also beispielsweise queerer Physiker_innen. Deren Vorbildfunktion macht deutlich, wie bedeutend und selbstverständlich zugleich der Beitrag queerer Menschen zur Entwicklung der Physik ist. Darüber hinaus können queere Schüler_innen darin bestärkt werden, sich in der Physik willkommen zu fühlen.

4.2. Die Queerness bzw. Straightness der physikalischen Fachkultur

In der Geschlechterforschung werden die Fachkulturen der Physik in den Blick genommen und vor allem in ihren Auswirkungen auf die unterschiedlichen Geschlechter hin analysiert (vgl. Götschel 2011: 69-71). Während sich die deutschsprachige Geschlechterforschung lange Zeit ausschließlich mit der

---

17 | Savannah Garmon (2012): Sexual and gender diversity in physics. [online] URL: https://leftytgirl.wordpress.com/2012/12/19/sexual-and-gender-diversity-in-physics/ <2015-03-28>.

18 | Toni Feder (2015): Scientists talk about their experiences as sexual and gender minorities. In: Physics Today, Februar 2015. [online] URL: http://scitation.aip.org/content/aip/magazine/physicstoday/news/10.1063/PT.5.9034 <2015-03-30>.

19 | LGBT+Physicists (n. d.): OutList. [online] URL: http://lgbtphysicists.org/outlist.html <2015-03-28>.

Ausnahmesituation von Frauen in der Physik beschäftigte und historische und sozialwissenschaftliche Studien zumeist die Berufskarrieren von weißen Frauen der Mittel- und Oberschicht untersuchten, wurde die Frage nach den Frauen in der Wissenschaft im angloamerikanischen Raum stufenweise erweitert um die Analyse von ethnischen Minderheiten sowie um Akademiker_innen der ersten Generation. In den letzten Jahren kommt dazu die Beschäftigung mit der Situation sexueller und geschlechtsidentitärer Minderheiten. Argumentiert wird dabei oft mit der Überlegung, dass Menschen, die ihr authentisches Selbst am Studien- oder Arbeitsplatz offen zeigen könnten, wesentlich effizienter arbeiten würden, als wenn sie ihre Energie darauf verwenden müssten, ihre wahre Identität zu verheimlichen.[20]

Bereits 1983 wurde in den USA die »National Organization of Gay and Lesbian Scientists and Technical Professionals (NOGLSTP)« gegründet, um sich gegen Homophobie in der akademischen Arbeitswelt zu wehren. Ein aktuelles Ziel von NOGLSTP ist es, Vorbilder für junge queere Menschen zur Verfügung zu stellen und sie zu einer Karriere im MINT[21]-Bereich zu ermutigen, etwa durch persönlichen Austausch auf den ›Out to Innovate‹ Treffen.[22] Seit der Gründung von NOGLSTP entstanden zunehmend fachspezifische Netzwerke für LGBT+[23] in den Fachgesellschaften der Mathematik, Astronomie, Chemie und Informatik. 2012 schließlich wurde auch in der Amerikanischen Physikalischen Gesellschaft (APS) ein solches LGBT+ Netzwerk gegründet. Es geht zurück auf die Initiative der Kernphysikerin Elena Long, Postdoc an der University of New Hampshire, die zunächst in Ergänzung zum 2005 gegründeten Netzwerk der queeren Schüler_innen und Studierenden in MINT-Fächern (‹Out in STEM'› 2009 das Netzwerk ›LGBT+Physicists‹ ins Leben rief, um mehr Informationen über die Situation

---

20 | M. Mitchell Waldrop (2014): Diversity: Pride in science. In: Nature 513, S. 297-300, doi:10.1038/513297a. 16. September 2014 [online] URL: http://www.nature.com/news/diversity-pride-in-science-1.15924 <2015-03-31>

21 | MINT ist eine Abkürzung für Mathematik, Informatik, Naturwissenschaften und Technik. International wird von STEM gesprochen, was Science, Technology, Engineering und Mathematics meint.

22 | Vgl. NOGLSTP (n. d.): National Organization of Gay and Lesbian Scientists and Technical Professionals Inc. [online] URL: www.noglstp.org <2015-03-28>; NOGLSTP (2012): Out to Innovate. [online] URL: http://www.noglstp.net/outtoinnovate/past-events/out-to-innovate-2012 <2015-03-28>.

23 | In den letzten Jahren wurde das Kürzel LGBT in politischen wie akademischen Texten um weitere Buchstaben erweitert, etwa LGBTIQQ, die Intersexualität, Queerness, eine grundsätzliche Infragestellung einer Kategorisierung (Questioning) oder weitere Formen sexueller und geschlechtlicher Identität ausdrücken. Vereinfacht wird dafür oft die Schriftweise LGBT+ verwendet.

von berufstätigen LGBT+Physiker_innen zu erhalten. Auf der Frühjahrstagung der APS, die regelmäßig von mehr als 9000 Physiker_innen besucht wird, gab es 2012 zum ersten Mal eine explizit queere Session zu »Sexual and Gender Diversity Issues«[24]. Vier eingeladene Redner_innen referierten zum Teil persönliche Erfahrungen, zum Teil eigene Forschungsergebnisse (1) zur Situation von naturwissenschaftlichem und Verwaltungspersonal an Hochschulen, (2) von einer ›lavendelfarbenen Grenze‹ für sexuelle Minderheiten in der Physik, (3) warum es in der Physikcommunity wichtig ist, aufmerksam zu sein für LGBT+ Themen und (4) wie LGBT+ Physiker_innen ihrerseits das Klima in der Physik wahrnehmen. Die Vortragsfolien, Papers und Artikel dieses und weiterer Meetings wurden über die Medienseite von ›LGBT+physicists.org‹ veröffentlicht.[25]

Aus diesen Selbstberichten, kleinen Umfragen und einigen journalistischen Arbeiten geht hervor, dass einige LGBT+Physiker_innen in ihrer Community unter Vereinsamung leiden, das Gefühl haben, nicht dazuzugehören und Vorbilder schmerzlich vermissen. Diskriminierungen reichen von einem Gefühl, außerhalb der Norm zu stehen, sprachlich beleidigt zu werden (›das ist ja schwul!‹) oder durch Klatsch und Diskriminierung ein feindseliges Klima zu erleben. Auch rechtliche Hürden werden erlebt. Beispielsweise sind in den USA Lebenspartner_innen oft nicht mitversichert bei der über Arbeitgeber_innen laufenden Krankenversicherung, oder Transsexuelle sind gezwungen sich zu outen, weil sie Dokumente vorlegen müssen, die noch den Namen des gewechselten Geschlechts tragen. Eine erste (quantitativ-qualitative) Studie zur Situation queerer Menschen in MINT-Bereichen allgemein (›Queer at STEM‹) wurde durchgeführt. Der Biologe Jeremy Yoder und die Bildungsforscherin Allison Mattheis untersuchten, ob die LGBT+Studierenden, Angestellten und Lehrenden an ihren Hochschulen geoutet seien und ob sie sich am Arbeitsplatz willkommen und sicher fühlten.[26] In einem Interview äußerten sich Yoder und Mattheis zu ihren Forschungsergebnissen:

---

24 | Vgl. Calla Cofield (2012): March Meeting Session Highlights LGBT+Issues for Physicists, APS News, p. 1, April 2012. [online] URL: http://www.aps.org/publications/apsnews/201204/upload/april2012.pdf <2015-03-28>.

25 | LGBT+Physicists (n. d.): Talks, articles, and media. [online] URL: http://lgbtphysicists.org/media.html <015-03-28>.

26 | Der Online-Fragebogen wurde von mehr als 1440 Personen beantwortet, von denen 218 aus der Physik waren. Menschen, die eine Emailadresse angegeben hatten, wurden ergänzend schriftlich befragt und in einem dritten Schritt schließlich wurden Interviews mit ausgewählten Personen per Telefon und Skype durchgeführt. Vgl. Yoder, J.B. & Mattheis, A. (accepted for publication). Queer in STEM: Workplace Experiences Reported in a National Survey of LGBTQA Individuals in STEM Careers. Journal of Homosexuality.

»Across STEM disciplines, we saw people are mostly very out in their personal lives, but less out to colleagues or students. Interestingly, the factors that seem to predict how out people are in professional contexts aren't the size of the school where they work, or whether they work at a private or public institution, or even the part of the country or the size of the town where they live; what makes a difference is whether they rate their workplace as safe and welcoming, and whether their employer provides benefits and support for queer folks.« (Vivian 2013, online)[27]

Die US-amerikanischen Soziolog_innen Erin Cech und Tom Waidzunas, die bereits die Situation lesbischer, schwuler und bisexueller Studierender der Ingenieurwissenschaften untersuchten (vgl. Cech/Waidzunas 2011), führten eine Studie zur Situation queerer Menschen in MINT durch.[28] Eine weitere Studie, die sich speziell mit queeren Menschen in der Fachkultur der Physik beschäftigt, ist in Vorbereitung. Um ein repräsentatives Wissen über die Situation von queeren Menschen in der Physik zu erhalten, rief die APS ein Komitee für einen ›National Climate‹ Report ins Leben,

»to look into issues of discrimination and exclusion in the field of physics based on sexual identity, gender identity, and gender expression. The Committee on LGBT Issues is charged with preparing a report on ways to make the physics community more inclusive to individuals who identify themselves as lesbian, gay, bisexual, transgender, or other sexual and gender minorities. The report is due out by spring of 2016.« (Lucibella 2014, online)[29]

---

27 | ›Vivian‹ (2013): Queered Science: Jeremy Yoder, Allison Mattheis and Surveying Queers in STEM. In: Autostraddle (weblog), 25. Oktober 2013. [online] URL: http://www. autostraddle.com/queered-science-jeremy-yoder-allison-mattheis-and-surveying-queers-in-stem-200257/ <2015-03-31>

28 | »How much stress do they really feel if they stay closeted in the lab? What are the actual effects on their health and productivity? And if they do come out, are they really less likely to be funded, hired or promoted? At least one team – sociologists Erin Cech of Rice University in Houston, Texas, and Tom Waidzunas of Temple University in Philadelphia, Pennsylvania – is hoping to carry out a survey of 2,000-3,000 LGBT scientists and engineers, but has yet to get funding.« M. Mitchell Waldrop (2014): Diversity: Pride in science. In: Nature 513, S. 297-300, doi:10.1038/513297a. 16. September 2014 [online] URL: http://www.nature.com/news/diversity-pride-in-science-1.15924 <2015-03-31>

29 | Michael Lucibella (2014): APS to Study Sexual and Gender Diversity Issues in Physics. In: APS News, Vol. 23, No. 10, November 2014.[online] URL: http://www.aps. org/publications/apsnews/201411/upload/November-2014.pdf <2015-03-28>.

Ziel dieses ›National Climate‹ Reports wird es sein, erstmalig Informationen, Daten und Statistiken »at the issues that LGBT+ physicists face«[30] zu erheben und auszuwerten.

Auch wenn die Ergebnisse der US-amerikanischen Studien noch nicht vorliegen, und meines Wissens nach entsprechende Forschung für Europa[31] noch aussteht, wird deutlich, dass ein Klimawechsel innerhalb der Physikgemeinschaft erforderlich ist, dass mehr Unterstützung und eine Willkommenskultur gefragt sind. Auf den APS-Meetings wurde mehrfach festgestellt, dass »a challenging campus climate exists for LGBTQQ students, faculty and staff« (Rankin 2015)[32]. Als Konsequenz erarbeitete der Vorstand des LGBT+Physicists Netzwerks in Kooperation mit der ›Working Group on LGBTIQ Equality‹ der Amerikanischen Astronomischen Gesellschaft den Forderungskatalog ›Supporting LGBT+Physicists & Astronomers: Best Practices for Academic Departments‹.[33] Die dort formulierten Vorschläge und Forderungen richten sich an Mitglieder und Führungskräfte physikalischer

---

30 | LGBT+Physicists (n. d.): Projects. [online] URL: http://lgbtphysicists.org/projects. html <2015-03-31>

31 | In Europa haben sich LGBT-Mitarbeiter_innen des internationalen Kernforschungszentrums CERN in Genf zusammengeschlossen. Ihr Ziel ist es, als Interessensgruppe sichtbar zu werden, gemeinsam kulturelle Aktivitäten zu unternehmen und über queer-politische Themen zu informieren. Ihre Aktivitäten postet die Gruppe vor allem in den sozialen Medien Facebook und Twitter. Eine Kritik an den Institutionen und Organisationen bzw. der Fachkultur der Physik wird dort jedoch nicht geäußert. URL: http://lgbtcern.com/ <2015-07-10>. Das innovativste, konstruktivistische und dekonstruktivistische Theorien und ethnographische Methoden verbindende Forschungsprojekt zur Fachkultur der Physik in Deutschland, genderDynamiken (FU Berlin/TU Berlin), fokussiert auf Fragen der Geschlechtergerechtigkeit in der Physik. Immerhin wird den forschungsbasierten Handlungsempfehlungen aus den empirischen Forschungsergebnissen (etwa: heteronormative Geschlechtszuschreibungen) abgeleitet, Physiker_innen für die Wirkung informeller, in der Fachkultur begründeter Mechanismen zu sensibilisieren, welche »Personengruppen qua Geschlecht, Sexualität, sozialer Herkunft, Alter, Migrationserfahrung und Behinderung ausschließen und benachteiligen.« (URL: http://www.genderdynamiken.de <2015-07-15>)

32 | Susan Rankin (2012): The State of Higher Education for STEM LGBTQQ Faculty/Staff. Abstract zu Session J20: Sexual and Gender Diversity Issues in Physics. APS March Meeting 2015, Boston/USA. [online] URL: http://meetings.aps.org/Meeting/MAR12/Session/J20 <2015-03-28>.

33 | Elizabeth H. Simmons/Ramón S. Barthelemy (2013): Climate Change. In: Inside Higher Ed, June 21, 2013. [online] URL: https://www.insidehighered.com/advice/2013/06/21/making-academic-departments-welcoming-lgbt-staff-and-students-essay <2015-03-28>.

Fachbereiche an Universitäten und sollen sie in ihrem Wunsch unterstützen, ihre Institute und Organisationen freundlicher für queere Kolleg_innen zu machen. Explizit eingefordert werden für den Klimawechsel in der Fachkultur: (1) die Verwendung einer integrativen Sprache, damit Individuen sich nicht unsichtbar oder ausgeschlossen fühlen, (2) das Sichtbarmachen von queeren Themen etwa bei Stellenausschreibungen und Preisvergaben, (3) das Angebot von Trainingsmöglichkeiten wie etwa einem Diversity Training für das an der Hochschule tätige Personal und (4) das Unterstützen von Netzwerkbildung, z.B. durch das Sichtbarwerden als Ansprechpartner_innen einer Hochschule über ein Outing als Betroffene in einer ›Out-List‹ oder als Verbündete in einer ›Ally-List‹, die inzwischen für Astronomie und Physik existieren.[34]

In der Fachkultur Physik begründete Ausschlüsse und Benachteiligungen gegenüber Frauen und queeren Menschen sind nun diskutierbar. Noch viel zu oft wird in der Schule jedoch ein stark wissenschaftsbetonter, szientistischer Unterricht praktiziert, der den Schüler_innen den Eindruck vermittelt, Physik werde größtenteils von genialen weißen Männern entwickelt. Die Thematisierung der Physik als Berufsfeld vielfältiger Menschen in unterschiedlichen Tätigkeitsfeldern ermöglicht es dagegen, das in unserer Gesellschaft vorherrschende Image der Physik und ihrer Fachkultur kritisch zu hinterfragen. Gesellschaftliche und (berufs-)politische Sichtweisen sowie Themen der Wissenschaftsforschung einschließlich Wissenschaftsgeschichte und Wissenschaftstheorie werden in der Fachdidaktik als Möglichkeiten diskutiert, dem Verständnis von Physik als einer »Wissenschaft für alle« Raum zu geben (vgl. Lembens/Bartosch 2012: 88) und damit dem in den Medien verbreiteten Bild der Physik als einer Ansammlung spektakulärer Theorien der brillantesten Köpfe unserer Zeit entgegenzuwirken (vgl. Erlemann 2012). In diesem Zusammenhang kann auch die Frage im Unterricht aufgegriffen werden, wie sich die Physikkultur bzw. das Image der Physik ändern müsste, damit sich die unterschiedlichsten Personen, also zum Beispiel queere Menschen oder alle Schüler_innen der Klasse sich gerne mit Physik beschäftigen.

---

34 | LGBT+Physicists (n. d.): OutList. [online] URL: http://lgbtphysicists.org/outlist. html <2015-03-28>.

4.3. Queeres physikalisches Wissen

Die Wissenschaftsforschung[35] verschob mit ihren Studien über die Produktion von wissenschaftlichem Wissen das Image der Physik von einem Feld ewiger Wahrheiten und soliden Wissens hin zu einem Feld menschlicher Bemühungen und zu Prozessen der allmählichen Stabilisierung physikalischen Wissens. Es ist davon auszugehen, dass heteronormative Geschlechterordnungen Teil der sozialen Konstruktion naturwissenschaftlichen Wissens sind und folglich auch gesellschaftliche Vorstellungen zu Geschlecht, Sexualität und Begehren in die Begriffe, Forschungsfragen, Modelle und Gesetzmäßigkeiten der Physik eingeschrieben werden. Jedoch nicht in dem Sinn, dass den physikalischen Objekten und der mathematischen Beschreibung ihres Verhaltens ein Geschlecht, eine Sexualität oder ein Begehren zugeordnet werden könnte. Vielmehr handelt es sich dabei entweder um kulturelle Assoziationen von sex, gender und desire (vgl. Lucht 1997) oder aber menschliche Erfahrungen der Physiker_innen dienen als Anregungen und fließen ein in die Modelle und Theorien der Physik. So zeigte Andrew Pickering in seiner physikhistorischen Studie zur Geschichte der Teilchenphysik, dass Wissenschaftler_innen weniger passive Beobachter_innen und Berichterstatter_innen der Natur seien, als vielmehr sozial agierende Wesen und Konstrukteur_innen von Naturphänomenen, die an experimentellen und theoretischen Praxen beteiligt sind (vgl. Pickering 1984: 253-279).

Im sogenannten Standardmodell der Elementarteilchenphysik, also der Vorstellung, dass alle Materie durch die elementaren Bausteine Quarks und Leptonen aufgebaut ist, lässt sich beispielsweise fragen, warum die vielen Hundert Materieteilchen durch ein Modell geordnet werden, in dem mehrere Generationen oder Familien elementarer Bausteine eine Rolle spielen, die wiederum jeweils paarweise angeordnet werden. Aus queerer Perspektive ist auffällig, dass heteronormative Vorstellungen von Paar, Familie und Generation als Grundlage einer Ordnung postuliert wurden, für die erst zu einem späteren Zeitpunkt tatsächlich physikalische Begründungen und weitere physikalische Entitäten ›gefunden‹ werden konnten. Indem Physiker_innen die ›Natur‹ der Materieteilchen durch die Auswahl genau dieses hetero- und mononormativen Modells beschreiben, treffen sie auf sehr subtile Art Aussagen über die Natürlichkeit und Normalität von Zweigeschlechtlichkeit, heterosexuellem Begehren und Monogamie (vgl. Götschel 2006: 168). Eine systematische Analyse heteronormativer Konzeptionen in der Physik wurde meines Wissens bislang

---

35 | Wissenschaftsforschung, international »Science and Technology Studies« (STS) ist ein transdisziplinäres, an der Schnittstelle von Philosophie, Geschichte und Soziologie angesiedeltes Forschungsfeld, das den wechselseitigen Zusammenhang zwischen Wissenschaft, Technologie und Gesellschaft untersucht (vgl. Felt u.a. 1995).

jedoch noch nicht in Angriff genommen. Eine Ausnahme bildet hier lediglich die Analyse der (hetero-)sexuell aufgeladenen Sprache der Teilchenphysik. So werden zum Beispiel Namen für Forschungszentren, Beschleunigeranlagen und Detektoren in der Teilchenphysik oft so gewählt, dass die Abkürzungen ausgewählter Anfangsbuchstaben durch witzelnde Doppeldeutigkeiten nicht nur einen Sinn ergeben, sondern gesellschaftliche Geschlechterverhältnisse und sexuelles Begehren eingeschrieben sind. Das Hamburger Forschungszentrum heißt DESY, was homophon zu Daisy, Tausendschönchen, ist. Die Beschleunigeranlage trägt den Namen HERA, ihr Detektor heißt ZEUS. Der kalifornische Linearbeschleuniger wird SLAC genannt, was homophon zu ›slack‹ ist und ›Schlaffi‹ bedeutet. Schlaffis Detektoren heißen Schätzchen (LASS), Speer (SPEAR) und Elan (PEP). Der japanische Beschleuniger heißt TRISTAN und sein Detektor VENUS. Darüber hinaus analysiert die US-amerikanische Anthropologin Sharon Traweek weitere (hetero-)sexuell konnotierte Metaphern der Teilchenphysik. Einzelne Elemente des Detektors werden z.b. miteinander ›verheiratet‹ und der Strahl der Teilchen wird ›rauf‹ oder ›runter‹ gefahren (vgl. Götschel 2006: 182-185; Traweek 1988, 1992).

Die US-amerikanische Physikerin und feministische Theoretikerin Karen Barad (2012b) geht in ihren Überlegungen zu ›Nature's Queer Performativity‹ noch einen Schritt weiter. Sie macht am Beispiel der Quantenmechanik plausibel, dass die materielle Welt selbst queer, also unabgeschlossen und uneindeutig ist. In ihrem Artikel führt sie aus, dass soziale Amöben (Schleimpilze), neuronale Rezeptorzellen in Stachelrochen und der Mikroorganismus Panzergeißler als queere Kreaturen aufgefasst werden können: Soziale Amöben befinden sich an der Grenze vom Einzeller zum mehrzelligen Verband; neuronale Rezeptorzellen des Stachelrochens können Mitteilungen empfangen bevor sie gesendet werden; Panzergeißler sind weder Pflanzen noch Tiere, können sich aber wie beide verhalten. Ausführlich legt Barad anhand philosophischer Überlegungen zur Quantenmechanik[36] der Physik dar, dass Atome (und damit jede Materie) queere Entitäten sind. Dies erläutert sie am Beispiel von Quantensprüngen und Quantenradierer. Nach dem Atommodell bewegen sich die Elektronen auf feststehenden Bahnen um den Atomkern. Zwischen diesen Bahnen absolvieren sie diskontinuierliche Bewegungen, sogenannte Quantensprünge. Die Elektronen befinden sich zu keiner Zeit zwischen den Bahnen, gelangen jedoch von einer zur anderen Bahn. Noch komplexer ist der Sachverhalt beim Quantenradierer. Quantenmechanische Experimente zum Welle-Teilchen-Dualismus zeigten,

---

36 | Die Quantenmechanik oder Quantenphysik ist ein Teilgebiet der Physik, das in den 1920er Jahren entwickelt wurde und sich mit dem bis dahin aus der Makrowelt unbekannten, ungewöhnlichen Verhalten der Materie auf atomarer und subatomarer Ebene befasst. Während diese Vorgänge sehr gut mathematisch vorhersagbar sind, ist unklar, was dies philosophisch bedeutet.

dass erst im Moment des Experimentierens, sozusagen mit der Fragestellung »bist du ein Teilchen?« ein Teilchen erzeugt wird, während die Fragestellung »bist du eine Welle?« tatsächlich eine Welle zum Vorschein bringt. Lange Zeit wurde dies interpretiert als eine Wechselwirkung der Messinstrumente mit der Materie. Neuere Experimente zum Quantenradierer konnten jedoch aufzeigen, dass die im Moment des messenden Eingriffs erzeugte ›Störung‹ nachträglich wieder gelöscht oder ›radiert‹ werden kann und dies auch die Manifestation der Entität als Teilchen oder Welle wieder rückgängig macht. Quantensprünge und Quantenradierer belegen nach Barad, dass ein Atom als queere Entität angesehen werden könne, da seine ureigene ›Identität‹ von Indeterminiertheit gekennzeichnet sei und damit auf radikal dekonstruktivistische Art existiere (vgl. Barad 2012b).

In der Schule werden Quantenphysik und Teilchenphysik zunehmend Teil des Lehrplans Physik in der Oberstufe. Lehrer_innen aus Nordrhein-Westfalen beispielsweise können an einer Fortbildung am europäischen Kernforschungszentrum CERN teilnehmen, um einen Einblick in moderne Physik und aktuelle Forschung zu erhalten. Material für die Unterrichtsgestaltung zum Thema finden die Lehrkräfte auch im Internet in unterschiedlicher Qualität[37]. Eine sachliche Veranschaulichung der Elementarteilchen im Standardmodell der Teilchenphysik findet sich auf den Websites der vom Institut für Kern- und Teilchenphysik der TU Dresden für die Wissensvermittlung an Schüler_innen und Lehrer_innen eingerichteten Netzwerk Teilchenwelt. Auch sie enthält die oben analysierte paarweise Anordnung der Materieteilchen in Generationen.[38] Auch die Quantenphysik zählt in vielen Bundesländern zum Lehrstoff der Physik in der Oberstufe. Das Experiment des Quantenradierers wird daher zunehmend in Physik-Schulbüchern und Lehrplänen angesprochen und kann mit einfachen Materialien gezeigt werden (vgl. Küblbeck 2000).[39] Es besteht also grundsätzlich die Möglichkeit, neben aktuellen physikalischen Erkenntnissen auch Fragestellungen der Naturphilosophie und Erkenntnisse der dekonstruktivistischen Geschlechterforschung im Physikunterricht in der Schule zu thematisieren.

---

37 | Zwei Münchner Physiklehrer im Ruhestand engagieren sich auf ihren von der Joachim Herz Stiftung geförderten und von der Deutschen Physikalischen Gesellschaft preisgekrönten Website URL: http://www.leifiphysik.de/ <2015-07-15> für die Vermittlung von Wissen zur Teilchenphysik. Die physikalischen Beziehungen zwischen Ladungen, Wechselwirkungen und Teilchen erläutern sie dabei an einer Situation aus dem Bundesliga-Männerfußball, bei der die Trainer der Vereine sich über einen Spielerwechsel austauschen.

38 | Website http://www.teilchenwelt.de/material/materialien-fuer-lehrkraefte/das-standardmodell-der-teilchenphysik-und-die-vier-wechselwirkungen/ <2015-07-15>.

39 | URL: http://www.forphys.de/Website/qm/exp/v15a.html <2015-07-15>

5. QUEERE PHYSIK IN DER LEHRER_INNENAUSBILDUNG

Poststrukturalistische Ansätze der Gender Studies, welche ein Nachdenken über geschlechtliche und sexuelle Vielfalt implizieren, zumal wenn sie um die Perspektive der Wissenschaftsforschung und Theorien des New Materialism ergänzt werden, können in der Hochschullehre mit Physik in einen fruchtbaren Dialog treten und in fachübergreifenden Lehrveranstaltungen vermittelt werden. Sie bieten darüber hinausgehend Anregungen für den schulischen Physikunterricht. Die hier ausgeführten Überlegungen basieren vor allem auf Erfahrungen eines Workshops zum Thema ›Queere Physik‹ im Rahmen der ›Queeren Woche‹ an der Technischen Universität Darmstadt, der sich insbesondere an Lehramtsstudierende naturwissenschaftlicher Unterrichtsfächer richtete.[40] In diesem Workshop wurden in einem Impulsreferat die theoretischen Voraussetzungen zu Poststrukturalistischer Geschlechterforschung, Queer Theory und New Materialism entfaltet, so wie sie hier in Abschnitt 2 eingeführt wurden, und eine Systematisierung der Physik in die Forschungsfelder Menschen, Kulturen und Wissen der Physik vorgestellt, an der sich auch die hier vorgenommene Unterteilung von Abschnitt 3 orientiert. Anschließend erhielten die Teilnehmenden einen Einblick in erste Forschungsergebnisse und internationale Aktivitäten aus queerer Perspektive, so wie sie in Abschnitt 3 dargelegt wurden. Ihr Wissen konnten die Studierenden im weiteren Verlauf des Workshops anhand ausgewählter Materialien interaktiv in Kleingruppen vertiefen. Die Studierenden erhielten Zeitungsberichte zu Sally Ride, Savannah Garmon und Nergis Mavalvala und Materialien der Amerikanischen Physikalischen Gesellschaft zu Themen der sexuellen Identität, geschlechtlichen Identität und des geschlechtlichen Ausdrucks (gender expression). Intensiv inhaltlich erarbeitet und hochschulpolitisch diskutiert wurde der in Abschnitt 3.2 vorgestellte Forderungskatalog für einen Klimawechsel der physikalischen Fachkultur[41]. Auf die Ebene der Queerness des physikalischen Wissens schließlich wurde im Workshop nur kurz in einem Impulsreferat eingegangen.

---

40 | Im Dezember 2013 organisierten Florian C. Klenk (Wissenschaftlicher Mitarbeiter im Gender-MINT-Projekt) und Helene Götschel (als KIVA-Gastprofessorin) in Kooperation mit dem Queer Referat des ASTA der TU Darmstadt am Institut für Allgemeine Pädagogik und Berufspädagogik die »Queere Woche« mit 15 Veranstaltungen, darunter Vorträge geladener Referent_innen, geöffnete Seminare, politische Diskussionen, Posterpräsentationen und Workshops.

41 | Vgl. Elizabeth H. Simmons/Ramón S. Barthelemy (2013): Climate Change. In: Inside Higher Ed, June 21, 2013. [online] URL: https://www.insidehighered.com/advice/2013/06/21/making-academic-departments-welcoming-lgbt-staff-and-students-essay <2015-03-28>

In dieser oder ähnlicher Weise kann also eine kritische Reflektion von Physik aus einer poststrukturalistischen Perspektive in Hinblick auf Geschlecht und Sexualität entlang der Themen Menschen, Kulturen und Wissen der Physik erfolgen. Eine unabdingbare Voraussetzung dafür ist jedoch, dass die (Lehramts-)Studierenden nicht nur mit den nach wie vor weit verbreiteten Defizitansätzen, Differenzansätzen und konstruktivistischen Ansätzen der naturwissenschaftlichen Fachdidaktiken vertraut sind, sondern Perspektiven einer transdisziplinären Dekonstruktion von Geschlecht, Sexualität und Begehren (vgl. Klenk 2014) einzunehmen in der Lage sind. Aufzuzeigen dass diese dekonstruktivistische Sichtweise rückgebunden werden kann in die Physik und die Physikdidaktik war Anliegen des Workshops zu queerer Physik.

Denn nach wie vor dominieren in pädagogischen und fachdidaktischen Publikationen unhinterfragt differenztheoretische Ansätze, welche die Geschlechterunterschiede zwischen Mädchen und Jungen dramatisieren und gleichzeitig die Unterschiede innerhalb der Genusgruppen ignorieren. So werden angehende Physiklehrkräfte in einem Standardwerk zur Physikdidaktik (Kircher/Girwitz/Häußler 2009) in einem speziellen Kapitel zu Mädchen im Physikunterricht gleich in den ersten Sätzen mit der pauschalisierenden Ansicht konfrontiert:

»Das Fach Physik ist für viele Mädchen mit Abstand das unbeliebteste Fach, für einige sogar ein ›Horrorfach‹. Wenn es die Möglichkeit gibt, Physik abzuwählen, dann entscheiden sich viele Mädchen bewusst gegen die Physik.« (Wodzinski 2009: 583)

Dass Physik auch für viele Schüler das unbeliebteste Fach ist, dass sich manche Schülerinnen bewusst für die Physik entscheiden, dass es Schüler_innen gibt, die weder als Mädchen noch als Jungen eingeordnet werden können oder wollen, bleibt dabei ungesagt. Damit finden sich geschlechterstereotypisierende Einstellungsmuster nicht nur bei den beschriebenen »Mädchen im Physikunterricht«, sondern auch bei den Forschenden der Physikdidaktik und werden durch das Lehrbuchwissen als spezifisches Mädchenproblem an die neue Generation von Lehrkräften tradiert. Kein Wunder, dass diese Einstellung unter den Lehramtsstudierenden meiner Lehrveranstaltungen weit verbreitet war und sich auch an anderen Hochschulen findet[42]. Dass es für die Teilnehmenden des Workshops sinnvoll war, sich mit queeren Menschen und queeren Fachkulturen zu beschäftigen, zeigten ihre

---

42 | Noch 2011 wurde beispielsweise an der Julius-Maximilians-Universität Würzburg bei Prof. Thomas Trefzger in der Physikdidaktik eine schriftliche Hausarbeit zur ersten Staatsprüfung für das Lehramt an Gymnasien zum differenztheoretischen Thema »Konzipierung eines mädchengerechten Physikunterrichts« eingereicht (vgl. Pintz 2011).

spontanen Rückmeldungen und die systematische Veranstaltungsevaluation. Dass auch ein Blick auf queeres Wissen motivierend sein kann, sich entweder mit Physik, genauer gesagt mit Quantenmechanik, zu beschäftigen oder mit aktuellen Ansätzen der internationalen Geschlechterforschung, zeigte der Wunsch der Studierenden, sich in einer weiteren Veranstaltung vertiefend mit der queeren Performativität von Natur beschäftigen zu wollen.

Da es sehr voraussetzungsvoll ist, dekonstruktivistische Geschlechterforschung, Queer Theory und New Materialism auf die Philosophie der Quantenmechanik anzuwenden, wird es kaum gelingen, dieses Wissen innerhalb eines kurzen Workshops an Studierende oder innerhalb einer Unterrichtsstunde an Schüler_innen zu vermitteln. Diese Reflexionen sind jedoch verzahnt mit dem Hinterfragen der Alltagsvorstellung der Zweigeschlechtlichkeit oder der kritischen Reflexion der nach wie vor, auch in der Physikdidaktik, wirkmächtigen Rollenstereotype zu technikfernen Mädchen und technikbegeisterten Jungen (vgl. Götschel 2015: 493), die im Rahmen der Lehrer_innenausbildung noch viel stärker systematisch berücksichtigt werden müssen. Im Fall der Physikdidaktik ist es darüber hinaus meines Erachtens unerlässlich, in Anlehnung an Erkenntnisse der Wissenschaftsforschung das Image der Physik als einem Feld soliden Wissens hin zu einem Feld menschlicher Aktivitäten zu erweitern. Wie Lembens und Bartosch (2012: 88) in ihrem Grundlagentext zur Genderforschung in Chemie- und Physikdidaktik aufzeigten, kann dieser Ansatz auch als Schlüssel für einen integrativen und geschlechtergerechten Fachunterricht in der Schule angesehen werden. Im Workshop wurde darüber hinaus deutlich, dass queere Menschen in der Physik arbeiten, sich Institutionen noch viel unterstützender in Bezug auf die Vielfalt der Physiker_innen verhalten könnten und Vorstellungen von Geschlecht, Sexualität und Begehren in unser physikalisches Weltbild eingeschrieben sind.

6. LITERATUR

Alaimo, Stacey/Hekman, Susan (2008) (Hg.): Material Feminisms, Bloomington: Indiana University Press.

American Physical Society (2015): Nergis Mavalvala, MIT. Candidate for General Councillor [online] URL: http://www.aps.org/about/governance/election/nergis-mavalval.cfm <2015-03-30>.

Augustin-Dittmann (2015): »MINT und darüber hinaus. Gendersensibler Unterricht als Basis einer geschlechtergerechten Gesellschaft«, in: Juliette Wedl/Annette Bartsch (Hg.), Teaching Gender? Zum reflektierten Umgang mit Geschlecht im Schulunterricht und in der Lehramtsausbildung, Bielefeld: transcript, S. 123-136.

Barad, Karen (2007) Meeting the Universe Halfway. Quantum Physics and the Entanglement of Matter and Meaning, Durham: Duke University Press

Barad, Karen (2012a): Agentieller Realismus. Über die Bedeutung materiell-diskursiver Praktiken, Berlin: Surkamp.

Barad, Karen (2012b): Nature's Queer Performativity. In: Kön, Forskning, Kvinder, Nr. 1-2, S. 25-53.

Bath, Corinna et al. (2005) (Hg.): Materialität denken. Studien zur technologischen Verkörperung. Hybride Artefakte, posthumane Körper. Bielefeld: transcript.

Bath, Corinna et al. (2013) (Hg.): Geschlechter Interferenzen. Wissenformen – Subjektivierungsweisen – Materialisierungen. Berlin: Lit.

Baumann, Kurt/Sexl, Roman U. (1987): Die Deutungen der Quantentheorie, Braunschweig: Vieweg.

Becker, Ruth/Kortendiek, Beate (Hg.) (2010): Handbuch Frauen- und Geschlechterforschung. Theorie, Methoden, Empirie. 3. Auflage, Wiesbaden: VS.

Bohr, Niels (1931): Atomtheorie und Naturbeschreibung, Berlin: Springer

Butler, Judith (1991): Das Unbehagen der Geschlechter, Frankfurt am Main: Suhrkamp

Butler, Judith (1997): Körper von Gewicht, Frankfurt am Main: Suhrkamp.

Cech, Erin A./Waidzunas, Tom J. (2011):»Navigating the Heteronormativity of Engineering: The Experiences of Lesbian, Gay, and Bisexual Students«, in: Engineering Studies 3 (1), S. 1-24.

Colfield, Calla (2012):»March Meeting Session Highlights LGBT+ Issues for Physicists«, APS News, April 2012. [online] URL: http://www.aps.org/publications/apsnews/201204/upload/april2012.pdf <2015-03-28>.

Czollek, Leah Carola/Perko, Gudrun/Weinbach, Heike (2009): Lehrbuch Gender und Queer. Grundlagen, Methoden und Praxisfelde, Weinheim und München: Beltz Juventa.

Degele, Nina (2008): Gender/Queer Studies. Eine Einführung, Paderborn: UTB.

Degele, Nina (2013): Fußball verbindet – durch Ausgrenzung, Wiesbaden: Springer VS.

Erlemann, Martina (2012):»Geschlechterordnungen als Sehordnungen. Mediale Repräsentationen von PhysikerInnen in Text und Bild«, in: Petra Lucht/Lisa-Marian Schmidt/René Tuma (Hg.): Visuelles Wissen und Bilder des Sozialen: Aktuelle Entwicklungen in der Soziologie des Visuellen, Wiesbaden: Springer VS, S. 234-249.

Feder, Toni (2015):»Scientists talk about their experiences as sexual and gender minorities«, Physics Today, Februar 2015. [online] URL: http://scitation.aip.org/content/aip/magazine/physicstoday/news/10.1063/PT.5.9034 <2015-03-30>.

Felt, Ulrike/Nowotny, Helga/Taschwer, Klaus (1995): Wissenschaftsforschung. Eine Einführung, Frankfurt am Main: Campus.

Friebe, Cord u.a. (2015): Philosophie der Quantenphysik. Einführung und Diskussion der zentralen Begriffe und Problemstellungen der Quantentheorie für Physiker und Philosophen, Berlin/Heidelberg: Springer Spektrum.

Garmon, Savannah (2012): Sexual and gender diversity in physics. [online] URL: https://leftytgirl.wordpress.com/2012/12/19/sexual-and-gender-diversity-in-physics/ <2015-03-28>.

Götschel, Helene (2006): »Die Welt der Elementarteilchen – Genderforschung in der Physik«, in: Smilla Ebeling/Sigrid Schmitz (Hg.), Geschlechterforschung und Naturwissenschaften – Einführung in ein komplexes Wechselspiel, Wiesbaden: VS, S. 161-187.

Götschel, Helene (2010): »Gender goes Physical – Geschlechterverhältnisse, Geschlechtervorstellungen und die Erscheinungen der unbelebten Natur«, in: Becker/Kortendiek (Hg.), Handbuch Frauen- und Geschlechterforschung. 3. Auflage, Wiesbaden: VS, S. 842-850.

Götschel, Helene (2011): »The Entanglement of Gender and Physics: Human Actors, Workplace Cultures, and Knowledge Production«, in: Science & Technology Studies 24, S. 66-80.

Götschel, Helene (2015): »Geschlechtervielfalt in der Lehramtsausbildung«, in: Juliette Wedl/Annette Bartsch (Hg.), Teaching Gender? Zum reflektierten Umgang mit Geschlecht im Schulunterricht und in der Lehramtsausbildung, Bielefeld: transcript, S. 489-515.

Grossman, Lisa (2012): »Why Sally Ride's sexuality really matters«, New Scientist, 27. Juli 2012. [online] URL: http://www.newscientist.com/article/dn22115-why-sally-rides-sexuality-really-matters.html#.VRh5LeE71wg <2015-03-28>.

Hark, Sabine (2010): »Lesbenforschung und Queer Theorie. Theoretische Konzepte, Entwicklungen und Korrespondenzen«, in: Becker/Kortendiek (Hg.), Handbuch Frauen- und Geschlechterforschung. 3. Auflage, Wiesbaden: VS, S. 108-115.

James, Ioan (2004): Remarkable Physicists: From Galileo to Yukawa, Cambridge: Cambridge University Press.

Kessler, Suzanne/McKenna, Wendy (1978): Gender. An Ethnomethodological Approach. New York: University of Chicago Press.

Klenk, Florian C. (2014): »Que(e)r durch die Fachkulturen. Perspektiven einer transdisziplinären Dekonstruktion von Geschlecht und Sexualität«, in: Friederike Schmidt/Anne-Christin Schondelmayer/Ute B. Schröder (Hg.), Selbstbestimmung und Anerkennung sexueller und geschlechtlicher Vielfalt. Lebenswirklichkeiten, Forschungsergebnisse und Bildungsbausteine, Wiesbaden: Springer VS, S. 287-302.

Kraß, Andreas (2003): Queer denken. Gegen die Ordnung der Sexualität (Queer Studies), Frankfurt am Main: Suhrkamp.

Küblbeck, Josef (2000): »Der Quantenradierer. Ein einfaches Experiment mit Polarisationsfolien am Doppelspalt für den Physikunterricht«, Praxis der Naturwissenschaften: Physik, Jg. 49, Nr. 8, S. 22-25.

Lembens, Anja/Bartosch, Ilse (2012): »Genderforschung in der Chemie- und Physikdidaktik«, in: Marita Kampshoff/Claudia Wiepcke (Hg.): Handbuch Geschlechterforschung und Fachdidaktik, Wiesbaden: VS, S. 83-97.

LGBT+Physicists (n. d.): OutList. [online] URL: http://lgbtphysicists.org/outlist. html <2015-03-28>.

LGBT+Physicists (n. d.): Projects. [online] URL: http://lgbtphysicists.org/ projects.html <2015-03-31>.

LGBT+Physicists (n. d.): Talks, articles, and media. [online] URL: http:// lgbtphysicists.org/media.html <015-03-28>.

Long, Elena (2012): Physics Climate as Experienced by LGBT+ Physicists. Sexual and Gender Diversity Issues in Physics, APS March Meeting, February 28, 2012. [online] URL: http://meetings.aps.org/Meeting/MAR12/Session/ J20.4 <2015-0-28>.

Lucht, Petra (1997): »Frauen- und Geschlechterforschung für die Physik«, in: Koryphäe - Medium für feministische Naturwissenschaft und Technik 23, S. 28-32.

Lucibella, Michael (2014): »APS to Study Sexual and Gender Diversity Issues in Physics«, APS News, November 2014. [online] URL: http://www.aps.org/ publications/apsnews/201411/upload/November-2014.pdf <2015-03-28>.

NOGLSTP (n. d.): National Organization of Gay and Lesbian Scientists and Technical Professionals Inc. [online] URL: www.noglstp.org <2015-03-28>.

NOGLSTP (2012): Out to Innovate. [online] URL: http://www.noglstp.net/ outtoinnovate/past-events/out-to-innovate-2012 <2015-03-28>.

Pickering, Andrew (1984): Constructing Quarks : a sociological history of particle physics, Edinburgh: University of Chicago Press.

Pieper, Marianne/Bauer, Robin (2014): Polyamorie: Mono-Normativität – Dissidente Mikropolitik – Begehren als transformative Kraft?, in: Journal für Psychologie, 22, Heft 1, S. 1-35.

Pintz, Larissa (2011): Konzipierung eines mädchengerechten Physikunterrichts. Schriftliche Hausarbeit zur ersten Staatsprüfung für das Lehramt an Gymnasien. Universität Würzburg, Physikalisches Institut, Lehrstuhl für Physik und ihre Didaktik. [online] URL: http://www.physik.uni-wuerzburg. de/fileadmin/11010700/Didaktik/Zulassungsarbeiten/Konzipierung_ eines_maedchengerechten_Physikunterrichts_-_Pintz.pdf.

Rankin, Susan (2012): The State of Higher Education for STEM LGBTQQ Faculty/Staff. Abstract zu Session J20: Sexual and Gender Diversity Issues in Physics. APS March Meeting 2012, Boston/USA. [online] URL: http:// meetings.aps.org/Meeting/MAR12/Session/J20 <2015-03-28>.

Simmons, Elizabeth H./Barthelemy, Ramón S. (2013): »Climate Change«, Inside Higher Ed, 21. Juni 2013. [online] URL: https://www.insidehighered. com/advice/2013/06/21/making-academic-departments-welcoming-lgbt-staff-and-students-essay <2015-03-28>.

Schollas; Sabine (2009): »Aufgefordert, gegen jegliche Bestrebungen, die da gleichgeschlechtlich ausgeprägt sind, vorzugehen.« Zur Homophobie im Profifußball der Männer. In: onlinejournal kultur & geschlecht #5. [online] URL: http://www.ruhr-uni-bochum.de/genderstudies/kulturund-geschlecht/pdf/Schollas_Profifussball.pdf <2015-03-28>.

Sohrabji, Sunita (2010): »MIT Astrophysicist Nergis Mavalvala Wins Mac-Arthur Grant«, Parsi Khabar, 4. Oktober 2010. [online] URL: http:// parsikhabar.net/individuals/mit-astrophysicist-nergis-mavalvala-wins-macarthur-grant/2708/ <2015-03-28>.

Traweek, Sharon (1988): Beamtimes and Lifetimes. The World of High Energy Physics, Cambridge: Harward University Press.

Traweek, Sharon (1992): »Border Crossing. Narrative Strategies in Science Studies and among Physicists in Tsukuba Science City, Japan«, in: Andrew Pickering (Hg.), Science as Practice and Culture, Chicago/London: University of Chicago Press, S. 429-465.

Venkatraman, Vijaysree (2012): »Just Herself«, Science - Careers special issue on Women in Science, 1. Juni 2012. [online] URL: http://sciencecareers. sciencemag.org/career_magazine/previous_issues/articles/2012_06_01/ caredit.a1200061 <2015-03-28>.

›Vivian‹ (2013): »Queered Science: Jeremy Yoder, Allison Mattheis and Surveying Queers in STEM«, Autostraddle (weblog), 25. Oktober 2013. [online] URL: http://www.autostraddle.com/queered-science-jeremy-yoder-allison-mattheis-and-surveying-queers-in-stem-200257/ <2015-03-31>.

Waldrop, M. Mitchell (2014): »Diversity: Pride in science«, in: Nature 513, S. 297-300, doi:10.1038/513297a. [online] URL: http://www.nature.com/news/ diversity-pride-in-science-1.15924 <2015-03-31>.

Warner, Michael (1991): »Introduction. Fear of a Queer Planet«, in: Social Text 13, Heft 29, S. 3-17.

Wuensch, Daniela (2013): Der letzte Physiknobelpreis für eine Frau? Maria Goeppert Mayer: Eine Göttingerin erobert die Atomkerne. Nobelpreis 1963. Zum 50. Jubiläum, Göttingen: Termessos.

Lust auf queere Informatik

Anregungen zu einer differenzreflexiven Professionalisierung von Lehrer_innen in der Fachdidaktik Informatik

Florian Cristobal Klenk

1. EINLEITUNG

Seit sich die Informatik Ende der 1960er Jahre als akademische Disziplin an deutschen Universitäten etablierte, nimmt sie erheblichen Einfluss auf die Veränderung der Gesellschaft sowie des alltäglichen Lebens eines (fast) jeden Individuums. Ob in der Medizin, in den Geistes- und Sozialwissenschaften oder in der Freizeit, informatische Artefakte und deren sozio-kulturelle Auswirkungen sind allgegenwärtig. Der Bedarf an Nachwuchskräften in der Informatik ist dabei bis heute ungebrochen. So etablieren sich seit den 1990er Jahren zunehmend politische und sozioökonomische Maßnahmen, die zur verstärkten Teilhabe – insbesondere von Frauen – an der Gestaltung der Informatik auffordern und, neben der Erhöhung des Frauenanteils, immer auch die Generierung des ›»geschlechtsspezifischen Humankapitals‹ zum Ziel haben.[1] Dies darf, bei aller Notwendigkeit einer differenzreflexiven Pädagogik und (Fach-)Didaktik – auch in diesem Beitrag – nicht vergessen werden, will

---

1 | Ich beziehe mich hierbei kritisch auf eine unter den Schlagwörtern Gender-kompetenz, Gender Mainstreaming und Heterogenität zu beobachtende Tendenz, die sich ebenfalls im Kontext gendersensibler Maßnahmen im MINT Bereich erkennen lässt. Das emanzipative (Bildungs-)Moment der jeweiligen Bestrebungen geht dabei nicht selten mit dem »Verschwinden von Kritik« (Messerschmidt 2013a: 49) einher bzw. wird zugunsten der ›Generierung des (nicht nur, aber auch geschlechtsspezifischen) Human-kapitals‹ funktionalisiert, ohne die dabei zugrundeliegende Verwertungslogik als solche kritisch zu reflektieren. Zum Verhältnis und Wechselspiel gleichstellungspolitischer Maßnahmen und ökonomischer Orientierungsmuster vgl. ebenfalls Wetterer (2005); Binner et al. (2013).

die darin entwickelte Perspektive den Anspruch erheben, in bestehende geschlechtliche und sexuelle Macht- und Ungleichheitsverhältnisse zu intervenieren.

Im Folgenden werden Herausforderungen einer gender- und queerinformierten Lehrer_innenbildung entfaltet und in Relation zu verbreiteten fachdidaktischen Annahmen der Informatik gesetzt, die sich insbesondere auf die Förderung cissexueller[2] Mädchen und Frauen beziehen. Unter Bezugnahme auf Erkenntnisse der Gender- und Queer Studies (vgl. Degele 2008; Hartmann 2002) sowie der genderinformierten Informatik (vgl. Bath 2009) werden die im Rahmen des »G-MINT Projektes: Verbesserung der Unterrichtsqualität in den MINT-Fächern«[3] (TU Darmstadt) entwickelten Professionalisierungszugänge (vgl. Klenk/Zitzelsberger 2015; Winkler 2014) erläutert und anhand der seit 2012 bestehenden Kooperationen mit der Fachdidaktik Informatik skizziert. Ziel ist es, heteronormativitätskritische Perspektiven einer differenzreflexiven Professionalisierung[4] von Lehrer_innen[5] in der Fachdidaktik Informatik aufzuzeigen.

2. Geschlechterverhältnisse im Kontext der Informatik

Betrachtet man das Geschlechterverhältnis zwischen Frauen und Männern[6] in den Studiengängen der Informatik, fällt auf, dass sich zwar in den letzten

---

2 | Der Ausdruck Cissexualität/Cisgender oder Zissexualität geht auf den deutschen Sexualwissenschaftler Volkmar Sigusch (1991) zurück. Der Begriff bezeichnet in absichtsvoll verfremdender Weise jene Menschen, die eine Übereinstimmung des biologischen Geschlechts (sex) und der Geschlechtsidentität (gender) aufweisen.

3 | Mitarbeiter_innen waren/sind M.A. Bianca Baßler, Dr. Karin Diegelmann, M.A. Christine Winkler, Florian Cristobal Klenk (1. Staatsexamen) und M.A. Nadine Balzter. Projektleitung: Dr. Olga Zitzelsberger.

4 | Der hier verwendete Begriff der ›Differenzreflexivität‹ lehnt sich an den von Mecheril et al. (2013) verwendeten Begriff der ›Differenzkritik‹ sowie an Messerschmidt (2013a) an. »Eine kritische Pädagogik der Differenzen befasst sich mit diesen Praktiken [Anm. d. Verf.: gemeint sind soziale Praktiken der Unterscheidung und Kategorisierung], also mit sich selbst: Sie befasst sich damit, wie pädagogisch Handelnde Andere anders machen, wie sie Unterschiede wahrnehmen und woran Unterscheidungen fest gemacht werden« (Messerschmidt 2013a: 49).

5 | Ich verwende den sog. Gender Gap, um zu verdeutlichen, dass vielfältige geschlechtliche und sexuelle Lebensweisen zwischen, innerhalb und jenseits der Hegemonie heteronormativer Zweigeschlechtlichkeit existieren.

6 | Genau genommen lässt sich auch nur *dieses* Geschlechterverhältnis in informatischen Studiengängen betrachten, da statistische Analysen ebenso wie das

Jahren zunehmend mehr junge Frauen für ein Studium entscheiden – so verdoppelte sich die Gesamtzahl der Studienanfängerinnen an deutschen Universitäten und Hochschulen von 2010 (6.236) bis 2013 (13.231) –, sie im Verhältnis zu ihren männlichen Kommilitonen (2013, 45.134) mit knapp 23% jedoch weiterhin als unterrepräsentiert gelten (vgl. VDI-monitorING). Die Gründe für den eher mäßig zu verzeichnenden Anteil von Frauen in Studiengängen der Informatik sind vielfältig und werden seit mehr als zwei Dekaden der Frauen- und Geschlechterforschung in der deutschen Informatik untersucht (vgl. Bath/Schelhowe/Wiesner 2010: 829). Historische sowie kulturvergleichende Untersuchungen, wie jene von Britta Schinzel (2012), verdeutlichen in diesem Zusammenhang, dass die alltagsweltliche Annahme ›Informatik sei einfach nichts für *die* Mädchen‹ unzutreffend ist. Insbesondere in westlichen Ländern sank der Frauenanteil in den Studiengängen der Informatik sukzessiv mit der Etablierung der Fachdisziplin. So waren 1979 bereits schon einmal 20% weibliche Informatikstudierende in den alten Bundesländern vertreten (ebd.: 332). In Kuwait, an der Universität von Mauritius und an der Universität Samoa liegt der Frauenanteil in der Informatik zwischen 40-60% und in Malaysia stellen Frauen gar knapp die Mehrheit (52%) der Informatikstudierenden (vgl. Schinzel 2004; Mellström: 2009)[7]. All dies sind erste Hinweise darauf, dass die weibliche Unterpräsenz in Studiengängen der Informatik nicht auf biologische Begründungsmuster oder essentialistische Alltagsvorstellungen – z.b. über unterschiedliche Gehirnstrukturen, evolutionsbedingte Technikkompetenz oder geschlechtliche Begabungen – zurückzuführen sind (vgl. kritisch Ebeling/Schmitz: 2006; sowie im Kontext der Pädagogik Götschel/Klenk 2015),

---

Deutsche Grundgesetz (Art. 3, Abs. 2) lediglich zwei Geschlechter (Mann und Frau) (aner-)kennen.

7 | Solche statistischen Hinweise sind mit Vorsicht zu genießen, da die Zahlen von verschiedenen Variablen abhängen. Die hier angeführten Informationen sind lediglich als Hinweis zu betrachten, der verdeutlicht, dass die Partizipationsstrukturen in den Studiengängen der Informatik sich vielfältiger gestalten als es zuweilen in Deutschland den Eindruck erweckt. Monika Götsch (2014) weist in diesem Zusammenhang darauf hin, dass die Infragestellung geschlechtlicher Partizipationsstrukturen durch ländervergleichende Statistiken bei Studierenden der Informatik Restabilisierungsstrategien in Form des *othering* auslösen können, indem westliche Fortschritts-, Emanzipations- und Überlegenheitsgedanken relevant gesetzt werden. Die Reaktionen der Studierenden auf die statistischen Hinweise zeigen dabei Interdependenzen zwischen Geschlecht, Informatik und Okzidentalismus auf, wie anhand folgender Zitate deutlich wird: »Wenn die Frauen eh zuhause sitzen müssen, weil der Mann es nicht erlaubt, die dann vielleicht einen Computer haben und die da rangehen, die sagen dann: ›Mach ich halt [Informatik] [...] Also ich mein‹, Syrien oder Jordanien, ich weiß nicht, ob man da so qualitativ anständig Informatik studieren kann« (Götsch 2014: 88f).

sondern auf gesellschaftliche sowie sozio-kulturelle Bedingungen und Verhinderungsstrukturen, die mit der Fachkultur sowie der Kategorie Geschlecht in Wechselwirkung stehen und – nicht nur, aber auch – weiblich sozialisierten Menschen eine erfolgreiche Teilhabe an der Fachdisziplin erschweren.

Nach Annahmen der Frauen- und Geschlechterforschung in der Informatik verhindern bis heute insbesondere *symbolische* und *strukturelle* Barrieren (vgl. Schinzel 2012: 331; Berszinski et al. 2002: 4), wie etwa fachkulturelle Stereotype, die Koppelung von Männlichkeit und Technik sowie veraltetes Geschlechterwissen, die Teilhabe von *vielfältigen Männlichkeiten, Weiblichkeiten sowie Lebensweisen* (Hartmann 2002), die nicht zwingend in das binäre System heterosexueller Zweigeschlechtlichkeit einzuordnen sind (z.B. trans*- und inter*geschlechtliche Lebensweisen) an der Gestaltung der Informatik. Die Partizipation von Menschen, die geschlechtliche und sexuelle Vielfalt leben, an der Informatik zu fördern, ist aus einer kritischen schulpädagogischen Perspektive nicht lediglich aufgrund der Qualifikationsfunktion der Schule voranzutreiben, sondern vor allem deswegen, weil sich damit die Hoffnung verbindet, den Unterricht, die Fachkultur sowie die darin entwickelten Artefakte, hegemoniale Geschlechternormen und Anerkennungsstrukturen verändern zu können.

Betrachtet man Gesellschaft sowie Natur- und Technikwissenschaften in immanenter Wechselwirkung, erscheint es in Anlehnung an Evelyn Fox Kellers (1995) und Londa Schiebingers (1999) entwickelte Analysedimensionen der Geschlechterforschung in den Naturwissenschaften sinnvoll, auch in der (Fachdidaktik) Informatik folgende Ebenen zu reflektieren:

- Personelle Sichtbarkeiten und fachkulturelle Partizipationsstrukturen
- Fachspezifische Wissensformationen und vergeschlechtlichte Inhalte/ Artefakte
- Fachkulturelle Normen, Bilder sowie Welt- und Selbstverständnisse[8]

Hinsichtlich einer differenzreflexiven Professionalisierung im Lehramt gilt es, die hier – lediglich analytisch zu trennenden Dimensionen – in eine sinnvolle Relation zur (4) Analyse und Reflexion der gewählten Vermittlungsformen (Methodik und Didaktik) zu setzen, und eine Professionalisierung zu verfolgen, die (selbst-)kritisch nach den unterrichtspraktischen Bedingungen fragt, die eine Beteiligung vielfältiger Lebensweisen am Fach(-unterricht) verhindern und die Differenz als solche (mit-)konstituieren.

---

8 | Die hier dargestellten Dimensionen lehnen sich zudem an die Spezifizierungen von Götschel (2011) für das Fach Physik sowie an die von Bath/Schelhowe/Wiesner (2010) vorgeschlagenen Dimensionen für die Informatik an.

3. GIRLS ONLY? ZUR REIFIZIERUNG DER (HETEROSEXUELLEN) ZWEIGESCHLECHTLICHKEIT IM KONTEXT DER FACHDIDAKTIK INFORMATIK

Den Fokus (fach-)didaktischer und pädagogischer Interventionen lediglich auf cissexuelle Mädchen und Frauen zu richten, wie es die feministische Schulkritik (vgl. kritisch Maxim 2009) sowie Geschlechterforschung in der Informatik (vgl. kritisch Bath 2009) lange Zeit tat und wie es im Mainstream der MINT-Fächer bis heute beobachtet werden kann, ist zwar ein wichtiger Ansatzpunkt, aus einer queeren Perspektive jedoch nicht ausreichend, um die (Re-)Produktion heteronormativer Machtverhältnisse zu unterbrechen.

Die Problematik der Reifizierung des Systems der heterosexuellen Zwei-geschlechtlichkeit lässt sich im Kontext der Technik- und Naturwissen-schaften anhand zahlreicher Aktionen zur Förderung von Frauen im MINT-Bereich veranschaulichen (vgl. kritisch Maxim 2009: 273ff). Einer (selbst-) kritischen Perspektive folgend, soll dies im Kontext der Informatik exem-plarisch anhand der Maßnahme ›LAN-PARTY-GIRLS-ONLY‹ (TU Darmstadt) (www.lanpartygirlsonly.de) geschehen. Diese, die binäre Geschlechterdifferenz explizit adressierende Zugangsweise, bei denen einem rosa Schmetterlinge und Pusteblumen auf der Homepage quasi entgegenfliegen, arbeitet mit gängigen Stereotypen über die vermeintlichen Interessen heterosexueller Mädchen. Das Projekt geht von einem (unterstellten) geschlechtsspezifischen, das heißt weiblichen, Interesse und Zugang zur Technik aus, der sich nicht durch Neugier an Problemstellungen oder abstrakten Verstehensprozessen der Informatik auszeichnet, sondern von einer generalisierenden und homoge-nisierenden Vorstellung ausgeht, in der sich ›weibliches Interesse‹ auf die Kom-munikation *mit*, Anwendung *von* und den Austausch *über* Technik reduziert.[9] Dass EgoShooter bei der erwähnten LAN-Party tabu sind und stattdessen Computerspiele wie Harry Potter, Sims 3, Tierhotel, My Boyfriend und Inside Fashion angeboten werden, verdeutlicht die unhinterfragte Heteronormativität des Konzeptes und komplementiert die Vorstellung, dass Mädchen und Frauen »auf Kooperation ausgerichtete Konzepte gegenüber kompetitiven Modellen und gewaltsamen Computerspielen« (Bath 2008: 170) favorisieren.[10]

---

9 | Das bedeutet nicht, dass dieses Konzept nicht durchaus sinnvolle Einblicke in die Informatik geben kann, die Mädchen dazu anregen, sich verstärkt mit dem Fach aus-einanderzusetzen. Warum das Projekt jedoch auf solch stereotype Weise beworben werden muss, ist mir unverständlich.

10 | Dies kann selbstverständlich auf bestimmte Schüler_innen zutreffen, bedeutet jedoch nicht, dass a) sich diese Aussage auf ›die Mädchen‹ generalisieren ließen, b) dass dies in der ›Natur‹ der Frau liege und ebenso nicht, dass c) Interventions-maßnahmen ohne kompetitive Momente per se sinnvoll wären.

Ähnliche Vorannahmen lassen sich ebenfalls hinsichtlich des Schulfaches Informatik feststellen und so gibt es für die Gestaltung eines geschlechtssensiblen Informatikunterrichts zumeist recht einheitliche Empfehlungen, wie Carsten Schulte und Maria Knobelsdorf kritisch zusammenfassen: »Ausgehend von der Annahme, Mädchen interessierten sich stärker für Anwendungen, Auswirkungen, kooperative Arbeitsphasen und stärker für »theoretisch orientierte Phasen«, sollte der Unterricht entsprechend gestaltet werden, um den (vermuteten) Interessen der Mädchen entgegenzukommen« (Schulte/Knobelsdorf 2010: 89). In der Fachdidaktik Informatik zeigt sich – ähnlich wie im pädagogisch-psychologischen Mainstream – die Tendenz, »mithilfe der konstatierten Verschiedenheit im Zirkelschluss und mit Rückgriff auf Alltagsstereotype geschlechtsgruppenspezifische Unterscheidungen und Festlegungen wieder einzuführen, also: Gleichberechtigung durch Ungleichbehandlung herbeiführen zu wollen« (Rendtorff 2014: 116). Zwar wird innerhalb der Informatik zunehmend damit begonnen, Mädchen und Jungen nicht mehr als homogene Gruppen zu betrachten und nach fachkulturellen Barrieren sowie didaktischen Interventionen zu suchen, die es ermöglichen, Informatik für einen vielfältigen Personenkreis ansprechender zu gestalten. Doch rekurrieren auch aktuelle Publikationen (Leicht-Scholten/Schroeder 2014) zum Teil noch immer auf ein unterkomplexes Verständnis von (geschlechtlicher und kultureller) Differenz, in denen Begriffe wie ›Interkulturelle Kompetenz‹ oder gender- und diversity-sensible Didaktik (Finkenzeller/ Schreiber/Wilkens 2014: 103) begrifflich prominent platziert, inhaltlich jedoch hinter aktuelle Perspektiven differenzreflexiver Pädagogik zurückfallen (vgl. kritisch Mecheril 2002; Messerschmidt 2013a). Eine grundlegende Kritik am System der Zweigeschlechtlichkeit ist in genannten Ansätzen der Informatik nicht zu erkennen.

Zudem finden sich in der fachdidaktischen Literatur noch immer – durchaus gut gemeinte – Empfehlungen, die in Verbindung mit einem in unserer westlichen Gesellschaft vorherrschenden sexuellen Essentialismus (Rubin 2003) und der Annahme über Geschlechtlichkeit als festes Wesensmerkmal dazu führen können, dass Aussagen wie »Jungen haben eine positive Einstellung zum Computer. Sie interessiert das Gerät; sie möchten es beherrschen« (Schubert/Schwill 2011: 299) oder »Mädchen besitzen eine andere Einstellung zu Technik. Sie machen sich Gedanken über den gesellschaftlichen Nutzen des Geräts, sehen eher Gefahren in der zukünftigen Entwicklung« (ebd.: 300) von Studierenden dahingehend missinterpretiert werden, dass stereotype Vorstellungen über die Aktivität des männlichen Geschlechts in Relation zur Passivität des weiblichen Geschlechts doch irgendwie als Wesensmerkmale qua (Zwei-)Geschlechtlichkeit interpretiert werden.[11] Solche Aussagen sind insbesondere aus einer queeren Perspektive kritikwürdig, da sie – auch gegen bessere Absicht – die binäre Geschlechterdifferenz reifizieren und sich nicht selten mit der (selektiven) Alltagswahrnehmung vieler Lehramts-studierender verbinden, die sich dadurch wiederum in ihrem Differenzdenken über ›die Jungen‹ und ›die Mädchen‹ bestätigt fühlen können. Pädagogische und fachdidaktische Maßnahmen, die den Fokus lediglich anhand des zwei-geschlechtlichen Ordnungssystems ausrichten, reproduzieren durch ihre Zugangsweise selbiges System und marginalisieren dadurch sowohl Trans* und Inter*geschlechtliche Lebensweisen, als auch jene Mädchen und Jungen, auf die oben postulierte Annahmen nicht zu treffen – was den Zugang zum Informatikunterricht für diese Kinder und Jugendlichen tendenziell er-schweren kann.

Doch auch aus fachdidaktischer Perspektive gibt es kaum Hinweise darauf, dass ein geschlechtsspezifisch ausgerichteter Informatikunter-richt tatsächlich das Interesse und die Motivation am Schulfach fördert. So konnten im Projekt ›*life*³‹ (http://life.uni-paderborn.de), das auf Basis der hier zum Teil angeführten Empfehlungen für einen ›geschlechtsspezi-fischen Zugang‹ ein Modell für den Einstieg in den Informatikunterricht (SEK II) konzipierte und evaluierte, »keine positiven Auswirkungen auf die Beteiligung der Mädchen festgestellt werden« (Schulte/Knobelsdorf: 90). Vergleichbares gilt hinsichtlich der Forderung nach monoedukativen Unter-richtsphasen in den Natur- und Technikwissenschaften. Volmerg et al. (1996: 138ff) konnten anhand eines monoedukativen Modellversuches feststellen, dass die Trennung von Jungen und Mädchen im Informatikunterricht zwar bei den Mädchen die Wahrnehmung für gewisse Probleme im koedukativen Unterricht schärfte (z.B. die implizite Unterrichtsorientierung an den Jungen), es jedoch nicht gelang, einen schulischen Möglichkeitsraum zu entwerfen, in denen Mädchen ein positives Selbstbild hinsichtlich ihrer informatischen Fähigkeiten entwickeln konnten. Dies kann damit erklärt werden, dass sich das informatische Selbstbild der untersuchten Mädchenkurse – trotz physischer Abwesenheit – dennoch im Vergleich und in Abgrenzung zu den Jungenkursen konstituierte. Die Norm der Zweigeschlechtlichkeit bestand im Kontext des Informatikunterrichts also in den Köpfen der untersuchten Schüler_innen und Lehrer_innen fort und wirkte sich negativ auf den mono-edukativen Unterricht aus. Es zeigt sich, dass Fach- und Disziplingrenzen

---

11 | Meine Kritik bezieht sich in erster Linie nicht auf die Autor_innen, die – zwar immer noch geschlechtsgruppenspezifisch begründete – z.T. sinnvolle Gestaltungshinweise für den Informatikunterricht geben, sondern vor allem auf das damit verbundene Risiko, die hier angeführten Aussagen – ohne eine Verständnis von Geschlecht als sozialer Konstruktion – fehlzuinterpretieren.

– ähnlich wie es Katharina Willems (2007) für die Schulfächer Deutsch und Physik feststellt – mit zweigeschlechtlichen Bewertungs- und Ordnungsstrukturen in konstitutiver Weise verbunden sind. Das bedeutet, dass Geschlechternormen die Fachkultur stützen und umgekehrt die Fachkultur Geschlechternormen sowie damit einhergehende Barrieren stabilisiert.

4. QUEERE IMPULSE DIFFERENZREFLEXIVER PROFESSIONALISIERUNG

Entgegen den hier skizzierten Zugängen wird im Rahmen des G-MINT Projekts eine gender- und queerinformierte Professionalisierung von Lehrer_innen im beruflichen und gymnasialen Lehramt verfolgt. Geschlecht und Sexualität werden verstanden als durch historische, diskursive, materielle und sozio-kulturelle Bedingungen konstituierte und durch Interaktionsprozesse und performative Akte in Schule und Unterricht tradierte, somit auch veränderbare Differenzkategorien.

Die Notwendigkeit einer Lehrer_innenbildung, die Themen der geschlechtlichen und sexuellen Vielfalt Rechnung trägt, erschließt sich vor dem Hintergrund, dass Schule und Unterricht als zentrale Bildungs-, Subjektivierungs- und Erfahrungsräume (fast) aller Menschen gelten.[12] Das G-MINT Projekt bietet dem folgend Lehrveranstaltungen mit *historisch-systematischen*, *theorie-praxisreflektierenden* sowie *biografischen* Zugängen an und erfährt eine Erweiterung durch Kooperationen mit verschiedenen Fachdidaktiken der TU Darmstadt (u.a. Chemie, Informatik, Körperpflege).[13]

Im Anschluss an konstruktivistische (West/Zimmermann 1987; Wetterer 2010) und dekonstruktivistische Erkenntnisse (Butler 1991; 2001; Fritzsche et al. 2001) werden Lehrkräfte dahingehend qualifiziert, dass sie (zwei-)-geschlechtliche Zuschreibungen, Inhalte sowie Vermittlungsformen im Fachunterricht als solche erkennen, diese reflektieren und in der Konsequenz gegenüber Schüler_innen geschlechtliche sowie sexuelle Verortungen möglichst offen halten, um dadurch eine angstfreie Selbstverortung der Kinder und Jugendlichen zu ermöglichen. Ziel der entwickelten Zugänge ist

---

12 | Zudem zeigen empirische Studien, dass bei Schüler_innen noch häufig traditionell-biologistische Einstellungsmuster hinsichtlich der Gleichwertigkeit geschlechtlicher und sexueller Vielfalt vorzufinden sind (vgl. Huch in diesem Band) und Lehrer_innen trotz positiver Einstellung zum Thema unzureichend qualifiziert sind (vgl. exemplarisch Hoffmann 2013).

13 | Im Rahmen dieses Beitrags können diese Zugänge nicht in ihrer Komplexität erläutert werden. Für eine ausführliche Beschreibung vgl. Klenk/Zitzelsberger 2015 sowie Winkler 2014.

eine transdisziplinäre Dekonstruktion historischer und aktueller Normen, die zur Konstitution des Systems der heterosexuellen Zweigeschlechtlichkeit beitragen, sich in der Fachkultur, den Unterrichtsinhalten sowie Denk-, Wahrnehmungs- und Wissensstrukturen wiederfinden und geschlechtliche sowie sexuelle Hierarchisierungen mitbedingen. Im Projekt wird dieser Perspektive folgend nicht ›die Differenz‹ als solche betrachtet, sondern hinterfragt, wie Fachkultur, Lehrer_innen und Unterricht in die Prozesse der Differenzierung involviert sind (Klenk/Zitzelsberger 2015: 79f). In Anschluss an Carol Hagemann-White erscheint es daher sinnvoll

»in der Ausbildung für das Lehramt [...] systematisch Gender-Wissen im Sinne eines symbolischen Systems der Zweigeschlechtlichkeit (*nicht*, wie es teilweise im *Mainstreaming* gehandelt wird, Scheinwissen über das Sosein der Geschlechter) zu vermitteln, und in den Einrichtungen von Erziehung und Bildung einen kreativen und offenen Umgang mit den Ungleichzeitigkeiten in den Entwicklungsprozessen und den Prozessen sozialen Lernens der Geschlechter zu pflegen« (Hagemann-White 2014, S. 119).

Dies ist hinsichtlich der schulpraktischen Ausbildungsanteile sowie im Hinblick auf den Vorbereitungsdienst von zentraler Bedeutung, damit angehende Lehrer_innen die dort womöglich zu beobachtenden unterschiedlichen Interessen sowie Lernprozesse zwischen ›Jungen‹ und ›Mädchen‹ nicht als Differenz qua biologischer Zweigeschlechtlichkeit interpretieren, sondern als Teil sozio-kultureller Differenzierungsprozesse, in die sie selbst involviert sind.

Sollen schulpraktische Erfahrungen nicht dazu beitragen, Geschlechterstereotype zu verfestigen, bedarf es der Entwicklung einer professionellen Perspektive auf die eigene Lehrtätigkeit, die es angehenden Lehrer_innen ermöglicht, eine kritisch-dekonstruktive Haltung (Hartmann 2013) gegenüber fachlichen sowie schulischen Macht- und Ungleichheitsverhältnissen zu entwickeln und ein verantwortungsvolles Verhältnis gegenüber den eigenen Anteilen an deren Wiederholung und/oder Verschiebung einzunehmen (Klenk 2015: 295).[14] Dies kann angehenden Lehrer_innen insbesondere dabei behilflich sein, zu reflektieren, welchen Beitrag ihre Lehrtätigkeit an der *Dramatisierung, Entdramatisierung* (Budde/Scholand/Faulstich-Wieland 2008: 273ff.) oder *Irritation* (hetero-)normativer Ordnungen leistet, entlang der die Mechanismen der Anerkennung und Ausgrenzung verlaufen und macht »die Bereitschaft notwendig, die eigene Verortung im komplexen Machtgefüge mitzubedenken, ohne diesem entfliehen zu können« (Hartmann 2013: 272).

---

14 | Dies gilt auch für akademisch Lehrende und impliziert ebenso eine (Selbst-)Kritik an den Prozessen der Verwertung von Bildung in die wir und unsere Studierenden involviert sind (Messerschmidt 2013b: 12).

Den hier skizzierten Professionalisierungszugängen folgend, kooperiert das G-MINT Projekt seit dem Wintersemester 2012/2013 mit der Fachdidaktik Informatik während der Schulpraktischen Studien II. Angehende Lehrer_innen werden dabei aus einer fachdidaktischen und pädagogischen Perspektive, die geschlechtliche und sexuelle *Ungleichheiten* berücksichtigt, bei der Entwicklung, Gestaltung und Durchführung informatischer Unterrichtsversuche unterstützt. Neben einer Einführung in grundlegende Erkenntnisse der Gender- und Queer Studies, die die Voraussetzung bildet, um Geschlecht und sexuelles Begehren als ein prozessuales und sozial bedingtes Geschehen zu analysieren, gilt es die Studierenden in Anlehnung an die zu Beginn skizzierten Analysekategorien für unterschiedliche Dimensionen und die damit verbundenen Möglichkeiten und Grenzen einer differenzreflexiven Lehre im Schulfach Informatik zu sensibilisieren.

4.1. Personelle Sichtbarkeiten und fachkulturelle Partizipationsstrukturen überdenken

Als Einstieg in die Thematik bietet es sich an, historische und aktuelle Partizipationsstrukturen zu reflektieren und gemeinsam mit Studierenden nach möglichen Gründen für die Dominanz bzw. Unterpräsenz bestimmter Geschlechter und Lebensweisen in der deutschen Informatik zu fragen, um daran anschließend marginalisierte Subjekte sichtbar und als Teil fachspezifischer Etablierungsprozesse anerkennbar werden zu lassen. Hinsichtlich der Leistungen von Frauen in der Informatik bieten die Internetseiten www.fembio.org und www.frauen-informatik-geschichte.de zahlreiche Anregungen. Jutta Hartmanns Konzept vielfältiger Lebensweisen (2002: 270ff.) folgend, gilt es, Vielfalt wertschätzend von der Vielfalt aus zu denken und somit auch ›queere‹[15] Leistungen gleichberechtigt neben den Leistungen cis- und heterosexueller Frauen und Männern zu denken.[16] Einer dekonstruktiven

---

15 | Als queere Menschen bezeichne ich in Anlehnung an Barbara Schütze (2010: 67) sowohl subaltern positionierte Subjekte wie Lesben, Bisexuelle, Intersexuelle, Homosexuelle, Transsexuelle und transidente/geschlechtliche* Personen als auch jene Existenzweisen, die sich an den Grenzen geschlechtlicher und sexueller Anerkennbarkeit bewegen.

16 | Hinsichtlich ›queerer‹ Leistungen in der Informatik gibt es meines Wissens aktuell keine aufbereiteten Informationen. Exemplarisch seien hier die Leistungen des Alan Turing, der an der Dechiffrierung der Enigma Maschine im Zweiten Weltkrieg beteiligt war und zudem implizit zur Infragestellung des Mensch-Maschine- bzw. Geist-Körper-Dualismus‹ in der Informatik beigetragen hat (vgl. Schelhowe 2014: 64f) sowie die Transgenderaktivistin Lynn Conway, die in den 1960er Jahren einen wichtigen Beitrag

Perspektive folgend, stellt die Anerkennung vielfältiger Lebensweisen jedoch lediglich einen ersten und zugleich begrenzten Schritt dar, da auch hierbei die Gefahr besteht, die geschlechtliche und sexuelle Differenz als solche zu reproduzieren. Besteht das anerkennende Moment der Differenz nämlich lediglich darin, »bestimmte Personen als Andere anzuerkennen, führt dies dazu, deren Status als Andere festzuschreiben und die Differenz im Sinne radikaler Pluralität letztlich zu verfehlen« (Arens et al. 2013: 15).

4.2. Fachspezifische Wissensformationen und vergeschlechtlichte Artefakte erkennen

In Kombination mit einer exemplarischen Reflexion vergeschlechtlicher Artefakte, wie sie insbesondere von Corinna Bath (2009: 111ff.), unter stetiger Reflexion des Systems der Zweigeschlechtlichkeit, vorgelegt wurden, kann Studierenden verdeutlicht werden, dass geschlechtliche (z.T. auch sexuelle) Ordnungsmuster nicht nur in Wechselwirkung mit fachkulturellen Annahmen *über* Geschlecht oder gesellschaftlichen Diskursen *über* Informatik stehen, sondern sich ebenso *in* die Gegenstände und Inhalte – die häufig als genderfrei, neutral und objektiv angesehen werden – einschreiben. Studierende können anhand der Analyse informatischer Artefakte (z.B. Textverarbeitungsprogramme, Computerspiele, oder VPAs (virtual personal assistants) wie Siri (vgl. Both 2011: 42ff; 2013)) unter Berücksichtigung historisch-gesellschaftlicher Wechselwirkungen exemplarisch für die geschlechtlichen Konstitutionsweisen, damit ebenso für die Brüche und Ambivalenzen bzw. Veränderungsmöglichkeiten der Technik(gestaltung) sensibilisiert werden. Sie lernen anhand konkreter Gegenstände zu erkennen, wie vergeschlechtlichte Artefakte bspw. »Frauen und Männern verschiedene Kompetenzen und Verantwortlichkeiten zuschreiben, geschlechtsspezifische Arbeitsteilung verstärken, geschlechtsstereotype Verhalten normalisieren oder Barrieren im Zugang zu Technologie herstellen« (Bath/Schelhowe/Wiesner 2010: 833). Im Anschluss an den von Bath entwickelten Ansatz des Degenderings in der Informatik (2009) lernen Studierende problematische Vergeschlechtlichungen informatischer Artefakte zu erkennen, zu dekonstruieren und diese in der Konsequenz bei der Technikentwicklung und -gestaltung sowie in ihren Unterrichtsentwürfen möglichst zu vermeiden. Degendering leistet somit einen zentralen Beitrag

---

zur ›out-of-order execution‹ bei Computern leistete, genannt. Ferner sei auf die fiktive Figur Lisbeth Salander aus den Kriminalromanen (Millennium-Trilogie) von Stieg Larsson hingewiesen, die als queerer Cyberpunk zur literarischen Reflexion über Geschlecht, sexuelles Begehren und Informatik anregen kann.

zur Kritik und Dekonstruktion heteronormativer Machtverhältnisse innerhalb der Informatik, der auch für fachdidaktische Reflexionen sinnvoll erscheint.

4.3. Fachkulturelle Normen, Bilder sowie Welt- und Selbstverständnisse der Informatik hinterfragen

Die Reflexion *fachkultureller Normen, Bilder sowie der Welt- und Selbstverständnisse der Informatik* (vgl. Schinzel 2013; Maaß/Wiesner 2006) stellt einen weiteren Ansatzpunkt einer differenzreflexiven Professionalisierung in den MINT-Fächern dar. Ziel ist es, Studierende für die Diskrepanz zwischen dem alltagsweltlichen Bild der Informatik – als männliche Wissenschaft des Computers und Programmierens – und den tatsächlich dafür notwendigen Kenntnissen und Fähigkeiten zu sensibilisieren, um gemeinsam danach zu fragen, wie diese Fehlvorstellungen das Bild der Informatik beeinflussen und wie sich dies auf das informatische Selbstkonzept von Schüler_innen auswirken kann.

Bei der Reflexion fachkultureller Bilder und Normen wird deutlich, dass wissenschaftliche Beschreibungen von dem, was Informatik im Kern ausmache, von den Vorstellungen vieler Schüler_innen abweichen. Während die Gesellschaft für Informatik (2006) Begriffe wie »*Information* und ihre *Speicherung, Verarbeitung* und *Analyse* als wichtige Aspekte der Informatik« (Berger 2014: 87) ausweist, haben Schüler_innen und informatische Anfänger_innen häufig keine konkreten Vorstellungen über das Fach (Maaß/Wiesner 2006: 127) oder verbinden dieses in allererster Linie mit Computern. »Schüler/innen und Informatik-Anfänger/innen erwarten von einem Informatikstudium primär das Lernen von Programmieren und Mathematik sowie Hardware-Kenntnisse.«(ebd.: 126)

In Verbindung mit den eigenen Computernutzungserfahrungen kann diese Fehlvorstellung dazu führen, dass sich bestimmte Personen eher als Entwerfende/Gestaltende und andere eher als Anwendende/Benutzende und letztere damit tendenziell als unzureichend fähig für ein Studium der Informatik halten, obwohl beide Personengruppen ähnliche Nutzungserfahrungen haben (Schulte/Knobelsdorf 2010: 101). Diese – verschieden verarbeiteten – Erfahrungen beeinflussen, in Kombination mit dem Bild der Informatik als (männliche) Computerwissenschaft, somit auch die Motivation, das Interesse am Schulfach sowie das informatische Selbstkonzept der Schüler_innen, obwohl sie nicht zwingend etwas über die späteren Studieninhalte und Tätigkeiten von Informatiker_innen aussagen.[17]

---

17 | Schulte und Knobelsdorf (2010) begrüßen ebenfalls die Abkehr vom informatischen Programmierkurs, weisen jedoch darauf hin, dass Computernutzungserfahrungen und

4.4. Unterrichtszugänge und Vermittlungsformen differenzreflexiv gestalten

In Anlehnung an hier angeführte Erkenntnisse und in Verbindung mit dem praxisorientierten Konzept *Abenteuer Informatik* (Gallenbacher 2012) erarbeiten Studierende des Lehramts adressat_innengerechte Einführungsstunden (SEKI), die das Ziel verfolgen, Kindern und Jugendlichen möglichst früh ein adäquates Bild grundlegender Verfahren und Denkweisen der Informatik zu vermitteln.[18] Dies trägt dazu bei, alltagsweltliche Fehlvorstellungen der Informatik aufzubrechen, heteronormative Vermittlungszugänge zu vermeiden und kann Kinder und Jugendliche dazu anregen, ihre subjektiven Vorstellungen des Faches sowie ihre Computernutzungserfahrungen zu überdenken, was in der Konsequenz zur Verbesserung des informatischen Selbstkonzeptes führen kann.

Der Fokus der Unterrichtsstunden, die komplett ohne Computer stattfinden, liegt somit auf der Vermittlung grundlegender Mechanismen des informatischen Denkens und Handelns (Wing 2006) und möchte Schüler_innen auf spielerische und kreative Art und Weise für die damit verbundenen Herausforderungen sensibilisieren. Anhand eigener Unterrichtsversuche lernen Studierende, wie Methodik und Fachdidaktik, Aufgabenstellung und Unterrichtsinteraktionen mit heteronormativen Annahmen in Wechselwirkung stehen können – nicht zwingend müssen – und wie dadurch der Verlauf des Unterrichts beeinflusst wird. Entgegen einer Abarbeitung von Checklisten oder Methodenkoffern gilt es, theoretisch fundiert und anhand

---

das damit verbundene Selbstkonzept, trotz gesenkter Computerbedienung während der Computernutzungsphasen, wieder Wirkung zeigt. »Insbesondere im Anfangsunterricht, in dem die zu bearbeitenden Probleme im Grunde recht einfach sind, führen Unterschiede in der Schnelligkeit und Unbekümmertheit der Computernutzung zu scheinbar deutlichen Unterschieden bei der Lösung der Unterrichtsaufgaben.« (Ebd.: 107) Sie schlagen vor, fachdidaktische Ansätze zu entwickeln, die auf der Ebene des Selbstbilds, Weltbilds sowie der Lern- und Verhaltensweisen ansetzen und es Schüler_innen erlauben, sich als kreativ Entwerfende innerhalb der Informatik wahrzunehmen. Diese Erkenntnisse gilt es im Unterricht zu beachten, damit nicht der Fehleindruck entsteht, bestimmte Schüler_innen seien schlicht besser als andere.

18 | Ein realistisches und ›attraktives‹ Bild der Informatik – unter Berücksichtigung der Kategorie Geschlecht – zu vermitteln, wird auch von dem BMBF geförderten Projekt ›Informattraktiv‹ als sinnvoll erachtet (vgl. http://www.dimeb.de/informattraktiv). Das Projekt bietet zahlreiche interessante Anregungen, wie die Informatik gendersensibler gestaltet werden kann.

der eigenen Unterrichtsversuche eine Sensibilität für die Reproduktions-mechanismen des heterosexuellen Systems der Zweigeschlechtlichkeit zu gewinnen.

Dies bedeutet, eine Aufmerksamkeit und Sensibilität gegenüber schu-lischen Fallstricken zu entwickeln, die scheinbar die Geschlechterdifferenzen zwischen Jungen und Mädchen bestätigen, und fordert angehende Lehrer_innen zu einem durchaus anstrengenden und selbstkritischen Reflexionsprozess auf, der Mut und Kreativität erfordert, um den im Unter-richt stattfindenden Differenzierungsprozessen und Ungewissheiten im Lehrer_innenhandeln (Helsper 2003: 145) professionell begegnen zu können. Dies bedeutet: Sich dem Risiko auszusetzen, die eigenen Schüler_innen und sich selbst irritieren zu lassen, um auf diese Weise heteronormative Deutungs-muster zu hinterfragen sowie das geschlechtliche und sexuelle Welt-, Anderen- und Selbstverhältnis möglicherweise zu transformieren (vgl. Koller 2010).[19] Dass zu diesem komplexen Vorhaben nicht alle Beteiligten gleichermaßen bereit sind und es für viele Studierende einsichtiger und einfacher erscheint, in der Unterrichtspraxis einen entdramatisierenden Zugang[20] zu verfolgen, ist verständlich, wenn man bedenkt wie wenig Raum innerhalb der regulären Studienzeit zur Verfügung steht, um dekonstruktive Denkprozesse trans-disziplinär zu entwickeln.[21] Gelingt dies jedoch, zeigt sich, dass es immer wieder Studierende gibt, die nach innovativen Möglichkeiten suchen, mit dem schulischen Spannungsfeld von Dramatisierung und Entdramatisierung

---

19 | Für die Bereitschaft und den Mut sich jedes Jahr erneut irritieren zu lassen, danke ich explizit unserem Kooperationspartner Dr. Jens Gallenbacher aus der Fachdidaktik Informatik. An dieser Stelle danke ich ebenfalls meinem Kollegen Simon Philipp für die stetige Unterstützung sowie Dokumentation zahlreicher Unterrichtsversuche. Ein besonderer Dank gilt natürlich allen Studierenden (insbesondere Lena Schwarzer und Steven Gast, der folgenden Unterrichtsversuch entwickelte), die sich der Heraus-forderung gestellt haben, gender- und queerinformierte Perspektiven aktiv in ihre Unterrichtsversuche zu implementieren.

20 | Ob eine entdramatisierende Zugangsweise ausreicht, um in bestehende heteronormative Machtverhältnisse zu intervenieren bleibt fraglich, doch kann auch diese als positiver Teilschritt innerhalb der Lehrer_innenbildung bewertet werden, wenn Studierende in der Lage sind, die damit einhergehenden Möglichkeiten und Grenzen zu reflektieren und in eine sinnvolle Unterrichtspraxis zu übersetzen.

21 | Dies bedeutet, dass es Zeit, Raum und Ressourcen bedarf, um eine gender- und queerinformierte Lehrer_innenbildung zu entwickeln, zu erproben und nachhaltig zu verankern. Ob dies innerhalb neoliberaler Verhältnisse und den damit einhergehenden Transformationsprozessen an Hochschulen und Universitäten möglich ist, wenn Mitarbeiter_innen überwiegend in prekären Arbeitsverhältnissen beschäftigt sind, bleibt fraglich.

kreativ umzugehen und es als sinnvoll erachten, heteronormative Sichtweisen aktiv zu irritieren. Dies soll abschließend anhand eines Unterrichtsversuchs exemplarisch veranschaulicht werden.

4.5. Unterrichtsbeispiel: Wer ist es?

Ziel der entwickelten Unterrichtsstunde war es, Schüler_innen zu vermitteln, dass über den Einsatz des informatischen Problemlöseverfahrens ›Divide et impera‹ – das insbesondere bei der Generierung von Algorithmen zum Einsatz kommt – große Probleme in kleinere Probleme zerteilt werden können und die dadurch erzeugten Teilprobleme leichter lösbar sind. Diese informatische Strategie trägt zur vereinfachten Bewältigung eines größeren Gesamtproblems bei. Die Schüler_innen lernen dafür ein Modellierungswerkzeug – den Entscheidungsbaum, der in der Informatik vor allem im Bereich des Data-Minings Anwendung findet – kennen und können diesen aktiv erzeugen sowie bewerten. Anhand des Entscheidungsbaumes können Schüler_innen zudem visuell nachvollziehen, wie viele Entscheidungen im ungünstigsten Fall auszuführen sind, um zu einen Ergebnis zu gelangen. Ein Baum mit geringer Tiefe benötigt dabei immer weniger Entscheidungen als ein Baum mit größerer Tiefe. Um dieses Ziel auf spielerische Art und Weise zu realisieren, wurde in Anlehnung an das Spiel ›Wer ist es?‹, bei dem man durch gezieltes Fragen die Anzahl an möglichen Personen reduziert, ein differenzreflexiver Unterrichtseinstieg für die fünfte Klasse entwickelt.

Abbildung 1

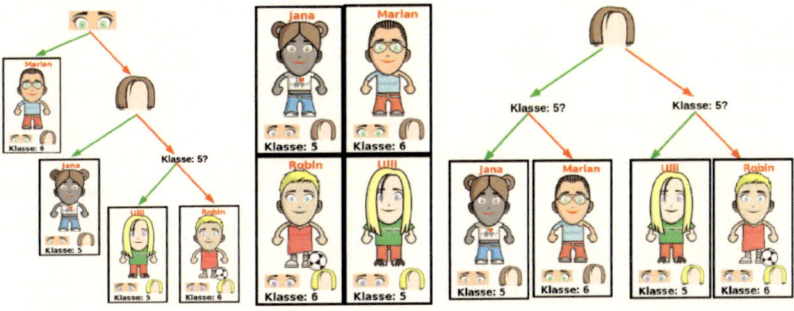

Entgegen der bei diesem Spiel häufig zur Anwendung kommenden Fragen ›Ist es ein Junge? Ist es ein Mädchen?‹ wurden in einem Open Source Programm (www.doppelme.com) eigene Spielkarten entwickelt, bei denen die Kategorie Geschlecht nicht als Auswahlkriterium zur Verfügung steht, dafür aber ein vielfältiger Personenkreis, der optisch nicht immer eindeutig in das binäre System heterosexueller Zweigeschlechtlichkeit einzuordnen ist, angeboten wird.

Das dadurch entwickelte Kartenspiel entdramatisiert nicht nur die binäre Geschlechterdifferenz – hierzu könnte man anstatt Menschen auch Tiere verwenden – sondern sucht einen adressat_innengerechten Weg, eine informatische Strategie zu vermitteln, die konstitutiv auf die Generierung und Unterscheidung binärer Gruppen angewiesen ist und zugleich genau diese auf Ebene der Geschlechtlichkeit zu hinterfragen. Der Unterrichtszugang bietet somit die Möglichkeit, Kinder und Jugendliche – zumindest im Ansatz – in ihren alltäglichen Denk- und Sehgewohnheiten zu irritieren und jene Unterscheidungskriterien (Haarfarbe, Augenfarbe, Klassenstufe) relevant zu setzen, die weniger stark zur (Re-)Produktion bestehender geschlechtlicher und sexueller Differenzen in Schule und Unterricht beitragen. Haben Lehrer_innen eine entsprechende Professionalisierung erfahren, kann der hier skizzierte Zugang zugleich als Chance betrachtet werden, um mit Schüler_innen in einen Dialog zu treten, in dem heteronormative Selbstverständlichkeiten reflektiert werden[22].

»Eine Art kritische Professionalität mag demzufolge darin liegen, sich für die Produktionsweisen von Normalität zu sensibilisieren und über das zum Thema machen von Normalitätsvorstellungen und Ausschlussmechanismen diese Sensibilisierung auch den pädagogischen Adressat_innen zu ermöglichen« (Hartmann 2013: 273).

---

22 | Eine queere und differenzreflexive Professionalisierung betrachtet Geschlecht und sexuelles Begehren als interdependente Kategorien (vgl. Walgenbach 2007) und bietet ebenfalls Möglichkeiten, eine Sensibilität für andere Mechanismen der Differenzierung zu entwickeln, die in diesem Beitrag vernachlässigt wurden. So sei angemerkt, dass die Kategorie ›Haarfarbe‹ ebenfalls ein schwieriges Unterscheidungsmerkmal für ein solches Kartenspiel darstellt, da insbesondere im Alltag kulturelle sowie rassistische Mechanismen der Differenzierung und Ausgrenzung entlang dieser Kategorie verlaufen. Ferner zeigten sich bei der Generierung der Avatare, dass die Software es nicht erlaubte, körperlich beeinträchtigte Menschen dazustellen und es sich zudem schwierig gestaltete, nicht-weiße Figuren zu entwerfen, wie anhand der Abbildung ›Jana‹ erkennbar ist. Zwar werden unterschiedliche ›Hautfarben‹ angeboten – darunter auch gelb, was ebenfalls fragwürdig ist – jedoch wirken die Figuren wie weiße, gebräunte Menschen oder können lediglich in Grautönen dargestellt werden. Diese Softwareeinschränkungen können zugleich als Hinweis auf neo- bzw. post-koloniale (vgl. Both 2013) Einschreibungsprozesse in das informatische Artefakt selbst gelesen und mit Studierenden differenzreflexiv thematisiert werden.

5. FAZIT

Vor dem Hintergrund der hier dargelegten Erkenntnisse erscheint es sinn-voll, die Vermittlungsformen der Informatik sowie die darin vorherrschenden Stereotype und Zuschreibungsprozesse, die das Selbst- und Weltbild der Informatik konstituieren, aktuelle heteronormative Barrieren stabilisieren und sich negativ auf das Selbstkonzept von Schüler_innen auswirken können, gemeinsam mit Lehrer_innen und Fachdidaktiker_innen zu hinterfragen und nach transdisziplinären Ansätzen zu suchen, die es erlauben, diese Erkenntnisse in Schule und Unterricht – unter der notwendigen Berück-sichtigung des Spannungsverhältnisses zwischen Theorie und Praxis – zu übersetzen. Hierzu wird ein konstruktiver Dialog erforderlich sein, der alle Beteiligten sowie deren Positionen ernst nimmt, Irritationen zulässt und (selbst-)kritisch danach fragt, wie Pädagogik, Fachdidaktik und Lehrer_innen-bildung in die Dynamiken der (Re-)Produktion heteronormativer Macht-verhältnisse involviert sind.

Versteht man Schule und Unterricht als zentrale Institutionen der Macht-produktivität, die über Mechanismen der Anerkennung qua differenzierender Anrufung und Adressierung bestehende Ungleichheitsverhältnisse (re-) produzieren, erscheint es notwendig, die hier dargestellten Anregungen weiterzuentwickeln und in der Lehrer_innenbildung »konkret darüber nach-zudenken, wie in dieses Geschehen interveniert werden kann und wie es transformiert werden kann« (Butler 2014: 182). Dieses Ziel zu verfolgen, trans-portiert die Hoffnung, dass sich Kinder und Jugendliche nicht mehr in jener schmerzvollen Weise schulischen Normalisierungsprozessen unterwerfen müssen, die bestimmen, wer ein soziales und anerkennbares Subjekt im Klassenraum ist und wer es vielleicht niemals sein wird.

6. LITERATUR

Arens, Susanne/Fegter, Susanne/Hoffrath, Britta/Klingler, Birte/Machold, Claudia/Mecheril, Paul/Menz, Margarete/Plößer, Melanie/Rose, Nadine (2013): »Wenn Differenz in der Hochschule thematisch wird. Einführung in die Reflexion eines Handlungszusammenhangs«, in: Dies. (Hg.), Differenz unter den Bedingungen von Differenz. Zu Spannungsverhältnissen universitärer Lehre, Wiesbaden: Springer VS, S. 7-28.

Bath, Corinna (2008): »De-Gendering von Gegenständen der Informatik: Ein Ansatz zur Verankerung von Geschlechterforschung in der Disziplin«, in: Barbara Schwarze/Michaela David/ Bettina Charlotte Belke (Hg.), Gender und Diversity in den Ingenieurwissenschaften und der Informatik, Biele-feld: Webler, S. 166-182.

Bath, Corinna (2009): De-Gendering informatischer Artefakte. Grundlagen einer kritisch-feministischen Technikgestaltung. Dissertation, Bremen. Open-Access-Veröffentlichung der Staats- und Universitätsbibliothek Bremen. http://nbn-resolving.de/urn:nbn:de:gbv:46-00102741-12 vom 01.04.2015.

Bath, Corinna/Schelhowe, Heidi/Wiesner, Heike (2010): »Informatik: Geschlechteraspekte einer technischen Disziplin«, in: Ruht Becker/ Beate Kortendiek (Hg.), Handbuch Frauen- und Geschlechterforschung, Theorie, Methoden, Empirie, 3. erweiterte und durchgesehene Auflage, Wiesbaden: VS Springer, S. 821-833.

Berger, Nadine (2014): »Wie die Informatik sich selbst sieht und wie sie gesehen wird«, in: Carmen Leicht-Scholten/Ulrike Schroeder (Hg.), Informatik-kultur neu denken – Konzepte für Studium und Lehre. Integration von Gender und Diversity in MINT-Studiengängen, Wiesbaden: Springer Vieweg, S. 85- 100.

Berszinski, Sabine/Nikoleyczik, Katrin/Remmele, Bernd/RuizBen, Esther/ Schinzel, Britta/Schmitz, Sigrid/Stingl, Benjamin (2002): »Geschlecht (SexGender): Geschlechterforschung in der Informatik und an ihren Schnittstellen«, in: FIfF-Kommunikation 3/02, S. 32-37.

Binner, Kristina/Kubicek, Bettina/Rozwandowicz, Anja/Weber, Lena (Hg.) (2013): Die unternehmerische Hochschule aus der Perspektive der Geschlechterforschung. Zwischen Aufbruch und Beharrung, Münster: Westfälisches Dampfboot.

Both, Göde (2011): Agency und Geschlecht in Mensch/Maschine Konfigurationen am Beispiel von Virtual Personal Assistants, Diplomarbeit, Humboldt Universität zu Berlin, Mathematisch-Naturwissenschaftliche Fakultät II, Open-Access-Veröffentlichung der HU Berlin. http://edoc.hu-berlin.de/master/both-goede-2011-07-19/PDF/both.pdf vom 01.04.2015.

Both, Göde (2013): »Von Zwischenwesen und Nicht-Menschen. Ein Beitrag zur Geschlechterforschung in der Informatik«, in: FifF-Kommunikation, 3/01, S. 62-65.

Budde, Jürgen/Scholand, Barbara /Faulstich-Wieland, Hannelore (2008): Geschlechtergerechtigkeit in der Schule. Eine Studie zu Chancen, Blockaden und Perspektiven einer gender-sensiblen Schulkultur, Weinheim/München: Juventa.

Butler, Judith (1991): Das Unbehagen der Geschlechter, Frankfurt am Main: Suhrkamp.

Butler, Judith (2001): Psyche der Macht. Das Subjekt der Unterwerfung, Frankfurt am Main: Suhrkamp.

Butler, Judith (2014): »Epilog (deutsche Übersetzung: Elisabeth Schmidt)«, in: Bettina Kleiner/Nadine Rose (Hg.), (Re-)Produktion von Ungleichheiten im Schulalltag. Judith Butlers Konzept der Subjektivation in der erziehungswissenschaftlichen Forschung, Opladen, Berlin und Toronto: Barbara Budrich, S. 181–187.

Degele, Nina (2008): Gender/Queer Studies, Paderborn: Wilhelm Fink Verlag (UTB)

Ebeling, Smilla/Schmitz, Sigrid (Hg.) (2006): Geschlechterforschung und Naturwissenschaften. Einführung in ein komplexes Wechselspiel, Wiesbaden: Springer VS.

Finkenzeller, Angelika/Schreiber, Gerlinde/Wilkens, Ulrike (2014): »Workshop 2 – Gender und Diversity in der Hochschullehre. Dokumentation und Reflexion von Diversity-Erfahrungen mit (e) Portfolio«, in: Carmen Leicht-Scholten/Ulrike Schroeder (Hg.), Informatikkultur neu denken – Konzepte für Studium und Lehre. Integration von Gender und Diversity in MINT-Studiengängen, Wiesbaden: Springer Vieweg, S. 101-114.

Fritzsche, Bettina/Hartmann, Jutta/Schmidt, Andreas/Tervooren, Anja (Hg.) (2001): Dekonstruktive Pädagogik. Erziehungswissenschaftliche Debatten unter poststrukturalistischen Perspektiven, Opladen: Leske+ Budrich.

Gallenbacher, Jens (2012): Abenteuer Informatik. IT zum Anfassen – von Routenplaner bis Online-Banking, Berlin: Heidelberg Springer Spektrum.

Gesellschaft für Informatik e.V. (GI) (Hg.) (2006): Was ist Informatik? Unser Positionspapier, https://www.gi.de/fileadmin/redaktion/Download/was-ist-informatik-lang.pdf vom 01.04.2015.

Götsch, Monika (2014): Bilder von Informatik und Geschlecht: Was Informatik-studierende Wissen. in: Anja Zeising/Claude Draude/Heide Schelhowe/ Susanne Maaß (Hg.), Vielfalt der Informatik: Ein Beitrag zu Selbstverständnis und Außenwirkungen, Bremen: informattraktiv, S. 79-92.

Götschel, Helene (2011): »The Entanglement of Gender and Physics: Human Actors, Work place Cultures, and Knowledge Production«, in: Science Studies, Vol. 24/2011, No. 1, S. 66-80.

Götschel, Helene/Klenk, Florian Cristobal (im Erscheinen): »Biologisches Wissen im pädagogischen Geschlechterdiskurs«, in: Mechthild Koreuber/ Birthe Aßmann (Hg.), Das Geschlecht in der Biologie. Anregungen zu einem Perspektivwechsel, Baden-Baden: Nomos-Verlag.

Hagemann-White, Carol (2014): »›Meine Forschung ist durch und durch politisch.‹ Christine Riegel und Bianca Baßler im Gespräch mit Carol Hagemann-White«, in: Freiburger Zeitschrift für GeschlechterStudien 20, H. 1, S. 115–128.

Hartmann, Jutta (2002): Vielfältige Lebensweisen. Dynamisierungen in der Triade Geschlecht-Sexualität-Lebensform. Kritisch-dekonstruktive Perspektiven für die Pädagogik, Opladen: Leske + Budrich.

Hartmann Jutta (2013): »Bildung als kritisch-dekonstruktives Projekt. Pädagogische Ansprüche und queere Einsprüche«, in: Bettina Hünersdorf/ Jutta Hartmann (Hg.), Was ist Kritik und wozu betreiben wir Kritik in der

Sozialen Arbeit? Disziplinäre und interdisziplinäre Diskurse, Wiesbaden: Springer VS, S 255-280.

Helsper, Werner (2003): »Ungewissheit im Lehrerhandeln als Aufgabe der Lehrerbildung«, in: Werner Helsper/Reinhard Hörster/Jochen Kade (Hg.), Ungewissheit: Pädagogische Felder im Modernisierungsprozeß, Weilerswist: Velbrück Wissenschaft.

Hoffmann, Markus (2013): »Männlichkeiten und Sexualerziehung. Lösungsstrategien ambivalenter Unterrichtserwartungen«, in: Elke Kleinau/Dirk Schulz/Susanne Völker (Hg.), Gender in Bewegung. Aktuelle Spannungsfelder der Gender und Queer Studies, Bielefeld: Transcript.

Keller, Evelyn Fox (1995): »The Origin, History, and Politics of a Subject Called »Gender and Science« – A Person Account«, in: Sheila Jasanoff/Gerald E. Markle/James C. Petersen/Trevor J. Pinch (Hg.), Handbook of Science and Technology Studies, Thousand Oaks/London/New Dehli: Sage Publications, S. 80-94.

Klenk, Florian C. (2014): »Que(e)r durch die Fachkulturen. Perspektiven einer transdisziplinären Dekonstruktion von Geschlecht und Sexualität«, in: Friederike Schmidt/Anne C. Schondelmayer/Ute B. Schröder (Hg.), Selbstbestimmung und Anerkennung sexueller und geschlechtlicher Vielfalt. Lebenswirklichkeiten, Forschungsergebnisse und Bildungsbausteine, Wiesbaden: Springer VS, S. 287-302.

Klenk, Florian C./Zitzelsberger, Olga (2015): »Dekonstruktive Lehrer_innenbildung: Intervention durch Irritation«, in: Barbara Rendtorff/Birgit Riegraf/Claudia Mahs/Monika Schröttle (Hg.), Erkenntnis, Wissen, Intervention, Weinheim/Basel: Belzt-Juventa, S. 77-95.

Koller, Hans Christoph (2010): »Grundzüge einer Theorie transformatorischer Bildungsprozesse«, in: Andrea Liesner/Ingrid Lohmann (Hg.), Gesellschaftliche Bedingungen von Bildung und Erziehung. Eine Einführung, Stuttgart: Kohlhammer, S. 288-300.

Leicht-Scholten, Carmen/Schroeder, Ulrike (2014) (Hg.): Informatikkultur neu denken – Konzepte für Studium und Lehre. Integration von Gender und Diversity in MINT-Studiengängen, Wiesbaden: Springer Vieweg.

Maaß, Susanne/Wiesner, Heike (2006): »Programmieren, Mathe und ein bisschen Hardware... Wen lockt dies Bild der Informatik?«, in: Informatik Spektrum 29/02/2006, S. 125-132.

Maxim, Stephanie (2009): Wissen und Geschlecht. Zur Problematik der Reifizierung der Zweigeschlechtlichkeit in der feministischen Schulkritik, Bielefeld: Transcript.

Mecheril, Paul (2002): »»Kompetenzlosigkeitskompetenz.« Pädagogisches Handeln unter Einwanderungsbedingungen«, in: Georg Auernheimer (Hg.), Interkulturelle Kompetenz und pädagogische Professionalität, Opladen: Leske+Budrich.

Mecheril, Paul/Arens, Susanne/Fegter, Susann/Hoffarth, Britta/Klingler, Birte/ Machold, Claudia/Menz, Margarete/Plößer, Melanie/Rose, Nadine (Hg.) (2013) Differenz unter den Bedingungen von Differenz. Zu Spannungsverhältnissen universitärer Lehre, Wiesbaden: Springer VS.

Mellström, Ulf (2009): »The Intersection of Gender, Race and Cultural Boundaries, or Why Computer Science in Malaysia Dominated by Women?«, in: Social Studies of Science 39/6, S. 885-907.

Messerschmidt, Astrid (2013a): »Über Verschiedenheit verfügen? Heterogenität und Diversity zwischen Effizienz und Kritik«,in: Kleinau, Elke/Rendtorff, Barbara (Hg.): Differenz, Diversität und Heterogenität in erziehungswissenschaftlichen Diskursen, Opladen/Toronto: Barbara Budrich, S. 47-61.

Messerschmidt, Astrid (2013b): »Vorwort«, in: Julia Seyss-Inquart (Hg.), Schule vermitteln. Kritische Beiträge zur Pädagogischen Professionalisierung, Wien: Erhard Löcker, S. 9-21.

Rendtorff, Barbara (2014): »Heterogenität und Differenz. Über die Banalisierung von Begriffen und den Verlust ihrer Produktivität«, in: Hans Christoph Koller/Rita Casale/Norbert Ricken (Hg.), Heterogenität. Zur Konjunktur eines pädagogischen Konzepts, Paderborn: Schöningh, S. 115-130.

Rubin, Gayle S. (2003): »Sex denken: Anmerkungen zu einer radikalen Theorie der Politik«, in: Andreas Kraß (Hg.), Queer Denken, Frankfurt am Main: Suhrkamp, S. 31-79.

Schelhowe, Heidi (2014): »Männlichkeitsbilder in der Geschichte der Informatik«, in: Anja Zeising/Claude Draude /Heide Schelhowe/Susanne Maaß (Hg.), Vielfalt der Informatik: Ein Beitrag zu Selbstverständnis und Außenwirkungen, Bremen: informattraktiv, S. 63-76

Schiebinger, Londa (1999): Has Feminism Changed Science?, Cambridge/ London: Harvard University Press.

Schinzel, Britta (2004): Kulturunterschiede beim Frauenanteil im Informatik-Studium. (Teil I) http://mod.iig.uni-freiburg.de/cms/ fileadmin/publikationen/online-publikationen/Frauenanteil.Informatik .International.pdf vom 01.04.2015.

Schinzel, Britta (2012): »Geschlechtergerechte Informatik-Ausbildung an Universitäten«, in: Martia Kampfshoff/Claudia Wiepcke (Hg.), Handbuch Geschlechterforschung und Fachdidaktik, Wiesbaden: Springer VS, S. 331-344.

Schubert, Sigrid/Schwill, Andreas (2011): Didaktik der Informatik, 2. Auflage, Heidelberg: Spektrum Verlag.

Schulte, Carsten/Knobelsdorf, Maria (2010): »»Jungen können das eben besser‹ – Wie Computernutzungserfahrungen Vorstellungen über Informatik prägen«, in: Mechthild Koreuber (Hg.): Geschlechterforschung in Mathematik und Informatik. Eine (inter)disziplinäre Herausforderung, Baden-Baden: Nomos-Verlag, S.87-110.

Schütze, Barbara (2010): Neo-Essentialismus in der Gender-Debatte. Transsexualismus als Schattendiskurs pädagogischer Geschlechterforschung, Bielefeld: Transcript.

Sigusch, Volkmar (1991): »Die Transsexuellen und unser nosomorpher Blick. Teil 1: »Zur Enttotalisierung des Transsexualismus«, Teil 2: »Zur Entpathologisierung des Transsexualismus««, in: Zeitschrift für Sexualforschung 4, S. 255-256 / S. 309-342.

VDI-monitorING, Daten zu Arbeitsmarkt, Hochschule und Schule: http://www.vdi.de/wirtschaft-politik/arbeitsmarkt/monitoring-datenbank./#-hochschule vom 01.04.2015

Volmerg, Birgit/Creutz, Annemarie/Reinhardt, Margarethe/Eiselen, Tanja (1996): Ohne Jungs ganz anders? Geschlechterdifferenz und Lehrerrolle am Beispiel eines Schulversuchs, Bielefeld: KleineVerlag.

Walgenbach, Katharina (2007): »Gender als interdependente Kategorie«, in: Katharina Walgenbach/Gabriele Dietze/Antje Hornscheid/Kerstin Palm (Hg.), Gender als interdependente Kategorie. Neue Perspektiven auf Intersektionalität, Diversität und Heterogenität, Opladen/Farmington Hills: Barbara Budrich, S. 23-64.

West, Candace/Zimmermann, Don H. (1987): »Doing Gender«, in: Gender & Society, Vol. 1, No. 2. S.125-151.

Wetterer, Angelika. (2005): »Gleichstellungspolitik und Geschlechterwissen – Facetten schwieriger Vermittlung«, Vortragsmanuskript des Gender-KompetenzZentrums   www.genderkompetenz.info/veranstaltungs_ publikations_und_news_archiv/genderlectures/050214glhu.html   vom 01.04.2015.

Wetterer, Angelika (2010): »Konstruktion von Geschlecht. Reproduktionsweise der Zweigeschlechtlichkeit«, in: Ruth Becker/Beate Kortendiek (Hg.), Handbuch Frauen- und Geschlechterforschung. Theorie, Methoden, Empirie, 3. erweiterte und durchgesehene Auflage, Wiesbaden: Springer VS, S. 126-136.

Willems, Katharina (2007): Schulische Fachkulturen und Geschlecht. Physik und Deutsch – natürliche Gegenpole?, Bielefeld: Transcript.

Wing, Jeannette M. (2006): »Computational Thinking«, in: Communication of the acm, Vol 49, No3, S. 33-35.

Winkler, Christine (2014): »Das Projekt Gender-MINT – Verbesserung der Unterrichtsqualität in den MINT-Fächern. Professionalisierung als selbst-/reflexive Kompetenz«, in: Verona Eisenbraun/Siegfried Uhl (Hg.), Geschlecht und Vielfalt in Schule und Lehrerbildung, Münster/New York: Waxmann, S. 59-74.

Online Quellen

http://www.doppelme.com/create/register.asp vom 01.04.2015.

http://www.dimeb.de/informattraktiv.de vom 01.04.2015.

http://www.fembio.org vom 01.04.2015.

http://www.frauen-informatik-geschichte.de vom 01.04.2015.

http://life.uni-paderborn.de vom 01.04.2015

III. Weitere Praxisfelder

HIV/STI, Vulnerabilität und sexuelle Vielfalt

Epidemiologische Situation und Ansätze zur Förderung
sexueller Gesundheit in Schule und Jugendhilfe

Thomas Wilke, Stefan Timmermanns

1. EINLEITUNG

Für die sexuelle Gesundheit ist die Fähigkeit, sich mit der eigenen Sexualität auseinanderzusetzen und einen reflektierten Umgang mit ihr zu entwickeln, von großer Bedeutung. Wenngleich das Konzept der sexuellen Gesundheit der Weltgesundheitsorganisation (WHO 2010) im umfassenden Sinne weit mehr als die bloße Abwesenheit von sexuell übertragbaren Infektionen (sexually transmitted infections = STI) und weitere Aspekte wie z.b. sexuelle Zufriedenheit und Erfüllung umfasst, so machen STI doch einen wichtigen Teil sexueller Gesundheit aus. Sexuelle Bildung[1] in Schule und Jugendhilfe schafft eine wichtige Grundlage dafür, dass Jugendliche und junge Erwachsene ihre sexuellen Rechte und ihre Verantwortung kennen und Zugang zu Informationen, Beratung und Behandlung bezüglich sexueller Gesundheit erhalten. Vor diesem Hintergrund gibt der Artikel einen kurzen Überblick über die aktuellen Herausforderungen der HIV/STI-Prävention und bietet Ansatzpunkte für die pädagogische Praxis in Schule und Jugendhilfe an. Zunächst wird dafür die epidemiologische Situation von ausgewählten

---

[1] | Obwohl die Begriffe Sexualpädagogik, Sexualaufklärung, Sexualerziehung, Sexuelle Bildung häufig synonym verwendet werden, liegen ihnen unterschiedliche Haltungen und Definitionen zugrunde. Die Sexualpädagogik versteht sich als Aspektdisziplin der Erziehungswissenschaften. Unter Sexualaufklärung versteht man Informationen über Fakten menschlicher Sexualität, während Sexualerziehung die intendierte Einflussnahme auf die sexuelle Entwicklung von Kindern, Jugendlichen und Erwachsenen meint (vgl. Sielert 2013: 41). Sexuelle Bildung stellt die Selbstaneignung und Selbsttätigkeit der Zielgruppe in den Vordergrund (vgl. Schmauch 2011: 43).

STI in der jugendlichen Bevölkerung in Deutschland und Westeuropa dargestellt. Dann wird der Fokus wegen des starken Anstiegs der Neuinfektionen
bei HIV und Syphilis auf junge schwule und bisexuelle Männer gelegt und
mögliche Ursachen für die Anstiege in den letzten Jahren werden diskutiert.
Es wird verdeutlicht, dass die Chancen für sexuelle Gesundheit ungleich
verteilt sind. In der pädagogischen Praxis sollte nicht allein ein präventives
und verantwortungsvolles Handeln angestrebt werden, sondern es gilt auch
Stigmatisierung und sozialer Ausgrenzung sexuell gleichgeschlechtlich
Orientierter entgegenzuwirken. Es empfiehlt sich, die HIV/STI-Prävention
in die Sexuelle Bildung einzubetten. Deshalb wird ein kurzer Einblick in die
»Standards zur Sexualaufklärung« der Weltgesundheitsorganisation und der
Bundeszentrale für gesundheitliche Aufklärung gegeben. Am Schluss werden
ausgewählte Materialien für Schule und Jugendhilfe vorgestellt.

2. EPIDEMIOLOGISCHE SITUATION VON HIV UND WEITEREN STI

Unter den Begriff STI fallen fast 30 Infektionskrankheiten, die von Viren,
Bakterien, Pilzen oder Parasiten hervorgerufen und primär auf sexuellem
Wege übertragen werden. HIV ist neben Syphilis und Gonorrhö (ugs. Tripper)
die bekannteste. Gonorrhö und Chlamydien sind durch Antibiotika heilbar,
Syphilis wird in der Regel mit Penicillin behandelt. Auch gegen die sexuell übertragbaren Hepatitis B- und Humane Papilloma-Viren (HPV) gibt es mittlerweile Schutzimpfungen. Mögliche Folgen von unbemerkten und chronisch
verlaufenden STI sind u. a. Unfruchtbarkeit bei Mädchen bzw. Zeugungsunfä-
higkeit bei Jungen, lebensbedrohliche irreparable Schäden innerer Organe und
Krebs (vgl. DAH 2012).

   Die Beschreibung der epidemiologischen Situation in Bezug auf STI in
Deutschland ist schwierig, da seit 2001 keine Meldepflicht für die meisten
STI mehr gilt. Außer zu HIV und Syphilis existieren kaum oder gar keine
verlässlichen Daten bezüglich Neuinfektionen und Verbreitung. Aus den
Zahlen anderer europäischer Nachbarländer können jedoch Rückschlüsse für
Deutschland gezogen werden. Sexuell aktive Jugendliche sind im Allgemeinen
mit einem sehr hohen Risiko für STI konfrontiert. Die Gruppe der 15- bis
25-Jährigen weist in Europa die höchste Rate an STI auf. So entfallen beispielsweise 73% aller Chlamydien- und 43% aller Gonorrhö-Infektionen auf diese
Altersgruppe (vgl. ECDC 2013). In Schweden, Dänemark, Norwegen und Groß-
britannien wird davon ausgegangen, dass bei bis zu 10% der Jugendlichen eine
Chlamydien-Infektion vorliegt. Diese Zahlen werden von einer Berliner Studie
gestützt (vgl. Gille et al. 2011). Bei ca. 500 Mädchen unter 17 Jahren fiel jeder
zehnte Chlamydien-Test positiv aus. Des Weiteren kommen im Durchschnitt
vier Jahre nach dem ersten Sexualkontakt 60% aller Mädchen und jungen

Frauen in Berührung mit HPV. Die 20- bis 25-Jährigen stellen in Bezug auf Neuinfektionen und Verbreitung von HPV die am häufigsten betroffene Altersgruppe dar (vgl. DAH 2012). In der Allgemeinbevölkerung haben Mädchen und junge Frauen ein höheres STI-Risiko, insbesondere für Chlamydien und Gonorrhö und HPV (vgl. ECDC 2013, Miller/Ford 2004, Catallozzi/Auslander/Rosenthal 2013). Eine Nicht-Behandlung birgt bei ihnen zudem eine vergleichsweise größere Gefahr für schwere Folgeschäden. Unbehandelte Chlamydien- und Gonorrhö-Infektionen beispielsweise können zu Entzündungen des kleinen Beckens führen, bei denen entweder Gebärmutter, Eileiter oder Eierstöcke entweder allein oder in Kombination betroffen sein können und es in Folge zu Unfruchtbarkeit, Eileiterschwangerschaften und chronischen Schmerzen im Unterleib kommen kann (vgl. Westrom et al. 1992). Im Allgemeinen führen bei jüngeren Altersgruppen vor allem eine höhere Anzahl an Sexualpartner_innen[2] zu einer höheren Anzahl an Neuinfektionen bei HPV, Chlamydien und Genitalherpes (vgl. ECDC 2013, Catallozzi/Auslander/ Rosenthal 2013, von Rüden 2010, Fenton/Lowndes 2004).

Die allgemeine Gefährdung von Jugendlichen und jungen Erwachsenen bezüglich meldepflichtiger STI wie HIV und Syphilis wird hingegen als relativ gering bewertet. HIV und Syphilis sind in Deutschland und Westeuropa hauptsächlich in bestimmten Populationen verbreitet, insbesondere bei sich als schwul und bisexuell identifizierenden Männern. Heterosexuelle Männer, die Sex mit anderen Männern (MSM)[3] haben, tragen ein vergleichsweise geringeres Risiko (vgl. Everett 2013, Bochow et al. 2011). Betrachtet man die

---

2 | Die Verwendung des Unterstrichs bezeichnet den Versuch einer gendergerechten Sprache, die die Lücke in der soziokulturellen Konstruktion der heteronormativen Zweigeschlechtlichkeit sichtbar machen möchte (vgl. Herrmann 2008).

3 | Die Abkürzung MSM steht für Männer, die Sex mit Männern haben. Sie verweist darauf, dass es zwischen sexuellem Verhalten und sexueller Selbstdefinition eine Diskrepanz geben kann. Da gerade Homo- und Bisexuelle in relativen und absoluten Zahlen häufiger von STI betroffen sind (vgl. Everett 2013), verstehen wir unter diesem Begriff in erster Linie Männer, die sich selbst als schwul oder bisexuell bezeichnen. Sich als heterosexuell definierende MSM sind in den folgenden epidemiologischen Zahlen enthalten. Sie machen aber an der Gesamtzahl nur einen geringen Anteil aus. Die genaue Bestimmung des Anteils sich als heterosexuell definierender MSM an der Gesamtzahl MSM ist auf Grund der Stigmatisierung, Diskriminierung und Tabuisierung gleichgeschlechtlicher Sexualkontakte genauso unmöglich, wie die Bestimmung der sich als bi- oder homosexuell definierenden MSM an der Gesamtbevölkerung Deutschlands (vgl. Gagnon/Simon 1973, Plummer 1981, Bochow 1997). In einem von der Deutschen AIDS-Hilfe e.V. erhobenen Sample mit vergleichsweise hoher Fallzahl, die trotzdem keinen Anspruch auf Repräsentativität beansprucht, lag der Anteil der sich als schwul/homosexuell definierenden MSM bei ungefähr 76%. Ca. 17% definierten sich

Entwicklungen in den letzten 14 Jahren, so ist ein deutlicher Anstieg der Neuinfektionen bei Syphilis und HIV zu erkennen. Bei HIV beispielsweise ist die geschätzte Anzahl von HIV-Neuinfektionen im Zeitraum von 1999 bis 2013 von ca. 2.000 auf 3.200 gestiegen (vgl. RKI 2014a, b). Das entspricht einem Anstieg von ungefähr 60%. Der Anstieg konzentriert sich vor allem auf Männer, die Sex mit Männern haben. In der Gruppe MSM sind die 20- bis 29-Jährigen am stärksten betroffen. In den anderen Bevölkerungsgruppen ist die Anzahl an Neuinfektionen recht konstant geblieben (vgl. ebd.). Auch wenn diese Zahlen im internationalen Vergleich immer noch relativ niedrig sind, verdeutlichen diese Befunde die Notwendigkeit der HIV/STI-Prävention für alle Jugendlichen und jungen Erwachsenen; sie weisen jedoch auf einen besonderen Bedarf bei MSM hin.

3. INFEKTIONSDYNAMIK BEI JUNGEN MSM

Zum Verständnis der aktuellen HIV-Infektionsdynamik bei jungen MSM ist die Bedeutung der HIV-Therapie, der antiretroviralen Therapie (ART), und ihre Auswirkung auf die Bedrohungswahrnehmung von HIV sowie das Schutzverhalten von großer Bedeutung. Nach der Einführung der ART 1996 wandelte sich die Situation der von HIV Betroffenen grundlegend. Wenngleich eine Ansteckung nach wie vor schwerwiegende physische, psychosoziale und teilweise finanzielle Folgen für die Betroffenen haben kann, verbessert die Verfügbarkeit von wirksamen Medikamenten nicht nur die Lebensqualität, sondern erhöht auch die Lebenserwartung deutlich. In Folge dessen verändert sich auch die Wahrnehmung von HIV zunehmend hin zu einer relativ gut therapierbaren chronischen Krankheit. Diese stellt nunmehr - falls rechtzeitig diagnostiziert und behandelt - eine weitaus geringere gesundheitliche Bedrohung dar als früher. In der sozialwissenschaftlichen Präventionsforschung wird die Zunahme des sexuellen Risikoverhaltens im Zuge der geringeren Bedrohungswahrnehmung von HIV für die stärkere Verbreitung von HIV und STI verantwortlich gemacht (vgl. Langer 2009a, b, Rosenbrock 2002a, Wilke 2013). Die Abnahme eines konsistenten Kondomgebrauchs sowie die Zunahme fehleranfälliger anderer Risikominimierungsstrategien bei MSM korreliert zeitlich mit dem Anstieg von HIV und anderer sexuell übertragbarer Infektionen, wie Syphilis, Gonorrhö und Chlamydien sowie Ko-Infektionen (vgl. Langer 2009a, b, RKI 2014a). Unbehandelte STI erhöhen das Risiko sich mit anderen STI und HIV anzustecken um ein Vielfaches, da STI-Erreger

---

als bi- und ca. 1% als heterosexuell. 1% benutzten eine andere, 6% keine Bezeichnung (vgl. Bochow et al. 2011).

und das HI-Virus über die verletzten Schleimhäute leichter in den Körper eindringen können.

Einen wesentlichen Einfluss auf das Infektionsgeschehen bei MSM dürfte auch die veränderte HIV-Prävention selbst haben. In den letzten Jahren wurden die klassischen Strategien und Botschaften durch eine Reihe von neuen biomedizinischen Präventionsstrategien ergänzt. So gelten seit 2013 HIV-Positive unter wirksamer Therapie als nicht ansteckend (vgl. DAH 2013). Sexuelle Kontakte, bei denen das Übertragungsrisiko von HIV durch eine wirksame ART minimiert wird, werden als Safer Sex eingestuft. Die Übertragungswahrscheinlichkeit anderer STI verringert sich jedoch bei der neuen Strategie »Schutz durch Therapie« nicht. Vermutlich haben Diskussionen um diese Strategie, sowie um die Post- und Präexpositions-Prophylaxe[4], Verständnisprobleme und Unsicherheiten bezüglich der sexuellen Transmissionswahrscheinlichkeiten erzeugt (vgl. Langer 2009, Wilke 2013). MSM haben heute einen wesentlich größeren Entscheidungs- und Handlungsspielraum beim Schutz vor HIV als noch vor einigen Jahren (vgl. Langer 2009a, b). Die HIV-Prävention ist mit der Integration biomedizinischer Präventionsinstrumente erheblich komplexer und komplizierter geworden. Vor allem scheint es auch immer schwieriger, die Adressaten der Prävention für zielgruppenspezifische Informationen zu erreichen. Es gibt Hinweise, dass gerade die von HIV am stärksten gefährdete Gruppe, nämlich MSM mit niedrigem sozioökonomischen Status, am wenigsten von den neuen biomedizinischen Instrumenten profitiert und die gesundheitliche Ungleichheit zunimmt (vgl. Wilke 2013, Bochow 2011).

4. SEXUELLE GESUNDHEIT UND HIV-BEZOGENE VULNERABILITÄT

Die Chancen für sexuelle Gesundheit sind in Prozesse sozialer Ungleichheit eingebunden. Gesellschaftlich diskriminierte und marginalisierte Gruppen sind bedeutend stärker von HIV und STI betroffen (vgl. Lugar 1998, Johnson

---

4 | Die Postexpositions-Prophylaxe (PEP) bezeichnet die antiretrovirale Behandlung, die einer HIV-negativen Person *nach* einem HIV-Risikokontakt, die Präexpositions-Prophylaxe (PrEP) die antiretrovirale Behandlung, die einer Person *vor* einem HIV-Risikokontakt verabreicht werden kann. Damit wird das Ziel verfolgt das Infektionsrisiko zu verringern oder zu eliminieren. Bei der PEP muss die erste Einnahme der Medikamente bis spätestens 48 Stunden nach der HIV-Exposition erfolgen. Bei der PrEP erfolgt die Einnahme einen Tag vor, am Tag selber sowie einen Tag nach der HIV-Exposition. Nach derzeitigem Wissensstand senkt die PrEP bei täglicher Einnahme die HIV-Übertragungswahrscheinlichkeit bei MSM um 86% (vgl. DAH 2014).

et al. 2005). Neben dem Merkmal der sozialen Schicht sind die Gesundheits-chancen eng mit Kriterien wie Alter, Geschlecht, sexueller Orientierung, ethnischer Zugehörigkeit und Migrationsstatus verknüpft. Diese ent-scheiden allein oder in Kombination darüber, in welchem Ausmaß Personen und Gruppen von HIV/STI bedroht sind (vgl. ebd.; Bochow et al. 2011). Zu einem gewissen Grad reproduziert sich gesundheitliche Ungleichheit über Generationen innerhalb von sexuellen Netzwerken. Fast alle STI sind ver-stärkt dort vorzufinden, wo sie erstmalig auftraten (vgl. Johnson et al. 2005). So verbreitete sich HIV zunächst auf Grund der vielfältigen Diskriminierungs-erfahrungen bestimmter Gruppen in relativ geschlossenen soziokulturellen Milieus, sog. Communities. Die Wahrscheinlichkeit für Schwule und andere MSM bei einem sexuellen Kontakt in Deutschland mit HIV in Berührung zu kommen, liegt demnach um ein Vielfaches höher als für einen sich rein hetero-sexuell verhaltenden jungen Mann. Die Chancen auf sexuelle Gesundheit hängen also nicht nur von den individuellen Kompetenzen und dem sexuellem Verhalten der Hauptbetroffenengruppen ab, sondern auch von der Zugehörig-keit zu einem soziokulturellen Milieu.

Soziale Merkmale beeinflussen die Gesundheitschancen bei HIV zu-sätzlich, indem sie den sozialen Integrationsgrad von Personen und Gruppen entscheidend mitbestimmen. Soziale Ausgrenzung ist eng mit Vulnerabilität verknüpft:»People who are socially vulnerable and excluded quickly become vulnerable to HIV« (Cáceres et al. 2008: 46). Vulnerabilität bedeutet übersetzt so viel wie Verletz- oder Verwundbarkeit. Im Gesundheitsdiskurs wird der Begriff häufig verwendet, wenn bei Individuen oder sozialen Gruppen psycho-soziale Belastungen auftreten, für deren Bewältigung jedoch nicht genügend Ressourcen zur Verfügung stehen (vgl. Sander 2006 a, b). Anhaltender Stress und Probleme ergeben sich dabei nicht ausschließlich aufgrund struktureller Rahmungen wie Armut, Menschenrechtsverletzungen oder Kriminalisierung, sondern auch dadurch, dass Menschen im Alltag soziale Ausgrenzung und Stigmatisierung erfahren, z. B. weil sie einer (sexuellen) Minderheit angehören. Vulnerable Personen und Gruppen verfügen über eine geringere soziale Unter-stützung: gesellschaftliche Teilhabe und Teilnahme bleibt ihnen weitgehend verwehrt (vgl. ebd.). Die gesellschaftliche Ausgrenzung und Stigmatisierung von bestimmten Lebensweisen wirkt sich negativ auf die Möglichkeit aus, mit gesundheitlichen Risiken umzugehen. Der Zugang zu HIV/STI-bezogenen Informationen und Dienstleistungen wie Prävention, Beratung, Tests und Therapie wird erschwert. Weil die sozialen Verhältnisse das Produkt von Geschichte, Politik und Kultur sind und Verletzbarkeit erzeugen (vgl. Cáceres et al. 2008: 46), hat das Thema eine sozialpolitische Bedeutung. Die von HIV hauptsächlich betroffenen Gruppen weisen jeweils eine Reihe von spezifischen Vulnerabilitätsfaktoren auf (vgl. Sander 2006b, Lugar 1998). Im Folgenden soll verdeutlicht werden, warum junge MSM besonders vulnerabel sind.

Trotz gestiegener gesellschaftlicher Anerkennung gleichgeschlechtlicher Lebensweisen ist es für die meisten Jungen und jungen Männer in Deutschland immer noch nicht leicht und bisweilen schmerzhaft, wenn sie feststellen, dass sie sich zum gleichen Geschlecht hingezogen fühlen. Gerade diejenigen, die sich in ihrer näheren Umgebung nicht ausreichend unterstützt fühlen, erleben ihr ›Anderssein‹ oft als Problem (vgl. Hickson et al. 2003, Dodds et al. 2005). Vor allem in soziokulturellen Milieus, in denen traditionelle Männlichkeitsvorstellungen vorherrschen, stößt Homosexualität auf Ablehnung (vgl. Bochow 1998, 2000, Dodds et al. 2005). Bisexuelle und schwule Jugendliche werden nicht nur häufig von Peers, sondern auch in Familie, Freizeiteinrichtungen sowie Nachbarschaft ausgegrenzt und diskriminiert. Unter diesen Bedingungen ist es für sexuell gleichgeschlechtlich orientierte Männer häufig schwierig eine stabile Identität auszubilden (vgl. Dodds et al. 2005). Nicht selten führen Gewalterfahrungen, Vorurteile der Umwelt und internalisierte Homophobie dazu, dass junge MSM ihre Sexualität vor ihrer Umwelt verstecken (müssen). Die homophobe Einstellung ihres Umfeldes macht sie besonders anfällig für Depressionen, Substanzgebrauch, Suizidversuche und Suizid (vgl. Plöderl 2009, Safren 2010, King et. al 2003, D'Augelli et al. 2001). Die Suche nach sozialer Unterstützung und insbesondere die nach einem festen Partner, ist in einem Umfeld, das einem nicht wohl gesonnen oder sogar feindlich gegenübersteht, deutlich schwerer. Die ersten und auch spätere sexuelle Kontakte finden deshalb bei Jungen, die sich zum eigenen Geschlecht hingezogen fühlen, seltener in einem geschützten Umfeld, z. B. in festen Partnerschaften oder im Rahmen eines gemeinsamen Freundes- oder Bekanntenkreises, statt. Oftmals machen schwule und andere MSM in Folge von Diskriminierungserfahrungen unverbindliche Bekanntschaften, z. B. an Orten, an denen es zu flüchtigem und anonymem Sex kommt. Diese sexuellen Kontakte stellen für die Jugendlichen häufig die einzige Chance dar, ihre sexuelle Orientierung auszuleben und ihre Bedürfnisse nach Sexualität und sozialem Kontakt zu sexuell Gleichorientierten zu erfüllen. Gerade der oft heimliche Beginn des aktiven Sexuallebens und die ersten Erfahrungen bei der Partner- und Sexsuche im Internet oder an anderen Orten des flüchtigen und anonymen Sex, können auf Grund der fehlenden Unterstützung belastend für junge MSM sein. Hinzu kommt, dass in solchen Settings der Schutz vor STI erschwert wird. Hier bedarf es besonders unterstützender Begleitung und zielgruppenspezifischer Aufklärung. Sexuelle Bildung und der kompetente Umgang mit geschlechtlicher und sexueller Vielfalt in Schule und Jugendarbeit kann für alle Jugendlichen eine Entlastung darstellen und sich positiv auf die Einstellung des primären und sekundären Umfeldes auswirken. Erst auf dieser Grundlage kann HIV/STI-Prävention, Wissens- und Kompetenzvermittlung erfolgreich stattfinden.

Die Vulnerabilität einiger junger MSM zeigt, wie gerade nicht der Einzelne allein das Management gesundheitlicher Risiken und den Gesundheitsstatus prägt, sondern auch das soziale Umfeld und die Gesellschaft dazu einen wesentlichen Beitrag leisten. Entsprechend müssen Präventionsansätze zur Verhaltensänderung vulnerabler Personen und Gruppen dabei auch mit strukturellen Verhältnisänderungen, die präventives Verhalten für sie ermöglichen und fördern, einhergehen. Zeitgemäße HIV/STI-Prävention zielt einerseits auf eine Verringerung der HIV/STI-Exposition durch Risikomanagement und Verhaltensanpassung (Verhaltensprävention, siehe 5.2). Andererseits bekämpft sie aber auch gesellschaftliche Ausgrenzung, um diskriminierten und vulnerablen Gruppen einen zielgruppenspezifischen Zugang zu Information und Aufklärung zu schaffen (Verhältnisprävention, siehe 5.1). Sie beinhaltet zudem biomedizinische Präventionsinstrumente, wie zum Beispiel HIV/STI-Tests, um Infektionen früh zu erkennen und zu behandeln sowie die Übertragungswahrscheinlichkeit von HIV/STI zu verringern. Für eine erfolgreiche Förderung sexueller Gesundheit ist es von großer Bedeutung, dass die Praxis den spezifischen Lebenswelten und Lebensweisen der Adressaten angepasst ist. Sinnvollerweise erfolgt die HIV/STI-Prävention in einem breiteren thematischen Kontext, beispielsweise im Zusammenhang von allgemeiner Gesundheitsförderung oder Sexualaufklärung.

5. INHALTE UND ZIELE EINER HIV/STI-PRÄVENTION FÜR SCHULE UND JUGENDARBEIT

2011 wurden gemeinsam von der Weltgesundheitsorganisation (WHO) und der Bundeszentrale für gesundheitliche Aufklärung (BZgA) »Standards für die Sexualaufklärung« in Europa herausgegeben. Ihnen liegt ein ganzheitliches Verständnis von Sexualaufklärung zugrunde: neben kognitiven werden auch affektive und soziale Aspekte von Sexualität berücksichtigt. Eine ganzheitliche Sexualerziehung trägt zur Gesundheitsförderung und zum Wohlbefinden der Kinder und Jugendlichen bei. Zentral sind in der Sexualerziehung Geschlechtergerechtigkeit, Respekt und Verantwortung sowie eine auf den Menschenrechten basierende Anerkennung von Vielfalt. Sie vermittelt Werte und Haltungen in Bezug auf Sexualität (vgl. Winkelmann 2013: 791).[5] Sexualerziehung fördert die Achtung vor der Vielfalt und Verschiedenheit der Geschlechter sowie das Bewusstsein für sexuelle Identität

---

5 | Neben den Menschenrechten kann in diesem Zusammenhang auch auf die UN-Kinderrechtskonvention verwiesen werden, die in Art. 2 das Recht eines jeden Kindes auf Schutz vor Diskriminierung einräumt. Art. 19 sichert Informationsfreiheit zu und Art. 28 das Recht auf Bildung.

und Geschlechterrollen. Sie befähigt Menschen sich als sexuelle Wesen sowie die eigene Geschlechterrolle und sexuelle Identität zu entwickeln. Sie regt zur Reflexion über Sexualität und unterschiedliche Normen und Werte an. Zudem vermittelt sie wissenschaftlich fundierte Informationen zur Prävention von STI (vgl. WHO/BZgA 2011: 31). In einer tabellarischen Übersicht listen die Standards verschiedenste Themen auf. 9-12-Jährige sollen z. B. ein Risiko-bewusstsein für die Folgen ungeschützter sexueller Kontakte entwickeln (vgl. ebd.: 49). 12-15-Jährige erhalten Informationen über die Prävention von STI (inkl. HIV) und werden in die Lage versetzt, unangenehme oder unsichere Sexualkontakte abzulehnen oder zu beenden sowie Kondome und Verhütungs-mittel wirksam anzuwenden (vgl. ebd.: 51). Zudem wird über Themen wie Geschlechtsidentität, sexuelle Orientierung, Coming-out und Homosexualität informiert (vgl. ebd.: 50). Jugendliche ab 15 Jahren sollen unterstützt werden, unterschiedliche sexuelle Orientierungen und Identitäten anzuerkennen. In der Rubrik Beziehungen und Lebensstile geht es auch um Homo-, Bi- und Asexualität, sowie die Fähigkeit, unfaires, diskriminierendes Verhalten oder Ungleichbehandlung anzusprechen (vgl. ebd.: 53). Im Folgenden werden zentrale Inhalte und Haltungen einer zeitgemäßen HIV/STI-Prävention näher skizziert.

5.1. Verhältnisprävention: Schutz vor gesellschaftlicher Ausgrenzung und Diskriminierung sowie Anerkennung sexueller und geschlechtlicher Vielfalt

Wichtig ist für alle Jugendlichen Sozialisations- und Lebensbedingungen zu schaffen, in denen sie sicher vor Ausgrenzung und Abwertung sein können. Die Orientierung in der pädagogischen Praxis an Werten wie Anerkennung, Offenheit, Freiheit und Gleichberechtigung helfen einen angemessenen Umgang mit sexueller und geschlechtlicher Vielfalt zu praktizieren. Dabei sollte auch Erwähnung finden, dass Geschlecht und Sexualität nicht eindeutig sind. Es gibt mehr als zwei Geschlechter[6] und auch mehr Varianten sexueller Orientierung als Hetero-, Bi-, Homo- oder Asexualität.[7] Unterschiede zwischen Menschen wie beispielsweise in Bezug auf Geschlecht, sexuelle Orientierung oder den HIV-Status werden jedoch nicht immer positiv betrachtet.

---

6 | Ca. eine von 500 Personen wird intergeschlechtlich geboren (Pschyrembel 2006: 244). Zudem gibt es unterschiedliche Varianten von Intergeschlechtlichkeit. Die Vorsitzende des Vereins intersexuelle Menschen e.V. Lucie Veith spricht von 4000 bekannten Varianten geschlechtlicher Differenzierung (vgl. Veith 2014).

7 | Vgl. hierzu die Kinsey-Skala oder das Klein »sexualorientation grid« (vgl. Göth/Kohn 2014: 7ff).

Differenzen werden machtvoll benutzt, um Hierarchien zu etablieren, was zu Ein- und Ausschlüssen sowie zu erhöhter Vulnerabilität marginalisierter und diskriminierter Gruppen führt. Differenzschemata und Kategorisierungen können nicht immer vollständig vermieden werden, weil sie der Reduktion von Komplexität dienen und dadurch Kommunikation erleichtern. Sie sollten jedoch nicht absolut gesetzt werden, um Diskriminierung zu verhindern. Menschen sollten nicht gezwungen oder verführt werden, sich in diesen Schemata darzustellen. Stattdessen gilt es Neugierde und Offenheit für andere Lebensweisen und Identitäten zu entwickeln (vgl. Hartmann 2002: 270). Der Druck zu eindeutiger Positionierung kann gemildert und das Entweder-Oder-Prinzip bei Identitätsfragen entlarvt werden (vgl. ebd.: 174f). Es geht darum, Vielfältigkeit, Uneindeutigkeit und Irritationen, die das Leben mit sich bringt, zuzulassen, auszuhalten und damit umgehen zu lernen (vgl. ebd.: 275).

Um dem starren Denken in Kategorien etwas entgegenzusetzen, sind Haltungen wie Anerkennung und Respekt von Seiten der Lehrkräfte aber auch unter den Jugendlichen zentral. Sie sollten durch Werte wie gleiche Rechte und Solidarität ergänzt werden (vgl. Timmermanns 2015). Die Menschenrechte postulieren Freiheit und Selbstbestimmung. Diese sind Voraussetzung für Vielfalt, denn jede Person entscheidet selbst, wie sie sich identifiziert. In der (sexual-)pädagogischen Praxis könnte dies bedeuten, Menschen »eine Vielzahl an Möglichkeiten zur Verfügung zu stellen, sich geschlechtlich und sexuell zu begreifen und zu erleben« (Hartmann 2002: 122). Eine solche Selbstverortung verdient Respekt. Zum einen, weil die Anerkennung, dass der_die andere Geltung und die gleichen Rechte besitzt, eine essenzielle Grundlage unserer Demokratie ist. Zum anderen, weil Anerkennung zwischen gleichberechtigt Verschiedenen zentral für die Entwicklung von Identitäten, Selbstbewusstsein sowie für gelungene Bildungsprozesse ist. Die wichtigste Ressource für Bildung ist das Selbstwertgefühl. Denn ein Mensch, der sich selbst etwas zutraut und keine Angst vor Ausgrenzung und Diskriminierung hat, wird Lernfortschritte erzielen und auf seinen Körper sowie seine Gesundheit achten. Dieses Selbstbewusstsein speist sich aus Anerkennung der Gesellschaft, der Peers sowie der Familie. Es ist besonders wichtig für marginalisierte, diskriminierte und vulnerable Gruppen, denn bei ihnen muss das Selbstwertgefühl oft gestärkt bzw. erst aufgebaut werden. In der Schule sollten alle Jugendlichen sicher vor Ausgrenzung und Abwertung sein. Es empfiehlt sich daher den Schutz vor Diskriminierung in das Leitbild einer Schule aufzunehmen und dabei auch explizit sexuelle und geschlechtliche Vielfalt zu integrieren (vgl. MGSFF 2004).

5.2. Verhaltensprävention:
Risikomanagement und Verhaltensanpassung

Die Vermittlung von relevantem Wissen und Kompetenzen bezüglich der Übertragungs- und Schutzmöglichkeiten von HIV/STI ist wichtiger Bestandteil der Prävention, um die Anwendung von Safer-Sex-Regeln im Sinne eines gesundheitsfördernden Verhaltens zu erreichen. Beim biomedizinischen Grundlagenwissen sollten der Unterschied zwischen HIV und Aids, die Aufgaben des Immunsystems im menschlichen Körper, die Auswirkungen einer Ansteckung mit HIV auf das menschliche Immunsystem und der Krankheitsverlauf, sowohl unter Einnahme als auch ohne Einnahme der ART, thematisiert werden. Wichtig zu wissen ist auch, unter welchen Bedingungen es zu einer HIV-Übertragung kommen kann. Hier ist vor ist allem der Kontakt einer infektiösen Körperflüssigkeit (Blut, Sperma, Scheidenflüssigkeit und Muttermilch) mit ausreichender Viruskonzentration[8] und einer Eintrittspforte zu nennen (offene Wunden oder Schleimhäute im After, in der Scheide, am Penis, am Auge, etc.). Um Infektionsängste zu nehmen, gilt es herauszuarbeiten, dass HIV-Infektionen primär bei sexuellen Aktivitäten (Vaginal-, Anal- und Oralverkehr) und in Situationen stattfinden, bei denen es zu einem Blutaustausch kommt (z. B. Geburt, gemeinsame Benutzung von Spritzbesteck bei intravenösem Drogenkonsum), während es in Alltagssituationen (z. B. bei der Benutzung von Geschirr, Toiletten, sanitären Anlagen, beim Küssen) zu keiner Übertragung kommen kann. Die Erkenntnis, dass bei einem sexuellen Kontakt, bei dem eine HIV-positive Person unter wirksamer Therapie steht, HIV nicht übertragen wird (vgl. DAH 2015), ist ein komplexer medizinischer Sachverhalt, dessen Vermittlung aber lohnenswert ist. Diese Information schafft die Grundlage für ein selbstbestimmtes Verhalten und wirkt sich vor allem auf HIV-Positive unter wirksamer Therapie stark entlastend aus – sie beugt Ausgrenzung und Stigmatisierung vor. Da dieses Präventionsinstrument stark auf gegenseitigem Vertrauen und Kommunikation aufbaut, entscheiden beide Personen gleichberechtigt, ob sie unter diesen Umständen auf Kondome verzichten wollen. Sobald eine Person sich durch die Verwendung eines Kondoms sicherer fühlt, sollte darauf Rücksicht genommen werden.

Des Weiteren sollten auch die einzelnen Symptomatiken, Testmöglichkeiten, Behandlungen und potentielle Folgen unbehandelter STI thematisiert werden (insbesondere bei Syphilis, Chlamydien, Gonorrhö und HPV). Besonders hervorzuheben ist das erhöhte Übertragungsrisiko für HIV und

---

8 | Die ART hat einen entscheidenden Einfluss auf die Übertragungswahrscheinlichkeit von HIV. Bei HIV-Positiven unter wirksamer Therapie sind HI-Viren in den infektiösen Körperflüssigkeiten nicht mehr nachweisbar. Eine HIV-Übertragung findet unter diesem Umstand mit sehr hoher Wahrscheinlichkeit nicht statt (vgl. DAH 2015).

STI bei einer bereits bestehenden sexuell übertragbaren Infektion. Auch auf die Möglichkeit von Impfungen gegen HPV und Hepatitis B kann in diesem Zusammenhang hingewiesen werden.

Wichtigstes Mittel in der HIV/STI-Prävention, vor allem bei anonymen sexuellen Kontakten, stellt nach wie vor das Kondom dar, das als einziges Verhütungsmittel vor einer ungewollten Schwangerschaft und HIV schützt sowie gleichzeitig die Übertragungswahrscheinlichkeit anderer STI deutlich senkt. Die korrekte Anwendung eines Kondoms wird vermittelt, um Fehlern und Verhütungspannen vorzubeugen. Schwierigkeiten existieren beim Überrollen des Kondoms, aber auch die Größe, das Reißen des Materials, zu große Trockenheit und das Abrutschen bereiten Jugendlichen Probleme (vgl. BZgA 2010: 177f). Ferner erscheint es im Sinne der Prävention sinnvoll, auf die Benutzung von dickwandigen Kondomen und Gleitmitteln für den Analverkehr hinzuweisen sowie auf Latextücher beim vaginalen Oralverkehr.

5.3. Biomedizinische Präventionsinstrumente

Zu den biomedizinischen Präventionsinstrumenten zählen zum einen HIV/STI-Tests, die Wissen darüber vermitteln, ob eine Person sich mit dem HI-Virus oder anderen STI angesteckt hat, Impfungen sowie die ART. Jugendliche sollten darüber informiert werden, dass nach einem Risikokontakt zur Einschätzung des Risikos eine Beratung in Anspruch genommen werden kann (z.B. in Aidshilfen oder Gesundheitsämtern). Eine PEP kann eine HIV-Infektion verhindern. Vor allem der freiwillige und anonyme HIV-Test ist ein wesentlicher Baustein in der Prävention. Spätdiagnosen und damit der zu späte Therapiebeginn haben einen negativen Einfluss auf den Krankheitsverlauf und erhöhen die Sterblichkeit deutlich (vgl. Chadborn et al. 2005, Weatherburn et al. 1999). Bei STI kann die rechtzeitige Behandlung Folgeschäden und einen chronischen Verlauf verhindern. Wichtig ist zu vermitteln, dass HIV/STI-Tests Klarheit schaffen können, ob es auf Grund eines Risikokontakts in der Vergangenheit zu einer Infektion kam. Testergebnisse können bei der Entscheidung helfen, ob ggf. auf Kondome verzichtet werden kann. Wichtig zu wissen ist es, dass die HIV-Antikörpertests keinen direkten Virusnachweis liefern, sondern lediglich HIV-Antikörper im Blut nachweisen. Diese Tests haben somit den Nachteil, dass ihre Durchführung frühestens anderthalb Monate nach einem Risikokontakt Aussagekraft besitzt, weil spätestens dann Antikörper festgestellt werden können. Fast alle Gesundheitsämter und Aidshilfen bieten für Menschen mit geringem oder gar keinem Einkommen einen kostenlosen und anonymen HIV-Test inklusive Beratung an, teilweise auch Screenings für Chlamydien und Gonorrhö. Bis 25 Jahre können sich Mädchen und junge Frauen jährlich beim Frauenarzt auf Chlamydien testen lassen. Gegen bestimmte HPV-Hochrisikotypen, die für die Entstehung von Gebärmutterhalskrebs (Typen 16, 18) und Feigwarzen (Typen 6, 11) verantwortlich sind, gibt es mittlerweile für Mädchen eine wirksame Kombinationsimpfung. Die Ständige Impfkommission des Robert-Koch-Institutes empfiehlt die Impfung von Mädchen vor dem ersten Sexualkontakt durchzuführen (zwischen 9 und 14 Jahren). Die Impfung kann ggf. bis zum 18. Lebensjahr nachgeholt werden (vgl. RKI 2014c). Auch gegen Hepatitis B kann man sich bis zum 18. Lebensjahr kostenlos impfen lassen. Alle Kosten für Impfungen, die von der Ständigen Impfkommission empfohlen werden, werden von den gesetzlichen Krankenkassen übernommen.

6. MATERIALIEN

Die BZgA bietet methodische und didaktische Hilfestellung für Lehrpersonen an (www.gib-aids-keine-chance.de, www.schule.loveline.de). Es gibt dort auch kostenlose Broschüren und Leporellos mit vertiefenden Informationen für Jugendliche (www.bzga.de/infomaterialien/hiv-sti-praevention) sowie Informationen im Internet für die Allgemeinbevölkerung (www.machsmit. de, www.loveline.de) und für spezielle Zielgruppen (www.aidshilfe.de). Zur Umsetzung der sexual- und gesundheitspädagogischen Praxis können zudem die nachfolgenden Handreichungen oder Bücher hilfreich sein. Die Berliner Aids-Hilfe e.V. (2015) hat ein Handbuch herausgegeben, das aktuelle fachliche Informationen über HIV/Aids und sexuell übertragbare Infektionen enthält und diese methodisch für die Prävention mit Jugendlichen aufbereitet (www. berlin-aidshilfe.de/angebote/youthwork/handbuch). Auf einer Internetseite können Unterrichtsmaterialien heruntergeladen werden. Das »iPäd« der Berliner Initiative Intersektionale Pädagogik will für die Vielfalt sexueller und geschlechtlicher Orientierungen und Identitäten sensibilisieren und bietet mit verschiedenen Methoden einen allgemeinen Zugang zu diesem Thema (Intersektionale Pädagogik o.J.). Aus der Tradition der kritisch-reflexiven Sexualpädagogik stammt das Buch »Sexualpädagogik der Vielfalt«, in dem eine Vielzahl von Methoden zu den Themenfeldern Vielfalt, Identitäten, Körper, Beziehung und Prävention zusammengestellt wurde (vgl. Tuider et al. 2012). Zudem stellt die Handreichung »Jetzt erst Recht« eine menschenrechtsbasierte Sexualpädagogik mit Praxisbeispielen vor (vgl. pro familia 2012).

7. LITERATUR

Berliner Aids-Hilfe e.V. (Hg.) (2015): Handbuch HIV/STI-Prävention mit Jugendlichen und jungen Erwachsenen, Berlin: Berliner Aids-Hilfe e.V. (im Erscheinen), online: www.berlin-aidshilfe.de.

Bochow, M. (1997): Informationsstand und präventive Vorkehrungen im Hinblick auf AIDS bei homosexuellen Männern der Unterschicht. Expertise im Austrag des Bundesministeriums für Gesundheit (= AIDS Forum, Band 26), Berlin: DAH.

Bochow, M. (1998): »Schichtspezifische Vulnerabilität im Hinblick auf HIV/AIDS. Eine empirische Studie zur besonderen Gefährdung homosexueller Männer aus der Unterschicht«, in: Zeitschrift für Sexualforschung 11 (4), S. 327-345.

Bochow, M. (2000): Das kürzere Ende des Regenbogens. HIV-Infektionsrisiken und soziale Ungleichheit bei schwulen Männern, Berlin: Edition Sigma.

Bochow, M./Schmidt, A.J./Grote, S. (2011): Schwule Männer und HIV/Aids: Lebensstile, Szene, Sex 2007 (= AIDS Forum, Band 60), Berlin: DAH.

Bundeszentrale für gesundheitliche Aufklärung (BZgA) (Hg.) (2010): Jugendsexualität. Wiederholungsbefragung von 14- bis 17-Jährigen und ihren Eltern, Köln: BZgA.

Bundeszentrale für gesundheitliche Aufklärung/Deutsche AIDS-Hilfe e.V. (BZgA/DAH) (Hg.) (2010): HIV/Aids von A-Z. Heutiger Wissensstand, online: www.aidshilfe.de (Abruf 24.3.2015).

Cáceres, C./Galea, J./Aggleton, P. (2008): »Sexual Diversity, Social Inclusion and HIV/AIDS«, in: AIDS 22 (2), S. S45-S55.

Catallozzi, M./Auslander, B.A./Rosenthal, S.L. (2013): »Contextual Factors Associated with Sexually Transmitted Infections«, in: Stanberry, L./Rosenthal, D. (Hg.), Sexually Transmitted Diseases, Amsterdam: Elsevier, S. 113-132.

Chadborn, T.R./Baster, K./Delpech, V.C./Sabin, C.A. et al. (2005): »No time to wait: how many HIV-infected homosexual men are diagnosed late and consequently die? (England and Wales, 1993-2002)«, in: AIDS. Official Journal of the International Aids Society 19 (5), S. 513-520.

Cochran, S.D./Ackerman, D./Mays V.M. (2004): »Prevalence of non-medical drug use and dependence among homosexually active men and women in the US population«, in: Addiction 99, S. 989-998.

Cochran S.D./Sullivan J.G./Mays V.M. (2003): »Prevalence of mental disorders, psychological distress, and mental health services use among Lesbian, Gay, and Bisexual adults in the United States«, in: Journal of Consulting and Clinical Psychology 71 (1), S. 53-61.

Dannecker, M. (1991): Homosexuelle Männer und Aids. Eine sexualwissenschaftliche Studie zu Sexualverhalten und Lebensstil, Stuttgart: Verlag W. Kohlhammer.

D'Augelli, A.R./Grossman, A.H. (2001): »Disclosure of sexual orientation, victimization, and mental health among Lesbian, Gay, and Bisexual older adults«, in: Journal of Interpersonal Violence 16 (10), S. 1008-1027.

Deutsche AIDS-Hilfe e.V. (DAH) (2012): Sexuell übertragbare Infektionen, online: www.aidshilfe.de (Abruf: 25.3.2015).

Deutsche AIDS-Hilfe e.V. (DAH) (2013): Schutz durch Therapie ist Safer Sex. Positionspapier, online: www.aidshilfe.de (Abruf: 29.3.2015).

Deutsche AIDS-Hilfe e.V. (DAH) (2014): PROUD: HIV-Prä-Expositions-Prophylaxe reduziert HIV-Risiko um 86 Prozent, online: www.aidshilfe.de.

Deutsche AIDS-Hilfe e.V. (DAH) (2015): Schutz durch Therapie, online: www.aidshilfe.de (Abruf 22.3.2015).

Dodds, C./Keogh, P./Hickson, F. (2005): It makes me sick. Heterosexism, Homophobia and Health of Gay Men and Bisexual Men, London: Sigma Research.

European Centre Disease Control (2013): Sexual Transmitted Infections in Europe 2011. Surveillance Report, online: www.ecdc.europa.eu (Abruf 4.3.2015).

Everett, B.G. (2013): »Sexual Orientation Disparities in Sexually Transmitted Infections: Examining the Intersection Between Sexual Identity and Sexual Behavior«, in: Archives of Sexual Behavior 42 (2), S. 225-236.

Fenton, K.A./Lowndes, C.M. (2004): »The European Surveillance of Sexually Transmitted Infections (ESSTI) Network: Recent Trends in the epidemiology of Sexually Transmitted Infections in the European Union«, in: Sexually Transmitted Infections 80 (4), S. 255-263.

Gagnon, J. H., Simon, W. (2005): Sexual conduct: the social sources of human sexuality (2nd ed). New York: AldineTransaction.

Gille, G./Meyer, T./Mylonas, I./Straube, E. (2011): Chlamydia-Trachomatis-Screening. Erfolgreiche Umsetzung steht noch aus, in: Deutsches Ärzteblatt 108 (6), 262-264, online: www.aerzteblatt.de (Abruf 25.3.2015).

Göth, M./Kohn, R. (2014): Sexuelle Orientierung in Psychotherapie und Beratung, Berlin: Springer.

Hartmann, J. (2002): Vielfältige Lebensweisen. Dynamisierungen in der Triade Geschlecht - Sexualität - Lebensform. Kritisch-dekonstruktive Perspektiven für die Pädagogik, Opladen: Leske + Budrich.

Herrmann, S.K. (2007): Performing the gap – Queere Gestalten und geschlechtliche Aneignung, in: A.G.GENDER-KILLER (Hg.), Das gute Leben. Linke Perspektiven auf einen besseren Alltag, Münster: Unrast, S. 195-203.

Hickson, F./Weatherburn, P./Reid, D./Stephens, M. (2003): Out and about: findings from the United Kingdom Gay Men`s Sex Survey, London: Sigma Research.

Initiative Intersektionale Pädagogik (Hg.) (o.J.): iPäd. Handreichung für Sozial-arbeiter_innen, Erzieher_innen, Lehrkräfte und solche, die es werden wollen. Ein Beitrag zu inklusiver pädagogischer Praxis, vorurteilsbewusster Bildung und Erziehung, online: www.ipaed.blogsport.de (Abruf 23.3.2015).

Johnson, A.M./ Mercer, C.H./Cassell, J.A. (2005): »Social determinants, sexual behaviour and sexual health«, in: Marmot, M./Wilkinson, R.G., (Hg.), Social determinants of health, Oxford University Press: Oxford, S. 318-340.

King, M./McKeown, E./Warner, J./Ramsay, A. et al. (2003): »Mental Health and quality of life of gay men and lesbians in England and Wales. Controlled, cross-sectional study«, in: British Journal of Psychiatry 183, S. 552-558.

Langer, P.C. (2009a): Beschädigte Identität. Dynamiken des sexuellen Risiko-verhaltens schwuler und bisexueller Männer, Wiesbaden: VS Verlag.

Langer, P.C. (2009b): Sieben Thesen zur strukturellen Prävention, in: Drewes, J./Sweers, H. (Hg.) (2010): Strukturelle Prävention und Gesundheits-förderung im Kontext von HIV (= AIDS Forum, Band. 57), Berlin: DAH, S. 321-348.

Lugar, L. (1998): HIV/AIDS prevention and class and socio-economic factors of risk of HIV infection, Berlin: Wissenschaftszentrum Berlin für Sozial-forschung.

Meyer, I.H. (1995): »Minority Stress and Mental Health of Gay Men«, in: Journal of Health and Social Behavior 36, S. 38-56.

Mielck, A. (2000): Soziale Ungleichheit und Gesundheit. Empirische Ergebnisse, Erklärungsansätze, Interventionsmöglichkeiten, Bern: Huber.

Mielck, A. (2005): Soziale Ungleichheit und Gesundheit. Einführung in die aktuelle Diskussion, Bern: Huber.

Miller, W.C., Ford, C.A. (2004): »Prevalence of chlamydial and gonococcal infections among young adults in the United States«, in: JAMA 291, S. 2229-2236.

Ministerium für Gesundheit, Soziales, Frauen und Familie des Landes NRW (MGSFF) (Hg.) (2004): Mit Vielfalt umgehen. Sexuelle Orientierung und Diversity in Erziehung und Beratung, Düsseldorf: MGSFF, online: www.broschueren.nordrheinwestfalendirekt.de (Abruf: 23.3.2015).

Plummer, K. (Hg.) (1981): The making of the modern homosexual. New York: Totowa.

pro familia Bundesverband (Hg.) (2012): Jetzt erst Recht. Eine Handreichung. Menschenrechtsbasierte Sexualpädagogik mit Jugendlichen. Mit drei Praxisbeispielen, online: www.profamilia.de (Abruf 23.3.2015).

Pschyrembel (2006): Wörterbuch Sexualität, bearbeitet von Dressler, S./Zink, C., Berlin: Walter de Gruyter.

Robert-Koch-Institut (RKI) (Hg.) (2014a): »Schätzung der Prävalenz und Inzidenz von HIV-Infektionen in Deutschland (Ende 2013)«, in: Epidemiologisches Bulletin 44, S. 429-440.

Robert-Koch-Institut (RKI) (Hg.) (2014b): »Syphilis in Deutschland 2013«, in: Epidemiologisches Bulletin 50, S. 485-496.

Robert-Koch-Institut (RKI) (Hrsg.) (2014c): »Empfehlungen der Ständigen Impfkommission (STIKO) am Robert-Koch-Institut/Stand: August 2014«, in: Epidemiologisches Bulletin 34, S. 305-340.

Rosenbrock, R. (2002a): »Ein Grundriss wirksamer Aids-Prävention«, in: Rosenbrock, R./ Schaeffer, D. (Hg.), Die Normalisierung von Aids. Politik – Prävention – Krankenversorgung, Berlin: edition sigma, S. 71-82.

Rosenbrock, R./Schaeffer, D./Moers, M./Dubois-Arber, F. et al. (2002b): »Die Normalisierung von Aids in Westeuropa«, in: Rosenbrock, R., Schaeffer, D. (Hg.), Die Normalisierung von Aids. Politik – Prävention – Krankenversorgung. Berlin: edition sigma, S. 11-70.

Safren, S.A./Reisner, S.L. et al. (2010): »Mental Health and HIV Risk in Men Who Have Sex with Men«, in: Journal of Acquired Immune Deficency Syndrome 55 (2), S. 74-77.

Sander, D. (2006a): Man kann's therapieren, aber man wird's nie wieder los. Kontexte von HIV-Infektionen bei jüngeren schwulen Männern in Deutschland. Eine qualitativ-empirische Erhebung (= AIDS-Forum, Band 50), Berlin: DAH.

Sander, D. (2006b): »Vulnerabilitätsfaktoren‹ im Kontext von HIV«, in: Drewes, J./Sweers, H. (Hg.) (2010): Strukturelle Prävention und Gesundheitsförderung im Kontext von HIV (= AIDS-Forum, Band 57), Berlin: DAH, S. 95-112.

Schmauch, U. (2011): »Körperlichkeit und Sexualität in der Sozialen Arbeit«, in: Fachbereich Soziale Arbeit und Gesundheit der Fachhochschule Frankfurt am Main (Hg.), Grenzverletzungen. Institutionelle Mittäterschaft in Einrichtungen der Sozialen Arbeit, Fachhochschulverlag: Frankfurt am Main, S. 35-50.

Sielert, U. (2013): »Sexualpädagogik und Sexualerziehung in Theorie und Praxis«, in: Schmidt, R.-B., Sielert, U. (Hg.), Handbuch Sexualpädagogik und Sexuelle Bildung, Weinheim: Beltz Juventa, S. 41-54.

Timmermanns, S. (im Erscheinen): »Vielfalt erwächst aus Freiheit. Zur theoretischen Verortung einer Sexualpädagogik der Vielfalt«, in: Henningsen, A./Tuider, E./Timmermanns, S. (Hg.), Sexualpädagogik kontrovers, Weinheim: Beltz Juventa.

Tuider, E./Müller, M./Timmermanns, S. et al. (2012): Sexualpädagogik der Vielfalt. Praxismethoden zu Identitäten, Beziehungen, Körper und Prävention für Schule und Jugendarbeit, Weinheim: Beltz Juventa.

Veith, L. (2014): Tischrede zur Eröffnung des Studienzentrums für Genderfragen und Theologie vom 7. 4. 2014, online: www.ekd.de (Abruf: 16.3.2015).

Von Rüden, U. (2010): »Kondomnutzung als Schutz vor HIV/Aids und anderen sexuell übertragbaren Infektionen (STI) bei Jugendlichen in Deutschland«, in: FORUM Sexualaufklärung und Familienplanung 2, S. 10-14.

Weatherburn, P./Davies, P./Hickson, F. et al. (1999): A Class Apart. The Social Stratification of HIV Infection among Homosexually Active Men, London: Sigma Research.

Weström, L./Joesoef, R./Reynolds, G. et al. (1992): Pelvic Inflammatory Disease and Fertility: A Cohort Study of 1,844 Women with Laparoscopically Verified Disease and 657 Control Women with Normal Laparoscopic Results, in: Sexually Transmitted Diseases 19 (4), S. 185-192.

WHO-Regionalbüro Europa, BZgA (Hg.) (2011): Standards für die Sexual-aufklärung in Europa. Rahmenkonzept für politische Entscheidungs-träger, Bildungseinrichtungen, Gesundheitsbehörden, Expertinnen und Experten. Köln: BZgA, online: www.bzga.de (Abruf 23.3.2015).

World Health Organization (WHO) (Hg.) (2010): Developing sexual health programmes. A framework for action, online: www.who.int/en.

Wilke, T. (2013): »Der Einfluss von Bildung auf HIV-Risikoverhalten und die Gesundheit von Männern, die Sex mit Männern haben. Ein Beitrag zur Beschreibung der gesundheitlichen Ungleichheit«, in: Langer, P.C. (Hg.), Schriftenreihe der soziologischen Sozialpsychologie (3), online: www.fb03. uni-frankfurt.de (Abruf: 30.3.2015).

Winkelmann, C. (2013): »Standards für die Sexualaufklärung in Europa«, in: Schmidt, R.-B./ Sielert, U. (Hg.), Handbuch Sexualpädagogik und Sexuelle Bildung, Weinheim: Beltz Juventa, S. 787-796.

Konstruktiv Dekonstruktiv

Ansätze einer *queeren* Bildungsarbeit

Ammo Recla & Cai Schmitz-Weicht

Wie können Ansätze *queerer* Bildungsarbeit aussehen? Hat das etwas mit Schwulen und Lesben zu tun? Mit Dekonstruktion? Kann denn aus einer dekonstruktiven Weltsicht eine konstruktive Bildungsarbeit erwachsen? Und wie geht das praktisch, ohne dass Pädagog_innen mit einem entnervten »Was denn noch alles?« das Handtuch werfen?

Diese Fragen sollen hier aus der Perspektive und Erfahrung des Berliner Bildungsträgers ABqueer e.V. erörtert und soweit wie möglich auch beantwortet werden.

ABqueer ist ein Berliner Verein, der seit 2005 *queere* Bildungsarbeit anbietet, weiterentwickelt und immer wieder kritisch hinterfragt. Wir führen Bildungsveranstaltungen zu Geschlecht und Sexualität durch, mit Schwerpunkt lesbische, schwule, bisexuelle, transgeschlechtliche, intergeschlechtliche und *queere* (kurz: lgbtiq[1]) Lebensweisen. In einem unserer Projekte, dem *Aufklärungsprojekt*, arbeiten junge lgbtiq Freiwillige mit Schüler_innen[2]. *Teach out*, ein anderes unserer Projekte, bietet Fortbildungen und Beratungen für Lehrer_innen, Referendar_innen und andere Pädagog_innen an. Das *Aufklärungsprojekt* wird oft eingeladen, wenn es in Schulen oder Jugendprojekten konkrete Probleme gibt. Dann heißt es zum Beispiel: »Erklären Sie denen mal was zu Schwulen und Lesben, damit die nicht immer schwule Sau sagen und

---

1 | Lgbtiq ist die internationale Abkürzung für »lesbisch, schwul (engl. gay), bisexuell, transgeschlechtlich, intergeschlechtlich und queer«. Lgbtiq Personen machen unterschiedliche Diskriminierungserfahrungen. Sie werden jedoch oft zusammen genannt, weil alle diese Lebensweisen der gesellschaftlichen Norm widersprechen, nach der es nur zwei Geschlechter gibt, die sich jeweils gegenseitig begehren.

2 | Für die Darstellung verschiedener Geschlechter verwenden wir den Gender_Gap. Der Unterstrich steht für alle Geschlechter und Geschlechtsidentitäten, er stellt einen Zwischenraum grafisch dar, der über die Polarität Frau-Mann hinausgeht und Menschen einschließt, die sich in diesem Schema nicht wiederfinden (vgl. Herrmann 2003).

aufhören, den Tobias zu mobben.« Das sind wichtige und aktuell brennende Themen, die sichtbar machen, welcher alltäglichen Gewalt *Queerness*[3] in unserer Gesellschaft gegenüber steht. Das, was wir unter *queerer* Bildungs-arbeit verstehen, geht jedoch über diese konkreten Anlässe hinaus. Daraus ergibt sich ein Spannungsfeld zwischen *queerer* Theoriebildung, unseren eigenen Ansprüchen und den Gegebenheiten der Praxis. Denn während *queer* beispielsweise auch die Begriffe schwul und lesbisch als Identitäten in Frage stellt, müssen sie im Klassenzimmer mitunter erst einmal hergestellt und verteidigt werden. Der vorliegende Text zeichnet dieses Spannungsfeld nach, indem er zunächst Grundlagen und Hintergründe *queerer* Theoriebildung erläutert, daraus Ziele und Ansätze einer *queeren* Bildungsarbeit ableitet und diese dann wieder zu den aktuellen Rahmenbedingungen ins Verhältnis setzt.

1. WAS HEISST EIGENTLICH *QUEER*?

Queer wird heute in Deutschland oft als Sammelbezeichnung für »lesbisch, bisexuell, schwul, trans*, inter* und mehr«, manchmal auch als Selbst-bezeichnung verwendet. Für unseren Entwurf einer *queeren* Bildungsarbeit beziehen wir uns jedoch auf die Bedeutungen, die der Begriff im Rahmen *queerer* Bewegung und Theoriebildung in den 1980er und 90er Jahren in den USA angenommen hat und die seit den 90er Jahren auch in Deutschland auf-gegriffen wurden.

Das Wort »*queer*« bedeutet im Englischen soviel wie seltsam, sonderbar, verdächtig, verrückt; etwas verderben oder jemanden irreführen. Zugleich dient es als eines der stärksten Schimpfworte für lgbtiq Personen und ließe sich in diesem Sinne vielleicht mit »pervers« übersetzen. In den USA wurde der Begriff zu verschiedenen Zeiten und von unterschiedlichen Gruppen als positive Selbstbezeichnung angeeignet (vgl. Jagose 2001: 97, Haritaworn 2005: 26). Von Akademiker_innen der 90er Jahre wurde *queer* unter den Einflüssen von feministischen Theorien, Gay and Lesbian Studies sowie poststruk-turalistischen Theorien als eine kritische Perspektive zur Analyse von Macht-verhältnissen entwickelt (vgl. Jagose 2001).

Der heute im wissenschaftlichen Kontext geläufige Begriff »*Queer* Theory« umfasst eine Vielzahl an Texten, Sichtweisen und Schwerpunkten, die sich auf ähnliche Grundlagen beziehen. Von diesen gemeinsamen Grundlagen (vgl. Hark 1993: 104 ff.; Jagose 2001: 127) möchten wir die folgenden kurz erläutern:

---

3 | Mit *Queerness* meinen wir hier: Die Denkbarkeit und Sichtbarkeit von Alternativen zur Heteronormativität. Sie drückt sich in gelebten Praxen aus, in Brüchen mit heteronormativitätskonformen Verhaltensweisen, Kleidungsstilen oder Bildern.

Queer Theory

- die Dekonstruktion scheinbar natürlicher Kategorien wie Geschlecht und Begehren,
- die Kritik an Heteronormativität und an den damit verbundenen Ein- und Ausschlüssen,
- ein Wechsel der Blickrichtung, wodurch der Blick auf Normen und die Prozesse ihrer Herstellung gerichtet wird, statt auf die Abweichung von der Norm,
- intersektionale[4] Arbeitsweisen und Fragestellungen.

1.1. Dekonstruktion scheinbar natürlicher Kategorien

Queere Theorie und Bewegung dekonstruiert scheinbar natürliche Grundfesten der Gesellschaft wie Geschlecht und Begehren. Während in subkulturellen Räumen Geschlecht als vielfältig und wandelbar erprobt wird, lebt die gesellschaftliche Mehrheit in Deutschland wie in vielen anderen Ländern heute in einer Vorstellungswelt der Zweigeschlechtlichkeit. Danach kann es nur zwei, einander grundverschiedene und hierarchisch angeordnete Geschlechter geben. Ein Baby, das mit Vagina und Klitoris geboren wird, wird spätestens nach der Geburt als Mädchen »erkannt«. Das »Erkennen« impliziert, dass es sich wie ein Mädchen fühlen und verhalten wird, als Grundlage dessen gilt der Körper des Kindes.

Queer hingegen begreift Geschlecht (und andere soziale Kategorien) als im Diskurs entstandene soziale Konstruktionen. Das heißt, dass das neugeborene Baby erst dadurch zum Mädchen wird, dass es von Verwandten, Erzieher_innen, Ärzt_innen und Unbekannten als Mädchen bezeichnet und angesprochen wird. *Queer* macht darauf aufmerksam, dass diese Bezeichnung nichts Neutrales beschreibt, wie z.B. »Aha, das Kind hat ein Muttermal«, sondern mit einer Vielzahl an Bedeutungen und Begrenzungen verbunden ist, die gesellschaftlichen und historischen Wandlungen unterliegen. Dadurch, dass das Kind von allen als Mädchen wahrgenommen, angesprochen, berührt, beschenkt, bewertet und gefordert wird, lernt es, diese soziale Position einzunehmen und sich innerhalb der Variationsbreite »Mädchen« zu bewegen.

---

4 | Intersektionalität beschreibt die Überschneidung (engl. intersection = Schnittpunkt, Schnittmenge) von verschiedenen gesellschaftlichen Zugehörigkeiten und Diskriminierungsformen. Eine intersektionale Arbeitsweise denkt immer mit, dass niemand nur schwul oder hetero, nur trans*- oder nicht-trans* ist. Wir alle werden gleichzeitig z.B. durch Alter, Herkunft, Religion, Einkommen oder Aussehen bestimmt. Dies führt zu spezifischen Lebens- und Diskriminierungserfahrungen, da sich Diskriminierungen und Privilegien miteinander verschränken, sich verstärken oder abmildern können.

Obwohl diese Variationsbreite der Geschlechtsrolle größer geworden ist, hat sich am zugrunde liegenden System der Zweigeschlechtlichkeit wenig geändert. Die meisten Menschen sind sich einig, dass ein Neugeborenes immer ein Mädchen oder ein Junge ist, obwohl manche Menschen mit männlichen und weiblichen Körpermerkmalen zugleich geboren werden. Viele glauben fest daran, dass ein Baby mit Vagina und Klitoris einzig und allein ein Mädchen sein kann, dass es sich als Mädchen fühlen, als Mädchen/Frau leben und sich ganz grundlegend von jedem gleichaltrigen Jungen/Mann unterscheiden wird. Dass sich manche Mädchen nie als Mädchen fühlen und später evtl. als Mann oder Transgender leben werden, gehört nicht zum »normalen« Bild.

Queer kritisiert diese Vorstellungswelt und zeigt die darin enthaltenen Brüche und Widersprüche auf. Leitende Fragen *queerer* Forschung und Politik sind zum Beispiel: Welche gesellschaftlichen Prozesse, welche Ein- und Ausschlüsse sorgen dafür, dass vielen Menschen mehr als zwei Geschlechter kaum vorstellbar sind? Warum muss überhaupt jede_r als Frau oder Mann zuordenbar sein? Wenn Geschlecht natürlich ist, warum müssen dann Kinder ihre Geschlechtsidentität »richtig entwickeln«? Warum suchen werdende Eltern nach Jungen- und Mädchen-, nicht aber nach Inter-Namen? Warum fühlen die meisten Menschen sich so unbehaglich, wenn sie das Geschlecht ihres Gegenübers nicht zuordnen können? Wie wird das System der Zweigeschlechtlichkeit zur Verteilung von Macht und Privilegien genutzt? Und an welchen Stellen wird es schon heute kreativ unterwandert?

1.2. Kritik an Heteronormativität

Der Begriff »Heteronormativität« wurde 1991 von Michael Warner geprägt (vgl. Warner 1991: 3) und wird seit Mitte der 1990er Jahre auch im deutschen Sprachraum verwendet. Heteronormativität benennt ein System von Werten, Normen und Verhaltensweisen, die dafür sorgen, dass Heterosexualität[5] als normal und natürlich wahrgenommen wird, während lesbisches, schwules, bi- oder pansexuelles Begehren als »Abweichung« gekennzeichnet und ausgegrenzt wird.

Heteronormativität basiert auf dem System der Zweigeschlechtlichkeit: Wenn es nur Frauen und Männer gibt, die als grundverschieden gedacht werden, dann lässt sich heterosexuelles Begehren als gegenseitige Anziehung und Ergänzung von Gegensätzen konstruieren. Dabei bestimmt Heteronormativität auch, welche Formen von Beziehungen, Liebe, Begehren und Verwandtschaft

---

5 | Als heterosexuell werden in einer zweigeschlechtlichen Denkweise Menschen bezeichnet, die sich selbst als Mann oder Frau verorten und emotionale und sexuelle Beziehungen mit Menschen des anderen Geschlechts leben oder leben wollen.

gesellschaftlich vorstellbar sind (vgl. Genschel u.a. 2001, S. 168). Dieser Punkt trifft in Seminaren von ABqueer häufig auf Unverständnis. Ist denn nicht wenigstens heterosexuelle Liebe frei und individuell gestaltbar? Die Antwort lautet dann: Nein, auch heterosexuelle Beziehungen sind gesellschaftlich stark normiert. So beinhaltet Heteronormativität unter anderem auch:

- Normen über akzeptierte Formen von Beziehungen (entweder Freundschaft oder Liebe),
- Normen über akzeptierte Formen von Sexualität (zu zweit, nicht zu dritt, Penetration von Mann zu Frau, nicht umgekehrt),
- Vorstellungen über Sexualität als Grundbedürfnis und darüber, was überhaupt als Sexualität gilt (Telefonsex ja, »Petting« nein),
- Normen über Treue (sexuelle Treue in »Liebesbeziehungen«, emotionale Treue in »Freundschaften«, aber nicht in allen),
- Normen über begehrenswerte Körper, über Beziehungen zwischen Weißen und Schwarzen/PoC[6], über die Privatheit oder Öffentlichkeit von Sexualität und vieles mehr.

Wenn *queer* Heteronormativität kritisiert, ist also nicht nur der Zwang zur Heterosexualität gemeint, sondern die Art und Weise, wie Beziehungen gesellschaftlich reglementiert und beeinflusst werden. Warum sollen wir mit unserer_unserem Geliebten wohnen, statt mit unseren besten Freund_innen? Warum soll es beim Sex immer um Penetration und Orgasmus gehen? Warum gehört die Schwiegerfamilie zur Familie, nicht aber die Familie eines Kindergartenkumpels? Warum können drei Personen nicht heiraten? Warum wird Menschen mit Beeinträchtigungen ein eigenes Begehren abgesprochen? Warum gelten ihre Körper oft als nicht begehrenswert? Warum müssen sich Jugendliche verlieben, Menschen über 60 aber nicht? Und warum ist es beim gemischten Paartanz nahezu undenkbar, dass eine Frau führt?

---

6 | Die Begriffe Schwarze/People of Color (PoC) werden im Deutschen als Selbstbezeichnung von Menschen verwendet, die aufgrund ihres Aussehens, ihrer Herkunft und/oder ihrer Sprache rassistisch diskriminiert werden. Menschen, die aufgrund von Aussehen, Sprache und/oder Herkunft von rassistischen Privilegien profitieren, werden im europäischen und nordamerikanischen Raum als weiß bezeichnet. Damit sollen aktuelle Herrschaftsstrukturen und Diskriminierungen sichtbar gemacht werden, ohne aus den Augen zu verlieren, dass diese rassisierenden Kategorien konstruiert und willkürlich sind.

1.3. Der Wechsel der Blickrichtung

Gay and Lesbian Studies haben lesbische und schwule Lebensweisen, Praxen und Persönlichkeiten sichtbar gemacht und ins Zentrum gerückt. Sie haben damit auch lgbtiq Personen unterstützt und ermutigt, sich in einer normativen Umwelt zu behaupten und sichtbar zu werden. *Queer* richtet den Blick darüber hinaus auf die heterosexuell-cisgeschlechtliche[7] Mehrheit und die Prozesse ihrer Herstellung (vgl. Genschel u.a. 2001: 170). Von diesem heteronormativen Zentrum aus werden lgbtiq Lebensweisen meist ignoriert oder als seltsame Abweichung betrachtet. *Queer* wendet den Blick zurück, schaut vom Standort des Ausgeschlossenen auf die Norm und fragt zum Beispiel: Was erhält Heterosexualität als gesellschaftliche Norm aufrecht? Welche Spuren hinterlässt der Zwang zur Zweigeschlechtlichkeit und zur Heterosexualität in unserer Politik, unserem Arbeitsrecht, unserer Kultur, unseren Subkulturen? Welche Privilegien erhalten hetero-cisgeschlechtliche Menschen und wie werden sie durchgesetzt? Wie könnten diese Privilegien subversiv genutzt werden? Warum empfinden viele Gesellschaften lgbtiq Lebensweisen als so irritierend oder gar gefährlich, muss das nicht heißen, dass sich Heterosexualität als prekär, ungesichert, gefährdet empfindet?

Queer fragt auch nach lgbtiq Lebensweisen, nach aktuellen Praxen oder nach historischen Spuren. Dabei geht es nicht darum, die »anderen«, die »Freaks«, zu untersuchen, sondern subversive Praxen zu stärken und sichtbar zu machen. Denn das, was als »anders« ausgegrenzt und an den Rand gedrängt wird, kann die Beschaffenheit der heteronormativen Norm sichtbar machen und teilweise destabilisieren (vgl. Hark 1993: 103).

1.4. Intersektionalität

Queer wurde in den USA unter anderem von Schwarzen und PoC der Arbeiterklasse verwendet, die den Begriff in Abgrenzung zu weißen Mittelklasse Schwulen und Lesben als Selbstbezeichnung nutzten (vgl. Haritaworn 2005: 26). Seitdem gab und gibt es antirassistische Kritik durch Schwarze/PoC an einer überwiegend von Weißen bestimmten *queeren* Theoriebildung, in der Ausschlüsse und Rassismen reproduziert werden. In Reaktion darauf bemühen sich inzwischen auch viele weiße Theoretiker_innen, Intersektionalität zum Bestandteil *queerer* Forschung und Theoriebildung zu machen.

---

7 | Der Begriff cisgeschlechtlich (lat. diesseits oder innerhalb) wurde als Gegenstück zum Begriff transgeschlechtlich geprägt, um Menschen beschreiben zu können, die sich ihrem bei Geburt zugewiesenen Geschlecht zugehörig fühlen. Hetero-cisgeschlechtlich meint Menschen, die heterosexuell und cisgeschlechtlich leben.

Auch der Bündnisgedanke von *queer*, der sich in den USA während der AIDS-Krise entwickelte, erfordert das Mitdenken verschiedener Differenzkriterien und sich überkreuzender Machtverhältnisse. Anders als in der identitär geprägten Schwulen- und Lesbenbewegung standen während der AIDS-Krise die gemeinsamen Anliegen im Vordergrund - der Kampf gegen Stigmatisierung und für medizinische Forschung und Behandlung (vgl. Jagose 2001: 121). Durch die Konzentration auf gemeinsame Ziele und eine von Identitäten losgelöste Solidarität konnten und mussten auch Differenzen innerhalb der Bewegung wahrgenommen und anerkannt werden.

2. ANSÄTZE UND ZIELE QUEERER BILDUNGSARBEIT

2.1. Geschlecht und Sexualität im Plural denken

Wichtige Inhalte von *queer* sind die Kritik an Zweigeschlechtlichkeit und Heteronormativität. Stattdessen tritt *queer* für eine Pluralisierung von Geschlecht und Sexualität ein. Daraus ergeben sich beispielsweise folgende Lerninhalte *queerer* Bildungsarbeit:

- Es gibt mehr als zwei Geschlechter, Geschlecht kann als vielfältiges, wandelbares Kontinuum von Handlungs- und Darstellungspraxen begriffen werden.
- Geschlechterrollen sind nicht natürlich oder gottgegeben, sondern historisch und kulturell konstituiert.
- Beziehungen und Begehren werden durch gesellschaftliche Prozesse so normiert, dass Heterosexualität als natürlich und richtig erscheint. Heteronormativität reglementiert auch die Art und Weise, wie heterosexuelle Beziehungen, Familien und Freundschaften zu leben sind.
- Frei von diesen Normierungen ließe sich auch Sexualität als ein Kontinuum verstehen, das sich eher durch Praxen als durch Identitäten bestimmt.
- Es gibt viele verschiedene Arten, Geschlecht, Sexualität und Beziehungen zu leben. Dies gilt unabhängig davon, welchen anderen Kategorien Menschen zugeordnet werden, also für alte und junge, sozial privilegierte und benachteiligte Menschen, Schwarze, Weiße, PoC, Menschen mit und ohne Beeinträchtigungen etc. gleichermaßen.
- Verschiedene Lebensweisen sind gleichwertig und sollten nicht als Legitimation für Ausgrenzung und Ungerechtigkeit benutzt werden.
- Vielfalt ist real. Im schulischen Kontext heißt das beispielsweise, auch Wissen über vielfältige Identifikationsfiguren zu erwerben, also auch über lesbische Forscherinnen und schwule Fußballspieler, über Schwarze

Dichter_innen, über trans* Musiker_innen, über Politiker_innen mit Beeinträchtigungen usw.

• Heteronormativität und Zweigeschlechtlichkeit sind verwoben mit anderen Diskriminierungsformen. Das zeigt sich zum Beispiel, wenn Menschen mit Beeinträchtigungen als geschlechts- und sexualitätslos angesprochen werden oder wenn schwarzen/PoC Männern unterstellt wird, vermehrt Gewalt gegen Frauen auszuüben.

In den Bildungsveranstaltungen von ABqueer versuchen wir, diese Inhalte auf unterschiedliche Weise umzusetzen. In unseren Veranstaltungen mit Jugendlichen informieren wir beispielsweise über unterschiedliche Lebensweisen in Bezug auf Geschlecht und Begehren und machen dadurch vielfältige Geschlechter und Beziehungsformen denkbar und sichtbar. Wir kommen mit Schüler_innen so ins Gespräch, dass sie Reglementierungen ihres eigenen Lebens in diesen Bereichen erkennen können und diskutieren die Gleichwertigkeit verschiedener Lebensweisen. Mithilfe von Biografien und Fallbeispielen werden Vielfalt und Diskriminierungserfahrungen, aber auch Veränderungen und Widerstandsmöglichkeiten sichtbar gemacht.

2.2. Die Blickrichtung verändern

Queer hinterfragt scheinbar natürliche Kategorien und macht Naturalisierungsprozesse sichtbar. Dies gelingt unter anderem durch einen Wechsel der Blickrichtung, die sich nicht auf »die Anderen« richtet, sondern auf die als selbstverständlich angenommene Norm, die der Unterscheidung in »Normal« und »Anders« zugrunde liegt. Die Vermittlung entsprechender Kompetenzen ist auch ein Anliegen *queerer* Bildungsarbeit. *Queere* Bildungsarbeit will Menschen befähigen

• ihren eigenen gesellschaftlichen Standort und die damit einhergehenden Perspektiven wahrzunehmen,
• subversive Kulturen, Praxen und Lebensweisen wahrzunehmen und anzuerkennen,
• den Blick immer auch auf die Herstellung der Norm zu richten, welche festlegt, was als »anders« zu gelten hat.

Dieser Wechsel der Blickrichtung trifft sich mit Jutta Hartmanns Formulierung, *queere* Pädagogik müsse »[d]ie Vielfalt von der Vielfalt aus denken« (Hartmann 2013: 8). Dazu führt sie aus, Vielfalt müsse als Grundbedingung von Gesellschaft und Pädagogik verstanden werden, anstatt sie der »normalen« Welt als Anhängsel hinzuzufügen. Vielfalt als »Normalität« spiegelt sich deshalb in den

Materialien, Bildern und Übungen unserer Bildungsangebote. Durch Fragen wie »Warum ist es so wichtig, dass es Jungen und Mädchen gibt? Warum dürfen Schüler_innen ihren Namen nicht selbst wählen?« lenken wir die Aufmerksamkeit der Teilnehmer_innen auf Normen, auf ihren eigenen Standort und die damit einhergehende Perspektive. Auch die offene Auseinandersetzung mit unserer eigenen Verortung und ein herrschaftskritischer Umgang mit den daraus erwachsenen Privilegien und Diskriminierungen kann für die Auseinandersetzung in Seminaren genutzt werden.

2.3. (De-)Konstruktives Potential: Verantwortung und Eigenmacht

Wenn Geschlecht und Begehren keine natürlichen Gegebenheiten sind, dann können wir uns darin selbst verhalten, können beeinflussen, was sie für uns bedeuten sollen. Das heißt natürlich nicht, dass sich eingeübte Geschlechterrollen mit einer Handbewegung beiseite wischen lassen. Die gesellschaftlichen Normierungen haben eine große Kraft und durchdringen die Identität und Lebensweise jeder einzelnen Person. Wenn aber die Teilnehmer_innen einer Bildungsveranstaltung erkennen, dass diese Normierungen wandelbar sind und dass jede_r einzelne an ihrer Herstellung beteiligt ist, dann heißt das auch: Sie selbst können an ihrer Veränderung mitwirken. Jede ihrer Handlungen, ob sie Heteronormativität zementiert oder herausfordert, beeinflusst nicht nur ihr persönliches Leben, sondern steht in einem größeren Zusammenhang. Wer will, dass sich etwas ändert, der_die kann und muss handeln und ist nicht darauf angewiesen, dass sich irgendwann »das System« verändert. Geschlecht und Begehren als Konstruktion zu verstehen, stärkt damit die Eigenmacht und Verantwortung des_der Einzelnen. In diesem Sinne stellt *queere* Bildungsarbeit z.B. folgende Fragen an die einzelnen Teilnehmer_innen:

* Wie bin ich selbst an gesellschaftlichen Konstruktionsprozessen, an Ausgrenzungs- und Privilegierungsprozessen beteiligt?
* Welche Position nehme ich in Bezug auf verschiedene soziale Kategorien ein, wo bin ich privilegiert, wo erfahre ich Diskriminierung?
* Wie kann ich von diesen Positionen aus Normierungsprozesse aufweichen und für mehr Gerechtigkeit eintreten?
* Wo und wie kann, sollte oder muss ich mich outen und wofür? Welchen Einfluss hat ein Outing auf meine eigene Situation und auf gesellschaftliche Konstruktionsprozesse?
* Welche Brüche gibt es in meinem eigenen (Er-)leben, die nicht in die bestehenden Schubladen passen? Wo mache ich diese Widersprüche (un)sichtbar und wie können sie Normen und Ausschlussprozesse herausfordern?

Diese Fragen setzen voraus, Diskriminierung und Ausschlüsse als grundsätzlich problematisch zu empfinden, auch wenn sie mich nicht selbst betreffen. Deshalb schult *queere* Bildung immer auch die Entwicklung eines Unrechtsbewusstseins, das nach Christina Thürmer-Rohr »die Legitimität von Diskriminierung und Gewalt« bezweifelt und »die Gewaltverhältnisse als ebenso unzumutbar wie von Menschen veränderbar« begreift (Thürmer-Rohr 1994: 135). In den Veranstaltungen von ABqueer schaffen wir Räume und Anlässe, um ein solches Bewusstsein zu entwickeln, um die Teilnehmer_innen zur Reflexion ihrer eigenen Lebenswirklichkeit anzuregen und sichtbar zu machen, wo und wie sie eigenmächtig und verantwortlich handeln oder handeln können.

2.4. Intersektionalität und Bündnispolitiken

Queer entstand unter anderem als eine Kritik an Identitätspolitiken[8]. Identitätspolitiken behaupten eine gemeinsame Situation aller Frauen, aller Schwulen oder aller alten Menschen. Damit werden Widersprüche innerhalb dieser Gruppen unsichtbar. Die Grundlage von Ausschlüssen jedoch, die Unterscheidung in Männer und Frauen, Heteros und Homos, junge und alte Menschen etc. wird nicht in Frage gestellt. Indem *queere* Bildungsarbeit intersektionale Perspektiven einbezieht, wird z.B. in Klassenverbänden deutlich: Es gibt nicht »die« und »wir«, alle sind gleichzeitig Teil unterschiedlicher Gruppen und daraus können sich verschiedene Allianzen ergeben. Ein weißer Transjunge kann einerseits als trans* diskriminiert werden, zugleich aber selbst Teil der Gruppe sein, die einen anderen Mitschüler rassistisch diskriminiert. Es wird deutlich, dass sich die Welt nicht einfach in »gut« und »böse« teilen lässt und dass wir uns mit Menschen verbünden können, mit denen wir ein Ziel teilen, nicht aber eine gemeinsame Identität. An dieser Stelle vollzieht *queere* Bildungsarbeit einen wichtigen Schritt der Demokratieerziehung: Weg von gemeinsamen Zugehörigkeiten hin zu gemeinsamen Zielen und zur solidarischen Unterstützung von Anderen.

---

8 | Identitätspolitik ist eine politische und/oder kulturelle Handlungsweise, die Gruppenzugehörigkeit und Gemeinsamkeit aufgrund einer gemeinsamen Identität herstellt. Identitätspolitik wird von dominanten Gruppen verwendet, z.B. wenn beim Fußball ein nationales Wir-Gefühl beschworen wird, ebenso wie von marginalisierten Gruppen, die Identitätspolitiken häufig als Ausgangspunkt für Emanzipationsbewegungen nutzen (z.B. Frauenbewegungen, Civil Rights Movement u.a.).

2.5. Wo sind die *queeren* Methoden?

In Fortbildungen für Lehrer_innen und andere Pädagog_innen werden wir oft nach Methoden gefragt, mit denen eine *queere* pädagogische Arbeit möglich ist. Wir glauben jedoch nicht an eine Sammlung *queerer* Methoden. Zentral für *queere* Bildungsarbeit erscheint uns vielmehr eine bestimmte Grundhaltung, das Mitdenken *queerer* Prämissen in jeder pädagogischen Situation. Diese Haltung ist die Voraussetzung dafür, um die heteronormativen oder *queeren* Aspekte einer Methode überhaupt zu erkennen und entsprechend anwenden zu können. Viele bestehende Methoden ermöglichen die Auseinandersetzung mit Schubladendenken, Gruppen und Ausschlüssen oder das Erproben von neuen Verhaltensweisen und lassen sich gut für eine *queere* Pädagogik nutzen. Die meisten Schulbücher und Arbeitsblätter zementieren hingegen heteronormative und andere gesellschaftliche Normen (vgl. Bittner 2011: 77 ff.). Mithilfe einer diversitysensiblen Grundhaltung lassen sich aber selbst anhand eines heteronormativen Schulbuches Stereotype und Normalisierungsprozesse sichtbar machen. Diese Haltung ermöglicht es, *queere* Bildungsarbeit in ganz unterschiedlichen Fächern und pädagogischen Kontexten umzusetzen, ohne dem Lehrpensum noch eine weitere Unterrichtseinheit hinzuzufügen.

2.6. Die *queerende* Haltung als Methode

Um die zentralen Punkte von *queer* in der Bildungsarbeit umzusetzen brauchen Pädagog_innen unter anderem:

* das Wissen um die Allgegenwart von Differenzen,
* die Überzeugung, dass verschiedene Lebensweisen gleichwertig sind,
* ein Wissen um marginalisierte Lebensweisen, auch Wissen um Persönlichkeiten und Ereignisse, die z.B. im Lehrkanon aus diskriminierenden Gründen unsichtbar gemacht werden,
* die Bereitschaft, Vielfalt sichtbar zu machen, sie als »Normalzustand« zu denken und das sogenannte »Normale« immer wieder zu hinterfragen,
* ein Verständnis von Geschlecht und Begehren als gesellschaftlich hergestellten Kategorien, anhand derer Macht und Privilegien verteilt werden,
* eine wiederkehrende Reflexion der eigenen gesellschaftlichen Position, die Bereitschaft, sich immer wieder selbst in Frage zu stellen,
* Respekt vor anderen Repräsentationen, der sich z.B. darin zeigt, Selbstdefinitionen von Schüler_innen wie selbst gewählte Geschlechter oder Vornamen zu akzeptieren, eine geschlechtersensible Sprache zu verwenden, Schüler_innen keine sozialen Kategorien oder Identitäten zuzuschreiben etc.

Eine *queerende* Haltung weiß darum, dass Vielfalt und Brüche auch innerhalb jedes einzelnen Menschen bestehen. Davon ausgehend wird eine Destabilisierung von Geschlechter- und Beziehungsnormen unabhängig von der eigenen Identität möglich.

Im *Aufklärungsprojekt* von ABqueer arbeiten die Teamer_innen viel mit ihrer eigenen Biographie, um Alternativen zur Heteronormativität sichtbar zu machen. Denn wir teilen die Auffassung, die Judith Krämer für das Genderprojekt des DGB, formuliert, dass die »Pädagog_innen selbst eine größere Rolle für das Öffnen von Trans- und queeren Räumen (...) spielen, als die Wahl der richtigen Methode.« (Krämer 2013: 137).

Natürlich haben gerade Lehrer_innen ein berechtigtes Interesse, ihre Privatsphäre gegenüber Schüler_innen zu schützen. Zugleich werden in der alltäglichen Kommunikation ohnehin viele persönliche Dinge vermittelt. Dass jemand verheiratet ist, verrät der Ring am Finger, der Kleidungsstil zeigt, welcher (Sub-)Kultur sie_er sich zugehörig fühlt, das Telefon, ob sie_er sich für Technik interessiert. Und ob jemand Schiller mag oder Else Lasker-Schüler oder beide, wird vor einer Deutschklasse selten geheim gehalten. In einem solchen Rahmen werden zumeist gesellschaftlich akzeptierte Informationen geteilt. Lgbtiq Pädagog_innen überlegen sich genau, wieviel Offenheit sie sich bezüglich der weniger akzeptierten Lebensweisen zutrauen, was sie riskieren oder sich leisten können. Aber auch hetero-cisgeschlechtlich lebende Pädagog_innen können im Sinne *queerer* Pädagogik und *queerer* Solidarität darüber nachdenken, welche Abweichungen von der Norm, welche Brüche in der eigenen Identitätskonstruktion sie erwähnen oder verschweigen. Zum Beispiel, dass sie als Sportlehrer Ballett lieben oder gern stricken, als Deutschlehrerin eigentlich Informatik studieren wollte oder in der Freizeit Motorrad fahren.

3. ANSPRUCH UND WIRKLICHKEIT

Die Ansprüche einer *queeren* Bildungsarbeit sind hoch und auch in den Projekten von ABqueer können wir sie selten umfassend erfüllen. Das liegt an den Rahmenbedingungen unserer Projekte, in denen wir oft nur wenige Stunden mit einer Gruppe von Schüler_innen oder Pädagog_innen arbeiten, ebenso wie an dem teils sehr großen Graben zwischen einer *queeren* Gesellschaftsanalyse und dem Weltbild der Teilnehmer_innen. *Queer* setzt auf die Infragestellung des »Natürlichen« – und damit auch auf eine gewisse produktive Verwirrung, die zum Nachdenken reizt. Doch wenn die Verwirrung zu groß wird, können die Teilnehmer_innen das Erfahrene nicht in ihr eigenes Weltbild integrieren und damit nicht aufnehmen. Manche Teilnehmer_innen haben sich bereits mit *queeren* Themen und Theorien befasst, andere haben als Marginalisierte schon über Normen, Gruppen und Machtverhältnisse nachgedacht, für viele sind diese Themen jedoch relativ neu. Einer heterogenen Gruppe von Schüler_innen in 90 Minuten zu vermitteln, wie Geschlecht und Begehren gesellschaftlich konstruiert werden, ist ein zu hoher Anspruch. Hier ist es schon ein Erfolg, wenn vermittelt wird, dass es mehr als zwei Geschlechter gibt, dass auch Lesben »echte Frauen« sein können oder dass Sexualität vielfältig ist.

Diese didaktische Reduktion von *queer* erscheint manchmal frustrierend. Allerdings ist auch das Sichtbarwerden von lgbtiq Lebensweisen oder eine Verschiebung von »Es gibt nur Männer und Frauen« hin zu »Es gibt auch trans* und inter* Menschen« oder »Menschen wählen ihr Geschlecht selbst« schon eine deutliche Veränderung des Diskurses um Geschlecht und Begehren. Und diese Veränderung ist bedeutsam. Denn wenn Geschlecht und Begehren diskursiv hergestellt werden, also in jedem Moment an verschiedenen Stellen der Gesellschaft durch Sprache und Handlungen entstehen, dann ist jedes Unterrichtsgespräch selbst Teil des Diskurses, stellt ihn in diesem Moment mit her und wirkt an seiner Verschiebung mit. Auch hierin können sich Pädagog_innen ebenso wie Schüler_innen als handlungsmächtig erleben.

Um die Ziele *queerer* Bildungsarbeit umfassender umzusetzen, ist jedoch mehr erforderlich als solche Einzelveranstaltungen. Hierzu sind institutionelle Veränderungen z.B. in der Ausbildung für Lehrer_innen und kontinuierliche Auseinandersetzungen nötig (vgl. Rieske 2009: 200). Dennoch trägt jede kleine Bedeutungsverschiebung zum großen Ganzen bei. Und in diesem Sinne kann *queere* Bildungsarbeit schon heute vieles leisten:

- *Queere* Bildungsarbeit macht Vielfalt und Differenz als gleichwertig sichtbar und tritt damit gegen Diskriminierungen ein.
- *Queere* Bildungsarbeit empowert und ermutigt marginalisierte Gruppen, insbesondere lgbtiq Teilnehmer_innen. Sie vermittelt Handlungsstrategien und einen überindividuellen Rückhalt, um sich heteronormativen Anforderungen zu widersetzen.
- Zugleich wird die Entwicklung eines diskriminierungskritischen Unrechtsbewusstseins bei allen Teilnehmer_innen gefördert (vgl. Thürmer-Rohr 1994: 135).
- *Queere* Bildungsarbeit ermöglicht es allen Teilnehmer_innen, egal ob lgbtiq oder hetero-cisgeschlechtlich lebend, Reglementierungen und Begrenzungen in Bezug auf Geschlecht, Begehren und andere soziale Kategorien zu erkennen und so neue Freiräume und Bündnisse zu schaffen. Sie werden ermutigt, ihr Leben selbst zu gestalten und Verantwortung für gesellschaftliche Prozesse zu übernehmen.
- Die durch *queere* Bildungsarbeit vermittelte Selbstreflexion und Selbstpositionierung legt die Basis für gesellschaftliche Bündnisprozesse, die über Identitätspolitiken hinausgehen.

- Der kritische *queere* Blick auf Gesellschaft, Normen und Wissenschaft bringt scheinbare Grundfesten ins Wanken und eröffnet dadurch Handlungsräume für Veränderungen.

Wenn es gelingt, solche Handlungsräume mindestens zeitweise sichtbar zu machen, ist *queere* Bildungsarbeit konstruktiv. Aus der Dekonstruktion des Gewohnten wird dann ein Potential, ein Freiraum, in dem Kinder, Jugendliche und Erwachsene etwas Neues erschaffen und Machtverhältnisse in Frage stellen können. Deshalb ist *queere* Bildungsarbeit keine »Kür« und kein »Sonderfall«, sondern ein wichtiger Schritt hin zu einer partizipativen und gerechteren Welt. Ein besonderes Potential von *queer* liegt dabei darin, sich von Beginn an als prozesshaft, als wiederkehrende Suchbewegung zu verstehen, die nicht nach monolithischen Antworten sucht, sondern den Blick immer wieder neu auf die Brüche, Instabilitäten und Ausschlussprozesse richtet, mit denen eine Gesellschaft Geschlecht und Begehren reglementiert.

4. LITERATUR

Bittner, Melanie (2011): Geschlechterkonstruktionen und die Darstellung von Lesben, Schwulen, Bisexuellen, Trans* und Inter* (LSBTI) in Schulbüchern. Eine gleichstellungsorientierte Analyse, Frankfurt am Main: Gewerkschaft für Erziehung und Wissenschaft.

Genschel, Corinna, Caren Lay, Nancy Wagenknecht, Volker Woltersdorff (2001): »Nachwort der HerausgeberInnen«, in: Annamarie Jagose, Queer Theorie. Eine Einführung. Berlin, S.160-194.

Haritaworn, Jinthana (2005): »Am Anfang war Audre Lorde. Weißsein und Machtvermeidung in der queeren Ursprungsgeschichte«, in: Femina politica 2005, 14 (1), S. 23-36.

Hark, Sabine (1993): *Queer Interventionen*. In: Feministische Studien 2/93, S. 103-109.

Hartmann, Jutta (2013): Kritische Aspekte und Herausforderungen einer Pädagogik vielfältiger Lebensweisen im Kontext von Geschlechter- und Sexualitätsnormen. Online unter: http://www.gender-nrw.de/fileadmin/daten-fuma/4_Service/1_Download/3_FUMA_Fachtagungen/Fachtagung_2013/Vortrag_Jutta_Hartmann.pdf [31.03.2015]

Herrmann, Steven Kitty (2003): »Performing the Gap – Queere Gestalten und geschlechtliche Aneignung«, in: Arranca!, Ausgabe 28, Nov. 2003, S. 22-26.

Krämer, Judith (2013): »Queere Perspektiven in der geschlechterreflektierenden Bildungsarbeit mit Jugendlichen«, in: S. Ernstson, C. Meyer (Hg.), Queere

Perspektiven in der geschlechterreflektierenden Bildungsarbeit mit Jugendlichen, Wiesbaden, S. 117-142.

Jagose, Annamarie (2001): Queer Theory. Eine Einführung, Berlin.

Rieske, Thomas Viola (2009): »Queere Biographien? Möglichkeiten und Probleme von Aufklärungsarbeit über lesbische, schwule, bisexuelle und transgeschlechtliche Lebensweisen«, in: J. Mende, S. Müller (Hg.), Emanzipation in der politischen Bildung, Schwalbach/Ts., S. 180-205.

Thürmer-Rohr, Christina (1994): Verlorene Narrenfreiheit. Essays. Berlin

Warner, Michael (1991): »Introduction: Fear of a Queer Planet«, in: Social Text, 9 (4 [29]), 1991, S. 3-17.

Autor*innen

Hannelore Faulstich-Wieland,
Prof. Dr. phil. habil., ist Professorin für Erziehungswissenschaft mit Schwerpunkt Sozialisationsforschung an der Universität Hamburg im Fachbereich Allgemeine, Interkulturelle und International Vergleichende Erziehungswissenschaft. Ihre Arbeitsschwerpunkte liegen insbesondere in der Genderforschung. Aktuelle Forschungsprojekte laufen zu »Berufsorientierung und Geschlecht« und »Männer und Grundschule«.

Publikationen (Auswahl):
– Faulstich-Wieland, Hannelore (Hg.) (2011): Umgang mit Heterogenität und Differenz, Professionswissen für Lehrerinnen und Lehrer, Baltmannsweiler: Schneider Hohengehren;
– Faulstich-Wieland, Hannelore (Hg.) (2009ff.): Enzyklopädie Erziehungswissenschaft Online, Fachgebiet Geschlechterforschung, Weinheim: Juventa;
– Budde, Jürgen/Scholand, Barbara/Faulstich-Wieland, Hannelore (2008): Geschlechtergerechtigkeit in der Schule. Eine Studie zu Chancen, Blockaden und Perspektiven einer gender-sensiblen Schulkultur., Weinheim: Juventa;
– Faulstich-Wieland, Hannelore/Faulstich, Peter (Hg.) (2008): Erziehungswissenschaft. Ein Grundkurs, Reinbek: Rowohlt Taschenbuch.

Kontakt: Hannelore.Faulstich-Wieland@uni-hamburg.de

Helene Götschel,
Prof., Dr., ist Physikerin, Historikerin, Hochschuldidaktikerin und Geschlechterforschende, Professorin an der Hochschule Hannover für Gender in Ingenieurwissenschaften und Informatik (Fakultät Maschinenbau und Bioverfahrenstechnik). Davor forschte und lehrte sie drei Jahre als Gastprofessorin bzw. Wissenschaftliche Mitarbeiterin an der TU Darmstadt (Institut für Allgemeine Pädagogik und Berufspädagogik) zu Geschlechterforschung und Heterogenität in der Lehramtsausbildung und fünf Jahre als Gastwissenschaftlerin an der Universität Uppsala (Zentrum für Geschlechterforschung) zu Gender und Physik. Ihre Lehr- und Forschungsschwerpunkte sind: Geschlechterforschung zu Naturwissenschaften, Gendertheorien in der pädagogischen und fachdidaktischen Forschung; Geschichte der Physik und physikalischen Bildung.

Publikationen (Auswahl):
- Götschel, Helene (2015): »Geschlechtervielfalt in der Lehramtsausbildung«, in: Wedl, Juliette/Bartsch, Annette (Hg.): Teaching Gender? Zum reflektierten Umgang mit Geschlecht im Schulunterricht und in der Lehramtsausbildung, Bielefeld, S. 489-515;
- Götschel, Helene (2014): »No space for girliness in physics. Understanding and overcoming the masculinity of physics«, in: Cultural Studies of Science Education, 9. Jg., Heft 2, S.531-537;
- Götschel, Helene (2013): »Transforming Substance. Gender in Material Sciences«, Uppsala: Centrum för genusvetenskap;
- Götschel, Helene (2010): »Physik: Gender goes Physical – Geschlechterverhältnisse, Geschlechtervorstellungen und die Erscheinungen der unbelebten Natur«, in: Becker, Ruth/Kortendiek, Beate (Hg.): Handbuch Frauen- und Geschlechterforschung. Theorie, Methoden, Empirie, 3. Auflage, Wiesbaden, S. 842-850.

Kontakt: helene.goetschel@hs-hannover.de

Jutta Hartmann,

Dr. phil., ist Professorin für Allgemeine Pädagogik und Soziale Arbeit an der Alice Salomon Hochschule Berlin, Erziehungswissenschaftlerin mit Staatsexamen für Lehramt, Diplom-Pädagogin, systemische Supervisorin und Coach (SV). Sie entwickelte die Pädagogik vielfältiger Lebensweisen. Ihre Schwerpunkte in Forschung und Lehre sind u.a. Kritische Bildungstheorie, Diskursanalyse, Gender & Queer Studies. Sie ist Studiengangsleitung des BA Soziale Arbeit, Vorsitzende der Auswahlkommission zur Vergabe des Tiburtius-Preises Berlin sowie Mitglied u.a. im wissenschaftlichen Beirat der Berliner Bildungseinrichtung zu Diversity, Gender und Sexueller Identität »KomBi e.V.« sowie des bundesweiten Dachverbands professioneller Opferhilfeeinrichtungen »ado e.V.«. Sie vertrat Professuren an der HAWK Hildesheim und an der Universität Innsbruck.

Publikationen (Auswahl):
- Hartmann, Jutta et al. (2007): Heteronormativität. Empirische Studien zu Geschlecht, Sexualität und Macht, Wiesbaden: VS Verlag für Sozialwissenschaften;
- Hartmann, Jutta (2012): »Institutionen, die unsere Existenz bestimmen: Heteronormativität und Schule«, in: Aus Politik und Zeitgeschehen / APuZ »Sozialisation«, 62. Jg, H. 49-50, S. 34-41; online verfügbar unter: www.bpb.de/apuz/150624/heteronormativitaet-und-schule?p=all;
- Hartmann, Jutta (2012): »Improvisation im Rahmen des Zwangs. Gendertheoretische Herausforderungen der Schriften Judith Butlers für pädagogische Theorie und Praxis«, in: Balzer, Nicole/Ricken, Norbert (Hg.): Judith Butler: Pädagogische Lektüren. Wiesbaden, S. 149-178;
- Hartmann, Jutta/Hünersdorf, Bettina (2013): Was ist und wozu betreiben wir Kritik in der Sozialen Arbeit? Disziplinäre und interdisziplinäre Diskurse, Wiesbaden: VS Verlag für Sozialwissenschaften.

Kontakt: jutta.hartmann@ash-berlin.eu

Sarah Huch,

1. Staatsexamen für das Lehramt (Biologie, Germanistik), ist wissenschaftliche Mitarbeiterin und Doktorandin der Didaktik der Biologie an der FU Berlin mit Forschungsaufenthalt an der University of California, Berkeley. Sarah Huch ist wissenschaftliche Leiterin im Projekt »Befähigung von Lehrkräften zum pädagogischen Umgang mit sexueller Vielfalt und Diversity im Rahmen der 1. Phase der universitären Lehrer_innenausbildung«. Ihre Lehr- und Forschungsschwerpunkte sind Sexualpädagogik, Biologiedidaktik und Naturwissenschaften im Kontext von Gender/Queer und Diversity sowie die empirische Sozialforschung.

Publikationen (Auswahl):

– Huch, Sarah (im Erscheinen): »Zur Relevanz von ›Geschlecht‹ im biologie-didaktischen Kontext«, in: Koreuber, Mechthild/Aßmann, Birthe (Hg.), Das Geschlecht in der Biologie. Anregungen zu einem Perspektivwechsel, Baden-Baden: Nomos-Verlag;

– Huch, Sarah/Urhahne, Detlef/Krüger, Dirk (2012): »Affektiv und kognitiv basierte Einstellungen von Jugendlichen zu sexuellen Orientierungen«, in: Zeitschrift für Sexualforschung, Thieme Verlag 25 (3), S. 224-251;

– Huch, Sarah/Krüger, Dirk (2010): »Geschlechtsrollenverständnis und Einstellungen von Schüler_innen zum Thema ›Sexuelle Orientierungen‹«, in: Harms, Ute/Mackensen-Friedrichs, Iris (Hg.), Lehr- und Lernforschung in der Biologiedidaktik, Innsbruck: Studienverlag, S. 189-205;

– Huch, Sarah/Krüger, Dirk (2009): »›Sexual orientations‹ in the context of gender mainstreaming: students' attitudes and values«, in: Hammann, Marcus/Waarlo, A.-J./Boersma, Kerst, The Nature of Research in Biological Education. Old and New Perspectives on Theoretical and Methodological Issues, ERIDOB, Utrecht: CD-ss Press, S. 327-342.

Kontakt: shuch@zedat.fu-berlin.de

Petra Josting,
Prof. Dr. phil. habil., ist Professorin für Germanistik an der Fakultät für Linguistik und Literaturwissenschaft der Universität Bielefeld. Sie ist Redakteurin der Zeitschrift Kinder-/Jugendliteratur und Medien (kjl&m) und Mitherausgeberin der Reihen Kinder- und Jugendliteratur aktuell und Medien im Deutschunterricht – Beiträge zur Forschung. Ihre Lehr- und Forschungsschwerpunkte sind: Kinder- und Jugendliteratur des 20. Jahrhunderts sowie Literatur- und Mediendidaktik.

Publikationen (Auswahl):
– Josting, Petra/Dreier, Ricarda (Hg.) (2014): Lesefutter für Groß und Klein. Kinder- und Jugendliteratur nach 2000 zum literarischen Lernen im medienintegrativen Deutschunterricht, München: kjl&m 14.extra;
– Josting, Petra/Boie, Kirsten (2014): Bielefelder Poet in Residence 2013, Kinder- und Jugendliteratur aktuell, 2, München;
– Josting, Petra (2014): »NS-Zeit«, in: Franz, Kurt/Lange, Günter/Payrhuber, Franz-Josef, Kinder- und Jugendliteratur. Ein Lexikon, i.A. der Deutschen Akademie für Kinder- und Jugendliteratur e.V. Meitingen, Volkach: Corian;
– Josting, Petra/Schmideler, Sebastian (Hg.) (2015): Bonsels' Tierleben. Insekten und Kriechtiere in Kinder- und Jugendmedien, Baltmannsweiler.

Kontakt: petra.josting@uni-bielefeld.de

Florian Cristobal Klenk,
Erstes Staatsexamen für das Lehramt an Gymnasien mit den Fachrichtungen Germanistik, Philosophie und Ethik, ist Wissenschaftlicher
Mitarbeiter im Projekt G-MINT: »Verbesserung der Unterrichtsqualität
in den MINT-Fächern« am Institut für Allgemeine Pädagogik und Berufspädagogik der TU Darmstadt. Seine Lehr- und Forschungsschwerpunkte
sind: Gender und Queer Studies, Genderinformierte (MINT) Fachdidaktik,
Biografiearbeit sowie die Professionalisierung von Lehrer_innen.

Publikationen (Auswahl):
- Klenk, Florian Cristobal (2015): »Que(e)r durch die Fachkulturen:
  Perspektiven einer transdisziplinären Dekonstruktion von Geschlecht
  und Sexualität«, in: Schmidt, Friederike/Schondelmayer, Anne-Christin/
  Schröder, Ute B. (Hg.), Selbstbestimmung und Anerkennung sexueller und
  geschlechtlicher Vielfalt. Lebenswirklichkeiten, Forschungsergebnisse und
  Bildungsbausteine. Wiesbaden: Springer VS;
- Klenk, Florian Cristobal/Zitzelsberger, Olga (2015): »Dekonstruktive
  Lehrer_innenbildung: Intervention durch Irritation«, in: Rendtorff,
  Barbara et al. (Hg.): Erkenntnis, Wissen, Interventionen – Geschlechter-
  wissenschaftliche Perspektiven. Weinheim: Beltz-Juventa;
- Klenk, Florian Cristobal/Götschel, Helene (in Vorbereitung): »Biologisches
  Wissen im pädagogischen Geschlechterdiskurs«, in: Koreuber, Mechthild/
  Aßmann, Birthe (Hg.), Das Geschlecht in der Biologie. Anregungen zu
  einem Perspektivwechsel, Baden-Baden: Nomos-Verlag.

Kontakt: f.klenk@apaed.tu-darmstadt.de

Martin Lücke,
Prof. Dr. phil., Historiker und Geschichtsdidaktiker, ist Professor an der Freien Universität Berlin für Didaktik der Geschichte. Er ist einer der Initiatoren des Berliner Queer History Month und arbeitet in deutsch-israelischen Austauschprojekten zum Themenfeld der Geschichtskultur. Seine Lehr- und Forschungsschwerpunkte sind, u.a.: Holocaust und Historisches Lernen, Theoriedebatten der Geschichtsdidaktik, Diversity und Intersektionalität sowie Menschenrechtsbildung und historisches Lernen.

Publikationen (Auswahl):
- Lücke, Martin (2008): Männlichkeit in Unordnung. Homosexualität und männliche Prostitution in Kaiserreich und Weimarer Republik, Frankfurt a. M.: Campus;
- Lücke, Martin/Barricelli, Michele (Hg.) (2012): Handbuch Praxis des Geschichtsunterrichts, Bd. 2, Schwalbach/Ts.;
- Lücke, Martin/Brauer, Juliane (2013): Emotionen, Geschichte und historisches Lernen. Geschichtsdidaktische und geschichtskulturelle Perspektiven, Reihe »Eckert« des Georg-Eckert-Instituts für Internationale Schulbuchforschung, Göttingen;
- Lücke, Martin et al. (2015): Gewinner und Verlierer. Beiträge zur Geschichte der Homosexualität in Deutschland im 20. Jahrhundert, Hirschfeld Lectures Bd. 7, Göttingen.

Kontakt: martin.luecke@fu-berlin.de

Simone Micek,
ist Masterstudentin an der Humboldt-Universität zu Berlin im Studiengang Gender Studies und hat bereits an der Freien Universität Berlin ein Lehramtsstudium mit den Fächern Geschichte und Politikwissenschaft abgeschlossen. Derzeit bereitet sie ein Forschungsprojekt zum Thema sexuelle Identitäten und pädagogische Professionalisierung unter der Leitung von Prof. Dr. Martin Lücke vor. Bereits während der Arbeit am Max-Planck-Institut für Bildungsforschung hat sie sich mit geschichtsdidaktischen und pädagogischen Themen beschäftigt und ihre Kenntnisse u.a. in die Ausstellung »Verratzt und Verkoft – Fürsorgeerziehung im Struveshof« eingebracht. Ihre Studien- und Forschungsschwerpunkte sind u.a.: Politische Theorie, Gender/Queer, Diversity, Disability Studies, Sexualität und Geschlechtlichkeit im Geschichtsunterricht.

Publikationen (Auswahl):
– Emotionen und historisches Lernen revisited, 06.-08.07.2011 Berlin, in: H-Soz-Kult, mit Marcel Mierwald, 27.05.2011, <http://www.hsozkult.de/event/id/termine-16549>.

Kontakt: simone.micek@student.hu-berlin.de

Gudrun Perko,
Prof. Mag., Dr., Philosophin, ist Professorin an der Fachhochschule Potsdam für Gender und Diversity (Fachbereich Sozialwesen) sowie Mediatorin, Wissenschaftscoach und Trainerin im Bildungsbereich. Sie entwickelte gemeinsam mit Leah Carola Czollek und Heike Weinbach ein neues »Social Justice und Diversity Training« für den deutschsprachigen Raum, ist Ausbildnerin und Trainerin. Ihre Lehr- und Forschungsschwerpunkte sind, u.a.: Politische Philosophie, Ethik, Gender/Queer, Diversity, Social Justice, Kommunikation/Dialog, Soziale Gruppenarbeit und Kritische Bildungsarbeit.

Publikationen (Auswahl):
- Perko, Gudrun/Czollek, Leah Carola/Weinbach, Heike (2009): Lehrbuch Gender und Queer. Grundlagen, Methoden und Praxisfelder, Berlin;
- Perko, Gudrun/Großmaß, Ruth (2011): Lehrbuch: Ethik für soziale Berufe, Paderborn;
- Perko, Gudrun/Czollek, Leah Carola/Weinbach, Heike (2012): Praxishandbuch Social Justice und Diversity. Theorien, Training, Methoden, Übungen, Weinheim/München;
- Perko, Gudrun/Czollek, Leah Carola (2015): Eine Formel bleibt eine Formel... Gender/Queer und Diversity gerechte Didaktik an Hochschulen: ein intersektionaler Ansatz, FH-Campus Wien (Hg.), überarbeitete Neuauflage, Wien.

Kontakt: perko@fh-potsdam.de

Ammo Recla,
Diplom-Erziehungswissenschaftler und Diversity-Trainer, ist als Geschäfts-
führer von *ABqueer e.V.* tätig, einem Berliner Bildungsträger, der Bildungsveranstaltungen zu den Themenfeldern Geschlecht und sexuelle Orientierung für Kinder, Jugendliche und pädagogische Fachkräfte vor allem in
Schulen anbietet. Seit vielen Jahren setzt er sich mit dem Thema soziale
Gerechtigkeit auseinander; Schwerpunkte waren und sind dabei bisher
die Themen Geschlecht, sexuelle Orientierung, Herkunft, Religion/ Welt-
anschauung sowie Bildung für nachhaltige Entwicklung.

Publikationen (Auswahl):
- Recla, Ammo (2013):»Links, rechts, geradeaus? Anregungen zum Umgang
  mit Transgeschlechtlichkeit in der pädagogischen Praxis« in: Senatsverwaltung für Arbeit, Integration und Frauen
- Landesstelle für Gleichbehandlung – gegen Diskriminierung (Hg.): »Für
  mich bin ich o.k.« Transgeschlechtlichkeit als Thema bei Kindern und
  Jugendlichen. Berlin, S. 79-94.
- Recla, Ammo (2007): »Willst du mit mir gehen? Ja, nein, vielleicht – Lesben
  und Transmänner in gemeinsamer politischer Mission« in: Dennert,
  Gabriele/ Leidinger, Christine, Rauchut, Franziska (Hg.): In Bewegung
  bleiben. 100 Jahre Politik, Kultur und Geschichte von Lesben, Berlin: Queer-
  Verlag, S. 326-328.

Kontakt: ammo.recla@abqueer.de

Cai Schmitz-Weicht,
arbeitet als Texterin und Autorin für Kinder, Jugendliche und Erwachsene. Sie setzt sich dabei für einen inklusiven und diskriminierungskritischen Sprachgebrauch und für die triggersensible Darstellung von Gewaltverhältnissen ein. Gemeinsam mit der Illustratorin Ka Schmitz gründete sie das Bilderbuchlabel atelier-neundreiviertel.de, das Alternativen zur normativen Beschreibung von Körpern, Sexualität und Familien in Bilderbüchern entwickelt. Ihre Arbeitsschwerpunkte sind u.a.: Sprache und Diskriminierung, Heterosexismus in Kinder- und Jugendbüchern, Adultismus und Empowerment.

Publikationen (Auswahl):
– Schmitz, Ka/ Schmitz-Weicht, Cai (2014): Traum-Berufe. Vielfalt im Berufsleben für Menschen ab vier. Berlin: Verlag Viel&Mehr.
– Schmitz-Weicht, Cai/ Wunderlich, Caroline (2010): »Babyfabrik statt Bauchkribbeln. Körper, Sexualität und Geschlecht in Aufklärungsbüchern für Kinder«, in: Nur die Liebe fehlt? Sexuelle Bildung als integrativer Aspekt der Prävention von sexuellem Missbrauch. Hg.: Sonja Blattmann/Marion Mebes/DGfPI e.V., Köln: Verlag mebes & noack, S. 65-81

Kontakt: csw@freizeile.de

Uwe Sielert,

Dr. phil., ist Professor für Pädagogik mit Schwerpunkt Sozial-
pädagogik an der Christina-Albrechts- Universität zu Kiel. Seine
Arbeitsschwerpunkte sind Pädagogik der Vielfalt, Sexualpädagogik,
Genderpädagogik (Jungen- und Männerarbeit) und Schulsozialarbeit.
Er ist Vorstandsmitglied in der Gesellschaft für Sexualpädagogik e.V.,
Mitglied im erweiterten Vorstand der Deutschen STI-Gesellschaft, wissen-
schaftlicher Beirat des Instituts für Sexualpädagogik und Mitglied der
Deutschen Gesellschaft für Erziehungswissenschaft.

Publikationen (Auswahl):
– Sielert, Uwe/Valtl, Karlheinz (Hg.) (2000): Sexualpädagogik lehren:
   Didaktische Grundlagen und Materialien für die Aus- und Fortbildung,
   München/Weinheim: Beltz;
– Sielert, Uwe/Schmidt, Renate-Berenike (Hg.) (2013): Handbuch Sexual-
   pädagogik und sexuelle Bildung. Weinheim/München: Juventa 2013;
– Sielert, Uwe/Fritz J. (2009): E-Learning und Sexualpädagogik. Grundlagen
   und Konzeptideen. Köln: Bundeszentrale für gesundheitliche Aufklärung;
– Sielert, Uwe (2015): Einführung in die Sexualpädagogik, Weinheim/
   München: Juventa.

Kontakt: sielert@paedagogik.uni-kiel.de

Stefan Timmermanns,
Dr. paed., Erziehungswissenschaftler, ist Vertretungsprofessor am Fachbereich Soziale Arbeit und Gesundheit an der Frankfurt University of Applied Sciences für Methoden der Sozialen Arbeit mit dem Schwerpunkt Sexualpädagogik. Er war Mitarbeiter von pro familia, der Deutschen AIDS-Hilfe und ist Vorsitzender der Gesellschaft für Sexualpädagogik (gsp). Zu seinen Lehr- und Forschungsschwerpunkten gehören u.a.: Sexualpädagogik, Gender/Queer, Diversität, frühkindliche Bildung und geschlechtsbewusste Pädagogik.

Publikationen (Auswahl):
- Henningsen, Anja/Tuider, Elisabeth/Timmermanns, Stefan (Hg.) (im Erscheinen): Sexualpädagogik kontrovers, Weinheim, Beltz Juventa;
- Tuider, Elisabeth/Timmermanns, Stefan (2015):»Aufruhr um die sexuelle Vielfalt«, in: sozialmagazin 40. Jg. H.1-2, Weinheim/Basel: Beltz-Juventa, S. 38-47;
- Timmermanns, Stefan/Tuider, Elisabeth/Müller, Mario et al. (Hg.) (2012): Sexualpädagogik der Vielfalt. Praxismethoden zu Identitäten, Beziehungen, Körper und Prävention, Weinheim, Juventa;
- Timmermanns, Stefan/Sielert, Uwe (2011): Expertise zur Lebenssituation schwuler und lesbischer Jugendlicher in Deutschland. Eine Sekundäranalyse vorhandener Untersuchungen, Wissenschaftliche Texte des Deutschen Jugendinstituts, München.

Kontakt: timmermanns.stefan@fb4.fra-uas.de

Thomas Wilke,

M.A., studierte Sozial- und Kulturwissenschaften an der Humboldt-Universität Berlin, an der Universiteit Utrecht (Niederlande) und an der Europa-Universität Frankfurt (Oder). Seit 6/2015 promoviert er im Fachbereich Soziologie zum Thema Jugendsexualität und soziale Ungleichheit. Für seine Promotion wird er von der Hans-Böckler-Stiftung gefördert. Von 2007 bis 2015 war er Referent in der Berliner Aids-Hilfe e.V. und dort u.a. zuständig für die Prävention mit Jugendlichen und jungen Erwachsenen. Er ist ein von der Gesellschaft für Sexualpädagogik (gsp) anerkannter Sexualpädagoge und als solcher als Trainer aktiv.

Publikationen (Auswahl):
- Wilke, Thomas/Ihrig, Luise/Speck, Fadl et al. (2015): Handbuch »HIV/STI-Prävention mit Jugendlichen und jungen Erwachsenen«, Berlin;
- Wilke, Thomas/Langer, Phil C./Drewes, Jochen/Koppe, Uwe (2014): »Sexualpädagogik und Gesundheitsförderung im Jugendarrest – Befunde einer explorativen Studie im Berlin Jugendarrest«, in: Lehmann/Behrens/Drees (Hg.), Gesundheit und Haft – Handbuch für Justiz, Medizin, Psychologie und Sozialarbeit, Lengerich, S. 483-498;
- Wilke, Thomas (2013): »Der Einfluss von Bildung auf das HIV-Risikoverhalten und die Gesundheit bei Männern, die Sex mit Männern haben. Ein Beitrag zur Beschreibung der gesundheitlichen Ungleichheit«, Forschungsbericht, Frankfurt a. M.;
- Wilke, Thomas/Langer, Phil C./Drewes, Jochen/Koppe, Uwe (2012): »›Man gewöhnt sich an alles...‹, Einstellungen, Wissen und Verhalten zu HIV/Aids und weiteren sexuell übertragbaren Infektionen von Jugendlichen im Berliner Jugendarrest«, Forschungsbericht, Berlin.

Kontakt: thomas.wilke@berlin.de

Pädagogik

Gregor Schwering, Elisabeth Kampmann
Teaching Media
Medientheorie für die Schulpraxis –
Grundlagen, Beispiele, Perspektiven

Dezember 2016, ca. 200 Seiten, kart., zahlr. Abb., ca. 24,99 €,
ISBN 978-3-8376-3053-4

Monika Jäckle, Bettina Wuttig,
Christian Fuchs (Hg.)
Handbuch TraumaPädagogik und Schule

April 2016, ca. 400 Seiten, kart., ca. 29,99 €,
ISBN 978-3-8376-2594-3

Christin Sager
Das aufgeklärte Kind
Zur Geschichte der bundesrepublikanischen
Sexualaufklärung (1950-2010)

Juni 2015, 348 Seiten, kart., zahlr. Abb., 34,99 €,
ISBN 978-3-8376-2950-7

Leseproben, weitere Informationen und Bestellmöglichkeiten
finden Sie unter www.transcript-verlag.de

Pädagogik

Juliette Wedl, Annette Bartsch (Hg.)
Teaching Gender?
Zum reflektierten Umgang mit Geschlecht im
Schulunterricht und in der Lehramtsausbildung

Mai 2015, 564 Seiten, kart., zahlr. z.T. farb. Abb., 34,99 €,
ISBN 978-3-8376-2822-7

Tobias Leonhard, Christine Schlickum (Hg.)
Wie Lehrer_innen und Schüler_innen
im Unterricht miteinander umgehen
Wiederentdeckungen jenseits von
Bildungsstandards und Kompetenzorientierung

2014, 208 Seiten, kart., 29,99 €,
ISBN 978-3-8376-2909-5

Stefanie Marr
Kunstpädagogik in der Praxis
Wie ist wirksame Kunstvermittlung möglich?
Eine Einladung zum Gespräch

2014, 350 Seiten, kart., zahlr. Abb., 29,99 €,
ISBN 978-3-8376-2768-8

Leseproben, weitere Informationen und Bestellmöglichkeiten
finden Sie unter www.transcript-verlag.de

Pädagogik

Jan Böhm, Roswitha Stütz (Hg.)
Vielfalt in der Bildung
Lehrerausbildung und pädagogische
Praxis im internationalen Vergleich
Dezember 2015, ca. 180 Seiten,
kart., ca. 27,99 €,
ISBN 978-3-8376-3291-0

Hannah Rosenberg
Erwachsenenbildung als Diskurs
Eine wissenssoziologische
Rekonstruktion
Oktober 2015, 226 Seiten, kart., 34,99 €,
ISBN 978-3-8376-3254-5

Jan Erhorn, Jürgen Schwier (Hg.)
Die Eroberung urbaner
Bewegungsräume
SportBündnisse für Kinder
und Jugendliche
Juli 2015, 274 Seiten,
kart., zahlr. Abb., 34,99 €,
ISBN 978-3-8376-2919-4

Judith Krämer
Lernen über Geschlecht
Genderkompetenz zwischen
(Queer-)Feminismus,
Intersektionalität und
Retraditionalisierung
Juli 2015, 394 Seiten, kart., 39,99 €,
ISBN 978-3-8376-3066-4

Diemut König
Die pädagogische Konstruktion
von Elternautorität
Eine Ethnographie der Familienhilfe
2014, 228 Seiten, kart., 29,99 €,
ISBN 978-3-8376-2925-5

Carmen Schier, Elke Schwinger (Hg.)
Interdisziplinarität
und Transdisziplinarität
als Herausforderung
akademischer Bildung
Innovative Konzepte für die Lehre
an Hochschulen und Universitäten
2014, 326 Seiten, kart., 34,99 €,
ISBN 978-3-8376-2784-8

Michael Geiss
Der Pädagogenstaat
Behördenkommunikation
und Organisationspraxis
in der badischen Unterrichts-
verwaltung, 1860-1912
2014, 290 Seiten, kart., 49,99 €,
ISBN 978-3-8376-2853-1

Anja Tervooren, Nicolas Engel,
Michael Göhlich, Ingrid Miethe,
Sabine Reh (Hg.)
Ethnographie und Differenz
in pädagogischen Feldern
Internationale Entwicklungen
erziehungswissenschaftlicher
Forschung
2014, 430 Seiten, kart., 39,99 €,
ISBN 978-3-8376-2245-4

Peter Schlögl
Ästhetik der Unabgeschlossenheit
Das Subjekt des lebenslangen Lernens
2014, 236 Seiten, kart., 29,99 €,
ISBN 978-3-8376-2643-8

Christine Kupfer
Bildung zum Weltmenschen
Rabindranath Tagores Philosophie
und Pädagogik
2013, 430 Seiten, kart., 36,99 €,
ISBN 978-3-8376-2544-8

Leseproben, weitere Informationen und Bestellmöglichkeiten
finden Sie unter www.transcript-verlag.de